Forum Sprache

**Strategien und Techniken
beim Erwerb fremder Sprachen**

Forum Sprache

ein Fachbuch-Programm für alle, die Fremdsprachen unterrichten und studieren

Ausgewählte Titel:

Augé, H. u.a.
Kommunikative Lernspiele für den Französischunterricht

Borgwardt, U. u.a.
Kompendium Fremdsprachenunterricht
Leitfaden zum didaktisch-methodischen Grundwissen

Hellwig, K.
Fremdsprachen an Grundschulen als Spielen und Lernen
Dargestellt am Beispiel Englisch

Jones, K./Edelhoff, Ch. u.a.
Simulationen im Fremdsprachenunterricht
Handbuch

Maley A./Duff, A.
Szenisches Spiel und freies Sprechen im Fremdsprachenunterricht
Grundlagen und Modelle für die Unterrichtspraxis

Morgan, J./Rinvolucri, M.
Geschichten im Englischunterricht
Erfinden, Hören und Erzählen

Raasch, A.
Arbeitsbuch Linguistik
Texte, Materialien, Begriffserläuterungen

Rampillon, U.
Lerntechniken im Fremdsprachenunterricht
Handbuch

Rampillon, U.
Englisch lernen
Mit Tips und Tricks zu besseren Noten
Schülerarbeitsbuch + Cassette

Reisener, H.
Motivierungstechniken im Fremdsprachenunterricht
Übungsformen und Lehrbucharbeit mit englischen und französischen Beispielen

Rüschoff, B.
Fremdsprachenunterricht mit computergestützten Materialien
Didaktische Überlegungen und Beispiele

Stevick, E.W.
Englisch unterrichten, aber wie?
Anfangssituationen, Lehrerverhalten, Lerntechniken

Ur, P.
Hörverständnisübungen
Mit englischen und französischen Beispielen

Zimmermann, G.
Grammatik im Fremdsprachenunterricht der Erwachsenenbildung
Ergebnisse empirischer Untersuchungen

Zimmermann, G./Wißner-Kurzawa, E.
Grammatik: lehren – lernen – selbstlernen
Zur Optimierung grammatikalischer Texte im Fremdsprachenunterricht

Ute Rampillon / Günther Zimmermann (Hg.)

Strategien und Techniken beim Erwerb fremder Sprachen

Max Hueber Verlag

Lektorat: Heinrich Schrand
Umschlaggestaltung: Werbeagentur Braun & Voigt, Heidelberg

CIP-Kurztitelaufnahme der Deutschen Bibliothek

Die Deutsche Bibliothek – CIP-Einheitsaufnahme
Rampillon, Ute / Zimmermann, Günther:
Strategien und Techniken beim Erwerb fremder Sprachen / Ute Rampillon / Günther Zimmermann
1. Aufl. – Ismaning:
Hueber, 1997
  (Forum Sprache)
  ISBN 3–19–006624–8

Ⓡ Dieses Werk folgt der Rechtschreibreform vom 1. Juli 1996.
Ausnahmen bilden Texte, bei denen künstlerische, philologische
oder lizenzrechtliche Gründe einer Änderung entgegenstehen.

Das Werk und seine Teile sind urheberrechtlich geschützt.
Jede Verwertung in anderen als den gesetzlich zugelassenen Fällen
bedarf deshalb der vorherigen schriftlichen
Einwilligung des Verlages.

1. Auflage
© 1997 Max Hueber Verlag, D-85737 Ismaning
Satz: Gabriele Stelbrink, Kinsau
Druck: Manz AG, Dillingen
Printed in Germany
ISBN 3–19–006624–8   1 2 3

Inhalt

Einführung 6

Hans W. Dechert: Metakognition und Zweitsprachenerwerb 10

Rüdiger Grotjahn: Strategiewissen und Strategiegebrauch. Das Informationsverarbeitungsparadigma als Metatheorie der L2-Strategieforschung 33

Michael Wendt: Strategien und Strategieebenen am Beispiel von Lernaktivitäten im Spanischunterricht 77

Günther Zimmermann: Anmerkungen zum Strategienkonzept 95

Petra Morfeld: Englischlernende an der Volkshochschule: Welche Variablen beeinflussen die Auswahl von Lernstrategien im Anfängerunterricht? Eine Pilotstudie 114

Günter Nold und Gerhard Schnaitmann: Lernstrategien in verschiedenen Tätigkeitsbereichen des Fremdsprachenunterichts. Lassen sich passende Strategien finden? (Ein Zwischenbericht) 135

Horst Raabe: „Das Auge hört mit". Sehstrategien im Fremdsprachenunterricht? 150

Ute Rampillon: Be aware of awareness – oder Beware of awareness? Gedanken zur Metakognition im Fremdsprachenunterricht der Sekundarstufe I 173

Bernd Rüschoff: Sprachverarbeitungs- und Erwerbsstrategien Fremdsprachenunterricht unter Einsatz bewusstmachender Vermittlungsverfahren 185

Wolfgang Tönshoff: Training von Lernerstrategien im Fremdsprachenunterricht unter Einsatz bewusstmachender Vermittlungsverfahren 203

Helmut Johannes Vollmer: Strategien der Verständnis- und Verstehenssicherung in interkultureller Kommunikation: Der Beitrag des Hörers 216

Dieter Wolff: Strategien des Textverstehens: Was wissen Fremdsprachenlerner über den eigenen Verstehensprozess? 270

Einführung

Das wachsende Interesse der Fachdidaktik am Thema „Strategien" ist auf mindestens zwei Ursachen zurückzuführen: Mit der Ablösung des empiristisch-behavioristischen durch das rationalistisch-kognitivistische Paradigma in den 60er Jahren gelangten die handlungsbezogenen und selbstregulativen Prozesse des Individuums in den Mittelpunkt des Interesses, und in diesem Kontext auch mentale Vorgänge und Handlungskomponenten wie die *Strategien*. Zum anderen begann sich die didaktische Zielvorstellung der „Lernerorientierung" (*focus on the learner*) durchzusetzen, die ihrerseits durch die kognitive Wende, aber auch (zumindest in Deutschland) durch reformpädagogische Ideen beeinflusst ist.

Strategien werden gegenwärtig sehr intensiv von der kognitiven Wissenschaft (also Disziplinen wie der Psychologie, der Linguistik, der Psycholinguistik und der Computerwissenschaft) untersucht, aber auch von der Spracherwerbsforschung und der Fremdsprachendidaktik. Letztere erhofft sich davon eine Verbesserung und Erleichterung der Lern- und Lehrvorgänge unter Unterrichtsbedingungen.

Die meisten der im vorliegenden Band abgedruckten Arbeiten sind aus einer Fachtagung hervorgegangen, die die Herausgeber im Oktober 1993 in Boppard veranstaltet haben. Sie lassen sich zu schwerpunktmäßig eher begriffskritischen bzw. forschungsmethodologischen Arbeiten (Dechert, Grotjahn, Wendt, Zimmermann) und andererseits Studien zum Themenkomplex *Strategieformen*, *Strategiewissen* und *Strategiegebrauch* (Morfeld, Nold/Schnaitmann, Raabe, Rampillon, Rüschoff, Tönshoff, Vollmer, Wolff) zusammenfassen.

Hans W. Dechert setzt sich hauptsächlich mit drei zusammenhängenden Themen von Metakognition auseinander: Zunächst beschreibt er die *Analogie* als Metainstanz der Fähigkeit, die Welt zu begreifen und zu bezeichnen. Er analysiert dann *Metakognition* als exekutive Fertigkeiten der Analyse, Reflexion, Planung und Kontrolle des Handelns. In einem dritten Zugriff geht es Dechert um das Phänomen der *metalinguistic awareness* und ihrer Implikationen beim Fremd- und Zweitsprachenerwerb. Am Beispiel der *dative alternation* (z.B. *She asked Mary a question/ *She asked a question to Mary*) werden anhand empirischer Daten Strategien wie analogische Bezugnahmen und metakognitive Suchprozesse erläutert.

Im zweiten Beitrag geht es um eine „Intensivierung der metatheoretisch-methodologischen Diskussion in der L2-Strategieforschung". *Rüdiger Grotjahn* setzt sich mit dem Informationsverarbeitungsparadigma der Kognitionspsychologie auseinander, das auch in der L2-Strategieforschung als allgemeiner metatheoretischer Bezugsrahmen immer mehr Beachtung findet. Dabei diskutiert er insbesondere die Dichotomie „deklaratives – prozedurales Wissen", behandelt definitorische Aspekte des Begriffs „Strategie" und analysiert den Zusammenhang von Erkenntniszielen, Methoden und Menschenbildannahmen der am Informationsverarbeitungsparadigma orientierten L2-Strategieforschung.

Michael Wendt beschreibt „Strategien" als „prozedurales Wissen" im Kontext des Lernersprachenmodells und eines handlungstheoretischen Ansatzes. Im Anschluss an eine Auseinandersetzung mit dem Begriff „Lernstrategie" erläutert er die „Systemhaftigkeit der Strategien sprachlichen Handelns" anhand des Bloomschen Taxonomie-Modells hierarchisch strukturierter kognitiver Handlungsebenen. Anhand von Übungsformen und Beispielen aus Spanischlehrwerken entwickelt er (auch in lehrwerkkritischer Perspektive) eine Typologie von „Lernaktivitäten" und Strategie-Ebenen.

Günther Zimmermann analysiert die Literatur zum Strategiebegriff und stellt erhebliche begriffliche Diskrepanzen fest. Das betrifft horizontal das Wortfeld, in dem der Terminus angesiedelt ist und vertikal die unterschiedlichen Hierarchie-Ebenen. Dieser Sachverhalt wird auf eine unterschiedliche theoretische Orientierung und das Fehlen eines übergreifenden Theorierahmens zurückgeführt. Als wenig geklärt werden auch die Ursache-Wirkungszusammenhänge von Strategien erkannt. Angesichts der Forschungslage herrsche auch hinsichtlich der *Vermittlung* von Strategien ein erhebliches Maß an Unsicherheit.

Ein weiterer Beitrag (*Petra Morfeld*) referiert Ergebnisse einer Erhebung zu sog. lernungewohnten Teilnehmern in Volkshochschulanfängerkursen. Dabei geht es um Strategien des Wortschatzlernens und mögliche Ursachen für deren Gebrauch.

Günter Nold und Gerhard Schnaitmann diskutieren Ergebnisse des Ludwigsburger Projekts zum Lernen in verschiedenen Fächern. Im vorliegenden Beitrag wird im Rahmen des Teilprojekts *Die Entwicklung sprachlicher Verstehensstrukturen in Englisch als Fremdsprache* über „die Ergebnisse einer Lernstrategiebefragung und einer (...) Pilotstudie zur Erfassung von bereichsspezifischen Lernstrategien" im Englischunterricht von fünf Realschulklassen berichtet.

Horst Raabe zeigt die Bedeutung auf, die audiovisuelle Informationen für fremdsprachliche Verstehens- und Lernvorgänge haben. Daraus wird abgeleitet, dass Sehstrategien und Hörsehstrategien von den Lernenden einzusetzen sind und somit Bestandteil fremdsprachlichen Unterrichtens sein müssen. Nach Überlegungen u.a. zur Forschungslage, zu Sorten bebilderter Texte und ihrer Bedeutung für den Begriff des Strategischen werden drei Ebenen unterschieden, die bei der Beschäftigung mit Hörsehstrategien wichtig sind: (1) das Hörsehwissen, (2) die Hörsehstrategien selbst und (3) Hörsehstrategien in ihrem funktionellen Einsatz als Sprachlernstrategien. Diese Ebenen werden mit Beispielen veranschaulicht. Abschließend werden perspektivische Fragen formuliert.

Ute Rampillon stellt Lernerstrategien in den größeren Zusammenhang des ursprünglich aus der britischen Muttersprachendidaktik stammenden, inzwischen aber auch in der Fremdsprachendidaktik breit diskutierten *language awareness*-Konzepts, interpretiert als eine Form der Metakognition. Nachdenken über Sprache, über Sprache in Gesellschaft und Sprache als Medium der Überwindung von Ethnozentrismus, aber auch der Entwicklung und Anwendung von Lernerstrategien. Unter dem Topos "communicative awareness" werden unterschiedliche Strategieformen diskutiert.

In dem Beitrag *Sprachverarbeitungs- und -Erwerbsstrategien im Fremdsprachenunterricht unter Einsatz bewusstmachender Vermittlungsverfahren* von *Bernd Rüschoff* soll gezeigt werden, wie Computer und Informations- und Kommunikationstechnologien den Lernenden Prozesse und Strategien des Lernens über die praktische Arbeit mit innovativen Werkzeugen bei der Auseinandersetzung mit Sprache nahebringen können. Strategien und Techniken des Lernens sollen auf diese Weise bewusst und unbewusst gefördert werden.

Wolfgang Tönshoff erörtert die Frage, wie ein Strategietraining im Fremdsprachenunterricht unter Einsatz bewusstmachender Verfahren im einzelnen aussehen kann. Es werden Begründungen für ein gezieltes Strategietraining, insbesondere im Zusammenhang mit autonomieförderndem Fremdsprachenunterricht geliefert. Der Beitrag informiert über Modelle für Trainingsmaßnahmen und referiert zusammenfassend empirische Untersuchungen zur Trainingseffektivität. Breiten Raum nehmen Überlegungen zu verschiedenen Formen der Kognitivierung bei der Strategievermittlung ein.

Der Beitrag von *Helmut Johannes Vollmer* beschreibt einen qualitativen Forschungsansatz zur Analyse von Aspekten der Verstehenssicherung in interkultureller Kommunikation und präsentiert erste empirische Ergebnisse. Er beschränkt sich auf den Typ der Begegnung zwischen fortgeschrittenen deutschen Lernern des Englischen und einem *native speaker* dieser Sprache (Engländer oder Amerikaner). Zunächst werden eine Reihe von grundsätzlichen Überlegungen zur Modellierung und Dimensionierung von *Kommunikation* und insbesondere zu den Merkmalen und Besonderheiten *interkultureller* Kommunikation zwischen *natives* und *non-natives* angestellt. Der Fokus liegt dabei auf dem *non-native speaker* als *Hörer* und seinem *aktiven Beitrag* zur Sicherung von Verständnis und Verstehen und damit zum Gelingen von Kommunikation. Im einzelnen werden die *Strategien des Hörers* beschrieben, die dieser in realen oder quasi-natürlichen Anwendungssituationen zur Verfügung hat und tatsächlich benutzt, um dem Sprecher formal und inhaltlich Rückmeldung zu geben über seinen Verstehensvorgang sowie über mögliches Nichtverstehen. Sämtliche Strategien werden mit Beispielen belegt. Abschließend werden eine Reihe von didaktischen Konsequenzen erörtert.

Aufgrund empirischer Daten fragt abschließend *Dieter Wolff*, „was ‚naive' Zweitsprachenlerner tatsächlich über Strategien und Techniken der rezeptiven Sprachverarbeitung wissen, was sie darüber aussagen können und inwieweit Übereinstimmungen bestehen mit den in der Psycholinguistik gewonnenen Erkenntnissen. Auch in diesem Beitrag spielt der Begriff der *language awareness* eine wichtige Rolle. Es werden Folgerungen für den Fremdsprachenunterricht gezogen.

Herausgeberin und Herausgeber hoffen, dass die Publikation über die Informationsgrundlage hinaus Impulse zur weiteren Forschung und zur Optimierung des Lernens und Lehrens im Unterricht vermitteln möge.

Wir danken den Autoren für die angenehme Zusammenarbeit während des Kolloquiums und bei der Zusammenstellung des Sammelbandes. Unser besonderer Dank gilt Herrn Schrand und dem Max Hueber Verlag, die sich spontan bereit erklärt haben, den Titel in die Reihe *Forum Sprache* aufzunehmen.

Ute Rampillon/Günther Zimmermann

Metakognition und Zweitsprachenerwerb

Hans W. Dechert

1. In dem Kapitel "The syntax of basic learner varieties" in der englischen Ausgabe von "Second Language Acquisition" zitiert und interpretiert Wolfgang Klein (1986, S. 84) eine Stelle aus dem Heidelberger Corpus zum Erwerb des Deutschen durch ausländische Gastarbeiter:

Ich Kind	– nicht viel moneda Spanien
Ich nicht komme Deutschland	– Spanien immer Bauer arbeite
Arbeite andre Firma	– obrero eventual
Autónomo	– nicht viel Geld

Nach Klein läßt sich dieser Text etwa so expandieren:

Als Kind wuchs ich in Spanien in bescheidenen finanziellen Verhältnissen auf.
Später, bevor ich nach Deutschland kam, arbeitete ich längere Zeit auf einem Bauernhof.
Wer, wie ich, in einem unselbständigen Arbeitsverhältnis steht, ist nicht mehr als Gelegenheitsarbeiter.
Als Selbständiger jedoch verdient man (auch) nicht viel.

Eine solche Expansion freilich zerstört die durch Intonation und Pausen markierte Grundstruktur der ursprünglichen Äußerung: die durchgehende Segmentierung in eine erste Einheit mit ansteigender Intonation am Ende, einer folgenden Pause und einer nachfolgenden zweiten Einheit mit fallender Intonation am Ende. Dieser suprasegmentalen Struktur entspricht eine semantische Gliederung in zwei Bedeutungseinheiten: das jeweils erste Segment dient der Einführung des "topic" (des „Themas", der „Präsupposition", der „Hintergrundinformation", der 'given' Information), Klein nennt es "setting". Das folgende zweite Segment sagt etwas aus über das "setting". Klein nennt es "focus". Es erfüllt eine Funktion, die an anderen Stellen auch mit "comment", „Rhema", „Vordergrundinformation" oder "new" Information bezeichnet worden ist.

Charakteristisch für diese Lernervarietät ist ein Minimum an linguistischer L2-Kompetenz, die sich in den lexikalischen Defiziten und dem code switching, sowie in den schwerwiegenden morphologischen und syntaktischen Defizienzen niederschlägt. Im Gegensatz dazu zeichnet sich diese Äußerung durch ein gerüttelt Maß an Kompetenz aus, die in der durchgängigen Relativierung der jeweils beiden Segmente ihren stringenten Ausdruck findet. Solches In-Bezug-Setzen ist eine metalinguistische, sicherlich mit der Primärsprache erworbene Strategie, die in Anbetracht der defizitären linguistischen Mittel Kommunikation in der L2 überhaupt erst möglich macht. Mit der aus der L1 analogisch in die L2 transferierten Herstellung konzeptueller Relationen löst der Informant ein für ihn außerordentlich komplexes sprachliches Problem.

Was Klein nicht diskutiert, ist die Textsorte, zu der die zitierte Äußerung gehört. Wie leicht ersichtlich ist, handelt es sich dabei um die Rekonstruktion einer episodalen Lebenserinnerung zum Zwecke der Erläuterung jetziger Lebensumstände, will sagen der Herstellung von Kontinuität und Kohärenz. Rückgriffe auf frühere exemplarische Lebenssituationen sind bekannte Mittel der Begründung und Rationalisierung der gegenwärtigen Lebenssituation zum Zwecke eines je neuen narrativen Erschließens der "life story" durch den Erzähler. Das Erzählen der eigenen Lebensgeschichte ist ein "act of meaning"; die Rekonstruktion narrativ evozierter Episoden zu einem fiktionalen Ganzen bewirkt eine „Lebensgeschichte", die es nicht eigentlich gibt, die vielmehr von Fall zu Fall und Adressat zu Adressat neu erfunden werden muß. Je mehr es dabei gelingt, durch Rückgriff Tiefe zu erzeugen, desto kohärenter – und damit glaubhafter – erscheint die Geschichte.

Im Falle des spanischen Gastarbeiters und seiner Lebensgeschichte heißt das: Lebensentscheidungen, wie die, nach Deutschland gekommen zu sein, sind determiniert durch die ökonomischen Verhältnisse („nicht viel moneda Spanien"). In welchem Land und in welchen Beschäftigungsverhältnissen einer auch immer lebt, ob als Lohnabhängiger oder als Selbständiger, der Zwang der ökonomischen Verhältnisse ist unabwendbar. Es fällt nicht schwer, das aus leidvoller Erfahrung abgeleitete mentale explanatorische Modell, das solcher Philosophie zugrunde liegt, zu entdecken und damit eine weitere Dimension analogischen Denkens auszumachen, die dem Verständnis und der narrativen Einbettung der eigenen Lebensgeschichte in übergreifende geschichtliche Zusammenhänge Struktur verleiht. Dies ist, wohlverstanden, kein linguistischer, wohl aber ein metalinguistischer, konzeptueller analogischer Entwurf, der episodale Erfahrung im Lichte übergreifender historischer Zwänge erscheinen läßt.

2. Im Jahr 1971 kommt bei Piper der unscheinbare, mit 140 Seiten knapp bemessene Band „Interlinguistik: Umrisse einer neuen Sprachwissenschaft" heraus. Er ist, wenn ich recht sehe, bisher von der Zweitsprachenerwerbsforschung kaum rezipiert, geschweige denn angemessen gewürdigt worden. Darin werden aber auf originäre Weise in der Tradition kontinentaleuropäischer, vergleichender Philologie Themen wie Multikompetenz (die Mehrsprachigkeit des Menschen) oder Interlanguage antizipierend aufgegriffen und in der subtilen eigenen Kenntnis der Geschichte und Beziehungen europäischer Sprachen erschöpfend behandelt. Sein Autor ist Mario Wandruszka.

In diesem Band trägt ein Kapitel die Überschrift „Analogien und Anomalien" (S. 34-55). Die grundlegende Erkenntnis dieses Kapitels lautet:

„Unsere Sprachen bestehen aus Analogien und Anomalien. Die Analogien gründen in der geistigen Kraft, die uns befähigt, das eine im anderen wiederzuerkennen, Gleiches Gleichem zuzuordnen, der wiedererkannten gleichen Erfahrung, den im Gedächtnis bewahrten gleichen Namen zu geben." (S. 34).

An zahlreichen Beispielen der Kategorisierung und interlingualen Versprachlichung von referenten Gegenständen der realen Erfahrungswelt wird die in Sprachen zum Ausdruck kommende Relativierung in Analogien und Analogiereihen sichtbar:

„Seit wir als Kinder einen *Stuhl* kennengelernt haben, seit wir gelernt haben, mit diesem Gegenstand den Namen *Stuhl* zu verbinden, nennen wir analog jedes Sitzgerät dieser Art, mag es im einzelnen auch recht verschieden aussehen, einen *Stuhl*. Hat dieses Sitzgerät nicht nur eine Rückenlehne, sondern dazu auch noch Armlehnen, so nennen wir es einen *Sessel*. Diese Unterscheidung zwischen einem *Stuhl* und einem *Sessel* ist heute im Deutschen allgemein ganz geläufig." (S. 34).

Ebenso grundlegend wie die Einsicht in die analogisierende Kategorisierung ähnlicher Gegenstände qua Sprache ist die Erkenntnis, dass lebende Sprachen „keine unfehlbaren analogischen Systeme von strenger, zwingender Konsequenz darstellen. . . . So wie in den Analogien drückt sich auch in den Anomalien eine geistige Kraft aus, das Vermögen *Einzelnes* als *Einzelnes* zu benennen." (S. 35). Und an späterer Stelle heißt es „Die Analogie macht unsere Sprachen zu Systemen, die Anomalie macht sie zu seltsam launenhaften, unberechenbaren, asystematischen Systemen. Zu unseren Sprachen gehört beides, die Analogien und die Anomalien, die Regeln und die Ausnahmen und Ausnahmen der Ausnahmen . . ." (S. 37). Natürliche Sprachen, das ist das Fazit dieses Kapitels, sind „Spannungsfelder von Analogien und Anomalien." (S. 55).

Was in den lexikalischen, syntaktischen, idiomatischen und metaphorischen Analogien und Anomalien historisch gewachsener Sprachen manifest ist, ist der Reflex der Erfahrung von Generationen, die Welt zu begreifen und zu bezeichnen.

Die in den vergangenen Jahren zum Thema „Ähnlichkeit", "analogical reasoning" und „Metaphorik" veröffentlichte Literatur ist Legion. Nur ein geringer Teil davon, wenngleich der für mein Gefühl wichtigste, ist in der nachfolgenden Bibliographie aufgeführt (Carton 1971; Gentner 1983; Gick & Holyoak 1980, 1983; Helman 1988; Holland et al. 1986; Holyoak 1984; Holyoak & Thagard 1989; Johnson-Laird & Byrne 1991; Novick 1988; Prieditis 1988; Rumelhart & Norman 1981; Sternberg 1985, 1990; Sternberg & Smith 1988; Thagard 1988; Vosniadou & Ortony 1989).

Das Herstellen oder Erkennen von Analogien (und Anomalien) zwischen einer source domain (Ausgangsgestalt) und einer target domain (Zielgestalt) ist ein möglicher Akt der Konzeptualisierung, der der Produktion oder Perzeption sprachlicher Äußerung innewohnt. Wie wir gesehen haben, ist diese analogisierende Relativierung von Ausgangs- und Zielgestalt auf Satz- und Textebene erkennbar in der Beziehung von

– setting und focus
  und
– event und narration.

Aus der Literatur zur expert-novice-distinction wissen wir, dass die Fähigkeit zur Herstellung solcher analogen Bezüge das Ergebnis komplexer Lernprozesse bzw. subtiler vorangehender Anweisungen in der konkreten Problemlösungssituation ist. So unterscheiden sich Experten von Novizen unter anderem dergestalt, dass sie in unterschiedlichen Oberflächenerscheinungen abstrakte Ähnlichkeitskonfigurationen erkennen oder entwerfen.

3. „Metacognition", so hat man festgestellt (Nelson 1992, S. IX), gehört zu den "top 100 topics" in Entwicklungspsychologie und Kognitiver Psychologie. „Metacognition" und „Metamemory" werden in Amerika Ende der siebziger Jahre vor allem von John Flavell und Ann Brown zur Diskussion gestellt. Diese Themen stellen sicher einen wichtigen Aspekt der kognitiven Revolution dar.

In Deutschland findet die Beschäftigung mit selbstregulatorischen Prozessen ihren Niederschlag in dem Heidelberger Symposium von 1980 "The Development of Metacognition, Attribution Style and Learning"; Flavell und Brown nehmen daran teil. Die in Heidelberg gehaltenen Vorträge werden 1984 unter dem Titel „Metakognition, Motivation und Lernen" veröffentlicht. Es scheint, als ob die Anregungen der Heidelberger Tagung und der genannten Veröffentlichung ohne Folgen für die Zweitsprachenerwerbsforschung hierzulande geblieben seien.

Nach Flavells berühmter Definition

"Metacognition refers to one's knowledge concerning one's own cognitive processes and products or anything related to them."

In einem Aufsatz von 1979 (Nelson 1992, S. 4) spricht Flavell von "cognitive *monitoring*" und subsumiert diesem vier Kategorien:

"I believe that the *monitoring* of a wide variety of cognitive enterprises occurs through the actions of and interactions among four classes of phenomena:

(a) *metacognitive knowledge*,

(b) *metacognitive experiences,*

(c) *goals (or tasks)*, and

(d) *actions (or strategies)*."

(Hervorhebung teilweise von mir)

Nach Ann Brown (1978) ist das Ziel metakognitiver Prozesse

1. Analysing and characterizing the problem at hand;

2. Reflecting upon what one knows or does not know that may be necessary for a solution;

3. Devising a plan for attacking the problem;

4. Checking or monitoring progress.

Metakognitive Prozesse sind demnach exekutive Fertigkeiten, die der Analyse, Reflexion, Planung und Kontrolle dienen. Nach Ann Brown gibt es zwei Typen kognitiver Prozesse, nämlich "*metacognitive* processes which are *executive* skills used to *control* one's information processing, and *cognitive* processes, which are *unexecutive* skills used to *implement* task strategies.

...In Brown's version of this process dichotomy, five *metacognitive* processes are of particular importance:

(a) *planning* one's next move in executing a strategy;

(b) *monitoring* the effectiveness of individual steps in a strategy;

(c) *testing* one's strategy as one performs it;

(d) *revising* one's strategy as the need arises; and

(e) *evaluating* one's strategy in order to determine its effectiveness.

Metacognitive processes such as these are used to decide which *cognitive processes* are appropriate for completing a task."

(Sternberg & Smith 1988, S. 268 f; Hervorhebung teilweise von mir)

Browns und Flavells Arbeiten zu Metakognition gehen neben anderen in Sternbergs multikomponentielle "triarchic theory of human intelligence" ein:

"Investigators seeking to understand intelligence in terms of *executive processes* seek to discover the processes by which individuals make decisions. ... Sternberg has proposed that these executive processes or "*metacomponents* are highly *general* across tasks involving intelligent performance ... .""

(Sternberg 1985, S. 13; Hervorhebung von mir)

Die von Sternberg diskutierten Metakomponenten, auf die ich bei der Analyse meiner Daten zurückkommen werde, sind in der folgenden Darstellung zusammengefasst. Aus ihr werden auch die Bezüge zur Metakognitionsdiskussion bei Flavell und Brown sichtbar.

Sternberg's Componential Theory of Information Processing

A component is an elementary information process that operates upon internal representations of objects or symbols. (Sternberg 1985, S. 97)

Metacomponents are higher order, executive processes used to *plan* what one is going to do, to *monitor* it while doing it, and to *evaluate* it after it is done.

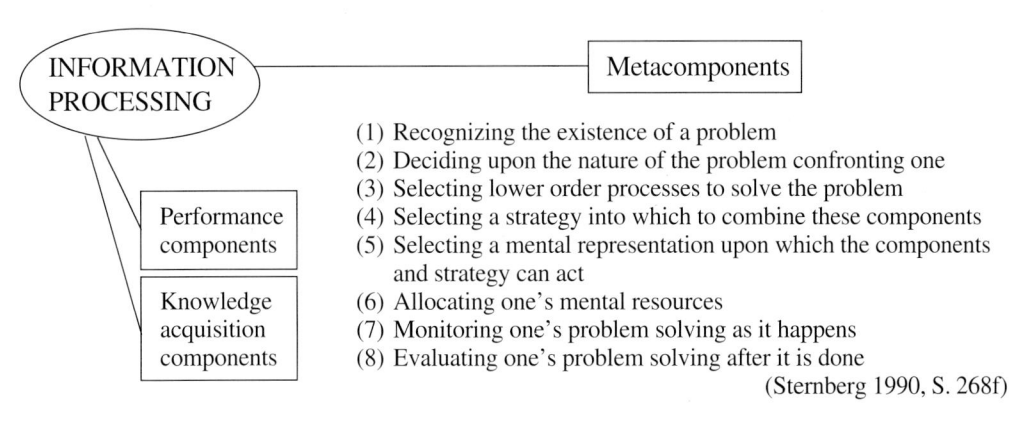

INFORMATION PROCESSING
- Metacomponents
  (1) Recognizing the existence of a problem
  (2) Deciding upon the nature of the problem confronting one
  (3) Selecting lower order processes to solve the problem
  (4) Selecting a strategy into which to combine these components
  (5) Selecting a mental representation upon which the components and strategy can act
  (6) Allocating one's mental resources
  (7) Monitoring one's problem solving as it happens
  (8) Evaluating one's problem solving after it is done
- Performance components
- Knowledge acquisition components

(Sternberg 1990, S. 268f)

4. Parallel zur kognitions- und entwicklungspsychologischen Diskussion metakognitiver exekutiver Prozesse bei der Lösung kognitiver Problemsituationen – aber offenbar durchaus in einer eigenständigen Forschungstradition – bemüht sich die Literatur etwa seit der Mitte der siebziger Jahre um eine angemessene Konzeptualisierung und Abgrenzung des Phänomens "metalinguistic awareness".

"In the past fifteen years there has been a growing interest in the development of children's awareness of language as an object in itself – a phenomenon now generally referred to as metalinguistic awareness."
(Tunmer et al. 1984, S. VII).

Von Wichtigkeit an dieser Feststellung ist vor allem, dass die Beschäftigung mit dem Phänomen von Anfang an unter entwicklungspsychologischen Perspektiven (vor allem im Zusammenhang mit der Erforschung der Entwicklung der Lesefertigkeit bei englischsprachigen Kindern) gestanden hat, ein Trend, der auch die Metakognitionsdiskussion bis heute entscheidend bestimmt hat.

In der Einleitung zu dem soeben zitierten Band gestehen die Autoren freimütig ein, dass

"At present it is not clear how different types, or different levels, of awareness might be distinguished, nor is it clear how these would relate to different degrees of consciousness. Furthermore, the attempt to relate such distinctions to the study of cognitive and linguistic processes generally is still in its initial stages ... ."
(Tunmer et al. 1984, S. 2)

So ist denn auch die Definition der Erscheinung, die dem Band zugrunde gelegt wird, zugegebenermaßen tentativer heuristischer Natur:

"Metalinguistic awareness may be defined at the general level as the ability to think about and reflect upon the nature and functions of language. It is difficult to be more specific when defining the term, however, because the nature, functions and typical age of onset of metalinguistic awareness are still subject to much debate."
(Tunmer et al. 1984, S. 2)

Vor dasselbe Problem einer unzureichend unterscheidenden und begrenzenden Differenzierung sieht sich derjenige gestellt, der versucht, die "unevenness of the terrain" zu überwinden, vor die er sich im Falle des "Language Awareness" Begriffes und der ins Gespräch gebrachten Varianten ("Critical Language Awareness", "Awareness of Language", "Knowledge about Language", " Explicit Language I and II", "Linguistic Awareness", "Task Awareness") gestellt sieht. So stellen James und Garrett in dem einleitenden Kapitel zu ihrer Monographie "Language Awareness in the Classroom" (1991, S. 3) fest:

"Language Awareness (LA) is a term that crops up more and more in a widening range of academic and pedagogical contexts, and this growing frequency of use has brought with it a proliferation of senses of the label. This, in turn, has led to an increased lack of clarity and consensus regarding its meaning. At times, there is no doubt what the user is referring to; at others it is used somewhat vaguely, perhaps in passing, and one is not really sure what the user has in mind."

Bei aller Anerkennung und Würdigung der von der Language Awareness-Bewegung in Großbritannien ausgelösten theoretischen Erörterung des Awareness Phänomens und der damit einhergehenden Problematisierung tradierter Paradigmen – bezeichnenderweise fehlt z. B. in dem Index der Publikation von James und Garrett der Begriff "communicative competence" – bedarf es gegenwärtig einer intensiven internationalen Diskussion der metakognitiven Implikationen des Fremd- und Zweitsprachenerwerbs. Und ebenso sind Studien angebracht, die, das komplexe Phänomen dekomponierend, Teilbereiche von Metakognition, Metalinguistic Awareness und Language Awareness zum Gegenstand haben und zu der erwünschten Klärung der Begrifflichkeit und damit der Sache selbst beitragen.

5. Im März 1990 findet an der University of Oregon die zehnte Tagung des "Second Language Research Forum" über das Thema "Variability in Second Language Acquisition" statt. Auf ihr hält Rod Ellis einen der Plenarvorträge. Er trägt den Titel "Grammaticality Judgements and Learner Variability". Gegenstand der diesem Vortrag zugrunde liegenden Studien ist die Validität und Reliabilität metalinguistischer grammatical judgements von 3 Gruppen chinesischer und japanischer fortgeschrittener erwachsener Lerner des Englischen.

Die von Ellis gewonnenen und thematisierten Ergebnisse lassen sich etwa so zusammenfassen:

(1) Metalinguistische grammaticality judgements von Zweitsprachenlernern geben Auskunft über die Performanz dieser Lerner, keineswegs über deren abstrakte linguistische Kompetenz.

(2) Metalinguistische grammaticality judgements von Zweitsprachenlernern sind variabel.

(3) Metalinguistische grammaticality judgements von Zweitsprachenlernern sind das Ergebnis komplizierter Suchprozesse, die aus der Aktivierung unterschiedlicher Wissensquellen entstehen und unterschiedlichen Problemlösungsprozeduren folgen.

(4) Metalinguistische grammaticality judgements von Zweitsprachenlernern dokumentieren nicht, was diese *wissen*, sondern vielmehr was sie in je neuen Problemlösungssituationen *tun*.

Unnötig zu sagen, dass die von Ellis vertretene variabilistische Position in Oregon auf Kritik und Widerspruch stößt.

Den drei Untersuchungen Ellis' an drei verschiedenen Gruppen von Zweitsprachenlernern (N1 = 21; N2 = 20; N3 = 25) lagen drei Sets von Aufgaben unterschiedlicher Typologie und Länge zugrunde. Die einzelnen Items bestanden aus kurzen dekontextualisierten Sätzen in der Zielsprache Englisch, die nach dem Kriterium "grammatical", "not grammatical" und "not sure" zu diskriminieren und teilweise zu wiederholen oder zu korrigieren waren. Im Anhang ist das für unseren Zusammenhang wichtige Set 2 exemplarisch wiedergegeben.

Die zu dem jeweiligen diskriminierenden judgement (grammatical, not grammatical, not sure) führende Aufgabe bestand in der Aktivierung der "dative alternation" Regel, das heißt in der Klassifikation des in jedem der Items vorgegebenen Verbs zu den Typen A, B, C. Die angemessene Lösung der Aufgabe, die Akzeptanz der akzeptablen Variante und die Zurückweisung der inakzeptablen Variante setzt die implizite („intuitive") Kenntnis der Regel voraus oder muß in einem Suchprozeß, der dem judgement vorausgeht oder im Verlauf der Lösung des ganzen Tests erlernt wird, erschlossen werden.

Diese Regel lautet: Englische Verben mit zwei Argumenten (NP/PP) lassen sich einer der folgenden drei Kategorien (Typen) zuordnen:

Typ A (V + NP + NP) und (V + NP + PP)

Typ B (V + NP + NP)

Typ C (V + NP + PP)

Andere Varianten gelten als nicht akzeptabel (cf. Liste der Verben und Liste der Items zum Thema Dativwechsel im Anhang).

Das von uns übernommene und vorgestellte Set 2 des Tests von Ellis (cf. Test im Anhang) besteht aus 12 Sätzen (je 4 der Typen A, B, C), die in 2 Varianten (NP + NP und NP+ PP), das heißt, in 24 Items präsentiert werden. Alle Sätze stehen im Aktiv. Sie enthalten keine Personalpronomina.

In den Untersuchungen Ellis' wurden in allen drei Gruppen die Tests nach ein bzw. zwei Wochen zum zweiten Mal administriert. Ein Vergleich der Ergebnisse zwischen der ersten und zweiten Vorlage macht deutlich, dass trotz der relativ geringen Wahl der "not sure" Entscheidung die grammaticality judgements der getesteten Informanten bemerkenswert instabil, das heißt variabel waren.

In Teilen der Untersuchung von Ellis wurden zusätzlich introspektive Daten (Protokolle Lauten Denkens) erhoben und in die Analyse einbezogen. Das Niveau der dabei benutzten metasprachlichen grammatischen Terminologie war bemerkenswert hoch. Alle Informanten in Ellis' Untersuchung lösten die gestellten Aufgaben, das heißt, sie hatten keine Probleme, den Anweisungen zu folgen.

Wie Ellis erwähnt, wurden in den von ihm quantitativ angelegten Analysen keine detaillierten qualitativen Interpretationen der Reaktionen oder Inhalte der introspektiv gewonnenen Aussagen der Lerner unternommen. Das bedeutet, es war nicht Ziel seiner Untersuchung, die den grammaticality judgements seiner Informanten vorausgehenden oder diese begleitenden expliziten Suchprozesse zu identifizieren, kategorisieren und beschreiben.

Mit dieser Aufgabe befasst sich Sabine Schmitz in ihrer Staatsarbeit über das Thema „Eine Untersuchung zur Kategorisierung von grammaticality judgements deutscher Lerner des Englischen – Kassel 1993".

6. Die von uns angestellten theoretischen Studien, die der empirischen Untersuchung vorausgingen, haben ergeben: Ellis führt die Beherrschung der dative alternation auf die Kenntnis der entsprechenden Verben und deren Funktion im Satzgefüge zurück (Ellis 1991, S. 179), so als ob eine einheitliche konsequente Beschreibung des Phänomens dies nahelege. Dies ist aber nicht der Fall. Vielmehr gibt es in der Literatur unterschiedliche, teilweise konfligierende Ansätze zu seiner Beschreibung. Vor allem scheint die Frage bisher nur vorläufig beantwortet, welche gemeinsamen Merkmale der oben erwähnten Klassifikation in die Verbtypen A, B, C zugrunde gelegt werden können.

Der defizitäre Zustand der Forschung, wie infolgedessen die Abwesenheit von Ansätzen fundierten Regelwissens in den Aussagen unserer Informanten, läßt den Schluß zu, dass das Thema dative alternation weder im Schul- noch im Hochschulunterricht zureichend gelehrt wird. Andererseits glauben wir in vereinzelten informellen Stichproben festgestellt zu haben, dass native speakers des Englischen so gut wie keine Probleme mit den meisten (wenn auch nicht mit allen) Items der von uns übernommenen Variante 2 des Tests von Ellis zu haben scheinen.

In dem empirischen Teil der Untersuchung von Sabine Schmitz wurde vier Paaren fortgeschrittener erwachsener deutscher Lerner des Englischen (N = 8) (Studenten der Anglistik der Universität Kassel) in je einer Sitzung die Variante 2 von Ellis' Test zur Bearbeitung vorgelegt. Vor dieser Erhebung hatte jedes der Paare anhand einer Übersetzungsaufgabe die Technik des paarweisen Lauten Denkens geübt. Daran anschließend erhielt jedes Paar ein Exemplar des Tests mit einer standardisierten Anweisung.

Es gab keine zeitliche Beschränkung für die Bearbeitung. Dies hatte natürlich zur Folge, dass die Bearbeitungszeiten für die einzelnen Items (und demzufolge die Länge der Protokolle für diese) wie auch die Summe der Zeiten im Vergleich der Paare miteinander sehr verschieden waren. Gewiß haben diese Unterschiede etwas mit dem Schwierigkeitsgrad der Items im Vergleich miteinander und mit dem Zugriff und dem Lösungsverfahren zu diesen Items durch die unterschiedlichen Paare zu tun. Dieses Problem verdiente gewiß eine gesonderte Betrachtung. Die auf Tonband mitgeschnittenen Äußerungen der Informanten wurden anschließend transkribiert. Besondere Aufmerksamkeit wurde der sorgfältigen Erfassung von Prozessindikatoren wie Fehlstarts, Abbrüchen, Dehnungen, Wiederholungen, Pausen etc. geschenkt. Auffallende steigende und fallende Intonationskonturen wurden besonders vermerkt.

Auffallend an der Bearbeitung des Tests bei allen vier Paaren war, dass sie unmittelbar nach der Lektüre der deutschen Anweisung und der englischen Einleitung mit der Lösung des ersten Items begannen, ohne die folgenden Items zu lesen oder durch eine Lektüre des Tests im ganzen den Versuch zu machen, das zu lösende Problem zu identifizieren. Ebenso auffallend war bei allen Paaren ein erschreckender Mangel an metasprachlichen Mitteln in der Diskussion und dem Versuch der Analyse und Verständigung über die im Test erkennbaren Probleme und deren Lösungen.

Die Informanten C, T und U haben jeweils ein Jahr im englischsprachigen Ausland gelebt oder studiert. In allen Fällen lag der letzte Auslandsaufenthalt in England oder den USA über ein halbes Jahr zurück.

7. Bekanntermaßen gibt es erhebliche Zweifel an der Aussagekraft introspektiver Daten, dergestalt dass diese mehr vermittelnden, interpretierenden Charakter haben, als unmittelbaren Einblick in tatsächlich ablaufende der Perzeption und Produktion unterliegende mentale Prozesse zu geben. Dieser ernst zu nehmende Einwand trifft für das von uns gewählte Verfahren des paarweisen Lauten Denkens nicht zu. Angelpunkt unseres Interesses ist die Fragestellung, welche zur Sprache gebrachten Kenntnisse welcher Wissensquellen mentale Suchprozesse, die die Lösung eines linguistischen Problems: der Akzeptanz einer vorgegebenen sprachlichen Äußerung in der Sekundärsprache intendieren, begleiten. Dabei wird unterstellt, dass solche Suchprozesse selber in die Argumentation einfließen und sprachliche Prozessindikatoren wie "speech errors" und Pausen zusätzliches Licht auf die Angelegenheit werfen.

Es steht außer Frage, dass paarweises Problemlösen eine komplexe soziale Interaktion der Rollenübernahme, der Rollenkollision, etc. auslöst. Der vorgegebene Rahmen für unsere Arbeit verbietet ein Eingehen auf diesen wichtigen Aspekt des Verfahrens.

Das, was unser Corpus in zahlreichen Varianten und Facetten zutage fördert, ist der Versuch unserer Informanten, das in den vorgelegten Items virulente linguistische Problem zu erkennen, zu identifizieren, zu kategorisieren und in der kooperativen Verhandlung eine Lösung des Problems durch spontane Entscheidung oder mit Hilfe von Suchprozessen zu finden. Diese Verhandlungen sind durch den Zwang zur Einigung, auch im Falle der Unfähigkeit, adäquate

Wissensquellen zu erschließen, charakterisiert. Aber gerade dieser bewirkt das Entdecken und Besprechen aller möglichen Lösungen, so inadäquat, ja absurd diese tatsächlich auch sein mögen. Will sagen, die Aufgabe initiiert "spreading activation". Die Form des Tests, das heißt die Vorgabe von je zwei Varianten in randomisierter Ab- und Reihenfolge und die aufgegebene Entscheidung über die Akzeptanz des jeweiligen Items nach Kat A (beide Varianten sind akzeptabel) versus nach Kat B oder C (nur eine der beiden Varianten ist akzeptabel) stellen zwei wichtige Rahmenbedingungen für den Test dar.

Wenn fortgeschrittene erwachsene Zweitsprachenlerner, was Ellis für seine Informanten bestreitet, auf implizites Regelwissen der Zielsprache zurückgreifen könnten, dann müßte die spontane Akzeptanz der beiden Varianten der Kat A und die spontane Akzeptanz einer der beiden Varianten der Kat B und C die Folge sein. Die folgenden vier Fälle aus unserem Corpus behandeln diese Fragestellung.

(1) *Paar C/U Kat B*[1]

Item 12

*She asked a question to Mary.

U (liest) She asked Mary a question \ She asked a question \ to Mary / klingt

C total komisch \

U das klingt schon komisch \ also ich würde eher sagen She asked Mary a question

Nach weiterer Diskussion folgt der Eintrag in den Testbogen: She asked Mary a question.

Item 15

She asked Mary a question.

C (liest) She asked Mary a question \ ach diese

#scheiß Mary

U #ja so we accept it this time #right away

C #she asked Mary a question \ she asked Mary a question \

Die beim Lesen des Item sogleich verbalisierte alternative Variante, der spontane Kommentar „klingt komisch" zu der vorgegebenen inakzeptablen Variante, der bestätigt wird, sowie die Präsentation und das Festhalten an der Lösung machen deutlich, dass wir es an dieser Stelle mit einem Fall spontaner Akzeptanz zu tun haben. Das rationalisierende Argument *Klang* ist eine

---

[1] Transkriptionszeichen: / \ - steigende, fallende, gleichbleibende Intonation; #Überschneidung der Redebeiträge.

folk model Umschreibung für Intuition. Der in dem unmittelbar folgenden Item 15 analogisierende Rückgriff auf Item 12 („ach diese scheiß Mary") und der das Lösungsverfahren betreffende Kommentar ("so we accept it this time right away") dokumentieren den der Akzeptanz von Item 15 vorausgehenden Prozess der Herstellung dieser Reaktion zu Item 12.

Die Frage, ob dabei

– die unmittelbare Abfolge der Entscheidungen,

– die Reihenfolge der präsentierten Varianten (inakzeptabel, akzeptabel),

– das Verb und die Kategorie B, zu der es gehört,

eine entscheidende Rolle spielen, muß unbeantwortet bleiben.

Diese Frage stellt sich in veränderter Weise ebenso im nächsten Fall.

(2) *Paar J/T Kat A*

Item 16

They reserved a seat for their friends.

T (liest) They reserved a seat for their friends no #doubt about it \

J   #hm \/

Item 22

They reserved their friends a seat.

T (liest) They reserved their friends a seat – hier wür hier bin ich mir also #very sicher \

J   #ja das würd ich auch als falsch sagn –

T (schreibt) They: reserved: a seat: for their: friends \

Eintrag in den Testbogen: They reserved a seat for their friends.

Keine Frage, Item 16 wird spontan intuitiv entschieden. Diese Entscheidung steht aber der möglichen Akzeptanz des Item 22 im Wege. Die spontane ohne einen Anflug von Zweifel vorgebrachte Verwerfung der zweiten Variante und der analogisierende Rückgriff auf Item 16 machen klar, dass die Regel und die diese konstituierende Zugehörigkeit des Verbs zur Kategorie A nicht bekannt ist. Ob die falsche Entscheidung zu Item 22 auch dadurch bedingt wird, dass zwei Drittel der Items des Tests nur je eine Variante als akzeptabel vorgeben und auf diese Weise eine Entweder-Oder-Entscheidung suggeriert wird und zudem Item 22 dicht auf Item 16 folgt, kann nicht entschieden werden. Diese Frage stellt sich auch im nächsten Fall:

(3) *Paar J/T Kat A*

Item 1

She sent Simon a present.

T okay also (liest) She sent Simon a present – is richtig –

J She sent Simon a present – ja is richtig denk ich auch –

T hab ich keine bedenken \

Item 10

She sent a present to Simon.

T (liest) She sent a present to Simon – she sent
Simon a present present \ laß uns mal überlegen ob
es da irgendwo ne regel drin is \ wir machen
das hier nach gefühl / also ich machs nur nach gefühl /

J ich machs auch nur nach gefühl \

T He sent Simon a present – würd ich sagn present

J das is dasselbe wie hier oben auch der erste satz ne –

T stimmt (lachend bis X) falle / X wenn wir hier richtig sagen / hm

J (lachend bis X) she sent a simon to the present – X

Über Item 1 wird ohne Bedenken und Vorbehalt spontan entschieden. Interessant ist das Verfahren, das bei der Verhandlung über die Akzeptanz von Item 10 abläuft:

1. Lesen des Items

2. Entscheidung über die Akzeptanz

3. Wiederholung des Items
   Wiederholung und Bestätigung der Entscheidung

4. Metakommentar
   abschließender Metakommentar

Es fällt nicht schwer, in dieser Struktur Elemente von Sternbergs Komponenten-Theorie zu entdecken:

1. Recognizing the existence of a problem
   Deciding upon the nature of the problem

2. Problem solving

3. Monitoring one's problem solving

4. Evaluating one's problem solving

Die Verhandlung über Item 10 und die Inanspruchnahme von *Gefühlen* sind zusätzliche Indikatoren der Aktivierung von Sternbergs Komponenten:

5. Selecting a mental representation

6. Allocating one's mental resources.

Gleichzeitig wird an dieser Stelle die Strategie thematisiert, nach der entschieden werden soll: Der analogische Rückgriff auf Item 1 („das ist dasselbe wie hier oben auch der erste satz ne"). Das Lachen und die Verballhornung der Lösung in "she sent a Simon to the present" machen die Unsicherheit über die Relevanz des Verfahrens und der gefundenen Lösung deutlich. Sie findet sich in dem Testbogen: "She sent Simon a present" und ist inkorrekt, da das Verb *to send* zur Kategorie A gehört und die vorgegebene Variante in Item 10 "she sent a present to Simon" akzeptabel ist. Analogisierende Strategien und metakognitive Suchprozesse können auch zu „falschen" Lösungen führen, in solchen Fällen, in denen die mental representation und die mental resources unzureichend sind und die Anomalie nicht erkannt wird.

(4) *Paar C/U Kat C*

Item 6

Emma reported the problem to the police.

C (liest) Emma reported the problem to the police –

U hm V yes

C Emma reported the problem to the police \

U I'm happy with this sentence \

C ja

U no objections /

Item 19

*Emma reported the police the problem.

C (liest) Emma reported the police the problem \ nee das is das geht nich \

U ja

C das is das is wie / em wie / mit secretary opened #the manager the door

U #to report to würd ich sagen auch ja machn falsch

C ne

U da müßte entweder hier / (zeigt auf Item 6) Emma reported the problem to the police \

C ja Emma reported so wie da \ genau

U ja wie satz nummer 6 – to the \ genau

Eintrag in den Testbogen: Emma reported the problem to the police wie Nr. 6

Dieses vierte Beispiel zeigt mit der korrekten Akzeptanz des Item 6 und der Inakzeptanz des Item 19 zwei Formen der Entscheidungsfindung: Im ersten Teil von Item 6 (ähnlich wie im ersten Teil des dritten Falles) werden interaktiv die Lösung und die unmittelbar darauf folgende Evaluation erarbeitet.

Im zweiten Teil von Item 19 begegnen wir einer ähnlichen strategischen Lösung des Problems mit dem Unterschied, dass an dieser Stelle auf zwei Items (6 und 11) relativierend Bezug genommen wird. Von Interesse ist dabei, dass das Verb in Item 11 (to open) tatsächlich zur selben Kategorie wie *to report* in Item 19 gehört und auf diese Weise die Entwicklung eines impliziten Regelwissens im Verlauf des Suchprozesses angedeutet ist. Dies wird durch den korrrekten Eintrag in den Testbogen bestätigt.

Die bei der vorhergehenden Analyse der Entscheidungsprozesse im dritten Fall im Anschluß an Sternberg vorgefundenen Metakomponenten und Suchprozeduren finden sich in einer Fülle von Varianten an vielen Stellen des Corpus wieder. Dabei werden Relativierungen zwischen korrespondierenden Items des Tests (wie in den früheren Beispielen 1 bis 3) oder kategorialen Entsprechungen in den Items (wie in Beispiel 4) hergestellt. Daneben werden analoge Bezüge zu anderen grammatischen Formen und Regeln, Pronominalisierungen, semantischen Feldern, möglichen außersprachlichen Kontexten, zu der Erstsprache Deutsch und Drittsprache Französisch und nicht zuletzt zu Formulae, Kollokationen und Idiomen hergestellt.

Das folgende Exzerpt mag als abschließendes Beispiel für die Komplexität und die Variabilität dieser Verfahren dienen.

(5) *Paar A/B Kat C*

Item 13

*They suggested the children an idea.

A (liest) they suggested the children an idea \ ne #suggest something

B #ne / mit for

A to someone ne /

B ja genau das is n idiom \

A they suggested an idea to the children /

B und ich weiß gar nich ob man eine ob man ne idee überhaupt vorschlagen #kann das

A #ja eben

B is doch also wie explain an idea \

A hm

B aber hier is jetz suggest em –

A is nich suggestion und #idea is irgendwie

B #action oder irgendwas \

A das gleiche ja \

B ne

A gut aber wir solln ja gucken ob die grammatisch richtig sind \ ne

B hm

A sonst wär für mich auch suggestion und idea das is irgendwie das gleiche dass man dieses dann verbindet auf alle fälle they suggested an idea #to the children –

B #to the children \ ja dann

A müssn wirs aufschreiben –

B müssn mers aufschreiben willst du mal /

A ja dann schreib ich jetz mal (schreibt bis X)

B dann schreib du jetz mal du hast bestimmt ne viel ordentlichere handschrift \ #an idea: to:

A #an idea: to:

B the children \ x

A hm okay

B wonderful \

Nach der Wiedergabe (der Bestandsaufnahme) des Items wird das zu lösende Problem mit Hilfe einer lower order Prozedur implizit auf die Kernfrage reduziert, zu welcher Kategorie das Verb *to suggest* gehört und welche Präposition (for vs. to) zu ihm gehört. Das heißt, die Entscheidung für die Kategorie C (NP+PP) ist bereits gefallen und damit das Item als inakzeptabel besetzt. Die inadäquate Benennung des Problems als ein idiomatisches spielt dabei kaum eine

Rolle. Der folgende Suchprozeß, der mit Hilfe einer Übersetzung des Verbs und der Nominalphrase ins Deutsche das Kollokationsproblem (to suggest an idea) zu klären versucht, führt ins Leere. Der analogisierende Rückgriff auf Item 2 (oder Vorgriff auf Item 14) durch die Verbalisierung der Kollokation "explain an idea" ist deshalb von besonderem Gewicht, weil *to explain* zu den Verben der Kategorie C gehört und auf diese Weise grammatisches Regelwissen aktiviert zu werden scheint. Die Herstellung der Kollokation *to explain* an idea in Analogie zu *to suggest* an idea dient der Initiierung eines gänzlich verschiedenen Suchprozesses: der Aufdeckung eines semantischen Feldes von "suggestion" – "idea" – "action". Die folgende Prozedur führt zu der eigentlichen Aufgabe, dem grammaticality judgement zurück mit dem Ergebnis, "suggestion" und "idea" können kollokieren, das Verb regiert die Präposition "to". Auf dem Umweg über die geschilderten Suchprozeduren, die zwar das eigentliche grammatische Problem, das längst gelöst ist, außer acht zu lassen scheinen, ganz offenkundig aber der Ausprägung der akzeptablen Variante des Items, das heißt, seiner kollokationalen und semantischen Gestalt dienen, gelangen beide Partner interaktiv zu der Evaluierung und Bestätigung der korrekten Variante. Nach der Einigung darüber, wer die Eintragung auf dem Erhebungsbogen vornehmen soll, erfolgt in einer fast emphatisch anmutenden Wiederholung und Steigerung die Verbalisierung der gefundenen Variante:

an idea: to: the children hm okay wonderful

8. Erwachsene Zweitsprachenlerner konstruieren trotz möglicher linguistischer Defizienzen bei der mündlichen Narration lebensgeschichtlicher episodaler Ereignisse *analogische Relativierungen* im Lichte vorgegebener explanatorischer Modelle.

Solche Fähigkeit, das „eine im anderen wiederzuerkennen" und zugleich „Einzelnes als Einzelnes" zu benennen, ist in den *Analogien* und *Anomalien* von Sprache angelegt. Die Erschließung analogischer Resourcen ist an metakognitive Erfahrung, Entwicklung und Kontrolle gebunden.

Der vorliegende Beitrag untersucht solche Metakomponenten von Kognition, die, bezogen auf Sprache, sich in der "awareness of language", mit der Sprache produziert und perzipiert wird, niederschlägt.

Grammaticality judgements von Lernern über spezifische Phänomene ihrer Zweitsprachen stellen einen möglichen methodischen Zugang für eine solche Untersuchung dar.

Die vorgelegten Daten zur mündlichen Verhandlung der Akzeptanz oder Inakzeptanz von drei Typen der dative alternation in englischen Sätzen durch vier Paare fortgeschrittener deutscher Lerner des Englischen eröffnen Einblicke in die *analogische Relativierung* mit Hilfe *metakognitiver Suchprozesse*. Die Beschreibung dieser Prozesse erscheint als ein Zugang zur Erforschung des komplexen Zusammenhangs von Metakognition und Zweitsprachenerwerb.

Anhang

Test

The purpose of this test is to help with research into the acquisition of English. The test will not be used to assess you in any way. The results of the test will be kept confidential.

Read the following sentences. Put an X in the brackets next to any sentence that you think is not grammatically correct. Put a ✔ in the brackets next to any sentence that you think is grammatically correct. Put a ? if you are not sure.

X = not grammatical
✔ = grammatical
? = you are not sure

Write out each incorrect sentence (i.e. any sentence you have marked with X) correctly in the space provided.

Please complete the test by yourself. Do not work with a friend. Do not check a grammar book:

_____

01. She sent Simon a present.   (   )

_____

02. She explained John the answer.   (   )

_____

03. The secretary opened the door for the manager.   (   )

_____

04. Mary refused her husband a cigarette.   (   )

_____

05. Simon offered his friend a chocolate.   (   )

_____

06. Emma reported the problem to the police.　(　)

_____

07. The woman bought her friend a dress.　(　)

_____

08. The manager wished his secretary a happy birthday.　(　)

_____

09. They allowed the students a rest period.　(　)

_____

10. She sent a present to Simon.　(　)

_____

11. The secretary opened the manager the door.　(　)

_____

12. She asked a question to Mary.　(　)

_____

13. They suggested the children an idea.　(　)

_____

14. She explained the answer to John.　(　)

_____

15. She asked Mary a question.　(　)

_____

16. They reserved a seat for their friends.   (   )

___

17. Mary refused a cigarette to her husband.   (   )

___

18. Simon offered a chocolate to his friend.   (   )

___

19. Emma reported the police the problem.   (   )

___

20. The woman bought a dress for her friend.   (   )

___

21. The manager wished a happy birthday to his secretary.   (   )

___

22. They reserved their friends a seat.   (   )

___

23. They allowed a rest period to the students.   (   )

___

24. They suggested an idea to the children.   (   )

___

(Ellis 1990, S. 56-58)

Liste der Verben zum Thema Dativwechsel

Kategorie A: V + NP + NP
 V + NP + PP

 to send, to offer, to buy, to reserve

 Beispiel:
 She sent Simon a present.
 She sent a present to Simon.

Kategorie B: V + NP + NP

 to wish, to refuse, to ask, to allow

 Beispiel:
 She wished Mary a happy birthday.
 *She wished a happy birthday to Mary.

Kategorie C: V + NP + PP

 to open, to explain, to suggest, to report

 Beispiel:
 The secretary opened the door for the manager.
 *The secretary opened the manager the door.

Liste der Items zum Thema Dativwechsel

01. She sent Simon a present.
10. She sent a present to Simon.

02. *She explained John the answer.
14. She explained the answer to John.

03. The secretary opened the door for the manager.
11. *The secretary opened the manager the door.

04. Mary refused her husband a cigarette.
17. *Mary refused a cigarette to her husband.

05. Simon offered his friend a chocolate.
18. Simon offered a chocolate to his friend.

06. Emma reported the problem to the police.
19. *Emma reported the police the problem.

07. The woman bought her friend a dress.
20. The woman bought a dress for her friend.

08. The manager wished his secretary a happy birthday.
21. *The manager wished a happy birthday to his secretary.

09. *They allowed the students a rest period.
23. They allowed a rest period to the students.

12. *She asked a question to Mary.
15. She asked Mary a question.

13. *They suggested the children an idea.
24. They suggested an idea to the children.

16. They reserved a seat for their friends.
22. They reserved their friends a seat.

Literaturhinweise

Brown, A. L. (1978). Knowing when, where, and how to remember: A problem of metacognition. In R. Glaser (Hrsg.), *Advances in instructional psychology.* (Bd. 1). Hillsdale, NJ: Erlbaum.

Carton, A. S. (1971). Inferencing: A process in using and learning language. In P. Pimsleur & T. Quinn (Hrsg.), *Papers from the second international congress of applied linguistics Cambridge 1969* (S. 45-58). Cambridge: Cambridge University Press.

Ellis, R. (1990). Grammaticality judgements and learner variability. In H. Burmeister & P. L. Rounds (Hrsg.), *Variability in second language acquisition: Proceedings of the second language research forum* (Bd. 1, S. 25-60). Eugene, OR: University of Oregon.

Ellis, R. (1991). Grammaticality judgements and second language acquisition. *Studies in second language acquisition, 13,* 161-186.

Gentner, D. (1983). Structure-mapping: A theoretical framework for analogy. *Cognitive Science, 7,* 155-170.

Gick, M. L. & Holyoak, K. J. (1980). Analogical problem solving. *Cognitive Psychology, 12,* 306-355.

Gick, M. L. & Holyoak, K. J. (1983). Schema induction and analogical transfer. *Cognitive Psychology, 15,* 5-38.

Helman, D. H. (Hrsg.). (1988). *Analogical reasoning: Perspectives of artificial intelligence, cogntive science, and philosophy.* Dordrecht: Kluwer.

Holland, J. H., Holyoak, K. J., Nisbett, R. E., & Thagard, P. (1986). *Induction: Processes of inference, learning, and discovery.* Cambridge, MA: The MIT Press.

Holyoak, K. J. & Thagard, P. (1989). Analogical mapping by constraint satisfaction. *Cognitive Science, 13*, 295-355.

Holyoak, K. J. (1984). Analogical thinking and human intelligence. In R. J. Sternberg (Hrsg.), *Advances in the psychology of human intelligence* (Bd. 2, S. 199-230). Hillsdale, NJ: Erlbaum.

James, C. & Garrett, P. (Hrsg.). (1991). *Language awareness in the classroom.* London/New York: Longman.

Johnson-Laird, P. N. & Byrne, R. M. J. (1991). *Deduction.* Hove/London: Erlbaum.

Klein, W. (1986). *Second language acquisition.* Cambridge: Cambridge University Press.

Nelson, T. O. (Hrsg.). (1992). *Metacognition: Core readings.* Boston, MA: Allyn und Bacon.

Novick, L. R. (1988). Analogical transfer: Processes and individual differences. In D. H. Helman (Hrsg.), *Analogical reasoning: Perspectives of artificial intelligence, cognitive science and philosophy* (S. 125-145). Dordrecht: Kluwer.

Prieditis, A. (Hrsg.). (1988). *Analogica.* London: Pitman.

Rumelhart, D. E. & Norman, D. A. (1981). Analogical processes in learning. In J. R. Anderson (Hrsg.), *Cognitive skills and their acquisition* (S. 335-359). Hillsdale, NJ: Erlbaum.

Schmitz, S. (1993). *Eine Untersuchung zur Kategorisierung von grammaticality judgements deutscher Lerner des Englischen* (Wissenschaftliche Hausarbeit Kassel).

Sternberg, R. J. (1985). *Beyond IQ: A triarchic theory of human intelligence.* Cambridge: Cambridge University Press.

Sternberg, R. J. (1990). *Metaphors of mind: Conceptions of the nature of intelligence.* Cambridge: Cambridge University Press.

Sternberg, R. J. & Smith, E. E. (Hrsg.). (1988). *The psychology of human thought.* Cambridge: Cambridge University Press.

Thagard, P. (1988). Dimensions of analogy. In D. H. Helman (Hrsg.), *Analogical reasoning: Perspectives of artificial intelligence, cognitive science, and philosophy* (S. 105-124). Dordrecht: Kluwer.

Tunmer, W. E., Pratt, C. & Herriman, M. L. (Hrsg.). (1984). *Metalinguistic awareness in children: Theory, research, and implications.* Berlin: Springer.

Vosniadou, S. & Ortony, A. (Hrsg.). (1989). *Similarity and analogical reasoning.* Cambridge: Cambridge University Press.

Wandruszka, M. (1971). *Interlinguistik: Umrisse einer neuen Sprachwissenschaft.* München: Piper.

Strategiewissen und Strategiegebrauch. Das Informationsverarbeitungsparadigma als Metatheorie der L2-Strategieforschung

Rüdiger Grotjahn[*]

1. Einleitung

Es besteht weithin Einigkeit darüber, dass die Resultate von Forschung in hohem Maße von metatheoretischen Annahmen über den jeweiligen Untersuchungsgegenstand sowie von den verwendeten Methoden geprägt sind. Entsprechend existiert in der psychologischen und erziehungswissenschaftlichen Strategieforschung auch eine Reihe von Arbeiten mit einem eindeutig metatheoretisch-methodologischen Schwerpunkt (vgl. z.B. Lysynchuk, Pressley, d'Ailly, Smith & Cake, 1989; Ridgeway, Dunston & Quian, 1993; Weinstein, Goetz & Alexander, 1988; Weinstein & Meyer, 1991). Dagegen haben Fragen der Metatheorie und der Forschungsmethodologie in der fremd- oder zweitsprachenspezifischen Strategieforschung (im weiteren L2-Strategieforschung) bisher eine vergleichsweise geringe Beachtung gefunden.[2]

Mit diesem Artikel möchte ich einen Beitrag zur Intensivierung der metatheoretisch-methodologischen Diskussion in der L2-Strategieforschung leisten. Dabei werde ich in erster Linie auf das Informationsverarbeitungsparadigma (IV-Paradigma) eingehen. Das IV-Paradigma ist ein zentraler Forschungsansatz der gesamten Kognitionswissenschaft.[3] Auch in

---

[*] Ich danke Friedrich Denig, Beate Helbig, Gabi Kasper, Karin Kleppin, Horst Raabe und Wolfgang Tönshoff für die konstruktive Kritik einer früheren Fassung des vorliegenden Beitrags.

[2] Forschungsmethodologische Fragen werden z.B. bei Cohen (1984; 1987), O'Malley & Chamot (1990, insbes. Kap. 4), Oxford & Crookall (1989), Poulisse (1990, insbes. Kap. 6) und Wenden (1991, Kap. 6) diskutiert – allerdings z.T. auf einem relativ basalen Niveau. Zudem bleiben nicht wenige in der psychologisch-erziehungswissenschaftlichen Strategieforschung behandelte methodologische Probleme (fast) gänzlich unberücksichtigt – so z.B. die (statistische) Modellierung der seriellen Abhängigkeiten innerhalb von Strategiesequenzen, die Behandlung von Merkmal-Methoden-Wechselwirkungen (*aptitude-treatment interactions*) oder auch die Gültigkeit der Annahmen der eingesetzten statistischen Verfahren (vgl. die weiterführenden Hinweise in Lysynchuk et al., 1989 und Ridgeway et al., 1993).

[3] Der Beginn des Kognitivismus und der Kognitionswissenschaft (*cognitive science*) wird zumeist auf das Jahr 1956 datiert. In diesem Jahr fanden am *Dartmouth College* (Hanover, New Hampshire) und am *Massachusetts Institute of Technology* (Cambridge, Mass.) Symposien zum Thema ‚Künstliche Intelligenz' bzw. ‚Informationstheorie' statt, auf denen eine Reihe von für die Kognitionswissenschaft zentralen Vorstellungen zum ersten Mal formuliert wurden (vgl. Gardner, 1987, Kap. 3; Varela, 1990, Kap. 2 und 3). Speziell für das IV-Paradigma ist weiterhin vor allem Broadbent (1958) von Bedeutung. Nach Lachman, Lachman & Butterfield (1979, S. 189) ist Broadbent "probably the first psychologist to describe cognitive functioning with a flowchart ..." (vgl. auch Gardner, 1987, S. 92 sowie Massaro & Cowan, 1993, S. 384). Ich möchte allerdings bereits hier darauf hinweisen, dass unter Kognitionswissenschaftlern nur sehr bedingt Einigkeit darüber besteht, was genau unter dem IV-Paradigma zu verstehen ist (vgl. Abschnitt 2).

der L2-Strategieforschung findet das IV-Paradigma – und zwar insbesondere in seiner kognitions**psychologischen** Ausprägung – als allgemeiner metatheoretischer Rahmen immer mehr Beachtung. Bei der Rezeption des IV-Ansatzes werden allerdings häufig ohne hinreichende Begründung nicht unproblematische Adaptionen vorgenommen. In Anbetracht der geschilderten Situation scheint mir eine tiefergehende Beschäftigung mit dem IV-Paradigma dringend geboten.

Meine Ausführungen sind in drei Teile gegliedert. Der erste, allgemein kognitionspsychologisch orientierte Teil beginnt mit einer kurzen Charakterisierung des kognitionspsychologischen IV-Paradigmas anhand einiger wesentlicher Eigenschaften. Es folgt eine relativ ausführliche Darstellung der in der L2-Strategieforschung immer wieder aufgegriffenen Dichotomie ‚deklaratives vs. prozedurales Wissen'. In diesem Zusammenhang gehe ich u.a. auf metakognitives Wissen, auf Modelle des (sprachlichen) Wissenserwerbs sowie auf die Dichtomie ‚Wissen vs. Können' ein. Im letzten Abschnitt des ersten Teils finden sich sodann einige Bemerkungen zu Erkenntniszielen, Methodologie und Menschenbild des (kognitionspsychologischen) IV-Paradigmas. Anschließend wird im zweiten Teil vor dem Hintergrund der vorangehenden Ausführungen der Begriff ‚Strategie' unter verschiedenen Aspekten diskutiert, wobei u.a. eine Reihe von als fruchtbar erachteten begrifflichen Präzisierungen vorgenommen wird.

Im dritten Teil meines Beitrages gehe ich unter engem Bezug auf die Ausführungen insbesondere des ersten Teils auf die L2-Strategieforschung ein. Dazu werden zunächst exemplarisch die Arbeiten von O'Malley & Chamot (1990), Nyikos & Oxford (1993) und Poulisse (1993) diskutiert, die sich in jeweils unterschiedlicher Weise am kognitionspsychologischen IV-Ansatz orientieren. Anschließend beschäftige ich mich wiederum mit der Dichotomie ‚deklaratives vs. prozedurales Wissen'. Ziel ist es u.a. zu zeigen, dass diese Dichotomie in der L2-Strategieforschung in einer Weise verwendet wird, die partiell inkompatibel zu der ursprünglichen Verwendungsweise in der Kognitionspsychologie ist. Es folgen sodann einige Bemerkungen zu Erkenntniszielen, Methodologie und Menschenbild der am IV-Paradigma orientierten L2-Strategieforschung sowie einige Hinweise zu weiteren methodologischen Implikationen der vorangegangenen Ausführungen.

Der Beitrag schließt mit einer kurzen Darstellung von Perspektiven für die empirische L2-Strategieforschung. In diesem Zusammenhang wird u.a. argumentiert, dass das kognitionspsychologische (kognitionswissenschaftliche) IV-Paradigma als metatheoretischer Rahmen zu eng ist und durch weitere Ansätze (z.B. sozialpsychologischer Art) zu ergänzen ist.

2. Das kognitionspsychologische Informationsverarbeitungsparadigma

2.1 Allgemeine Charakterisierung

Weite Teile der modernen Kognitionspsychologie folgen in ihrem Forschungsansatz explizit oder zumindest implizit dem IV-Paradigma. Ähnliches gilt für kognitionspsychologisch beeinflusste Bereiche der Erziehungswissenschaften. Auch in der Sprachlehr- und Sprachlernforschung – unter Einschluss der L2-Strategieforschung – gewinnt der IV-Ansatz als Metatheorie immer mehr an Bedeutung (vgl. z.B. S. Carroll, 1989; Hulstijn, 1990; McLaughlin, 1987, Kap. 6; Nyikos & Oxford, 1993; O'Malley & Chamot, 1990; Schmidt, 1992; Tönshoff, 1992; Tomlin & Villa, 1994). Insbesondere O'Malley & Chamot (1990) beziehen sich in ihrer Monographie über Fremdsprachenlernstrategien immer wieder explizit auf das IV-Paradigma.

Das IV-Paradigma lässt sich zunächst einmal anhand der ihm zugrundeliegenden theoretischen Annahmen (speziell über den Forschungsgegenstand) charakterisieren (vgl. die Ausführungen weiter unten). Wenn man den Begriff des Paradigmas im Sinne von Kuhn (1974) versteht, lässt sich das IV-Paradigma zudem mit Hilfe der verwendeten Forschungsmethoden und insbesondere durch paradigmatische Beispiele in Form von typischen Experimenten kennzeichnen (vgl. die entsprechenden Hinweise bei Gadenne & Oswald, 1991, S. 5 und Lachman et al. 1979, Kap. 1 u. 2 sowie den Überblick über experimentelle Methoden der Kognitionswissenschaften bei Bower & Clapper, 1989).

Bei dem Versuch einer Charakterisierung des IV-Paradigmas stellt sich das Problem, dass selbst von Kognitionspsychologen selten deutlich gemacht wird, was genau unter dieser Forschungsrichtung zu verstehen ist und wie dieser Ansatz von anderen metatheoretischen Zugängen abzugrenzen ist (vgl. zu dieser Kritik Massaro & Cowan, 1993; Palmer & Kimchi, 1986; Posner & McLeod, 1982; van der Heijden & Stebbins, 1990). So ist z.B. keineswegs klar und unumstritten, was die für den IV-Ansatz so grundlegenden Kategorien der Information, des Prozesses und der Operation genau bedeuten. Palmer & Kimchi (1986) kommen in ihrem grundlegenden Artikel zum IV-Ansatz in der Kognitionsforschung deshalb auch zu folgender auch heute noch weitgehend gültiger Feststellung:

"We cannot present rigorous yet uncontroversial definitions of information and operations because they are among the least understood and most problematic aspects of the whole IP [information processing] enterprise." (S. 43)

Eine ähnliche Meinung vertritt S. Carroll (1989) in Bezug auf Ansätze in der Zweitsprachenerwerbsforschung (hier im weiten Sinne zu verstehen), die sich explizit oder zumindest implizit am IV-Paradigma orientieren:

"Discussion is often so general and vague that it is difficult to know what, if anything at all, is at stake conceptionally, and it makes comparison of models and theories a dangerous game." (S. 536)

Ich möchte deshalb im Folgenden zuerst einmal versuchen, den Begriff der Informationsverarbeitung und des IV-Paradigmas zumindest ansatzweise zu präzisieren. Ich stütze mich dabei insbesondere auf die Arbeiten von Palmer & Kimchi (1986) und Massaro & Cowan (1993).

Das IV-Paradigma modelliert Denken als Informationsverarbeitung und den Menschen als informationsverarbeitendes System. Massaro & Cowan (1993) geben folgende allgemeine Charakterisierung des IV-Ansatzes:

> "'Information' ... refers to representations derived by a person from environmental stimulation or from processing that influences selections among alternative choices for beliefs or action. 'Information processing' (IP) refers to how the information is modified so that it eventually has its observed influence. 'IP models' are theoretical descriptions of a sequence of steps or stages through which this processing is accomplished." (S. 384)

Massaro & Cowan (1993, S. 386) unterscheiden **Information** im Sinne interner mentaler Repräsentationen von den externen, in der Umwelt befindlichen **Daten**, die die Basis für Repräsentationen bilden.[4] Umweltdaten werden interindividuell unterschiedlich verarbeitet (interpretiert) und interindividuell unterschiedlich informationell repräsentiert (zur individuellen Konstruktion von Wirklichkeit vgl. auch Wolff, 1994). Zumeist wird allerdings – terminologisch unscharf – der Begriff der Information sowohl zur Bezeichnung von internen Repräsentationen als auch von externen Daten verwendet.

Palmer & Kimchi (1986, S. 39) nennen folgende fünf für das IV-Paradigma zentrale Prinzipien bzw. Annahmen: (1) *informational description*; (2) *recursive decomposition*; (3) *flow continuity*; (4) *flow dynamics*; (5) *physical embodiment*.[5]

Das Prinzip (Annahme) (1) der **informationellen Beschreibung** ("informational description") wird von Palmer & Kimchi (1986, S. 40) folgendermaßen definiert:

> "Mental events can be functionally described as 'informational events,' each of which consists of three parts: the **input information** (what it starts with), the **operation** performed on the input (what gets done to the input), and the **output information** (what it ends up with)."

Nach Palmer & Kimchi (1986) ist das Prinzip (2) des **rekursiven (hierarchischen) Zerlegens** ("recursive decomposition")[6] – gemeint ist das Aufbrechen kognitiver Prozesse in Subkom-

---

[4] Wie u.a. Herrmann (1988), Pechmann & Engelkamp (1992) und Perner (1991) zeigen, ist auch der Begriff der mentalen Repräsentation keineswegs eindeutig.

[5] Vgl. zum Folgenden auch die Diskussion in Massaro & Cowan (1993) sowie die oben zitierte allgemeine Charakterisierung des IV-Paradigmas. Vgl. ferner auch van der Heijden & Stebbins (1990), die in Bezug auf Palmer & Kimchi (1986) feststellen: "Unfortunately, we found ... some of the assumptions made by Palmer and Kimchi (1986) in some of their arguments too strong or of the wrong type (or both) to reflect accurately the nature of IP in psychology." (S. 197)

[6] Die englischen Termini "to decompose" und "decomposition" werden hier in ähnlicher Bedeutung wie z.B. in der linearen Algebra (u.a. bei der Darstellung von strukturellen Eigenschaften von Matrizen) verwendet. In der deutschsprachigen mathematischen Literatur werden in diesem Kontext zumeist die Termini „zerlegen" und „Zerlegung/Zerlegen" verwendet.

ponenten und zeitliche Phasen – das vermutlich zentrale Prinzip des IV-Paradigmas. Die beiden Autoren definieren dieses Prinzip folgendermaßen:

> "Any complex (nonprimitive) informational event at one level of description can be specified more fully at a lower level by **decomposing** it into (1) a number of components, each of which is itself an informational event, and (2) the temporal ordering relations among them that specify how the information 'flows' through the system of components." (S. 47)

Nach Massaro & Cowan (1993, S. 384f.) kann z.B. die Gedächtnisphase eines kognitiven Prozesses als informationelles Ereignis hierarchisch untergliedert werden in die Modellkomponenten *acquisition*, *retention* und *retrieval*. *Retrieval* kann wiederum untergliedert werden in *memory search* und *decision*. Schließlich kann *memory search* in die Phasen *access* und *comparison* aufgeteilt werden.

Ein formales (mathematisches) Informationsverarbeitungsmodell[7] mit einer entsprechenden hierarchischen Komponenten- und Phasenstruktur erlaubt Vorhersagen u.a. hinsichtlich der zeitlichen Dauer kognitiver Prozesse. Diese Vorhersagen lassen sich dann in Experimenten anhand von Reaktionszeiten oder auch anhand der Qualität der Lösungen bei der Bearbeitung von unterschiedlichen Aufgaben überprüfen.

Das Prinzip (3) der **Informationssequenzierung** ("flow continuity") basiert auf der Annahme (1) des rekursiven Zerlegens. Die Annahme (3) besagt, dass der Informationsfluss so verläuft, dass die für eine Operation notwendigen *input*-Informationen über den *output* des vorangehenden Prozesses bereitgestellt werden.[8]

Das Prinzip (4) der **Informationsdynamik** ("flow dynamics") bezieht sich auf die zeitlichen Eigenschaften des Informationsflusses innerhalb des Systems. Palmer & Kimchi (1986, S. 54) fassen diese Annahme folgendermaßen:

> "No output can be produced by an operation until its input information is available to it and sufficient time has elapsed for it to process this input."

So wird z.B. in psychologischen Modellen häufig die Annahme gemacht, dass die in einer informationellen Beschreibung unterschiedenen Operationen diskrete Stadien mit jeweils spezifischer Dauer (plus oder minus einer Zufallskomponente) darstellen, wobei die jeweilige Dauer von Eigenschaften der *input*-Information abhängt (vgl. Palmer & Kimchi, 1986, S. 54f. sowie die weiterführenden Hinweise in Massaro & Cowan, 1993, S. 394ff.).

Das Prinzip (5) der **physikalischen Repräsentation** ("physical embodiment") bezeichnet schließlich den Sachverhalt, dass die Informationsverarbeitung innerhalb eines physikalischen

---

[7] In Massaro & Cowan (1993) finden sich Hinweise auf eine Vielzahl von (mathematischen) Informationsverarbeitungsmodellen aus unterschiedlichen Gegenstandsbereichen (u.a Psychophysik, visuelle Wahrnehmung, Sprachwahrnehmung, Gedächtnis).

[8] Vgl. Palmer & Kimchi (1986, S. 53): "All input information required to perform each operation must be available in the output of the operations that flow into it."

Systems stattfindet und dass die Information durch Zustände des Systems (z.B. biochemischer Art) physikalisch repräsentiert wird.[9] Das System kann dabei in Form von sehr unterschiedlichen funktionalen Architekturen modelliert werden. So lässt sich Denken z.B. in Analogie zum Computer als Rechnen mit physikalischen Symbolen auf der Basis expliziter Regelsysteme (*computational paradigm*)[10] oder z.B. wie in konnektionistischen Ansätzen in Analogie zu neuronalen Prozessen modellieren. Entsprechend dieser Sichtweise ist auch der Konnektionismus eine spezielle Variante des IV-Paradigmas – allerdings mit der Einschränkung, dass für konnektionistische Modelle das Charakteristikum des hierarchischen Zerlegens kognitiver Prozesse nicht gilt (vgl. Massaro & Cowan, 1993, S. 387 u. S. 416 sowie auch S. Carroll, 1989).

2.2 Deklaratives vs. prozedurales Wissen

2.2.1 Allgemeine Charakterisierung

Vertreter des IV-Ansatzes differenzieren häufig zwischen deklarativem und prozeduralem Wissen bzw. Gedächtnis. Diese Unterscheidung ist vor allem unter Bezug auf Arbeiten von John R. Anderson in der L2-Strategieforschung vielfach aufgegriffen worden und hat die Diskussion nicht unerheblich beeinflusst (vgl. Abschnitt 4.2).

Wie die Explikationsversuche von Oswald & Gadenne (1984) sowie Oberauer (1993) zeigen, ist die Dichotomie ‚deklarativ vs. prozedural' begrifflich allerdings keineswegs eindeutig und zudem auch nicht unproblematisch. In der L2-Forschung weisen u.a. Möhle & Raupach (1989) sowie Raupach (1987) auf Probleme im Zusammenhang mit der Konzeption des deklarativen und prozeduralen Wissens hin. In Anbetracht der geschilderten Situation werde ich im Folgenden relativ ausführlich auf das Begriffspaar ‚deklarativ vs. prozedural' eingehen – und zwar in erster Linie auf dessen Konzeptualisierung durch Anderson.[11]

Die Unterscheidung von deklarativem und prozeduralem Wissen ist bei Anderson im Rahmen seines Modells des *Adaptive Control of Thought* (*ACT*) zu sehen. Nach Anderson (1983, S. ix) ist ACT und dessen Weiterentwicklung ACT* (zu lesen als: *ACT star*) "a theory of **cognitive architecture** – that is, a theory of the basic principles of operation built into the cognitive

---

[9] Bei Palmer & Kimchi (1986, S. 56) heißt es hierzu: "We make explicit the intuitions that information and operations are carried by some physical 'medium' or 'substrate' in the fifth assumption of the IP approach, that of *physical embodiment* (or 'implementation'). Die Annahme des "physical embodiment" fassen die Autoren dann folgendermaßen: "In the dynamic physical system whose behavior is being described as an informational event, information is carried by states of the system (here called *representations*) and operations that use this information are carried out by changes in state (here called *processes*)." (S. 56)

[10] Zur Kontroverse "What is computation (and is cognition that)" vgl. jüngst Band 4, Heft 4, November 1994 der Zeitschrift: "Minds and Machines. Journal for Artificial Intelligence, Philosophy, & Cognitive Science".

[11] Gardner (1987, S. 131) charakterisiert Anderson und dessen Werk als "deeply rooted in the practice of artificial intelligence". Vgl. zum Folgenden auch Möhle & Raupach (1989), O'Malley & Chamot (1990, Kap. 2 u. 3), Raupach (1987) und Towell & Hawkins (1994, Kap. 12), die jeweils relativ breit die Theorie von Anderson im Hinblick auf den Zweitsprachenerwerb diskutieren. Siehe ferner auch die entsprechenden Abschnitte in Gagné, Yekovich & Yekovich (1993) und Glover, Ronning & Bruning (1990).

system." ACT* ist ein probabilistisches System, dessen Reaktionen u.a. vom Grad der Aktivation seiner Elemente abhängen. Anderson (1983, S. 21) stellt ausdrücklich fest, dass die Unterscheidung von deklarativem und prozeduralem Wissen für alle ACT-Versionen von fundamentaler Bedeutung ist.[12]

Deklaratives Wissen wird von Anderson unter Verweis auf Ryle (1949) auch als „Wissen, dass" ("knowing that") oder auch als Faktenwissen, prozedurales Wissen dagegen als „Wissen, wie" ("knowing how") oder auch als Handlungswissen (Fertigkeitswissen) charakterisiert.

Anderson (1976, S. 117f.) zitiert u.a. Winograd (1975), um die Kontroverse hinsichtlich der beiden verschiedenen Wissenstypen zu charakterisieren. Winograd (1975) beschreibt auf der Basis der Computermetapher den Unterschied zwischen prozeduraler und deklarativer Repräsentation und den Gegensatz zwischen den sog. Prozeduralisten und Deklarativisten folgendermaßen:

> "It is an artificial intelligence incarnation of the old philosophical distinction between 'knowing that' and 'knowing how'. The proceduralists assert that our knowledge is primarily a 'knowing how'. The human information processor is a stored program device, with its knowledge of the world **embedded** in the programs. What a person (or robot) knows about the English language, the game of chess, or the physical properties of his world is coextensive with his set of programs for operating with it. ... The declarativists, on the other hand, do not believe that knowledge of a subject is intimately bound with the procedures for its use. They see intelligence as resting on two bases: a quite general set of procedures for manipulating facts of all sorts, and a set of specific facts describing particular knowledge domains. In thinking, the general procedures are applied to the domain-specific data to make deductions." (S. 186)

Damit entspricht das deklarative Wissen dem von der Software getrennt gespeicherten Faktenwissen. Es stellt den *input* der Software dar und kann über das Programm verändert werden. Das prozedurale Wissen entspricht dagegen der Software unter Einschluss des in die Software integrierten Faktenwissens. Im Unterschied zu den reinen Prozeduralisten und reinen Deklarativisten besteht für Anderson allerdings kein prinzipieller Gegensatz zwischen prozeduralem und deklarativem Wissen. In Andersons ACT*-Modell finden vielmehr **beide** Wissenstypen gleichermaßen Berücksichtigung (vgl. Anderson, 1976, 1980, 1983).

Das deklarative Wissen ist nach Anderson explizites Wissen, das prozedurale Wissen dagegen implizites Wissen. Entsprechend unterscheiden Anderson und andere Autoren auch zwischen

---

[12] Ich beschränke mich vor allem auf eine Darstellung von ACT* im Sinne von Anderson (1983), da in der L2-Strategieforschung in erster Linie hierauf Bezug genommen wird. Dies bedeutet gleichzeitig, dass ich nur am Rande auf spätere Versionen der Theorie von Anderson eingehe (z.B. Anderson, 1989, 1990b, 1993; Servan-Schreiber & Anderson, 1990; Singley & Anderson, 1989), zumal diese in der L2-Strategieforschung m.W. entweder gar nicht oder erst in Ansätzen rezipiert worden sind und zudem für die spezifische Themenstellung des vorliegenden Artikels nur sehr bedingt relevant sind.

einem deklarativen bzw. expliziten und einem prozeduralen bzw. impliziten **Gedächtnis**.[13] Anderson (1990a, S. 217) stellt hierzu fest:

> "Research ... has convinced many researchers that there are at least two types of memory. Some people have called the explicit memory **declarative memory** because it contains the memories of which we are conscious and can declare. The other kind of memory is **called procedural memory** because it is implicit in our performing various kinds of procedures such as perceiving a word or solving a problem."

Wie allerdings bereits Anderson (1976) zugesteht, ist die Dichotomie ‚deklarativ vs. prozedural' keineswegs eindeutig.[14] Anderson (1976) weist u.a. auf folgende Probleme bei der Differenzierung zwischen den beiden Wissens- bzw. Gedächtnistypen hin:

> "Any complete psychological model obviously needs both types of knowledge. However, there is room for disagreement about what to represent procedurally and what to represent declaratively. ... There is also room for disagreement about how different the formalisms should be that represent declarative and procedural knowledge. ... Besides the two issues of what to represent procedurally and of how different to make the procedural and declarative representations, there is the uncertainty introduced because it is not always clear what to regard in a model as procedural representation and what to regard as declarative. Thus, the procedural-declarative distinction, although valuable, can be very vague and imprecise." (S. 78f.)

Anderson (1976, S. 117) nennt dann unter Verweis auf Ryle (1949) folgende drei häufig genannte Merkmale zur Unterscheidung zwischen deklarativem und prozeduralem Wissen:

> "The first is that declarative knowledge seems possessed in an **all-or-none manner** whereas procedural knowledge seems to be something that can be **partially** possessed. ... A second distinction is that one acquires declarative knowledge **suddenly by being told**, whereas one

---

[13] Nach Masson & Graf (1993) gibt es allerdings Bedeutungsunterschiede zwischen den Begriffspaaren ‚deklarativ/prozedural' und ‚explizit/implizit'. Masson & Graf bemerken hierzu: "Other labels are sometimes used to mark the distinction between implicit and explicit memory, including **procedural** and **declarative** memory. The differences among these labels are important. The terms implicit and explicit memory usually denote two different ways of using memory – one implicit and not mediated by conscious intentions, and the other explicit and consciously controlled. By contrast, procedural and declarative are theoretical terms used to denote two kinds of memory systems. In this way, implicit and explicit are concerned with different forms or functions of memory, and these distinct functions may be explained either in terms of cognitive processes or in terms of memory systems" (S. 8, Fußnote 1). Vgl. auch Schacter (1987, S. 501): "... the concepts of implicit and explicit memory neither refer to, nor imply the existence of, two independent or separate memory systems."

[14] Vgl. auch Reber (1993, S. 23), der hinsichtlich der Dichotomie ‚implizit vs. explizit' von einer "polarity fallacy" spricht und hierzu anmerkt: "... we need to be careful not to treat implicit and explicit learning as though they were completely separate and independent processes; they should properly be viewed as interactive components or cooperative processes ... There is, so far as I am aware, no reason for presuming that there exists a clean boundary between conscious and unconscious processes or a sharp division between implicit and explicit epistemic systems ...". Vgl. weiterhin die Diskussion der Begriffe 'conscious', 'intentional', 'implicit' und 'subliminal' bei Schmidt (1990, 1993).

acquires procedural knowledge **gradually by performing the skill**. ... A final distinction is that one can **communicate verbally** one's declarative knowledge but not one's procedural knowledge." (meine Hervorhebungen)

Anderson geht damit u.a. davon aus, dass deklaratives Wissen im Gegensatz zu prozeduralem Wissen durch Mitteilung unmittelbar erworben werden kann. Dagegen bedarf es in der Regel zum Erwerb von Handlungswissen wiederholter Übung, wobei allerdings das Ausmaß an notwendiger Übung individuell stark streut. Die Notwendigkeit wiederholter Übung für den Aufbau von Handlungswissen wird auch in der L2-Strategieforschung immer wieder betont.

Singley & Anderson (1989, S. 198) weisen weiterhin darauf hin, dass sich deklaratives und prozedurales Wissen in Bezug auf die Vergessensresistenz unterscheiden. Deklaratives Wissen (Faktenwissen) wird relativ leicht vergessen, während prozedurales Wissen (wie z.B. die Fähigkeit zum Fahrradfahren) weit weniger leicht verloren geht.

Schließlich gibt es zahlreiche Hinweise für eine neuropsychologische Dissoziierung deklarativen und prozeduralen Wissens (vgl. Schacter, 1987, S. 508ff., Singley & Anderson, 1989, S. 200 sowie Teil III in Graf & Masson, 1993). So ist z.B. wiederholt gezeigt worden, dass amnestische Personen in standardisierten Tests **impliziten** Erinnerns und Erkennens normale Leistungen erbringen können, während gleichzeitig ihre Leistungen in standardisierten Tests **expliziten** Erinnerns und Erkennens im pathologischen Bereich liegen (vgl. hierzu auch Squire, 1986 sowie die Hinweise auf weitere Interpretationsmöglichkeiten bei Masson & Graf, 1993, S. 6f.). Weiterhin gibt es eine Vielzahl von Belegen, dass amnestische Personen beim Erlernen unterschiedlichster kognitiver Fertigkeiten (z.B. Problemlösen, Lesen spiegelverkehrter Schrift) normale oder zumindest fast normale Leistungen erbringen können, obwohl die Personen nicht in der Lage waren sich explizit zu erinnern, dass sie die entsprechende Fertigkeit beim Erlernen tatsächlich gezeigt hatten (vgl. z.B. die Hinweise bei Schacter, 1987, S. 508ff.).

Anderson und auch eine Reihe anderer Vertreter des IV-Ansatzes gehen von unterschiedlichen Repräsentationsformen für deklaratives und prozedurales Wissen aus. Deklaratives Wissen wird nach Anderson in Form von Netzwerkstrukturen, prozedurales Wissen in Form von Produktionen repräsentiert (vgl. hierzu auch Kiss, 1993; Oberauer, 1993; Opwis, 1988; Oswald & Gadenne, 1984; Schnotz, 1994, Kap. 5). Daneben nimmt Anderson (1983, S. 45ff.) noch zwei weitere Repräsentationsformen deklarativen Wissens an, nämlich "temporal strings" und "spatial images".

Produktionen sind Bedingungs-Aktions-Verknüpfungen, die in ihrer einfachsten Form folgende Struktur aufweisen: Wenn A, dann führe B aus! Im Gegensatz zu logischen Implikationen (Wenn-dann-Beziehungen), deren Antezedens (Wenn-Komponente) und Sukzedens (Dann-Komponente) stets Propositionen mit einem bestimmten Wahrheitswert sind, kann das Antezedens einer Produktion u.a. auch Ziele und Bewertungen enthalten, d.h. Bestandteile, die im Gegensatz zu Propositionen keinen Wahrheitswert aufweisen, sondern die vielmehr nach ihrer Angemessenheit zu beurteilen sind. Weiterhin werden vom handelnden Subjekt auch die im Antezedens einer Produktion enthaltenen Propositionen nicht in Bezug auf ihren Wahrheitswert, sondern lediglich hinsichtlich ihrer Übereinstimmung mit entsprechenden Inhalten des Arbeitsgedächtnisses überprüft (sog. *matching*). Entsprechend gilt auch für die Gesamtproduktion, dass diese nach ihrer Angemessenheit für die Lösung einer bestimmten Aufgabe zu beurteilen ist und nicht wie eine logische Implikation nach dem Wahrheitswert. Im Gegensatz zu deklarativem Wissen, das richtig oder falsch sein kann, ist prozedurales Wissen somit nur mehr oder minder angemessen, nicht aber richtig oder falsch (vgl. zum Vorangehenden Ohlsson, 1987, S. 288-290).

Produktionen sind nach Anderson in einer hierarchischen Zielstruktur organisiert und modifizieren sich selbst in einem dynamischen Adaptionsprozess (vgl. auch Klahr, Langley & Neches, 1987, 1988 sowie Abschnitt 2.2.3). Bechtel & Abrahamsen (1991, S. 154) betrachten Produktionssysteme als "our best-developed medium for modeling **knowing how**".[15]

Deklaratives Wissen (wie ‚Paris ist die Hauptstadt Frankreichs') kann direkt aus dem Gedächtnis als Proposition abgerufen werden, oder es können andere Propositionen abgerufen werden, auf deren Basis die gesuchte Information abgeleitet werden kann. Dies gilt jedoch nicht für prozedurales Wissen – z.B. wie man Fahrrad fährt. Für entsprechende Aktivitäten bedarf es eines Systems, das motorische Abläufe plant, durchführt und überwacht. Insbesondere diese exekutiven Kontrollprozesse sind nach Ansicht vieler Autoren nur sehr bedingt oder überhaupt nicht mitteilbar (vgl. Anderson, 1980, S. 23f. sowie auch Bechtel & Abrahamsen, 1991, S. 152) – ein für die Verwendung introspektiver Datenerhebungsverfahren wichtiger Sachverhalt (vgl. Abschnitt 5).

Prozedurales und deklaratives Wissen unterscheiden sich damit sowohl in struktureller als auch in funktionaler Hinsicht – und zwar nach Ohlsson (1993, S. 149f.) funktional vor allem in folgender Weise:

> "Procedural knowledge is **prescriptive** and **use-specific**. ... Declarative knowledge, on the other hand, is **descriptive** (as opposed to prescriptive) and **use-independent**. ... The function of procedural knowledge is to **control action**; the function of declarative knowledge is to **provide generality**." (meine Hervorhebungen)

---

[15] Wolff (1990, S. 615f.) geht dagegen offensichtlich davon aus, dass das gesamte Sprachwissen unter Einschluss des prozeduralen Anteils in Form von Schemata gespeichert ist. Sowohl die Modellierung auf der Basis von Schemata als auch auf der Basis von Produktionssystemen geht letztlich von einer **propositionalen** Repräsentation aus. Levelt (1989, S. 72ff.) nimmt im Rahmen seines Sprachproduktionssystems sogar an, dass jegliches Wissen, unabhängig davon, ob es in einem analogen mentalen Modell, einem auditiven, einem kinästhetischen, einem gustatorischen oder einem olfaktorischen Repräsentationssystem gespeichert ist, zur Versprachlichung in ein propositionales Format überführt wird. Konnektionistische Modelle nehmen hingegen eine nichtpropositionale Repräsentation an. Hinweise zur konnektionistischen Modellierung von *knowing how* finden sich bei Bechtel & Abrahamsen (1991, S. 151ff.). Einen Überblick über unterschiedliche Modelle der mentalen Repräsentation deklarativen lernersprachlichen L2-Wissens gibt Tönshoff (1992, S. 40ff.).

2.2.2 Metakognitives Wissen

Ein weiterer im Hinblick auf die Strategieforschung wichtiger Wissenstyp ist das sog. **metakognitive Wissen**. Metakognitives Wissen wird von vielen Autoren als zentral sowohl für den effizienten Einsatz von Strategien als auch für erfolgreiches Lernen insgesamt angesehen. Auch beim metakognitivem Wissen kann zwischen deklarativen und prozeduralen Wissensbeständen unterschieden werden.[16] Allerdings nimmt meines Wissens Anderson selbst keine entsprechende Differenzierung vor.

Das **deklarative metakognitive Wissen** umfasst das explizite Wissen um das situations- und aufgabenspezifische kognitive Funktionieren sowohl der eigenen Person als auch anderer Personen. Flavell (1979, S. 906) beschreibt diesen Wissenstyp auch als "... that segment of your (a child's, an adult's) stored world knowledge that has to do with people as cognitive creatures and with their diverse cognitive tasks, goals, actions and experiences." Ein Beispiel ist das Wissen einer Person über die Beschränkungen des Kurzzeitgedächtnisses oder auch das Wissen bzw. der Glaube einer Person, dass sie die Wörter einer Fremdsprache dann am besten lernt, wenn diese schriftlich als Vokabelgleichungen präsentiert werden. Nach Brown, Bransford, Ferrara & Campione (1983, S. 107) ist metakognitives Wissen des beschriebenen Typs relativ **stabil** und Teil unseres Langzeitgedächtnisses. Es ist zudem zumeist **verbalisierbar** ("statable"), d.h. in der Regel bewusstseinsfähig und mitteilbar. Weiterhin ist es **fallibel** (irrtumsbehaftet, engl. "fallible"),[17] d.h., es muss wie auch anderes Weltwissen nicht notwendigerweise mit den empirischen Gegebenheiten übereinstimmen.

Prozedurales metakognitives Wissen – u.a. auch als regulatives Kontrollwissen oder regulative Fertigkeiten bezeichnet – bezieht sich hingegen auf das **Planen**, das **Überwachen** (*monitoring*) der Ausführung und das **Überprüfen** des Ergebnisses einer Tätigkeit (vgl. auch die Taxonomie metakognitiven Wissens und regulativer Fertigkeiten bei Wenden, 1987, S. 583). Nach Brown (1984) sowie auch vielen anderen Autoren ist regulatives Kontrollwissen nur sehr bedingt verbalisierbar und eher instabil, d.h. aufgaben- und situationsabhängig.

Verwendet man wiederum die Computermetapher, dann kann das prozedurale metastrategische Wissen (Kontrollwissen) mit der Ebene der Betriebssystem-Software gleichgesetzt werden. Allerdings ist auch diese Analogie nicht unproblematisch.

Brown et al. (1983, S. 107) betrachten deklaratives metakognitives Wissen und regulatives Kontrollwissen als "incestuously related". So erfolgt die Entscheidung über den Einsatz spezi-

---

[16] Flavell & Wellman (1977) verwenden den Terminus ‚Metakognition' noch ausschließlich zur Bezeichnung bewusster, hoch expliziter Wissensbestände. Später wurde dann von Ann Brown auch der Aspekt der exekutiven Kontrolle unter den Terminus ‚Metakognition' subsumiert (z.B. Brown, 1980). Vgl. weiterhin die Differenzierung zwischen deklarativem Wissensaspekt und exekutivem Kontrollaspekt bei Hasselhorn (1992, S. 37) sowie auch Lompscher (1993). Vgl. schließlich Raabe (1991, 1992), der in Bezug auf die L2-Forschung ebenfalls zwischen den beiden Aspekten unterscheidet.

[17] Vgl. die Bedeutung des Terminus ‚fallibel' z.B. in der Philosophie des Falsifikationismus.

fischer regulativer Fertigkeiten beim Lernen und Problemlösen u.a. auf der Basis deklarativen metakognitiven Wissens. Das aktivierte regulative Kontrollwissen steuert dann wiederum den Einsatz deklarativen metakognitiven Wissens bei der Handlungsdurchführung in Form von Planungs-, Überwachungs- und Überprüfungsaktivitäten (vgl. Cavanaugh & Perlmutter, 1982, S. 14ff. sowie Wenden, 1987, S. 582-584).

2.2.3 Wissens- und Fertigkeitserwerb

Anderson (1980, 1982, 1983, 1985, 1987b) geht unter Bezug auf Fitts (1964) davon aus, dass der Wissens- und Fertigkeitserwerb – insbesondere bei erwachsenen Lernern – in drei aufeinander folgenden Phasen stattfindet: einer **kognitiven**, einer **assoziativen** und einer **autonomen** Phase (vgl. auch Mandl, Friedrich & Hron, 1986/1993, S. 177f., 1988, S. 137ff. sowie den sehr klaren Überblick bei Schnotz, 1994, S. 110ff.).[18]

Auf einer ersten, kognitiven Stufe – von Anderson auch als deklarative oder interpretative Stufe bezeichnet – erfolgt eine Handlung auf der Grundlage von deklarativem Faktenwissen mit Hilfe allgemeiner Problemlösungsprozeduren. Die allgemeinen Problemlösungsprozeduren operieren interpretativ im Sinne eines Interpreter-Programms auf den deklarativen Wissensbeständen (zum Interpreter vgl. Anderson, 1982, S. 374ff.; 1983, S. 217ff.). Die Ausführung ist langsam, bewusst kontrolliert und zudem meist fehlerbehaftet. Nach Anderson ist das deklarative Wissen der kognitiven Phase bewusst(seinsfähig) und verbalisierbar.

Auf der assoziativen Stufe wird der Vollzug der Handlung automatisiert und das zugrundeliegende Wissen durch wiederholte Nutzung immer stärker implizit, wobei allerdings deklaratives und prozedurales Wissen noch Seite an Seite existieren können.

Auf der autonomen Stufe wird schließlich die der Handlung zugrundeliegende Fähigkeit zu einer automatisierten und in Bezug auf ein bestimmtes Handlungsziel optimierten Fertigkeit. Nach Dreyfus & Dreyfus (1986) zeichnen sich Experten in einem Fertigkeitsbereich dadurch aus, dass sie **intuitiv** und **holistisch** in einer Problemlösungssituation reagieren: Sie sehen die Situation und sehen gleichzeitig, was zu tun ist. Oft kann ein Experte keine Gründe für sein Handeln oder Urteilen angeben. Wenn er nach Begründungen gefragt wird, kann es deshalb geschehen, dass er Gründe erfindet.

Anderson charakterisiert den Übergang vom deklarativen zum prozeduralen Wissen in Analogie zur Computerprogrammierung als **Wissenskompilierung**, wobei er die beiden Teil-

---

[18] Ein anderes in der L2-Strategieforschung diskutiertes Modell des Wissens- und Fertigkeitserwerbs geht auf Rumelhart & Norman (1978) zurück und nimmt folgende drei Stufen an: *accretion* (kumulativer Wissenszuwachs), *restructuring* (Restrukturierung des vorhandenen Wissens beim Hinzukommen von neuem Wissen) und *tuning* (Anpassung des Wissens an spezifische Anforderungen) (vgl. z.B. O'Malley & Chamot, 1990, S. 29f.; Wolff, 1990). Anderson selbst nimmt auf das Modell von Rumelhart & Norman (1978) explizit Bezug, und zwar insbesondere auf den Begriff des *tuning* (vgl. z.B. Anderson, 1985, S. 235). Ein vergleichende Gegenüberstellung der Modelle von Anderson und Rumelhart & Norman findet sich bei O'Malley & Chamot (1990, S. 29f.).

prozesse der **Prozeduralisierung** ("proceduralization") und **Komposition** ("composition") von Produktionen unterscheidet (vgl. Anderson, 1982, S. 381ff.; 1983, S. 34ff.).[19]

Die **Prozeduralisierung** besteht in der Bildung von neuen, spezielleren Produktionen auf der Basis von weniger speziellen Produktionen, wobei bisher lediglich deklarativ repräsentierte bereichsspezifische Information direkt in die entsprechenden Produktionen integriert wird. Als Folge muss bei der Anwendung prozeduralisierter Produktionen weniger deklaratives Wissen aktiviert werden.

Die **Komposition** besteht dagegen in der Zusammenfassung von Produktionen, die ein gemeinsames Ziel haben und wiederholt zusammen aufgetreten sind, zu einer komplexen, neuen Produktion.[20]

Sowohl bei der Prozeduralisierung als auch bei der Komposition kommt es zu einer Entlastung des Arbeitsgedächtnisses und im Zuge der Feinabstimmung (*tuning*) der neuen Produktionen auf den jeweiligen Inhaltsbereich über die Prozesse der Diskrimination, Generalisation und Verstärkung zu einer Optimierung und Automatisierung der Handlungsausführung (vgl. auch Anderson, 1982, S. 390ff.). Wie eine Reihe von Autoren vermerkt, muss es allerdings nicht stets zu einer Optimierung kommen. So können nach Carlson & Schneider (1989) bei der Kompilierung konfligierende Prozesse eine Optimierung verhindern.[21] Ferner kann es aufgrund von „Mechanisierungstendenzen beim Aufgaben- und Problemlösen" (Schnotz, 1994, S. 112) passieren, dass z.B. für bestimmte Situationen optimales prozedurales Wissen auch dann verwendet wird, wenn es keine optimale Lösung ermöglicht (vgl. zu diesem sog. Einstellungseffekt Anderson, 1987b, S. 200, Schnotz, 1994, S. 112 sowie Luchins & Luchins, 1959). Insbesondere den letzten Sachverhalt gilt es bei der Analyse von strategischem Handeln zu berücksichtigen.[22]

---

[19] In neueren Versionen des ACT*-Modells findet sich neben der Kompilierung noch die **strukturelle Analogiebildung** als weiterer Mechanismus zur Überführung von deklarativem in prozedurales Wissen (vgl. Singley & Anderson, 1989, S. 31).

[20] Die Komposition von Produktionen hat eine gewisse Affinität zur mathematischen Operation der Verknüpfung von Relationen/Operatoren. In der deutschsprachigen mathematischen Literatur wird in diesem Zusammenhang zuweilen ebenfalls von Komposition gesprochen. Die Komposition von Produktionen kann wiederum als Spezialfall des Prinzips des *chunking* interpretiert werden. Die Bedeutung des *chunking* als allgemeiner Lernmechanismus wird u.a. von Newell (1990) und Servan-Schreiber & Anderson (1990) aufgezeigt (vgl. hierzu auch Schmidt, 1992, S. 374). Servan-Schreiber & Anderson (1990) gehen beim (impliziten) Lernen von Buchstabenketten auf der Basis einer künstlichen Grammatik sogar von "competetive chunking" als **einzigem** Lernmechanismus aus.

[21] Vgl. z.B. die Bemerkungen von Carlson & Schneider (1989, S. 531) zum Konflikt zwischen **Kompositionseffekt** und **Komplexitätseffekt**: "However, the complexity effect competes with the composition effect. As composition speeds processing relative to the uncomposed productions, production conditions become more complex, slowing processing relative to less complex conditions. ... The competing mechanisms in ACT* make the theory difficult to falsify ..."

[22] Ryle (1949) unterscheidet zwischen Gewohnheiten, die lediglich mechanische Reaktionen auf Situationen sind und intelligenten Fähigkeiten, die dem *knowing how* zugrunde liegen. Er stellt hierzu fest: "It is of the essence of merely habitual practices that one performance is a replica of its predecessors. It is of the essence of intelligent practices that one performance is modified by its predecessors. The agent is still learning." (S. 42)

Das Wissen der autonomen Phase des Fertigkeitserwerbs ist – wenn überhaupt – nur unter bestimmten Bedingungen bewusstseinsfähig und verbalisierbar, so z.B. wenn bei der Durchführung einer normalerweise automatisiert ablaufenden Tätigkeit Probleme auftauchen (vgl. auch Anderson, 1987b). Aber auch dann ist das Wissen zumeist nur in Teilen bewusstseinsfähig und mitteilbar.

Auf die nur sehr bedingte (introspektive) Zugänglichkeit automatisierter und kompilierter Prozesse weisen auch Ericsson & Simon (1980, S. 55) im Rahmen ihrer Diskussion verbaler Daten hin. Automatisierte und kompilierte Prozesse erreichen nicht das Kurzzeitgedächtnis und sind deshalb nicht mitteilbar:

> "Automation means that intermediate steps are carried out without being interpreted, and without their inputs and outputs using STM [short-term memory]. The automation of performance is therefore analogous to executing a computer algorithm in compiled instead of interpretive mode. Automation and compilation have two important consequences. They greatly speed up the process (typically, by an order of magnitude), and they make the intermediate products unavailable to STM, hence unavailable for verbal reports."

Nach Andersons ACT*-Modell des Fertigkeitserwerbs beginnt das Erlernen einer Fertigkeit grundsätzlich auf der Basis deklarativen Wissens. Im Gegensatz dazu betont Ryle (1949) den primären Charakter von *knowing how* (vgl. z.B. S. 26). Auch Oberauer (1993) und Oswald & Gadenne (1984) weisen darauf hin, dass der Erwerb prozeduralen Wissens nicht notwendigerweise über eine deklarative Anfangsrepräsentation erfolgen muss. Dies dürfte z.B. beim Erwerb der Muttersprache und mit Einschränkungen auch beim nicht durch Unterricht gesteuerten Lernen von Fremd- und Zweitsprachen der Fall sein (vgl. den nächsten Abschnitt).

2.2.4 Erwerb und Gebrauch von Sprache

Nach Anderson (1983, S. 255) gilt die ACT*-Theorie für alle höheren Fertigkeiten unter Einschluss von Sprache. In Bezug auf Sprache argumentiert er u.a. folgendermaßen:

> "Language generation is similar in character to other cognitive activities, and its structure is basically a problem-solving one." (Anderson, 1983, S. 267)

Die Annahme, dass sich Gebrauch und Erwerb sowohl der Muttersprache als auch einer Fremdsprache nicht in grundsätzlicher Weise von anderen kognitiven Aktivitäten unterscheiden und damit auch prinzipiell gleich modelliert werden können, ist ein wesentlicher Unterschied zwischen Andersons ACT-Theorie und z.B. kognitionswissenschaftlichen Modellierungen auf der Basis (strukturell und/oder prozedural) **modularer Subsysteme** sowie auch zwischen ACT-Theorie und universalgrammatischen Modellierungsversuchen des Erst- oder auch Zweitsprachenerwerbs auf der Basis der Annahme angeborener Spracherwerbsmechanismen.[23]

---

[23] Zur Modularität vgl. z.B. die bekannte Arbeit von Fodor (1983) sowie den Überblick bei Schwarz (1992, S. 22ff.). Towell & Hawkins (1994, Kap. 12) setzen sich aus linguistischer Sicht kritisch mit der ACT*-Theorie auseinander. Vgl. ferner auch die ACT*-Modellierung des Erwerbs der Grammatik der Muttersprache bei MacWhinney & Anderson (1986).

Beobachtbare Unterschiede beim Gebrauch von Muttersprache und Fremdsprache führt Anderson vor allem auf Unterschiede im Grad der Kompilierung des jeweils eingesetzten Wissens zurück. Für das Wissen eines kompetenten Muttersprachlers gilt, dass dieses in hohem Maße prozedural und nur mit großen Einschränkungen verbalisierbar ist. Anderson (1976, S. 119) stellt in Bezug auf dieses Wissen fest:

> "That knowledge is so unreportable that linguists are making a profession to propositionalize the knowledge by painstaking self-observation."

Als Beleg nennt Anderson (1980, S. 224) die Passivtransformation: Muttersprachler sind in der Lage, Aktiv-Passiv-Äquivalente zu formulieren, ohne jedoch zumeist exakte Regeln für ihr Vorgehen formulieren zu können.

Im Gegensatz zum Regelwissen eines Muttersprachlers ist das im Unterricht gelernte 2-Regelwissen vor allem bei nicht sehr weit fortgeschrittenen Lernern tendenziell eher deklarativ und verbalisierbar. Dieser Sachverhalt hat nach Anderson nicht unerhebliche Auswirkungen auf die Sprachproduktion:

> "When we learn a foreign language in a classroom situation, we are aware of the rules of the language, especially just after a lesson that spells them out. One might argue that our knowledge of the language at that time is declarative. We speak the learned language by using general rule-following procedures applied to the rules we have learned, rather than speaking directly, as we do in our native language. Not surprisingly, applying this knowledge is a much slower and more painful process than applying the procedurally encoded knowledge of our own language." (Anderson, 1980, S. 224)

Entsprechend gilt nach Anderson (1983, S. 39) auch:

> "... in becoming proficient in a foreign language we move from using the rules of the language in a slow and conscious manner to applying them without awareness of the rules."

Damit unterscheiden sich Erst- und Zweitsprachenerwerb (unter Einschluss des Erlernens von Fremdsprachen) vor allem dadurch, dass Muttersprachler üblicherweise das autonome Stadium des Fertigkeitserwerbs erreichen, während die Mehrzahl der Fremdsprachenlerner lediglich die assoziative Stufe erreicht (vgl. zu dieser Interpretation der Position Andersons Möhle & Raupach, 1989, S. 200).

Andersons Modell des Fertigkeitserwerbs als ein Fortschreiten von einem kognitiven zu einem autonomen Stadium trifft möglicherweise auf bestimmte Formen des unterrichtlichen Fremdsprachenlernens weitgehend zu.[24] Ich halte das Modell allerdings für nur sehr bedingt adäquat in Bezug auf den **nicht** durch Unterricht gesteuerten Zweitsprachenerwerb und für inadäquat in Bezug auf den Erwerb der Muttersprache.

Fußnote 24: Siehe Seite 48

Eine ähnliche Meinung vertreten u.a. auch Möhle & Raupach (1989):[25]

> "Anderson's unitary approach suggests that the acquisition of both one's native language and a second language, starts 'declaratively,' the main difference being the stage of skill acquisition that has been reached by the speaker/learner. In our opinion Anderson, for the sake of a unitary theory of mind, overestimates the importance of 'learning via instruction.' This acquisition mode can certainly be assigned to second language learning in classroom situations; but it is an inadequate approach to describing the acquisition process of one's native language." (S. 214)

Andersons Universalmodell des Fertigkeitserwerbs steht im übrigen im fundamentalen Gegensatz insbesondere zu der bekannten Position von Krashen, nach der die Aneignung von Fremdsprachen auf zwei grundlegend unterschiedlichen Wegen, nämlich über den sog. ‚Erwerb' sowie durch sog. ‚Lernen', erfolgen kann. Krashen (1985, S. 1) charakterisiert diese beiden Formen folgendermaßen:

> "There are two **independent ways** of developing ability in second languages. **'Acquisition'** is a subconscious process identical in all important ways to the process children utilize in acquiring their first language, while **'learning'** is a conscious process that results in 'knowing about' language." (meine Hervorhebungen)

In der Terminologie Andersons führt nach Krashen damit ‚Erwerben' zu prozeduralem Wissen, ‚Lernen' dagegen zu deklarativem Wissen. Entgegen den Vorstellungen von Anderson besteht jedoch keine Verbindung zwischen den beiden Wissensbeständen. Insbesondere kann nach Krashens *non-interface*-Position ‚erlerntes' – und damit deklaratives – Wissen nicht zu ‚erworbenem' – und damit prozeduralem – Wissen werden:[26]

> "A very important point that also needs to be stated is that learning does not 'turn into' acquisition. The idea that we first learn a new rule, and eventually, through practice acquire

---

[24] Andersons Modell berücksichtigt allerdings nicht hinreichend die Rolle des deklarativen Vorwissens beim Fertigkeitserwerb (vgl. hierzu Ohlsson, 1993, S. 148ff.). Außerdem unterscheidet es m.E. nicht (genügend) zwischen Wissen und Verarbeitung und erklärt nur unzureichend, wie Wissensstrukturen mit unterschiedlicher Transparenz entstehen und welche Rolle diese beim Sprachlernen und Sprachgebrauch spielen (vgl. zu dieser Kritik auch Bialystok & Ryan, 1985, S. 216). So ist es z.B. durchaus denkbar, dass bei einem längeren Auslandsaufenthalt die Geläufigkeit in der Muttersprache leidet, ohne dass sich die Repräsentation und das Ausmaß an Transparenz des zugrundeliegenden Wissens grundsätzlich ändert (die entsprechende Struktur wird bei nachlassender Automatisierung nicht auch gleichzeitig ‚explizit'). Weiterhin können z.B. in einem auf "consciousness-raising" ausgerichteten Fremdsprachenunterricht selbst die hochautomatisierten Fertigkeiten eines Lerners gleichzeitig noch deklarativ repräsentiert sein (vgl. hierzu auch Faerch, Haastrup & Phillipson, 1984, S. 202f. sowie Sharwood Smith, 1981). Vgl. jetzt auch den Sammelband von N. Ellis (1994) zur Rolle impliziter und expliziter Faktoren beim Sprachenlernen (unter Einschluss von Fremdsprachen). Es war mir allerdings leider nicht mehr möglich, diesen Band für die Argumentation des vorliegenden Aufsatzes zu berücksichtigen.

[25] Vgl. auch die Kritik an Andersons Modell des Fertigkeitserwerbs in Raupach (1987) und Towell & Hawkins (1994, Kap. 12).

[26] Zur *non-interface*-Position Krashens vgl. auch Tönshoff (1992, S. 42-48). Eine umfassende Kritik der verschiedenen Versionen der ‚Theorie' Krashens findet sich bei Larsen-Freeman & Long (1991, Kap. 7.3).

it, is widespread and may seem to some people to be intuitively obvious." (Krashen, 1982, S. 83)

2.2.5 Wissen vs. Können

In der Alltagssprache, aber auch z.B. in der Didaktik, wird in der Regel zwischen Wissen und Können bzw. zwischen Wissen und Fertigkeit unterschieden, wobei die Termini ‚Können' bzw. ‚Fertigkeit' die Fähigkeit zum *on-line*-Einsatz von Wissensbeständen bezeichnen. Wissen und Fertigkeit können bei einer Person erheblich auseinanderklaffen. Auf diesen Sachverhalt hat bereits 1925 Hugo Schuchardt in Bezug auf Sprache hingewiesen: „Die meisten Leute machen keinen Unterschied zwischen Sprachen kennen und Sprachen können; und doch deckt sich nur selten beides ganz" (Schuchardt, 1925/1976, S. 424).

Anderson bezieht hingegen den Terminus ‚Wissen' auch auf hochautomatisierte Fertigkeiten (vgl. Abschnitt 2.2.3). Dabei steht bei Anderson die Frage im Vordergrund, wie Wissen mental repräsentiert ist, wobei allerdings Bezüge zwischen Unterschieden in der Repräsentationsform und Spezifika der *on-line*-Informationsverarbeitung hergestellt werden (so wird bei Anderson z.B. ein Bezug zwischen Wissenskompilierung und Automatisierung hergestellt).

M.E. sollte man zwischen dem Wissen, wie etwas zu tun ist, und der in einer konkreten Situation sich zeigenden Fähigkeit zur *on-line*-Informationsverarbeitung terminologisch deutlicher unterscheiden. Zur Bezeichnung der letztgenannten Fähigkeit verwenden Carlson, Sullivan & Schneider (1989) den Terminus ‚prozedurale Fertigkeit' ("procedural skill").[27] Wenn im Folgenden die Fähigkeit zur *on-line*-Wissensaktualisierung betont werden soll, werde auch ich diesen Terminus verwenden.

2.3 Erkenntnisziele, Methodologie und Menschenbild

Wie bereits angedeutet, zielt das IV-Paradigma darauf ab, komplexes Verhalten und Handeln als Wechselwirkung basaler mentaler Prozesse zu analysieren. Der Anspruch derartiger Analysen kann unterschiedlich weitgehend sein. Ein sehr weitgehendes Ziel ist das Zurückführen von Beobachtungsdaten auf mentale Prozesse in Form einer **Kausalerklärung**. Entsprechend einem weniger ehrgeizigen Anspruch sind mentale Prozesse lediglich intervenierende Variablen, die eine fruchtbare Beschreibung und Interpretation der Beobachtungsdaten erlauben (vgl. Massaro & Cowan, 1993, S. 386f.; van der Heijden & Stebbins, 1990).

Häufig wird das IV-Paradigma verstanden als Reaktion auf den Behaviorismus im Zuge der kognitiven Revolution. Wie jedoch u.a. van der Heijden & Stebbins (1990) gezeigt haben, hat das IV-Paradigma große Teile der behavioristischen Experimentalmethodologie übernommen. Weiterhin gibt es gewisse Parallelen zwischen den beiden Richtungen im jeweils zugrunde-

---

[27] In der L2-Forschung unterscheiden Schmidt (1992, S. 358f.) und unter Verweis auf Schmidt auch jüngst R. Ellis (1994, S. 393ff.) zwischen "procedural knowledge" und "procedural skill" (vgl. auch Abschnitt 5). Zum Verhältnis von sprachlichem Wissen und Gebrauch von Sprache vgl. auch bereits Bialystok (1982).

liegenden Menschenbild (vgl. hierzu auch Grotjahn, 1991, S. 190). So sieht Schnotz (1994, S. 115f.) in der Modellierung von menschlichen Fertigkeiten mit Hilfe von Produktionssystemen (vgl. Abschnitt 2.2.1) neben assoziationistischen Prinzipien den Ausdruck „neobehavioristischer Prinzipien, in denen von Stimulus-Response-Verknüpfungen ausgegangen wird und in denen interne Mediationsglieder sowie intervenierende Variablen (z.B. Stärkewerte von Produktionen und deklarativen Wissenseinheiten) angenommen werden ...". In Anbetracht der Affinitäten insbesondere in Bezug auf Methodologie und Subjektmodell (Menschenbild) geht Wahl (1988, S. 258) sogar soweit, den IV-Ansatz insgesamt als „neo-neo-behavioristisch" zu etikettieren (vgl. auch Groeben, 1986, S. 370).

Es ist allerdings in diesem Kontext deutlich zwischen verschiedenen Formen des Behaviorismus zu trennen, und zwar insbesondere zwischen dem **methodologischen Behaviorismus**, dem **radikalen Behaviorismus** und dem **Neobehaviorismus** (vgl. Palmer & Kimchi, 1986, S. 60ff. sowie auch van der Heijden & Stebbins, 1990). Das IV-Paradigma hat m.E. starke Affinitäten zum methodologischen Behaviorismus und auch gewisse Affinitäten zum Neobehaviorismus und dessen Annahme „vermittelnder" Stimuli und Reaktionen innerhalb eines Organismus. Der IV-Ansatz steht allerdings in grundlegender Opposition zum radikalen Behaviorismus, der nicht direkt beobachtbare interne mentale Konstrukte als Objekt empirischpsychologischer Forschung ablehnt. Darüber hinaus besteht ein nicht unwichtiger Unterschied zwischen IV-Ansatz und (methodologischem) Behaviorismus in der Einschätzung introspektiver Methoden. Während Behavioristen introspektive Methoden in der Regel als unseriös abgelehnt haben, gestehen viele IV-Psychologen diesen nunmehr eine wichtige Rolle bei der Analyse kognitiver Vorgänge zu (vgl. z.B. Ericsson & Simon, 1984 sowie auch Anderson, 1987a). Dabei werden allerdings die introspektiven Methoden – im Gegensatz zur L2-Forschung – in erster Linie im Rahmen einer (behavioristisch inspirierten) Experimentalmethodologie eingesetzt (vgl. hierzu auch Grotjahn, 1987 sowie den Abschnitt 5).[28]

3. Zur Definition des Begriffs ‚Strategie'

Der Begriff der ‚Strategie' wird in sehr unterschiedlicher Weise verwendet (vgl. insbesondere Friedrich & Mandl, 1992; Krapp, 1993; Zimmermann, in diesem Band). Ich möchte deshalb zuerst einmal auf der Basis der Ausführungen in Abschnitt 2 einige konzeptuelle Klärungen vornehmen.

---

[28] In dem hier diskutierten Kontext ist im übrigen m.E. deutlich zwischen dem IV-Paradigma und der Kognitionspsychologie als Gesamtdisziplin zu trennen. Vgl. hierzu auch die folgende Feststellung bei van der Heijden & Stebbins (1990, S. 199): "... possibly the IP approach, with its emphasis on behaviour, has to be distinguished from cognitive psychology. The latter can possibly be defined as an attempt 'to understand the nature of human intelligence and how people think' (Anderson, 1980, p. 3), i.e., without reference to overt behaviour."

In erster Annäherung können Strategien als Teilmenge von (mentalen) Prozessen charakterisiert werden. Unter einem Prozess soll dabei eine Folge von (mentalen) Ereignissen verstanden werden. In Anlehnung an J.B. Carroll (1976, S. 42; 1978, S. 111) soll im Folgenden allerdings nur dann ein (mentaler) Prozess das Attribut ‚strategisch' zugesprochen bekommen, wenn der Prozess bei der Bearbeitung einer Aufgabe **optional** (fakultativ) ist, d.h. verwendet oder auch nicht verwendet werden kann.[29] Prozesse, die für die Bearbeitung einer Aufgabe **obligatorisch** sind, sollen dagegen in Übereinstimmung mit J.B. Carroll als **Operationen** bezeichnet werden (vgl. auch Bialystok, 1978). So ist z.B. beim Lesen eines Textes die Perzeption der Buchstabens ein obligatorischer Prozess und damit eine Operation im definierten Sinne.[30] Bei der Entscheidung darüber, ob ein Prozess bereits aufgrund der Anforderungen als obligatorisch oder als fakultativ anzusehen ist, ist im übrigen die gesamte Aufgabenstellung unter Einschluss eventueller Instruktionen zu berücksichtigen.

Bei der Überprüfung, ob das das Kriterium der Optionalität bei der Bearbeitung einer Aufgabe durch eine Person oder Personengruppe **empirisch erfüllt** ist, ist zwischen einer intra- und einer interindividuellen Analyseebene zu unterscheiden. Erweist sich ein (mentaler) Prozess hinsichtlich seiner Anwendung als interindividuell nichtkonstant, d.h., wird er von bestimmten Personen verwendet, von anderen jedoch nicht, ist der Prozess als **interindividuell strategisch** einzuordnen. Wird jedoch ein interindividuell strategischer Prozess von einer einzelnen Person konstant eingesetzt, dann besteht die Möglichkeit, dass die Aufgabenstellung zwar eine Wahl zulässt, dass allerdings gleichzeitig z.B. aufgrund eines hohen Automatisierungsgrades der entsprechende Prozess bei der Person bisher grundsätzlich ausgelöst wird. Intraindividuell gesehen hätte der interindividuell strategische Prozess dann zwar seinen fakultativen Charakter verloren, in Bezug auf die entsprechende Person wäre er dennoch zumindest **potentiell strategisch**, da nicht ausgeschlossen werden kann, dass die Person bei einer erneuten Bearbeitung der Aufgabe nicht doch intraindividuelle Variation in Bezug auf die Verwendung des Prozesses zeigt.

Entgegen der nicht selten vertretenen Position, dass nur bewussten Prozessen das Attribut ‚strategisch' zuzuschreiben sei (vgl. z.B. Rabinowitz & Chi, 1987), impliziert das Kriterium der Optionalität, dass auch hochautomatisierte, nicht bewusst ablaufende Prozesse strategischer Natur sein können.[31] Der zugrundegelegte Strategiebegriff ist damit sehr weit gefasst. In Anbetracht der allgemeinen metatheoretisch-methodologischen Zielsetzung des vorliegenden Bei-

---

[29] Vgl. auch die folgende Definition von ‚Strategie' bei Massaro & Cowan (1993, S. 405): "Strategies are controllable aspects of cognition in which control is exercised in order to maximize task performance." Ähnlich bereits Knapp-Potthoff & Knapp (1982, S. 134): „Strategien sind vom Lerner wählbar, d.h. die Anwendung von Strategien ist vom Lerner manipulierbar."
[30] Vgl. dagegen z.B. Wendt (1993, S. 52; S. 64f.): „Operationen sind Komponenten von Handlungen. Sie haben keine Ziele im Sinne von Handlungszielen, sondern tragen zu deren Erreichung bei." (S. 64)
[31] Vgl. dagegen Poulisse (1993), die zwischen strategischer und nichtstrategischer Sprachverwendung unterscheidet und letzteren Typ als "mostly automatic" (S. 170) charakterisiert.

trags scheint mir eine solche weite Definition allerdings sinnvoll zu sein.[32] Zudem ist bei einer Reihe wohldefinierter (experimenteller) Aufgabentypen anhand von rationalen und empirischen Aufgabenanalysen relativ objektiv entscheidbar, ob ein Prozess strategischer Natur ist (vgl. hierzu auch Grotjahn, 1986 sowie Singley & Anderson, 1989, S. 270ff.). Dies ist m.E. – zumindest für bestimmte Fragestellungen – ein Vorteil gegenüber Definitionsversuchen z.B. auf der Basis des Konstrukts der Bewusstheit.[33]

Es lassen sich folgende Verwendungs- und Analyseebenen des Begriffs ‚Strategie' unterscheiden:

(1) die Ebene des beobachtbaren Verhaltens und Handelns;
(2) die Ebene der nicht unmittelbar beobachtbaren kognitiven Prozesse;
(3) die Ebene der mentalen (und damit nicht unmittelbar beobachtbaren) Repräsentation im Gedächtnis.

Eine Strategie, wie z.B. ‚ein Wort im Wörterbuch nachschlagen', ist phänomenologisch zunächst einmal eine direkt beobachtbare Handlung der Ebene 1.

Das gezielte mentale Assoziieren des Klangbildes eines neu zu lernenden fremdsprachlichen Wortes mit einem klangähnlichen und konkreten, nicht jedoch bedeutungsähnlichen Wort der Muttersprache in Form eines interaktiven Gedächtnisbildes ist dagegen eine Strategie im Sinne eines nichtbeobachtbaren kognitiven Prozesses (Ebene 2). Ein im Zusammenhang mit der bekannten Schlüsselwortmethode häufig zitiertes Beispiel ist die lautlich-visuelle Assoziation von spanisch *pato* („Ente") mit englisch *pot* („Topf") durch Lerner mit Englisch als Ausgangssprache in Form eines mentalen Bildes einer Ente mit einem Topf als Hut (vgl. z.B. Müller, 1990).

Gehen wir schließlich der Frage nach, ob die Fähigkeit eines Individuums zur Bildung von Schlüsselwörtern eher auf prozeduralen oder eher auf deklarativen Wissensbeständen beruht, bewegen wir uns auf der dritten Analyseebene.

In Rahmen dieses Beitrages erscheint es zweckmäßig, bei der Verwendung des Strategiebegriffes deutlich zwischen den drei beschriebenen Ebenen zu trennen. ‚Strategien' der Ebene 1 sollen deshalb im Folgenden auch als **manifeste Strategien** oder **Techniken** bezeichnet werden.[34] Strategien der Ebene 2 sollen auch als **mentale Strategien** bezeichnet werden (vgl. die

---

[32] Entsprechend der analytischen Wissenschaftstheorie gehe ich davon aus, dass definitorische Festlegungen inhaltlich gesehen nicht richtig oder falsch sind, sondern sich lediglich als mehr oder minder fruchtbar hinsichtlich einer bestimmten (theoretischen) Zielsetzung erweisen können.

[33] Vgl. z.B. die in der L2-Forschung immer wieder diskutierte Strategiedefinition von Færch & Kasper (1980, S. 60): "... a strategy is a potentially conscious plan for solving what to the individual presents itself as a problem in reaching a particular goal". Nach Færch & Kasper müssen Strategien zumindest bewusstseins**fähig** sein. Eine L2-spezifische Diskussion des Konstrukts ‚Bewusstsein' findet sich bei Schmidt (1990, 1993).

[34] So wird z.B. bei der Strategie des Nachschlagens eines Wortes im Wörterbuch in der Literatur häufig von Technik bzw. Arbeitstechnik gesprochen.

Diskussion von *overt* und *covert strategies* bei O'Malley & Chamot, 1990, S. 87f. sowie auch Færch & Kasper, 1983a, S. 212f.). Im Zusammenhang mit der Ebene 3 soll der Terminus ‚**Strategiewissen**' verwendet werden. Geht es um die Fähigkeit zum *on-line*-Einsatz von Strategiewissen, soll auch von ‚**strategischen Fertigkeiten**' gesprochen werden (vgl. Abschnitt 2.2.5).[35]

Manifeste Strategien der Ebene 1 können auf der Basis theoriegeleiteter Inferenzen wiederum als Indikator mentaler Strategien der Ebene 2 interpretiert werden. So kann z.B. das Nachschlagen eines Wortes im Wörterbuch beim Lesen eines Textes als Indikator einer allgemeinen Bedeutungsevaluationsstrategie interpretiert werden, die in ihren konstitutiven Komponenten (z.B. Evaluation einer gelernten oder dem Wörterbuch entnommenen Wortbedeutung anhand von Kontext und Hintergrundwissen) nicht direkt beobachtbar ist.

Neben dem Attribut ‚mental' wird auch sehr häufig das Attribut ‚**kognitiv**' für Strategien der Ebene 2 verwendet. Das Attribut ‚kognitiv' hat dann eine weite Bedeutung im Sinne des IV-Ansatzes der Kognitionspsychologie. Wenn nicht anders vermerkt, ist im vorliegenden Beitrag der Terminus ‚kognitiv' stets im weiten Sinne des IV-Ansatzes zu verstehen.

Kognitive Strategien im weiten Sinne des IV-Paradigmas sind zu unterscheiden von kognitiven Strategien in einem engeren Sinne. So differenziert z.B. Oxford (1990) zwischen kognitiven Strategien (mit den Untergruppen "Practicing", "Receiving and sending messages", "Analyzing and reasoning", "Creating structure for input and output"), Gedächtnisstrategien, Kompensationsstrategien, Sozialstrategien, affektiven Strategien sowie metakognitiven Strategien, wobei viele der von Oxford als nichtkognitiv klassifizierten Strategien (z.B. die Gedächtnisstrategie "Creating mental linkages" oder auch die Kompensationsstrategie "Guessing intelligently") als kognitiv im Sinne des IV-Ansatzes anzusehen sind.

Sogar affektive Strategien lassen sich m.E. konzeptuell als kognitive Strategien im weiten Sinne des IV-Paradigmas interpretieren. Nach O'Malley & Chamot (1990, S. 45) zielen affektive Strategien auf "ideational control over affect" oder spezifischer auf "using mental control to assure oneself that a learning activity will be successful or to reduce anxiety about a task." Geht man von einem weiten Verständnis des IV-Paradigmas aus, dann lassen sich auch derartige Prozesse zum Gegenstand von IV-Analysen machen (vgl. auch die Hinweise bei Massaro & Cowan, 1993 zur Behandlung von Affekt und Emotion im Rahmen des IV-Paradigmas). Diese Ansicht steht im übrigen (teilweise) im Gegensatz zu O'Malley & Chamot (1990), die sich in Bezug auf den Bereich der affektiven Strategien u.a. folgendermaßen äußern: "Affective strategies are of less interest in an analysis such as ours which attempts to portray strategies in a **cognitive theory**." (S. 44; meine Hervorhebung)

---

[35] Hinweise auf andere definitorische bzw. explikatorische Präzisierungen der Begriffe ‚Strategie' und ‚Technik' finden sich u.a. bei Friedrich & Mandl (1992), Krapp (1993), Wendt (1993, Kap. 1.5), Wolff (1992) und Zimmermann (in diesem Band).

Während der Einsatz von kognitiven Strategien unmittelbar auf die Optimierung der Lösung einer gestellten Aufgabe abzielt, dienen **metakognitive** Strategien der **Überwachung** (Steuerung und Kontrolle) von kognitiven Prozessen und damit lediglich mittelbar der Optimierung der jeweiligen Aufgabenlösung (vgl. die Ausführungen zum regulativen Kontrollwissen in Abschnitt 2.2.2 sowie Garner, 1987, Kap. 2).[36]

Metakognitive Strategien sind zumeist mentaler Natur und damit direkter Beobachtung nicht zugänglich. Allerdings können auch manifeste Strategien metakognitiv sein. So kann z.B. das Nachschlagen eines Wortes im Wörterbuch zwecks Evaluation einer kontextbasierten Bedeutungserschließungsinferenz als manifeste metakognitive Strategie und als Indikator einer allgemeineren mentalen Evaluationsstrategie interpretiert werden.

Analog zur Unterscheidung zwischen Strategie und Strategiewissen bezeichne ich mit dem Terminus ‚**metastrategisches Wissen**' zum einen die gedächtnismäßige Repräsentation von metakognitiven Strategien und zum anderen das allgemeine Wissen um die Einsatzmöglichkeiten von Strategien in Abhängigkeit von der jeweiligen Aufgabe, Situation und Persönlichkeitsstruktur (vgl. zum letztgenannten Aspekt auch Flavell, 1979).

In Übereinstimmung mit den Ausführungen in Abschnitt 2.2.2 nehme ich an, dass das allgemeine Wissen um die Einsatzmöglichkeiten von Strategien in der Regel deklarativ gespeichert ist und damit zumeist verbalisierbar und zudem auch relativ stabil ist. Entsprechend gehe ich auch davon aus, dass sowohl kognitive als auch metakognitive Strategien zumeist als prozedurales Wissen im Gedächtnis gespeichert sind und z.B. in Form von Produktionen modelliert werden können. Zudem sind sie eher instabil, d.h. aufgaben- und situationsabhängig. Allerdings können Strategien vor allem bei Beginn des Erwerbs einer Fertigkeit auch (partiell) deklarativ repräsentiert sein und erst durch wiederholte Verwendung prozeduralisiert werden (vgl. u.a. die Diskussion des „deklarativen Handlungswissens" bei Oswald & Gadenne, 1984, S. 180ff. sowie auch Abschnitt 4.2).[37] Als Folge kann das prozedurale Strategiewissen auch unterschiedliche Grade von Implizitheit aufweisen und in unterschiedlichem Maße verbalisierbar sein.[38]

---

[36] Wenden (1987, S. 583) verwendet die Termini "regulatory skills" und "metacognitive strategies" offensichtlich sogar bedeutungsgleich.
[37] Ich gehe allerdings nicht davon aus, dass der Strategieerwerb entsprechend dem Fertigkeitserwerbsmodell von Anderson (1982, 1983) mit einer deklarativen Anfangsrepräsentation beginnen **muss** (vgl. hierzu auch Abschnitt 2.2.4 sowie Oberauer, 1993 und Oswald & Gadenne, 1984).
[38] Diese Annahme hat weitreichende didaktische Implikationen. So können wiederholt im Unterricht bewusstgemachte Strategien auch nach Automatisierung und Kompilierung zusätzlich deklarativ repräsentiert sein und somit als Basis für weitere kognitivierende Maßnahmen dienen (in Bezug auf den Fremdsprachenunterricht vgl. Tönshoff, 1992).

4. Das IV-Paradigma als Metatheorie der L2-Strategieforschung

4.1 Allgemeine Charakterisierung

Wie bereits erwähnt spielt das IV-Paradigma auch in der L2-Strategieforschung eine immer größere Rolle. Dabei kann die Orientierung am IV-Paradigma **explizit** sein, wie z.B. bei O'Malley & Chamot (1990) oder Nyikos & Oxford (1993), oder eher **implizit**, wie z.B. bei Poulisse (1993). Ich möchte nun kurz auf die drei genannten Arbeiten eingehen, um exemplarisch einige charakteristische Merkmale bei der Orientierung am IV-Paradigma in der L2-Strategieforschung herauszuarbeiten. Daran anschließend werde ich mich wiederum der Dichotomie ‚deklaratives vs. prozedurales Wissen' zuwenden, diesmal jedoch aus der Sicht der L2-Strategieforschung.[39]

O'Malley & Chamot (1990) beziehen sich in ihrer Monographie immer wieder explizit auf das IV-Paradigma. Sie beschäftigen sich in diesem Zusammenhang u.a. ausführlich mit Fragen der mentalen Repräsentation von (sprachlichem) Wissen, mit der Unterscheidung von deklarativem und prozeduralem Wissen und mit kognitiven Modellen des Wissenserwerbs. Eine Reihe existierender Modelle des L2-Erwerbs und L2-Gebrauchs (wie z.B. Krashens Monitor-Theorie) werden dann aus der Sicht des IV-Paradigmas interpretiert und (neu) bewertet. Die Orientierung am IV-Paradigma erfolgt bei O'Malley & Chamot allerdings vor allem auf einer begrifflich-theoretischen Ebene. Sie ist zudem nicht sehr eng, sondern eher flexibel: Es geht den Autoren in erster Linie um die Anwendung bzw. Anwendbarkeit sowie Übertragung bzw. Übertragbarkeit kognitiver Theorien auf den L2-Bereich. Das nach Palmer & Kimchi (1986) für das IV-Paradigma zentrale Prinzip des rekursiven Zerlegens, d.h. des Aufbrechens kognitiver Prozesse in Subkomponenten und zeitliche Phasen (vgl. Abschnitt 2.1), ist dabei allerdings sowohl begrifflich als auch methodisch nur in Ansätzen realisiert. Weiterhin setzen O'Malley & Chamot in ihren eigenen empirischen Forschungen in erster Linie nichtexperimentelle Verfahren wie Befragung und Interview ein. Sie stehen damit im Gegensatz zur primär experimentell ausgerichteten Methodologie des IV-Ansatzes in der Psychologie.

M.E. ist das Vorgehen von O'Malley & Chamot (1990) zumindest in Teilen prototypisch für die Orientierung der L2-Strategieforschung am IV-Ansatz. Zumeist geht es den L2-Forschern in erster Linie um eine flexible Übertragung zentraler kognitionspsychologischer Konzepte auf den eigenen Forschungsbereich.

---

[39] Aus Platzgründen verzichte ich bei der folgenden Argumentation darauf, eindeutig zwischen ‚Lernstrategien' und ‚Sprachverwendungsstrategien' (als Oberbegriff für Kommunikationsstrategien, Produktionsstrategien, Rezeptionsstrategien usw.) zu trennen. Eine entsprechende Differenzierung wäre eigentlich notwendig: Die Forschung zu Sprachverwendungsstrategien hat insbesondere im Nijmegen-Projekt (vgl. z.B. Poulisse, 1990, 1993) ein hohes Maß an theoretischer Reflexion und methodologischer Stringenz erreicht. Dies gilt jedoch nicht im gleichen Maße für die Lernstrategieforschung z.B. bei Oxford (1990) und Wenden (1991).

Nyikos & Oxford (1993) verweisen bereits im Titel ihres Beitrages explizit auf den IV-Ansatz. Während sich jedoch O'Malley & Chamot (1990) in weiten Teilen relativ gründlich mit dem IV-Paradigma auseinandersetzen, orientieren sich Nyikos & Oxford nur in oberflächlicher und z.T. auch problematischer Weise am IV-Paradigma.

So behaupten die beiden Autorinnen am Anfang ihres Beitrages zuerst einmal ohne weitergehende Begründung:

> "From an information-processing perspective, strategies used by learners are of two broad types: cognitive process strategies, which are largely unconscious and automatic (though they were once conscious and can be consciously strengthened through strategy training), and metacognitive strategies, which allow conscious management and control over learning by students themselves." (S. 12)

Im IV-Ansatz wird jedoch – wie bereit erwähnt – überlicherweise davon ausgegangen, dass sich kognitive[40] und metakognitive Strategien in folgender Weise unterscheiden: Kognitive Strategien zielen unmittelbar auf die Optimierung der Lösung einer Aufgabe ab, während metakognitive Strategien der Überwachung von kognitiven Prozessen dienen und damit lediglich mittelbar zur Lösungsoptimierung beitragen (vgl. Abschnitt 3). Demnach können aus der Sicht des IV-Ansatzes – im Gegensatz zur Position von Nyikos & Oxford – auch metakognitive Strategien hoch automatisiert und dem Handelnden unbewusst sein (sofern man bereit ist, im Fall von automatisierten, unbewussten Prozessen von Strategien zu sprechen).

Die Autorinnen benutzen im Hauptteil ihres Beitrages den IV-Ansatz in erster Linie als Hilfe bei der Interpretation der Ergebnisse einer Faktorenanalyse des "Strategy Inventory for Language Learning (SILL)".[41] Ihre Interpretation der erhaltenen Faktorstruktur ist jedoch in mehrfacher Hinsicht problematisch. Zum einen überschätzen Nyikos & Oxford m.E. insgesamt die Objektivität explorativer Faktorenanalysen.[42] Zum anderen wurde den Lernern keine konkrete Informationsverarbeitungsaufgabe gestellt. Die Lerner berichten lediglich allgemein – in Form von Einstufungen auf einer fünfstufigen Likert-Skala –, in welchem Umfang die Aussagen zum Strategiegebrauch im SILL auf sie selbst jeweils zutreffen. Der Schluss von **berichtetem** Gebrauch auf mentale Informationsverarbeitungsprozesse beim tatsächlichen Einsatz von Strate-

---

[40] Der Terminus "cognitive process strategy" hat im angeführten Zitat offensichtlich die gleiche Bedeutung wie der Terminus "cognitive strategy" im Rahmen des IV-Ansatzes.
[41] Der SILL ist ein von Rebecca Oxford entwickelter standardisierter Fragebogen zum Strategiegebrauch (vgl. z.B. Oxford, 1990, Anhang A, B, C).
[42] So kommen Nyikos & Oxford (1993, S. 14) z.B. zu folgendem euphorischem Schluss: "By using numerical values, factor analysis provides new information helpful in formulating psychological and educational constructs in a relatively objective manner." Die Ergebnisse von (explorativen) Faktorenanalysen sind jedoch u.a. abhängig von der jeweiligen Personenstichprobe und von den Schwierigkeiten der Items. Außerdem involvieren Faktorenanalysen eine Reihe subjektiver verfahrenstechnischer Entscheidungen (z.B. in Bezug auf das Rotationsverfahren). Zudem ist die Interpretation der erhaltenen Faktoren zumeist keineswegs "relativ objektiv" (vgl. z.B. die Hinweise in J.B. Carroll, 1993).

gien ist jedoch in hohem Maße inferentiell und spekulativ (vgl. hierzu auch Abschnitt 5). Dies gilt insbesondere in Bezug auf **individuelle** Informationsverarbeitungsprozesse, da sich strategisches Handeln und Verhalten durch ein hohes Maß an inter- und intraindividueller Variation auszeichnen (für eine weitere Begründung siehe z.B. Grotjahn, 1986; Snow & Lohmann, 1989, 1993).

Insgesamt gesehen entspricht das Vorgehen von Nyikos & Oxford (1993) m.E. damit sowohl konzeptuell als auch methodologisch weit eher dem traditionellen faktoranalytischen Vorgehen bei der Modellierung kognitiver Fähigkeiten und Fertigkeiten[43] als dem modernen kognitionspsychologischen IV-Paradigma. Der Bezug zum IV-Ansatz wirkt vielmehr aufgestülpt im Sinne einer wenig tiefgehenden Orientierung an einem aktuellen Trend.

Poulisse (1993) stellt zwar in ihrem "Theoretical Account of Lexical Communication Strategies" nicht explizit fest, dass sie dem IV-Paradigma folgt, ihr Ansatz ist dennoch eindeutig dieser Richtung zuzurechnen. Die Autorin geht nämlich bei ihren theoretischen Analysen von dem L1-Sprachproduktionsmodell von Levelt (1989) aus, in dem der Sprecher explizit als "information processor" (vgl. z.B. Kap. 1) modelliert wird. Sie modifiziert dann das Leveltsche Modell in Richtung auf ein bilinguales Sprachproduktionsmodell, u.a. indem sie den Leveltschen "conceptualizer" sprachspezifisch ausdifferenziert. Insgesamt gesehen sind in dem Levelt-Poulisse-Modell alle fünf nach Palmer & Kimchi (1986) für das IV-Paradigma zentralen Prinzipien realisiert (vgl. die Liste in Abschnitt 2.1): Es wird informationell beschrieben und rekursiv zerlegt, es finden sich Aussagen zur Informationssequenzierung und zur Informationsdynamik, und schließlich gibt es auch Festlegungen zur physikalischen Repräsentation.[44]

Auf der Basis ihres bilingualen Sprachproduktionsmodells kommt Poulisse dann zu einer theoretisch verankerten Definition des Begriffs ‚Kommunikationsstrategie' sowie zu einer theoretisch begründeten Unterscheidung verschiedener Typen von Kommunikationsstrategien – und zwar insbesondere von drei kognitiv unterschiedlichen Typen von Kompensationsstrategien.[45]

---

[43] Dies bedeutet jedoch nicht, dass eine entsprechende faktoranalytische Untersuchung nicht einen substantiellen Beitrag zur Strategieforschung zu leisten vermag – zumal wenn sie wie bei Nyikos & Oxford (1993) auf einem relativ großen Stichprobenumfang ($N = 1200$) beruht.

[44] Vgl. z.B. Levelt (1989, S. 9), wo u.a. zwischen "conceptualizer", "formulator" und "articulator" als Informationsverarbeitungsinstanzen unterschieden wird und explizite Annahmen in Bezug auf den Informationsfluss formuliert werden.

[45] Die Autorin unterscheidet zwischen folgenden Großkategorien: "Substitution Strategies", "Substitution Plus Strategies" und "Reconceptualization Strategies". Unter die "Substitution Strategies" fallen Prozesse wie "borrowing" oder "code switching". "Substitution Plus Strategies" beinhalten zusätzlich zum Prozess der Substitution die "out-of-the-ordinary application of L1 or L2 morphological and/or phonological encoding procedures" (Poulisse, 1993, S. 180). Ein Beispiel ist die Strategie des "foreignizing" im Sinne von Færch & Kasper (1983b). Die "Reconceptualization Strategy" definiert die Autorin schließlich als "a change in the preverbal message involving more than a single chunk." (S. 181) Hierunter fallen so unterschiedliche Strategien wie der Gebrauch von Paraphrasen oder die Verwendung von Gesten anstelle von Sprache.

Diese neue **prozessorientierte** Taxonomie auf der Basis des IV-Ansatzes unterscheidet sich grundlegend von traditionellen, vorwiegend **produktorientierten** Taxonomien, wie z.B. bei Tarone, Cohen & Dumas (1976), aber auch von den früheren prozessorientierten Taxonomien im Rahmen des Nijmegen-Projekts (vgl. z.B. Kellerman, 1991; Poulisse, 1990).

Die Arbeit von Poulisse (1993) stellt einen sehr wichtigen Beitrag zur theoretischen Fundierung der L2-Strategieforschung auf der Basis des IV-Ansatzes dar und macht deutlich, wie das IV-Paradigma auf einen bestimmten Bereich – hier (lexikalische) Kommunikationsstrategien – in stringenter Weise angewendet werden kann. Allerdings ist m.E. die Kritik der Autorin an der bisherigen Forschung zu Kommunikationsstrategien und insbesondere an früheren Strategie-Taxonomien zu weitgehend.[46] Besteht das Ziel einer Untersuchung z.B. darin, eine für die Unterrichtspraxis brauchbare Deskription lernersprachlicher Kommunikation zu liefern, dann kann eine produktorientierte Taxonomie mit einer Vielzahl von Kategorien durchaus angemessen sein, auch wenn der kognitionspsychologische Erklärungswert der Taxonomie äußerst gering ist. Entsprechend haben auch bereits Færch & Kasper (1983b, S. 28) unter Verweis auf Habermas gefordert, dass Kommunikationsstrategien zu definieren seien "on the basis of criteria which are located in the researcher's ‚Erkenntnisinteresse'."[47]

4.2 Deklaratives vs. prozedurales Wissen

In der L2-Strategieforschung haben sich schon relativ früh u.a. Hans Dechert und dann vor allem Claus Færch und Gabriele Kasper mit der kognitionspsychologischen Dichotomie von deklarativem und prozeduralem Wissen beschäftigt (vgl. z.B. Dechert, 1983; Færch & Kasper, 1984, 1985, 1986, 1989; Kasper, 1986). Dechert (1983) stellt unter explizitem Bezug auf das IV-Paradigma fest:

> "To learn a language means to learn words and sentences, but also to learn the procedures to retrieve and process them. To know a language means to have both declarative and procedural knowledge. ... The notion of *strategy* ... to us basically refers to procedures (not associations, not rules) involved in using language." (S. 176)

In der Folgezeit hat dann eine Vielzahl von L2-Strategieforschern die Dichotomie in unterschiedlicher Weise aufgegriffen. Dabei haben sich allerdings nur relativ wenige Autoren tiefergehend mit der Dichotomie ‚deklarativ vs. prozedural' und mit deren theoretischer Einbettung im Rahmen des (Andersonschen) IV-Paradigmas auseinandergesetzt.[48] Die Übertragung auf

---

[46] Die von Poulisse (1993) geäußerte Kritik deckt sich im übrigen in den wesentlichen Punkten mit den Ausführungen von Kellerman (1991).
[47] Ein eklatantes Beispiel für die Abhängigkeit von Strategieklassifikationen von den Erkenntniszielen des Forschers ist Bialystoks (1990) Reduzierung der existierenden detaillierten Taxonomien auf die binäre Opposition zwischen *analysis-based strategies* und *control-based strategies*.
[48] Ausnahmen sind u.a. Möhle & Raupach (1989), O'Malley & Chamot (1990), Raupach (1987) und Towell & Hawkins (1994, Kap. 12).

den L2-Strategiebereich erfolgt(e) vielmehr in der Regel eher flexibel und anwendungsbezogen. Als Folge ist die Verwendungsweise des Gegensatzpaares ‚deklaratives vs. prozedurales Wissen' in der L2-Strategieforschung auch nicht immer gänzlich kompatibel mit dem in Abschnitt 2.2 dargestellten kognitionspsychologischen Verständnis von Anderson und anderen Autoren.

So heißt es z.B. bei Kasper (1986, S. 198) unter Verweis auf Anderson (1976, 1982):

> „**Deklaratives Wissen** ist eher ‚taxonomisch' und ‚statisch', bezieht sich auf ‚Faktizität' und besteht unabhängig von Handlungen in realen Zeitabläufen ('knowing that'). **Prozedurales Wissen** ist demgegenüber als ‚dynamisch', prozeß-orientiert charakterisiert; es wählt relevante Elemente des deklarativen Wissens aus und kombiniert sie im Hinblick auf konkrete Handlungsziele unter den Begrenzungen von Informationsverarbeitung in realen Zeitabläufen (Sequenzierungsrestriktionen, Verarbeitungskapazität des Sprechers/Hörers). Beide Wissenstypen liegen sprachlicher Performanz zugrunde, doch so, dass das prozedurale Wissen als 'Interface' zwischen dem deklarativen Wissen und der Performanz liegt."

Entsprechend formulieren dann auch Færch & Kasper (1986, S. 51):

> "The procedural knowledge operating on the declarative knowledge is free of (linguistic) content ... Its function is to **select** and **combine** rules and elements from different parts of the declarative knowledge, for instance from the different linguistic levels within a language system or, as is the case in transfer, from different language systems."[49]

Nach Færch & Kasper sind sprachliche Prozeduren wie z.B. Transferstrategien anscheinend stets **inhaltsfrei** und operieren **interpretativ** auf der deklarativen Wissensbasis mit dem Ziel der Selektion und Kombination von deklarativen Elementen. Die für Andersons Stufenmodell des Wissenserwerbs zentrale Möglichkeit der **Proceduralisierung** von Wissen in Form einer **Integration von Elementen deklarativen Wissens in eine Produktion** bleibt offensichtlich unberücksichtigt (vgl. Abschnitt 2.2.3 sowie auch die entsprechende Interpretation der Position von Færch & Kasper bei Möhle & Raupach, 1989, S. 203ff.).

Auch bei der Frage der Explizitheit bzw. Implizitheit deklarativen und prozeduralen Wissens weicht die L2-(Strategie-)Forschung von der Position Andersons z.T. ohne weitere Begründung ab. Wolff (1990) und ähnlich auch Raabe (1991, 1992) gehen z.B. davon aus, dass sowohl deklaratives als auch prozedurales Wissen jeweils explizit oder implizit sein können. So heißt es bei Wolff (1990) u.a.:

> „Der Schüler muß in die Lage versetzt werden, **implizites deklaratives Sprachwissen**, das er sich beim kommunikativen Gebrauch der Sprache entweder in der Schule oder in einem

---

[49] Vgl. auch die Definition von *transfer* bei Færch & Kasper (1989, S. 173) als "a psycholinguistic procedure which activates knowledge in one cognitive 'area' for utilization in a different 'area'".

natürlichen Kontext erworben hat, in explizites Wissen zu überführen. ... Der Schüler muß in die Lage versetzt werden, implizit vorhandenes prozedurales Sprachwissen, das er als implizites Wissen auch in der Muttersprache einsetzt, in **explizites prozedurales Sprachwissen** übertragen zu können." (S. 621f.; meine Hervorhebungen)

In ähnlicher Weise meint Raabe (1991, S. 165):

„Vor allem für das deklarative Sprachwissen wird von einer Unterscheidung in implizite und explizite Wissensbestände ausgegangen. Nach Færch/Haarstrup/Phillipson (1984: 202) spannt sich hier, auf einem Kontinuum, der Bogen von 'learner uses but does not reflect on rule' bis hin zur Regelbeschreibung in metasprachlicher (linguistischer) Terminologie. ... Auch das über Verbalisierungen Lernender weniger leicht zugängliche prozedurale Wissen läßt sich in implizite und explizite mentale Repräsentationen strukturieren."[50]

Sowohl Wolff als auch Raabe stehen damit – ohne dies hinreichend deutlich zu machen – im Gegensatz zur Konzeption Andersons, nach der deklaratives Wissen grundsätzlich explizit (weil äußerbar im Sinne von "to declare"), prozedurales Wissen dagegen (zunehmend) implizit ist (vgl. die entsprechenden Belege in Abschnitt 2.2). Dieser Gegensatz bleibt m.E. auch dann bestehen, wenn man berücksichtigt, dass zumindest Raabe das Begriffspaar ‚explizit/implizit' ausdrücklich im Sinne von Færch, Haastrup & Phillipson (1984, S. 201ff.) und nicht im Sinne von Anderson verwendet. Nach Færch, Haastrup & Phillipson kann ein Lerner sein explizites Wissen beschreiben. Das implizite Lernerwissen ist dagegen nicht äußerbar. Es manifestiert sich vielmehr im Gebrauch von Sprache sowie bei der Beurteilung der Akzeptabilität von Äußerungen. Implizites Wissen ist damit – zumindest nach meinem Verständnis der Äußerungen von Færch, Haastrup & Phillipson – niemals deklaratives (d.h. äußerbares) Wissen im Sinne von Anderson. Entsprechend ist auch nach Anderson der von Færch, Haastrup & Phillipson (1984, S. 202) aufgeführte Fall, dass ein Lerner ohne zu reflektieren eine Regel benutzt, dem prozeduralen und nicht – wie es bei Raabe der Fall ist – dem deklarativen Wissen zuzurechnen.[51]

Schließlich scheinen in der L2-Strategieforschung viele Autoren zumindest stillschweigend davon auszugehen, dass strategisches Handeln stets eine ausschließlich prozedurale Fertigkeit

---

[50] Vgl. auch die entsprechenden Bemerkungen bei Raabe (1992, S. 249).
[51] Færch, Haastrup & Phillipson (1984) selbst erwähnen m.W. allerdings weder Anderson noch das Gegensatzpaar ‚prozedural vs. deklarativ'. Auch Kasper (1986, S. 198f.) geht unter Verweis auf Færch, Haastrup & Phillipson, 1984, S. 202) davon aus, dass die „Komponenten **deklarativen** Sprachwissens ... nach dem ‚Explizitheitsgrad' ihrer kognitiven Repräsentation unterschieden werden" können (meine Hervorhebung). Ebenso jüngst Königs (1994, S. 40): „Sie [Færch, Haastrup & Phillipson, 1984] nehmen vor dem Hintergrund der in der Psychologie und Psycholinguistik üblichen Differenzierung zwischen deklarativem und prozeduralem Wissen an, dass sich das **deklarative** Lernersprachwissen auf einem Kontinuum zwischen impliziten und explizitem Wissen bewegt und ständiger Veränderung unterliegt." (meine Hervorhebung) Vgl. ferner auch Hecht & Hadden (1992), die beim deklarativen Sprachwissen zwischen leicht abrufbaren Regeln ("easy rules") und weniger leicht abrufbaren Regeln ("hard rules") unterscheiden. Zum deklarativen und prozeduralen fremdsprachlichen Wissen (Grammatikwissen) vgl. auch East (1992).

ist. Nach Anderson kann jedoch die Lösung eines Problems dadurch erfolgen, dass **allgemeine Problemlösungsstrategien** (wie z.B. analogische Inferenz, Vorwärtssuche, Ziel-Mittel-Analyse als sog. "weak methods") **interpretativ auf deklaratives Wissen angewendet werden** (vgl. z.B. Anderson, 1983, Kap. 6, Anderson, 1987b, Ohlsson, 1993 sowie Abschnitt 2.2). Dies ist nach Anderson gerade für die erste, deklarative Stufe des Fertigkeitserwerbs typisch.[52] Bestimmte Formen strategischen Handelns können somit im hohen Maße auch im deklarativen Wissen verankert sein. Nach O'Malley & Chamot (1990, S. 87) gilt deshalb in Bezug auf Strategien:

> "Strategies that are only recently learned or discovered are likely to operate under a deliberate rule-based system and function as declarative knowledge, while strategies that have been used repeatedly are most likely operating as procedural knowledge."

Die Diskussion in diesem Abschnitt hatte zum Ziel, den ‚flexiblen' Umgang mit dem Begriffspaar ‚deklarativ vs. prozedural' in der L2-Strategieforschung anhand von einigen Arbeiten exemplarisch aufzuzeigen. Bei den besprochenen Arbeiten handelte es sich dabei in allen Fällen um wertvolle Beiträge. Zudem ist m.E. auch gar nichts dagegen einzuwenden, wenn es bei der Übertragung einer Begrifflichkeit aus einem anderen Wissenschaftsbereich zu partiellen Uminterpretationen und zu Adaptionen kommt. Allerdings sollte dies immer unter hinreichender Begründung und in möglichst weitgehender Auseinandersetzung mit der Originalliteratur erfolgen. Dies ist in der L2-Forschung bisher nicht immer der Fall.[53]

Die bei Anderson und anderen Autoren zu findenden Annahmen hinsichtlich Explizitheitsgrad und Zugänglichkeit der unterschiedlichen Wissensformen sind u.a. für die Frage, welches Design (insbes. experimentell vs. nichtexperimentell) und welche Form der Datenerhebung bei einer Untersuchung eingesetzt werden sollte, von fundamentaler Bedeutung. Auf diesen Aspekt werde ich in den beiden nächsten Abschnitten zumindest kurz eingehen.

4.3 Erkenntnisziele, Methodologie und Menschenbild

Ein Großteil der kognitionspsychologischen Forschung auf der Basis des IV-Paradigmas beschäftigt sich mit Problemlösungsprozessen, wobei die Probleme und Lösungswege zumeist wohldefiniert (wie z.B. bei der Multiplikation von Zahlen; Lösung von Anagrammen) und entsprechend leicht experimentell manipulierbar sind. Es werden vorwiegend experimentelle (Labor-)Designs benutzt, mit dem Ziel, Ursache-Wirkungs-Relationen aufzudecken. Der Mensch wird als informationsverarbeitendes *input-output*-System modelliert. Soziale und ebenso

---

[52] Anderson (1983, S. 215) spricht in diesem Zusammenhang auch von "declarative versus procedural embodiments of skill".
[53] Vgl. jedoch z.B. Bialystok & Ryan (1985, S. 216), die am Fertigkeitserwerbsmodell von Anderson (1982) m.E. zu Recht die Vermischung von Problemen der Wissensrepräsentation mit Problemen des Abrufs bzw. Zugangs des repräsentierten Wissens kritisieren und in ihrem eigenen Modell zwischen beiden Aspekten in Form der Dimensionen "analysis" und "control" differenzieren.

emotionale Faktoren bleiben zumeist unberücksichtigt (vgl. die entsprechenden Hinweise in Abschnitt 2). Legt man die in Grotjahn (1987, 1993) vorgeschlagene Differenzierung zwischen einer analytisch-nomologischen und einer explorativ-interpretativen Methodologie zugrunde, dann folgt die kognitionspsychologische IV-Forschung methodologisch weithin dem analytisch-nomologischen Ansatz.

In der L2-Strategieforschung geht es hingegen überwiegend um Aufgaben, die hinsichtlich ihrer konstitutiven Merkmale und potentiellen Lösungen nur sehr bedingt a priori definierbar – und als Folge auch nur sehr bedingt manipulierbar und kontrollierbar – sind. Es werden meist nichtexperimentelle Untersuchungsanordnungen außerhalb von Laborsituationen eingesetzt. Im Unterschied zum kognitionspsychologischen IV-Ansatz liegt nicht wenigen Untersuchungen eine eher explorativ-interpretative Methodologie zugrunde. Primäres Ziel ist dann in der Regel die (explorative) **Deskription** strategischen Handelns in Sprachlern- und Sprachgebrauchssituationen. Für das kognitionspsychologische IV-Paradigma typische Verfahren wie hierarchisches Zerlegen und mathematische Modellierung (z.B. in Form von Lernkurven) sind eindeutig untypisch für die L2-Strategieforschung.

Auch das zugrundeliegende Menschenbild ist zumeist deutlich weniger reduktionistisch als in der entsprechenden kognitionspsychologischen Forschung. Insgesamt gesehen zeigt die L2-(Strategie-)Forschung damit eher Affinitäten zum IV-Ansatz in den Erziehungswissenschaften.

Die Verwendung nichtexperimenteller Untersuchungsformen in der L2-Strategieforschung ist m.E. in Anbetracht der Komplexität des Forschungsgegenstandes allerdings auch angebracht. Ridgeway, Dunston & Quian (1993) stellen in ihrer methodologischen Analyse eines Teils der erziehungswissenschaftlichen Literatur zu Lehr- und Lernstrategien nicht umsonst fest:

> "We maintain that research questions under investigation should drive the design and analysis procedures employed; not all questions can be answered using an experimental research paradigm. ... Research methodology adopted from disciplines that have less complicated and more controllable variables may not be suitable for investigating questions in education." (S. 343f.)

In diesem Zusammenhang ist allerdings folgender Sachverhalt zu berücksichtigen: Entsprechend dem Paradigma der analytisch-nomologischen Forschung besteht das Ziel empirischer Wissenschaft in der Konstruktion von Theorien mit erklärender Kraft (vgl. Grotjahn, 1993). Demgemäß sollte die empirische Strategieforschung Strategien und Strategiegebrauch nicht allein **beschreiben** (z.B. in Form von Taxonomien), sondern auch Aussagen darüber machen, **warum** z.B. ein bestimmter Lerner oder auch eine spezifische Lernergruppe in einer Situation X bei der Bearbeitung der Aufgabe Y dazu tendiert, die Strategie S_1 (und nicht z.B. S_2) zu verwenden.

Wie vor allem von Vertretern einer analytisch-nomologischen Methodologie immer wieder betont wird, ist ein schlüssiger Nachweis von Kausalbeziehungen jedoch letztendlich nur im

Rahmen von wohlkontrollierten Experimenten möglich. Zudem ist der Einsatz von kontrollierten Experimenten auch dann unabdingbar, wenn es um die Untersuchung hochimpliziter Wissensbestände bzw. hochprozeduralisierter Fertigkeiten geht. In der kognitionspsychologischen IV-Forschung findet sich ein wohlerprobter Kanon experimenteller Versuchsanordnungen. Das IV-Paradigma stellt damit Werkzeuge zur Verfügung, von denen die L2-Strategieforschung verstärkt Gebrauch machen sollte.[54]

5. Einige weitere forschungsmethodologische Konsequenzen

Die bisherigen Ausführungen enthalten eine Reihe von weiteren forschungsmethodologischen Implikationen. Ich möchte zumindest zwei Aspekte kurz ansprechen.

Wie bereits angedeutet, sind Annahmen hinsichtlich des Explizitheitsgrades von Wissen und Fertigkeiten von entscheidender Bedeutung für die Frage, welche Form der Datenerhebung bei der Untersuchung von strategischem Handeln und Verhalten zu wählen ist. So gehen z.B. Bialystok & Ryan (1985) und Bialystok (1990) davon aus, dass unser Wissen unterschiedliche Grade der „Analysiertheit" aufweisen kann und dass das Wissen der entsprechenden Person umso eher zugänglich ist, je höher der Grad an Analysiertheit ist. Wenden (1987) folgert nun mit Verweis auf Bialystok & Ryan (1985) hinsichtlich des Datenerhebungsinstruments ‚Interview':

> "From this point of view, data from structured interviews, which technically do not represent 'statable' knowledge, in that the learner is not required to articulate but simply to recognize what is known and to respond in an appropriate fashion, would be considered as a less analysed or lower degree of metacognitive knowledge than data based on open ended or semistructured interviews, which require learners to articulate their view on a topic." (S. 593)

Zudem können Strategiewissen und tatsächlicher Strategiegebrauch bei einer Person erheblich auseinanderfallen. Auf diesen für die Bewertung von Untersuchungen auf der Basis von mündlichen Interviews und Strategiefragebögen wie SILL oder LASSI[55] entscheidenden Sachverhalt hat u.a. Wenden (1987) in aller Deutlichkeit hingewiesen:

> „... strategic knowledge based on retrospective reports can point to strategies learners have actually used. They are not all fabrication, but it should be remembered that they may be

---

[54] Die Untersuchung von Nation & McLaughlin (1986) mit mono-, bi- und multilingualen Erwachsenen zum Lernen von grammatischen Stimuli (Buchstabenfolgen auf der Basis einer endlichen Markov-Grammatik) unter expliziten und impliziten Lernbedingungen ist eines der wenigen Beispiele aus der L2-Strategieforschung für ein kontrolliertes Experiment auf der Basis des IV-Ansatzes.

[55] Zum SILL vgl. Abschnitt 4.1; zum "Learning and Study Strategies Inventory (LASSI)" vgl. Weinstein, Zimmerman & Palmer (1988).

generalized and an admixture of fact, inference and belief. This does not make them any less valid as a source of insight **into strategic knowledge**. However, it is important that they not be confused with strategies learners actually use." (S. 585)

Leider wird in der L2-Strategieforschung nicht immer so deutlich wie bei Wenden (1987) zwischen introspektiven Berichten über den Strategiegebrauch und der tatsächlichen Strategieverwendung differenziert. Dies ist z.B. bei Nyikos & Oxford (1993) der Fall, die wiederholt von "strategy use" sprechen (so bereits im Titel ihres Beitrages), obwohl sie lediglich Befragungsdaten analysieren.

Zielt eine Untersuchung vor allem auf das deklarative (meta-)strategische Wissen oder auch auf nicht sehr stark automatisierte prozedurale Fertigkeiten, dann sind introspektive Verfahren wie unmittelbare Retrospektion oder auch Lautes Denken Methoden erster Wahl.[56] Introspektive Methoden sind in der L2-Strategieforschung bereits vielfach eingesetzt worden und erfreuen sich wachsender Beliebtheit (vgl. z.B. die Hinweise in Dimroth, 1993; Færch & Kasper, 1987; Grotjahn, 1991 und Matsumoto, 1993, 1994). Allerdings bleibt nicht selten die relevante methodologische Diskussion in Kognitionspsychologie und Erziehungswissenschaft zumindest partiell unberücksichtigt. So wird z.B. die Validität und Reliabilität der erhobenen introspektiven Daten zumeist nicht hinreichend gesichert. Auch die Transkription der Verbalprotokolle erfolgt häufig ohne eine ausreichende theoretische Begründung. Auch hier bietet das kognitionspsychologische und erziehungswissenschaftliche IV-Paradigma Möglichkeiten zur Verbesserung der methodologischen Standards.[57]

6. Perspektiven für die empirische L2-Strategieforschung

In kognitionspsychologischen Untersuchungen auf der Basis des IV-Paradigmas wird in der Regel der Einfluss von nur wenigen Faktoren auf die interessierenden kognitiven Prozesse untersucht. Dabei wird versucht, durch Verfahren wie Randomisierung systematische Einflüsse weiterer potentieller Einflussgrößen experimentell auszuschalten.

---

[56] Damit ist **nicht** gemeint, dass introspektive Verfahren ohne Wert für die Analyse stärker automatisierter prozeduraler Fertigkeiten sind. Auch in einem solchen Fall können m.E. introspektive Verfahren wertvolle Hinweise liefern. Allerdings handelt es sich dann häufig um stark **indirekte** Hinweise, deren Interpretation ein vergleichsweise hohes Ausmaß an Inferenz auf Seiten des Forschers verlangt. So erlaubt z.B. in Protokollen des Lauten Denkens die Analyse von Pausen, von kommentierenden Ausrufen wie „Was hab ich denn da bloß gemacht!" oder auch von übergreifenden Argumentationsstrukturen gewisse Rückschlüsse auf nicht direkt verbalisierte kognitive Prozesse. Weiterhin geben Protokolle des Lauten Denkens z.B. auch Hinweise auf relativ automatisierte Aspekte der Sinnkonstitution beim Textverstehen (vgl. hierzu z.B. Zimmermann, 1992).
[57] Hinweise zur aktuellen kognitionspsychologischen und erziehungswissenschaftlichen Diskussion um introspektive Verfahren finden sich z.B. in Bracewell & Breuleux (1994); Ericsson (1988); Ericsson & Crutcher (1991); Ericsson & Simon (1984); Garner (1988); Grotjahn (1987; 1991); Howe (1991); Russo, Johnson & Stephens (1989); Krings (1992); Smagorinsky (1994); Stratman & Hamp-Lyons (1994); White (1988).

Bereits in den frühen Untersuchungen zum "good language learner" (vgl. den Überblick bei Stern, 1983, S. 405ff.) ist jedoch betont worden, dass die Strategieverwendung von einer Vielzahl von Variablen abhängt. Es werden u.a. folgende Persönlichkeitsvariablen als Einflussgrößen genannt: Motivation, Einstellungen, kognitiver Stil, Angst, Introversion/Extraversion, persönlicher Typ (vgl. z.B. Gardner & McIntyre, 1992; 1993; Oxford & Shearin, 1994; Prokop, 1989; Scarcella & Oxford, 1992). Daneben wird auch auf die Abhängigkeit von der jeweiligen Wissensbasis sowie auf geschlechtsspezifische Differenzen hingewiesen.

M.E. sollten in Zukunft verstärkt auch komplexe multivariate Untersuchungen durchgeführt werden, in deren Rahmen möglichst viele relevante Variablen berücksichtigt werden. Denn erst wenn man das komplexe Bedingungsgefüge für die Verwendung von Strategien zumindest ansatzweise kennt, lassen sich begründete Empfehlungen für das Training von Strategien mit dem Ziel einer Verbesserung des Lehrens und Lernens formulieren.

Für entsprechende multivariate Untersuchungen bietet es sich an, z.B. auf das an Sozialpsychologie und Erziehungswissenschaften orientierte "socio-education model of second-language acquisition" der Forschergruppe um Robert C. Gardner und die dort verwendeten komplexen Analysemethoden zurückzugreifen (vgl. z.B. Gardner, 1990, 1991; Gardner & MacIntryre, 1992, 1993). In der neuesten Version des Modells bei Gardner & MacIntyre (1993, S. 8) sind Strategien explizit als Faktor in ein komplexes Kausalmodell integriert. Forschungen auf der Basis eines noch feiner ausdifferenzierten "socio-education model" können m.E. einen wichtigen Beitrag zur Weiterentwicklung der L2-Strategieforschung leisten.

Literaturhinweise

Anderson, John R. (1976). *Language, memory, and thought*. Hillsdale, NJ: Erlbaum.

Anderson, John R. (1980). *Cognitive psychology and its implications* (1. Aufl.). San Francisco: Freeman.

Anderson, John R. (1982). Acquisition of cognitive skill. *Psychological Review*, 89, 369-406.

Anderson, John R. (1983). *The architecture of cognition*. Cambridge, MA: Harvard University Press.

Anderson, John R. (1985). *Cognitive psychology and its implications* (2. Aufl.). New York: Freeman.

Anderson, John R. (1987a). Methodologies for studying human knowledge. *Behavioral and Brain Sciences*, 1, 467-478.

Anderson, John R. (1987b). Skill acquisition: Compilation of weak-method problem solutions. *Psychological Review*, 94, 192-210.

Anderson, John R. (1989). Human memory: an adaptive perspective. *Psychological Review*, 96, 703-719.

Anderson, John R. (1990a). *Cognitive psychologie and its implications* (3. Aufl.). New York: Freeman.

Anderson, John R. (1990b). *The adaptive character of thought*. Hillsdale, NJ: Erlbaum.

Anderson, John R. (1993). *Rules of the mind*. Hillsdale, NJ: Erlbaum.

Bechtel, William & Abrahamsen, Adele. (1991). *Connectionism and the mind. An introduction to parallel processing in networks*. Cambridge, USA & Oxford, UK: Blackwell.

Bialystok, Ellen (1978). A theoretical model of second language learning. *Language Learning, 28*, 69-84.

Bialystok, Ellen. (1982). On the relationship between knowing and using linguistic forms. *Applied Linguistics, 3*, 181-206.

Bialystok, Ellen. (1990). *Communication strategies: A psycholinguistic analysis of second-language use*. Oxford: Basil Blackwell.

Bialystok, Ellen & Ryan, Ellen B. (1985). A metacognitive framework for the development of first and second language skills. In Donna-Lynn Forrest-Pressley, G.E. MacKinnon & T. Gary Waller (Hrsg.), *Metacognition, cognition, and human performance. Vol. 1: Theoretical perspectives* (S. 207-252). Orlando: Academic Press.

Bower, Gordon H. & Clapper, John P. (1989). Experimental methods in cognitive science. In Michael I. Posner (Hrsg.), *Foundations of cognitive science* (S. 245-300). Cambridge, Mass.: MIT Press.

Bracewell, Robert J. & Breuleux, Alain. (1994). Substance and romance in analyzing think-aloud protocols. In Peter Smagorinsky (Hrsg.), *Speaking about writing: Reflections on research methodology* (S. 55-88). Thousand Oaks, CA: Sage.

Broadbent, D.E. (1958). *Perception and communication*. Elmsford, N.Y.: Pergamon.

Brown, Ann L. (1980). Metacognitive development and reading. In Rand J. Spiro, Bertram C. Bruce & William F. Brewer (Hrsg.), *Theoretical issues in reading comprehension. Perspectives from cognitive psychology, linguistics, artificial intelligence, and education* (S. 453-481). Hillsdale, NJ: Erlbaum.

Brown, Ann L. (1984). Metakognition, Handlungskontrolle, Selbststeuerung und andere, noch geheimnisvollere Mechanismen. In Franz E. Weinert & Rainer H. Kluwe (Hrsg.), *Metakognition, Motivation und Lernen* (S. 60-109). Stuttgart: Kohlhammer.

Brown, Ann L., Bransford, John D., Ferrara, Roberta A., Campione, Joseph C. (1983). Learning, remembering, and understanding. In John H. Flavell & Ellen M. Markman (Hrsg.), *Handbook of child psychology. Vol. III: Cognitive development* (4. Aufl., S. 77-166). New York: Wiley.

Carlson, Richard A. & Schneider, Walter. (1989). Practice effects and composition: A reply to Anderson. *Journal of Experimental Psychology: Learning, Memory, and Cognition, 15*, 531-533.

Carlson, Richard A., Sullivan, Marc A. & Schneider, Walter. (1989). Practice and working memory effects in building procedural skill. *Journal of Experimental Psychology: Learning, Memory, and Cognition, 15*, 517-526.

Carroll, John B. (1976). Psychometric tests as cognitive tasks: A new "Structure of intellect". In Lauren B. Resnick (Hrsg.), *The nature of intelligence* (S. 27-56). Hillsdale, NJ: Erlbaum.

Carroll, John B. (1978). How shall we study individual differences in cognitive abilities? – Methodological and theoretical perspectives. *Intelligence, 2*, 87-115.

Carroll, John B. (1993). *Human cognitive abilities. A survey of factor-analytic studies.* Cambridge: Cambridge University Press.

Carroll, Susanne. (1989). Second-language acquisition and the computational paradigm. *Language Learning, 39*, 535-594.

Cavanaugh, John C. & Perlmutter, Marion. (1982). Metamemory: A critical examination. *Child Development, 53*, 11-28.

Cohen, Andrew D. (1984). Studying second-language learning strategies: How do we get the information? *Applied Linguistics, 5*, 101-112.

Cohen, Andrew D. (1987). Using verbal reports in research on language learning. In Claus Færch & Gabriele Kasper (Hrsg.), *Introspection in second language research* (S. 82-95). Clevedon: Multilingual Matters.

Dechert, Hans W. (1983). How a story is done in a second language. In Claus Færch & Gabriele Kasper (Hrsg.), *Strategies in interlanguage communication* (S. 175-195). London: Longman.

Dimroth, Christine. (1993). *Introspektion: Eine neue Erklärungsperspektive für den Zweitsprachenerwerb. Wissenschaftliche Hausarbeit zur Ersten Wissenschaftlichen Staatsprüfung für das Amt einer Studienrätin.* Berlin.

Dreyfus, Hubert L. & Dreyfus, Stuart E. (1986). *Mind over machine: The power of human intuition and expertise in the era of computer.* New York: The Free Press.

East, Patricia. (1992). *Deklaratives und prozedurales Wissen im Fremdsprachenerwerb. Eine empirische Untersuchung des Grammatikwissens von deutschen Lernern mit Englisch als Fremdsprache.* München: Tuduv.

Ellis, Nick. (Hrsg.). (1994). *Implicit and explicit learning of languages.* London: Academic Press.

Ellis, Rod. (1994). *The study of second language acquisition.* Oxford: Oxford University Press.

Ericsson, K. Anders. (1988). Concurrent verbal reports on text comprehension: A review. *Text, 8*, 295-325.

Ericsson, K. Anders & Crutcher, Robert J. (1991). Introspection and verbal reports on cognitive processes – two approaches to the study of thinking? A response to Howe. *New Ideas in Psychology, 9*, 55-71.

Ericsson, K. Anders & Simon, Herbert A. (1980). Verbal reports as data. *Psychological Review, 87*, 215-251.

Ericsson, K. Anders & Simon, Herbert A. (1984). *Protocol analysis. Verbal reports as data.* Cambridge, Mass.: MIT Press.

Færch, Claus, Haastrup, Kirsten & Phillipson, Robert. (1984). *Learner language and language learning.* Copenhagen: Nordisk Forlag.

Færch, Claus & Kasper, Gabriele. (1980). Processes and strategies in foreign language learning and communication. *Interlanguage Studies Bulletin, 5,* 47-118.

Færch, Claus & Kasper, Gabriele. (1983a). On identifying communication strategies in interlanguage production. In Claus Færch & Gabriele Kasper (Hrsg.), *Strategies in interlanguage communication* (S. 210-238). London: Longman.

Færch, Claus & Kasper, Gabriele. (1983b). Plans and strategies in foreign language communication. In Claus Færch & Gabriele Kasper (Hrsg.), *Strategies in interlanguage communication* (S. 20-60). London: Longman.

Færch, Claus & Kasper, Gabriele. (1984). Pragmatic knowledge: Rules and procedures. *Applied Linguistics, 5,* 214-225.

Færch, Claus & Kasper, Gabriele. (1985). Procedural knowledge as a component of foreign language learners' communicative competence. In Henning Bolte & Wolfgang Herrlitz (Hrsg.), *Kommunikation im Sprachunterricht. Beiträge zum 2. internationalen Symposium über KOMMUNIKATION IM SPRACHUNTERRICHT in Utrecht. September 1982* (S. 169-199). Rijksuniversiteit Utrecht: Institut ‚Frantzen' voor duitse taal- en letterkunde.

Færch, Claus & Kasper, Gabriele. (1986). Cognitive dimensions of language transfer. In Eric Kellerman & Michael Sharwood Smith (Hrsg.), *Crosslinguistic influence in second language acquisition* (S. 49-65). New York: Pergamon.

Færch, Claus & Kasper, Gabriele. (1989). Transfer in production: some implications for the interlanguage hypothesis. In Hans W. Dechert & Manfred Raupach (Hrsg.), *Transfer in language production* (S. 173-193). Norwood, NJ: Ablex.

Færch, Claus & Kasper, Gabriele. (Hrsg.). (1987). *Introspection in second language research.* Clevedon: Multilingual Matters.

Fitts, Paul M. (1964). Perceptual motor-skill learning. In Arthur W. Melton (Hrsg.), *Categories of human learning* (S. 244-285). New York: Academic Press.

Flavell, John H. (1979). Metacognition and cognitive monitoring: A new area of cognitive-developmental inquiry. *American Psychologist, 34,* 906-911.

Flavell, John H. & Wellman, Henry M. (1977). Metamemory. In Robert V. Kail, Jr. & John W. Hagen (Hrsg.), *Perspectives on the development of memory and cognition* (S. 3-33). Hillsdale, NJ: Erlbaum.

Fodor, Jerry A. (1983). *The modularity of mind. An essay on faculty psychology.* Cambridge, MA: MIT Press/Bradford.

Friedrich, Helmut F. & Mandl, Heinz. (1992). Lern- und Denkstrategien – ein Problemaufriß. In Heinz Mandl & Helmut F. Friedrich (Hrsg.), *Lern- und Denkstrategien. Analyse und Intervention* (S. 3-54). Göttingen: Hogrefe.

Gadenne, Volker & Oswald, Margit E. (1991). *Kognition und Bewußtheit*. Berlin: Springer.

Gagné, Ellen D., Yekovich, Carol W. & Yekovich, Frank R. (1993). *The cognitive psychology of school learning* (2. Aufl.). New York: HarperCollins.

Gardner, Howard. (1987). *The mind's new science. A history of the cognitive revolution* (1. Aufl. 1985). New York: Basic Books.

Gardner, Robert C. (1990). Attitudes, motivation, and personality as predictors of success in foreign language learning. In Thomas S. Parry & Charles W. Stansfield (Hrsg.), *Language aptitude reconsidered* (S. 179-221). Englewood Cliffs, NJ: Prentice Hall Regents.

Gardner, Robert C. (1991). Second-language learning in adults: Correlates of proficiency. *Applied Language Learning*, *2*(1), 1-28.

Gardner, Robert C. & MacIntyre, Peter D. (1992). A student's contributions to second language learning. Part I: Cognitive variables. *Language Teaching*, *25*, 211-220.

Gardner, Robert C. & MacIntyre, Peter D. (1993). A student's contributions to second-language learning. Part II: Affective variables. *Language Teaching*, *26*, 1-11.

Garner, Ruth. (1987). *Metacognition and reading comprehension*. Norwood, NJ: Ablex.

Garner, Ruth. (1988). Verbal report data on cognitive and metacognitive strategies. In Claire E. Weinstein, Ernest T. Goetz & Patricia A. Alexander (Hrsg.), *Learning and study strategies: issues in assessment, instruction, and evaluation* (S. 63-76). San Diego, CA: Academic Press.

Glover, John A., Ronning, Royce R. & Bruning, Roger H. (1990). *Cognitive psychology for teachers*. New York: Macmillan.

Graf, Peter & Masson, Michael E.J. (Hrsg.). (1993). *Implicit memory: New directions in cognition, development, and neuropsychology*. Hillsdale, NJ: Erlbaum.

Groeben, Norbert. (1986). *Handeln, Tun, Verhalten als Einheiten einer verstehend-erklärenden Psychologie*. Tübingen: Francke.

Grotjahn, Rüdiger. (1986). Test validation and cognitive psychology: some methodological considerations. *Language Testing*, *3*, 159-185.

Grotjahn, Rüdiger. (1987). On the methodological basis of introspective methods. In Claus Færch & Gabriele Kasper (Hrsg.), *Introspection in second language research* (S. 54-81). Clevedon: Multilingual Matters.

Grotjahn, Rüdiger. (1991). The Research Programme Subjective Theories: A new approach in second language research. *Studies in Second Language Acquisition*, *13*, 187-214.

Grotjahn, Rüdiger. (1993). Qualitative vs. quantitative Fremdsprachenforschung: Eine klärungsbedürftige und unfruchtbare Dichotomie. In Johannes-Peter Timm & Helmut Johannes Vollmer (Hrsg.), *Kontroversen in der Fremdsprachenforschung. Dokumentation des 14. Kongresses für Fremdsprachendidaktik, veranstaltet von der Deutschen Gesellschaft für Fremdsprachenforschung (DGFF) Essen, 7.-9. Oktober 1991* (S. 223-248). Bochum: Brockmeyer.

Hasselhorn, Marcus. (1992). Metakognition und Lernen. In Günter Nold (Hrsg.), *Lernbedingungen und Lernstrategien. Welche Rolle spielen kognitive Verstehensstrukturen?* (S. 35-63). Tübingen: Narr.

Hecht, Karlheinz & Hadden, Betsy. (1992). Deklaratives und prozedurales Grammatikwissen bei Schülern des Gymnasiums mit Englisch als Zielsprache. *Zeitschrift für Fremdsprachenforschung, 3*(1), 31-57.

Herrmann, Theo. (1988). Mentale Repräsentation – ein erläuterungsbedürftiger Begriff. *Sprache & Kognition, 7*, 162-175.

Howe, Reed B.K. (1991). Introspection: A reassessment. *New Ideas in Psychology, 9*, 25-44.

Hulstijn, Jan H. (1990). A comparison between the information-processing and the analysis/control approaches to language learning. *Applied Linguistics, 11*, 30-45.

Kasper, Gabriele. (1986). Zur Prozeßdimension in der Lernersprache. In Seminar für Sprachlehrforschung der Ruhr-Universität Bochum (Hrsg.), *Probleme und Perspektiven der Sprachlehrforschung. Bochumer Beiträge zum Fremdsprachenunterricht in Forschung und Lehre* (S. 197-224). Frankfurt, M.: Scriptor.

Kellerman, Eric. (1991). Compensatory strategies in second language research: A critique, a revision, and some (non-) implications for the classroom. In Robert Phillipson, Eric Kellerman, Larry Selinker, Michael Sharwood Smith & Merrill Swain (Hrsg.), *Foreign/second language pedagogy research: A commemorative volume for Claus Færch* (S. 142-161). Clevedon: Multilingual Matters.

Kiss, George. (1993). The computer modelling approach. In Gillian Cohen, George Kiss & Martin Le Voi (Hrsg.), *Memory: current issues* (S. 92-113). Buckingham & Philadelphia: Open University Press.

Klahr, David, Langley, Pat & Neches, Robert. (Hrsg.). (1987). *Production system models of learning and development*. Cambridge, Mass.: MIT Press.

Klahr, David, Langley, Pat & Neches, Robert. (1988). *Self-modifying production systems: Models of learning and development*. Cambridge, MA: MIT Press/Bradford Books.

Knapp-Potthoff, Annelie & Knapp, Karlfried. (1982). *Fremdsprachenlernen und -lehren. Eine Einführung in die Didaktik der Fremdsprachen vom Standpunkt der Zweitsprachenerwerbsforschung*. Stuttgart: Kohlhammer.

Königs, Frank. (1994). ‚Chacun à son goût'. Zur Rolle der Muttersprache im Fremdsprachenunterricht aus der Sicht der Sprachlehrforschung. In Landesinstitut NRW – Arabicum Bochum (Hrsg.), *Arabischunterricht in Deutschland: Bewährte Ziele, neue Perspektiven. Vorträge der 4. Arabischlehrerkonferenz in Bochum, 18.-20. Juni 1993* (S. 31-61). Bochum: Landesspracheninstitut.

Krapp, Andreas. (1993). Lernstrategien: Konzepte, Methoden und Befunde. *Unterrichtswissenschaft, 21*, 291-311.

Krashen, Stephen D. (1982). *Principles and practice in second language acquisition.* Oxford: Pergamon.

Krashen, Stephen D. (1985). *The input hypothesis: Issues and implications.* London & New York: Longman.

Krings, Hans P. (1992). Schwarze Spuren auf weißem Grund – Fragen, Methoden und Ergebnisse der Schreibprozeßforschung im Überblick. In Hans P. Krings & Gerd Antos (Hrsg.), *Textproduktion: Neue Wege der Forschung* (S. 45-110). Trier: Wissenschaftlicher Verlag Trier.

Kuhn, Thomas S. (1974). Second thoughts on paradigms. In Frederick Suppe (Hrsg.), *The structure of scientific theories* (S. 459-482). Urbana, Ill.: University of Illinois Press (enlarged edition 1977).

Lachman, Roy, Lachman, Janet L. & Butterfield, Earl C. (1979). *Cognitive psychology and information processing: An introduction.* Hillsdale, NJ: Erlbaum.

Larsen-Freeman, Diane & Long, Michael H. (1991). *An introduction to second language acquisition research.* London & New York: Longman.

Levelt, Willem J.M. (1989). *Speaking: From intention to articulation.* Cambridge, Mass.: MIT Press.

Lompscher, Joachim. (1993). Lernstrategien – metakognitive Aspekte. *Lern- und Lehrforschung, LLF-Berichte* (Potzdam: Interdisziplinäres Zentrum für Lern- und Lehrforschung), *5*, 9-80.

Luchins, Abraham S. & Luchins, Edith H. (1959). *Rigidity of behavior: A variational approach to the effect of einstellung.* Eugene: University of Oregon Books.

Lysynchuk, Linda M., Pressley, Michael, d'Ailly, Hsiao, Smith, Michael & Cake, Heather. (1989). A methodological analysis of experimental studies of comprehension strategy instruction. *Reading Research Quarterly, 24*, 458-470.

MacWhinney, Brian. & Anderson, John R. (1986). The acquisition of grammar. In Irwin Gopnik & Myrna Gopnik (Hrsg.), *From models to modules: Studies in cognitive science from the McGill workshops* (S. 3-25). Norwood, NJ: Ablex.

Mandl, Heinz, Friedrich, Helmut F. & Hron, Aemilian. (1986/1993). Psychologie des Wissenserwerbs. In Bernd Weidenmann, Andreas Krapp, Manfred Hofer, Günter L. Huber & Heinz Mandl (Hrsg.), *Pädagogische Psychologie* (2., neu ausgestattete Aufl. 1993, S. 143-218). Weinheim & Basel: Beltz & Psychologie Verlags Union.

Mandl, Heinz, Friedrich, Helmut F. & Hron, Aemilian. (1988). Theoretische Ansätze zum Wissenserwerb. In Heinz Mandl & Hans Spada (Hrsg.), *Wissenspsychologie* (S. 123-160). München & Weinheim: Psychologie Verlags Union.

Massaro, Dominic W. & Cowan, Nelson. (1993). Information processing models: Microscopes of the mind. *Annual Review of Psychology, 44*, 383-425.

Masson, Michael E.J. & Graf, Peter. (1993). Introduction: Looking back and into the future. In Peter Graf & Michael E.J. Masson (Hrsg.), *Implicit memory: New directions in cognition, development, and neuropsychology* (S. 1-11). Hillsdale, NJ: Erlbaum.

Matsumoto, Kazuko. (1993). Verbal-report data and introspective methods in second language research: State of the art. *RELC Journal, 24*, 32-60.

Matsumoto, Kazuko. (1994). Introspection, verbal reports and second language learning strategy research. *Canadian Modern Language Journal, 50*, 363-386.

McLaughlin, Barry. (1987). *Theories of second language learning*. London: Edward Arnold.

Möhle, Dorothea & Raupach, Manfred. (1989). Language transfer of procedural knowledge. In Hans W. Dechert & Manfred Raupach (Hrsg.), *Transfer in language production* (S. 195-216). Norwood, NJ: Ablex.

Müller, Klaus. (1990). Auf der Oder schwimmt kein Graf. Zur Rolle von Mnemotechniken im modernen Fremdsprachenunterricht. *Der fremdsprachliche Unterricht, 23*, 4-10.

Nation, Robert & McLaughlin, Barry. (1986). Language learning in multilingual subjects: an information-processing point of view. In Vivian Cook (Hrsg.), *Experimental approaches to second language learning* (S. 41-53). Oxford: Pergamon.

Newell, Allen. (1990). *Unified theories of cognition*. Cambridge, MA: Harvard University Press.

Nyikos, Martha & Oxford, Rebecca. (1993). A factor analytic study of language-learning strategy use: interpretations from information-processing theory and social psychology. *Modern Language Journal, 77*, 11-22.

O'Malley, J. Michael & Chamot, Anna U. (1990). *Learning strategies in second language acquisition*. Cambridge: Cambridge University Press.

Oberauer, Klaus. (1993). Prozedurales und deklaratives Wissen und das Paradigma der Informationsverarbeitung. *Sprache & Kognition, 12*, 30-43.

Ohlsson, Stellan. (1987). Truth versus appropriateness: Relating declarative to procedural knowledge. In David Klahr, Pat Langley & Robert Neches (Hrsg.), *Production system models of learning and development* (S. 287-327). Cambridge, Mass.: MIT Press.

Ohlsson, Stellan. (1993). The interaction between knowledge and practice in the acquisition of cognitive skills. In Susan Chipman & Alan L. Meyrowitz (Hrsg.), *Foundations of knowledge acquisition: Cognitive models of complex learning* (S. 147-208). Boston: Kluwer.

Opwis, Klaus. (1988). Produktionssysteme. In Heinz Mandl & Hans Spada (Hrsg.), *Wissenspsychologie* (S. 74-98). München & Weinheim: Psychologie Verlags Union.

Oswald, Margit & Gadenne, Volker. (1984). Wissen, Können und künstliche Intelligenz: Eine Analyse der Konzeption des deklarativen und prozeduralen Wissens. *Sprache & Kognition, 3*, 173-184.

Oxford, Rebecca L. (1990). *Language learning strategies. What every teacher should know*. New York: Newbury House.

Oxford, Rebecca L. & Crookall, David. (1989). Research on language learning strategies: Methods, findings, and instructional issues. *The Modern Language Journal, 73*, 404-419.

Oxford, Rebecca L. & Shearin, Jill. (1994). Language learning motivation: Expanding the theoretical framework. *The Modern Language Journal, 78*, 12-28.

Palmer, Stephen E. & Kimchi, Ruth. (1986). The information processing approach to cognition. In Terry J. Knapp & Lynn C. Robertson (Hrsg.), *Approaches to cognition: Contrasts and controversies* (S. 37-77). Hillsdale, NJ: Erlbaum.

Pechmann, Thomas & Engelkamp, Johannes. (1992). Mentale Repräsentation – Verschiedene Sichtweisen eines Begriffs. *Sprache und Kognition, 11*, 51-64.

Perner, Richard. (1991). *Understanding the representational mind*. Cambridge, Mass.: MIT Press.

Posner, Michael I. & McLeod, Peter. (1982). Information processing models – In search of elementary operations. *Annual Review of Psychology, 33*, 477-514.

Poulisse, Nanda (in collaboration with Theo Bongaerts and Eric Kellerman). (1990). *The use of compensatory strategies by Dutch learners of English*. Dordrecht: Foris.

Poulisse, Nanda. (1993). A theoretical account of lexical communication strategies. In Robert Schreuder & Bert Welten (Hrsg.), *The bilingual lexicon* (S. 156-189). Amsterdam: Benjamins.

Prokop, Manfred. (1989). *Learning strategies for second language users: An analytical appraisal with case studies*. Lewiston, NY: Mellen.

Raabe, Horst. (1991). Lernende als Linguisten? Zum prozeduralen Wissen Lernender. *Fremdsprachen lehren und lernen, 20*, 161-173.

Raabe, Horst. (1992). Analysen zum prozeduralen Wissen beim Fremdsprachenlernen. In Albert Barrera-Vidal, Manfred Raupach & Ekkehard Zöfgen (Hrsg.), *Grammatica vivat. Fremdsprachengrammatik: Konzepte – Analysen – Applikationen* (S. 242-252). Tübingen: Narr.

Rabinowitz, Mitchell & Chi, Michelene T.H. (1987). An interactive model of strategic processing. In Stephen J. Ceci (Hrsg.), *Handbook of cognitive, social, and neuropsychological aspects of learning disabilities* (S. 83-102). Hillsdale, NJ: Erlbaum.

Raupach, Manfred. (1987). Procedural learning in advanced learners of a foreign language. In James A. Coleman & Richard Towell (Hrsg.), *The advanced language learner. Papers of the Joint AFLS/SULFRA Conference, London, April 1986* (S. 123-155). London: CILT.

Reber, Arthur S. (1993). *Implicit learning and tacit knowledge. An essay on the cognitive unconscious*. New York: Oxford University Press.

Ridgeway, Victoria G., Dunston, Pamela J. & Qian, Gaoyin. (1993). A methodological analysis of teaching and learning strategy research at the secondary school level. *Reading Research Quarterly, 28*, 335-349.

Rumelhart, David E. & Norman, Donald A. (1978). Accretion, tuning and restructuring: three modes of learning. In John W. Cotton & Roberta L. Klatzky (Hrsg.), *Semantic factors in cognition* (S. 37-53). Hillsdale, NJ: Erlbaum.

Russo, J. Edward, Johnson, Eric J. & Stephens, Debra L. (1989). The validity of verbal protocols. *Memory & Cognition, 17*, 759-769.

Ryle, Gilbert. (1949). *The concept of mind*. London: Hutchinson.

Scarcella, Robin C. & Oxford, Rebecca L. (1992). *The tapestry of language learning. The individual in the communicative classroom*. Boston, Mass.: Heinle & Heinle.

Schacter, Daniel L. (1987). Implicit memory: History and current status. *Journal of Experimental Psychology: Learning, Memory, and Cognition, 13*, 501-518.

Schmidt, Richard W. (1990). The role of consciousness in second language learning. *Applied Linguistics, 11*, 17-46.

Schmidt, Richard W. (1992). Psychological mechanisms underlying second language fluency. *Studies in Second Language Acquisition, 14*, 357-385.

Schmidt, Richard W. (1993). Consciousness, learning, and interlanguage pragmatics. In Gabriele Kasper & Shoshana Blum-Kulka (Hrsg.), *Interlanguage pragmatics* (S. 21-42). New York: Oxford University Press.

Schnotz, Wolfgang. (1994). *Aufbau von Wissensstrukturen. Untersuchungen zur Kohärenzbildung beim Wissenserwerb mit Texten*. Weinheim: Beltz & Psychologie Verlags Union.

Schuchardt, Hugo. (1925/1976). Der Individualismus in der Sprachforschung. *Sitzungsberichte der Wiener Akademie, 202*, 1-21. abgedruckt in: *Hugo Schuchardt-Brevier. Ein Vademecum der allgemeinen Sprachwissenschaft* zusammengestellt und eingeleitet von Leo Spitzer (unveränd. reprogr. Nachdruck der 2. erweit. Aufl. Halle 1928). Darmstadt: Wissenschaftliche Buchgesellschaft 1976.

Schwarz, Monika. (1992). *Einführung in die Kognitive Linguistik*. Tübingen: Francke.

Servan-Schreiber, Emile & Anderson, John R. (1990). Learning artificial grammars with competetive chunking. *Journal of Experimental Psychology: Learning, Memory, and Cognition, 16*, 592-608.

Sharwood Smith, Michael. (1981). Consciousness-raising and the second language learner. *Applied Linguistics, 2*, 159-169.

Singley, Mark K. & Anderson, John R. (1989). *The transfer of cognitive skill*. Cambridge, MA: Harvard University Press.

Smagorinsky, Peter. (1994). Introduction: Potential problems and problematic potentials of using talk about writing as data about writing process. In Peter Smagorinsky (Hrsg.), *Speaking about writing: Reflections on research methodology* (S. ix-xix). Thousand Oaks, CA: Sage.

Snow, Richard E. & Lohman, David F. (1989). Implications of cognitive psychology for educational measurement. In Robert R. Linn (Hrsg.), *Educational measurement* (3. Aufl., S. 263-331). New York: American Council on Education/Macmillan.

Snow, Richard E. & Lohman, David F. (1993). Cognitive psychology, new test design, and new test theory: An introduction. In Norman Frederiksen, Robert J. Mislevy & Isaac I. Bejar (Hrsg.), *Test theory for a new generation of tests* (S. 1-17). Hillsdale, NJ: Erlbaum.

Squire, Larry R. (1986). Mechanisms of memory. *Science, 232*, 1612-1619.

Stern, H.H. (1983). *Fundamental concepts of language teaching*. Oxford: Oxford University Press.

Stratman, James F. & Hamp-Lyons, Liz. (1994). Reactivity in concurrent think-aloud protocols: Issues for research. In Peter Smagorinsky (Hrsg.), *Speaking about writing: Reflections on research methodology* (S. 89-112). Thousand Oaks, CA: Sage.

Tarone, Elaine, Cohen, Andrew D. & Dumas, Guy. (1976). A closer look at some interlanguage terminology: a framework for communication strategies. *Working Papers on Bilingualism, 9*, 76-90.

Tönshoff, Wolfgang. (1992). *Kognitivierende Verfahren im Fremdsprachenunterricht*. Hamburg: Kovač.

Tomlin, Russel S. & Villa, Victor. (1994). Attention in cognitive science and second language acquisition. *Studies in Second Language Acquisition, 16*, 183-203.

Towell, Richard & Hawkins, Roger. (1994). *Approaches to second language acquisition*. Clevedon, England: Multilingual Matters.

van der Heijden, A.H.C. & Stebbins, Sarah. (1990). The information-processing approach. *Psychological Research, 52*, 197-206.

Varela, Francisco J. (1990). *Kognitionswissenschaft – Kognitionstechnik. Eine Skizze aktueller Perspektiven*. Frankfurt, M.: Suhrkamp. (engl. Original 1988)

Wahl, Diethelm. (1988). Die bisherige Entwicklung des FST. In Norbert Groeben, Diethelm Wahl, Jörg Schlee & Brigitte Scheele (Hrsg.), *Forschungsprogramm Subjektive Theorien. Eine Einführung in die Psychologie des reflexiven Subjekts* (S. 254-291). Tübingen: Francke.

Weinstein, Claire E., Goetz, Ernest T. & Alexander, Patricia A. (Hrsg.). (1988). *Learning and study strategies: Issues in assessment, instruction, and evalutation*. San Diego: Academic Press.

Weinstein, Claire E. & Meyer, Debra K. (1991). Implications of cognitive psychology for testing: Contributions from work in learning strategies. In Merlin C. Wittrock & Eva L. Baker (Hrsg.), *Testing and cognition* (S. 40-61). Englewood Cliffs, NJ: Prentice Hall.

Weinstein, Claire E., Zimmerman, Stephen A. & Palmer, David R. (1988). Assessing learning strategies: the design and development of the LASSI. In Claire E. Weinstein, Ernest T. Goetz & Patricia A. Alexander (Hrsg.), *Learning and study strategies: issues in assessment, instruction, and evaluation* (S. 25-40). San Diego, CA: Academic Press.

Wenden, Anita L. (1987). Metacognition: An expanded view on the cognitive abilities of L2 learners. *Language Learning, 37*, 573-597.

Wenden, Anita L. (1991). *Learner strategies for learner autonomy: Planning and implementing learner training for language learners.* New York: Prentice Hall.

Wendt, Michael. (1993). *Strategien fremdsprachlichen Handelns: lerntheoretische Studien zur begrifflichen Systematik. Bd. 1: Die drei Dimensionen der Lernersprache.* Tübingen: Narr.

White, Peter A. (1988). Knowing more about what we can tell: 'Introspective access' and causal report accuracy 10 years later. *British Journal of Psychology, 79*, 13-45.

Winograd, Terry. (1975). Frame representations and the declarative/procedural controversy. In Daniel G. Bobrow & Allan Collins (Hrsg.), *Representation and understanding: Studies in cognitive science* (S. 185-210). New York: Academic Press.

Wolff, Dieter. (1990). Zur Bedeutung des prozeduralen Wissens bei Verstehens- und Lernprozessen im schulischen Fremdsprachenunterricht. *Die Neueren Sprachen, 89*, 610-625.

Wolff, Dieter. (1992). Lern- und Arbeitstechniken für den Fremdsprachenunterricht: Versuch einer theoretischen Fundierung. In Uwe Multhaup & Dieter Wolff (Hrsg.), *Prozeßorientierung in der Fremdsprachendidaktikik* (S. 101-120). Frankfurt, M.: Diesterweg.

Wolff, Dieter. (1994). Der Konstruktivismus: Ein neues Paradigma in der Fremdsprachendidaktik? *Die Neueren Sprachen, 93*, 407-429.

Zimmermann, Günther. (1992). Zur Funktion von Vorwissen und Strategien beim Lernen mit Instruktionstexten. *Zeitschrift für Fremdsprachenforschung, 3*(2), 57-79.

Strategien und Strategieebenen am Beispiel von Lernaktivitäten im Spanischunterricht

Michael Wendt

Die Einbeschreibung des Strategienkonzepts in ein erweitertes Lernersprachenmodell legt es nahe, die Erforschung von Lernerstrategien nicht auf Fälle einzuschränken, die sich den Lernenden als problematisch darstellen, und den Strategiebegriff insgesamt mit einem handlungstheoretischen Ansatz zu verbinden. Diese Sichtweise ermöglicht eine Rückbeziehung des Lernersprachenmodells auf das Fertigkeitenmodell, dem seinerseits Strategieebenen (nach B.S. Bloom u.a.) einbeschrieben werden können. Das hiermit gewonnene, auf den kognitiven Universalien „Wissen" und „Transfer" beruhende taxonomische Strategieebenenmodell eignet sich zur Typologisierung von Lernaktivitäten und Lernprozessen im Fremdsprachenunterricht, was hier an Beispielen aus dem Spanischunterricht aufgezeigt wird.

1. Strategienkonzept und Lernersprachenmodell

Die Modellvorstellung von Strategien, die das sprachliche Handeln der Lernenden leiten und sich aus diesem, wie man annimmt, beobachtend herausfiltern lassen, scheint über den Verdacht erhaben, eine Vorentscheidung zugunsten einer der gängigen psychologischen Lerntheorien zu begünstigen. Seit Miller/Galanter/Pribram (1960) ist man sich jedoch einig, dass Strategien der kognitiven Dimension zuzuschreiben sind (vgl. u. a. Hasselhorn 1992, Nold 1992: 10). Ihre Anwendung geschieht zwar nicht immer bewusst, jedoch können unbewusst gewählte Strategien introspektiv ins Bewusstsein gehoben (vgl. Lutjeharms 1988: 184), durch Nachfragen bewusst gemacht (vgl. schon Knapp 1980: 263) oder bewusst kontrolliert werden. Sie werden stets bewusst aufgebaut, bevor sie zu „Routinen" automatisiert werden können (vgl. u. a. Wildner-Bassett 1986: 182, Wolff 1990: 615).

Aus der Sicht der herkömmlichen, der „harten" Empirie haben Strategien zweifellos weiterhin als „datenanalytische Konstrukte" (Krings 1986: 176 f.) zu gelten. Es ist daher nicht müßig, sich zu vergegenwärtigen, dass die Untersuchungsmethoden, mit denen man seit den sechziger Jahren versucht hat, Strategien zu unterscheiden und zu benennen, der kontrastiven Linguistik und der Fehleranalyse entlehnt waren. Folgerichtig wurden zunächst ausschließlich Strategien identifiziert, deren Wirksamkeit Vermeidungen, unübliche Formulierungen, Ausweichformen oder offenkundige Fehler zum Ergebnis hatte, und bezeichneten Faerch/Kasper (1983: XVIII) weitgehend problemloses sprachliches Handeln – eine wichtige Zielvorstellung von Fremdsprachenunterricht schlechthin – als *non-strategic IL use*. Dass Kompensations- oder Problemlösungsstrategien gerade für Fälle beschrieben wurden und werden, in denen Problemlösungen nicht erwartungsgemäß gelingen, kommt einem Forschungsparadoxon sehr nahe[1].

Vorerst weniger beachtet wurden jene wohl vorwiegend intuitiv ermittelten Strategien, deren Einsatz als erfolgversprechend anzusehen ist, da er zu weitgehend norm- und üblichkeitsentsprechenden sprachlichen Handlungen führen kann. Sie lassen sich schwerpunktartig zwei im Grunde wohlbekannten Axiomen kognitivistischer Lerntheorien zuordnen, nämlich dem „Wissen" (vgl. Wode 1988, R. Zimmermann 1990, Arendt 1992; strukturierende Speicherung bei Bialystok 1978, algorithmische Strategien nach Lindsay/Norman 1972/1980, *retrieval strategies* bei Faerch/Kasper 1983) und dem „Transfer" (vgl. Selinker 1972, Taylor 1975, Kohn 1979, O'Malley u. a. 1985, R. Zimmermann 1990, heuristische Strategien bei Lindsay/Norman 1972/1980). Da es sich hierbei vermutlich um „sprachübergreifende allgemein-kognitive Universalien" handelt, auf die sich die Lernersprachenforschung verstärkt ausrichten sollte (Vogel 1990: 239), liegt es nahe, Strategien als Formen des „Wissens" bzw. des „Transfers" zu beschreiben.

In seiner ursprünglichen Form verband sich das Strategienkonzept mit dem *Interlanguage*- oder Interimsprachenmodell in der kontrastiven Psycholinguistik der späten sechziger Jahre (vgl. Slama-Cazacu 1970). Dieses – seit den achziger Jahren vorwiegend als Lernersprachenmodell bekannt - erlaubte die Unterscheidung zwischen „Wissen" als solchem und Gebrauch von „Wissen", bzw. zwischen „deklarativem" und „prozeduralem Wissen". Insbesondere seit den Arbeiten von Faerch und Kasper hat sich das Hauptinteresse der Forschung auf die zweitgenannte Wissensform verlagert, die als der primäre Wirkungsbereich von Strategien angesehen wird. „Prozedurales Wissen" jedoch ist nur eine andere Bezeichnung für „Transfer", sofern man bereit ist, diesen Begriff nicht auf die Übertragung ausschließlich sprachlichen Wissens einzuschränken.

Überhaupt hat das Lernersprachenmodell seit Ende der siebziger Jahre beträchtliche Erweiterungen erfahren, indem außer rein sprachlichen Daten auch Kommunikationsmuster (vgl. Krumm 1979) sowie Welt- und Erfahrungswissen (vgl. z. B. Vogel 1990: 168 f.) Aufnahme gefunden haben. Entsprechend groß sind Anzahl und Vielfalt der Faktoren, die auf die Ausbildung der Lernersprache Einfluss nehmen können, wie z. B. fachliche Lernziele (Heuer 1978), Lehrwerk und Lehrende (Schulz 1980), unterrichtliche Kommunikationsstrukturen (Kasper 1981, 1982), Lernerfaktoren (Vogel 1990: 136 ff.) und grammatische Metasprache (Raasch 1988), aber sicherlich auch Methode, Progression, Mitlernende, Akzeptanz und Sprachbeherrschung der Lehrperson, Arbeitsaufträge, Lernkontrollformen, Differenzierungsarten, Unterrichtssprache u. v. a. Zusammenfassend fordert Vogel (1990: 143) die Einbeschreibung der Situativität und der Intentionalität sprachlicher Äußerungen in das Lernersprachenmodell.

---

[1] Mehrere wesentliche, in den Teilen 1 - 3 dieses Beitrags zusammengefaßte Überlegungen finden sich vor allem im ersten Kapitel meines Buches *Strategien des fremdsprachlichen Handelns* (1993: 34-74) eingehender diskutiert und umfangreicher belegt.

2. Handlungen, Strategien, Operationen

Diese Überlegungen legen nahe, das Lernersprachenmodell und vor allem das Strategienkonzept nicht auf Fälle festzulegen, die sich den Lernenden als problematisch darstellen, sondern insgesamt mit einem handlungstheoretischen Ansatz zu verbinden. Handeln und somit auch sprachliches Handeln lässt sich in Anlehnung an Wittgenstein (z. B. 1971), Moser (1974), A. A. Leont'ev (dt. 1975) u. a. m. durch fünf Merkmale charakterisieren: Es ist zielgerichtet, aktiv (hier: rezeptiv oder produktiv unter Einschluss der physischen Komponenten), erfahrungsbasiert (Wissen, Kenntnisse; Situation), auf die Verwendung von Mitteln (hier: Sprache) angewiesen und strukturiert bzw. organisiert. Das letztgenannte Merkmal scheint in erster Linie auf die kognitive Dimension Bezug zu nehmen; durch die Merkmale Intentionalität, Aktivität und Erfahrungsbasis verfügen sowohl „geistige" als auch „materielle" oder „äußere" Handlungen (vgl. Galperin 1972, Lewandowski 1976) jedoch deutlich auch über eine affektive und eine physische Dimension. Schreibt man der Lernersprache das Potential zu, sprachliches Handeln zu bewirken, ist es also Zeit, von einem eindimensionalen Lernersprachenmodell abzurücken. Nach A. A. Leont'ev (dt. 1975: 165 f.) setzen sich Tätigkeiten aus Handlungen und Handlungen aus Operationen zusammen. Handlungen sind Teiltätigkeiten mit eigenen Zielen oder Zwischenzielen. Operationen – z. B. Vergleichen, Schlussfolgern oder In-Beziehung-Setzen (vgl. Lompscher 1972); Erschließen unbekannter Wörter aus dem Kontext, Ziehen von Analogieschlüssen (Wolff 1983: 291) – als vergleichsweise schnell verallgemeinerungsfähige Komponenten von Handlungen haben keine Ziele im Sinne von Handlungszielen, sondern tragen zu deren Erreichung bei. Strategien sind, wie schon Faerch/Kasper (1983: 30 f.) gesehen haben, nicht dasselbe wie Handlungen; sie sind internalisierte Grundstrukturen von Handlungen. Ihre Elemente sind die eine Strategie bildenden Operationen[2]. Folglich tragen auch Strategien ihre Ziele nicht in sich selbst; diese sind vielmehr mit den Zielen der jeweiligen Handlungen identisch. Nach Lompscher (1992: 95) könnten wir auch sagen: Das Ziel einer Strategie besteht in der Erreichung des jeweiligen Handlungsziels. Ein so gefasster Strategiebegriff vermag auch die von zahlreichen Autoren herausgestellte Dialektik von Handeln und Lernen (vgl. z. B. Wittgenstein 1960/1971, Klingberg 1971: 191 nach Galperin, Lompscher 1972: 33, Moser 1974: 131 ff.) zu erhellen. Eine Wechselwirkung zwischen Kommunizieren und sprachlichem Lernen wird u. a. auch von Faerch/Kasper (1983: XVII) und Butzkamm (1989: 146) konstatiert. Sie verträgt sich überdies vollkommen mit konstruktivistischen Vorstellungen von Sprachaneignung, die sich interessanterweise auch in der Zweitspracherwerbsforschung nachweisen lassen[3]. Fremdsprachliches Lernen erscheint somit als durch Handeln eingeleiteter

---

[2] Dieser Aspekt findet sich sinngemäß auch in der Definition einer „Lernstrategie" bei Rampillon (1991: 4 f.); hierunter versteht die Autorin „eine systematische Bündelung von Einzelmaßnahmen ..., die bei umfassenderen Lernabsichten angewandt werden können ...".

[3] So formuliert z. B. Wode (1988: 17): „Es scheint als leiteten Lerner – unbewußt – aus dem, was sie hören, Hypothesen über die Struktur der Zielsprache ab, als überprüften sie diese Annahmen systematisch und änderten sie schrittweise, bis sie sich mit der Struktur der Zielsprache decken." Schon bei Miller/Galanter/Pribram (dt. 1973: 84) ist das Testen auf Angemessenheit unabdingbarer Bestandteil der Ausbildung von Strategien.

Prozess, als Voraussetzung und als Ergebnis des angeleiteten oder selbstbestimmten Handelns in der Fremdsprache.

In Untersuchungen zu sprachlichem Handeln und Lernen ist es üblich, zwischen Strategien der Sprachproduktion und Strategien der Sprachrezeption zu unterscheiden (vgl. Knapp-Potthoff/ Knapp 1982, Faerch/Kasper 1983: XX, Tarone 1983: 65, Wode 1988: 92, Gaonac'h 1988: 115 ff., Kohn 1990). Diesen beiden Grundformen sprachlichen Handelns lassen sich jedoch Strategien, deren Anwendung nicht in jedem Fall unmittelbar auf die Sprache als Äußerungsmittel gerichtet ist, nicht immer ohne weiteres zuordnen. Das trifft etwa auf zahlreiche für das zielsprachige Umfeld bedeutsame *interactional strategies* (vgl. Arndt/Janney 1991: 223, 226), Kontaktstrategien (Kleinschroth 1991) und soziale Verhaltensweisen (vgl. Gaonac'h 1988: 194) zu. Immerhin lassen sich die meisten dieser Strategien aber als kommunikativ oder sogar sprachnah deuten.

Weit schwerer fällt die Einordnung sogenannter „Lernstrategien". Soweit unter diesem Begriff Lerntechniken, Arbeitstechniken oder *study skills* subsumiert werden, kann er so vielfältige Prozesse wie die Herstellung von und den Umgang mit Arbeitsmitteln[4], die Strukturierung von Texten, die autonome Steuerung der Entwicklung von Teilfertigkeiten, die selbständige Anwendung von Kommunikations-, Kontakt- und Kompensationsstrategien (Rampillon 1989: 215-217), ferner Selbstmotivierung, Wahl geeigneter Lernzeitpunkte, lernbegünstigende Gestaltung des Arbeitsplatzes, Führen einer Fehlerstatistik u. v. a. m. (Rampillon 1991: 5 f.) umfassen. Sicher können alle diese Maßnahmen zu einer verbesserten Beherrschung der Fremdsprache beitragen, einige von ihnen sind aber so wenig charakteristisch für den Umgang mit der Fremdsprache, dass sie dem Bereich der allgemeinen Lernverhaltensschulung zugerechnet werden sollten (vgl. Keller 1992, Weltner 1992), sich also keinesfalls als Formen des sprachlichen Handelns oder „Operierens" bezeichnen lassen. Aus ähnlichen Erwägungen hat Oxford (1990: 11 ff. u. a.) „direkte" und „indirekte" Lernstrategien und hat Wolff (1991: 34) „Lerntechniken" und „Arbeitstechniken" unterschieden. Deutlicher erschiene mir die Unterscheidung von Lerntechniken bzw. Lernstrategien, die dem Handlungsmotiv ‚(selbständiges) Organisieren von Lernvorhaben' entsprechen, einerseits und Strategien des fremdsprachlichen Handelns, die direkt in fremdsprachliche Äußerungen einmünden, andererseits.

Einen mehr oder weniger großen Überschneidungsbereich implizieren wohl alle drei genannten Unterscheidungsmodalitäten. Schon die fünf Prozessformen der *Interlanguage* bei Selinker (1972: 214 f.) wiesen keine größere Trennschärfe auf. Das liegt wahrscheinlich daran, dass sich Strategien jeder Art zu den erwähnten kognitiven Universalien in Beziehung setzen lassen. Unbestreitbar scheint mir jedenfalls, dass das traditionelle Modell der vier Grundfertigkeiten dem prozeduralen bzw. handlungsbezogenen Bereich des Lernersprachenmodells einbeschrieben werden kann und sollte und dass den oben besprochenen Strategien des fremdsprachlichen Handelns hierbei eine Schlüsselfunktion zukommt. Erinnern wir uns in diesem

---

[4] Unter „Lerntechniken" werden vor allem Formen des zunehmend autonomen Umgangs mit Lehr- und Lernmaterialien verstanden (vgl. Rohrer 1974, Tarone 1980, Wenden 1991, G. Zimmermann 1991, Keller 1992, Weltner 1992).

Zusammenhang daran, dass Kasper (1989: 220) von „Hör- und Leseverstehensstrategien" spricht und dass Wolff schon 1983 (:294) im Zusammenhang mit seiner Forderung nach einer „Strategiengrammatik" angeregt hat, die Strategien „wieder den Teilfertigkeiten zuzuordnen, welche globale Sprachkönnensprozesse wie etwa das Hörverstehen auszeichnen."[5]

3. Systemhaftigkeit der Strategien sprachlichen Handelns

In der Handlungsforschung ist es nicht unüblich, „Ebenen" des Erkennens oder Handelns (vgl. Lompscher 1972, 1992: 95) oder aber „Prozeßebenen" (vgl. Miller/Galanter/Pribram dt. 1973: 39) zu unterscheiden. Zugrunde liegt die Vorstellung, dass komplexe Handlungen einfachere überformen können. Dass sich eine Übertragung der Abstufung nach „Ebenen" auf das Strategienkonzept anbietet, belegt eine Schlussfolgerung Wodes (1988: 95 f.): „Vermutlich ordnen sich Lernerstrategien zu komplexen Systemen, die u. a. nach den verschiedenen Steuerungs- und Planungsebenen, nach den beteiligten Sinnesorganen, nach Art und Umfang der bewußten Beeinflußbarkeit oder nach altersabhängigen Veränderungen differenziert werden müssen."

Auf einer Differenzierung nach Graden zunehmender Bewusstheit beruht das von B. S. Bloom und Mitarbeitern (dt. 5. Aufl. 1976) entwickelte taxonomische Modell kognitiver Handlungsebenen. Durch die in der Originalfassung konzeptionell bereits angelegte Aufspaltung in einen rezeptiven und einen produktiven Taxonomieteil und durch die Hinzufügung einer hier als VERÄNDERN bezeichneten Komplexitätsstufe erhalten wir auch auf sprachliches Handeln beziehbare „Strategieebenen":

Ebenen der Sprach- rezeption	„kognitive Universalien"	Ebenen der Sprach- produktion
EVALUATION	*autonomer Transfer*	SYNTHESE
ANALYSE	*multipler Transfer*	VERÄNDERN
VERSTEHEN	*einfacher Transfer*	ANWENDEN
WIEDERERKENNEN	*Wissen*	REPRODUZIEREN

„Strategieebenen" sind demnach unterschiedlich komplexe *kognitive Handlungsstrukturen*, denen Formen rezeptiven oder produktiven sprachlichen Handelns zugeordnet werden können. Dem taxonomischen Inklusionsprinzip zufolge schließt jede Ebene die jeweils unteren ein. Das Hierarchisierungskriterium der zur jeweils höheren Ebene hin zunehmenden Bewusstheit begründet im Prinzip ein Kontinuum. Daraus folgt erstens, dass Wiederholungshandlungen tiefer als Ersthandlungen einzustufen sind und dies insbesondere, wenn Habituation auftritt, und zweitens, dass bisher wenig bekannte „Zwischenebenen" keinesfalls ausgeschlossen werden können. Auf der Abstraktionsstufe der „Strategieebenen" sind Lerninhalte vollkommen austauschbar.

---

[5] Dieser Grundidee ist der Autor auch noch in seinem Aufsatz von 1991 (:34) verpflichtet.

„Allgemeine Strategien" sind insofern auf Tätigkeits- oder Handlungsziele ausgerichtet, als sie sich auf allgemeine inhaltliche Bereiche (z. B. Spanischunterricht, Grammatik, Lektüre) sowie auf generalisierbare Handlungsformen (z. B. ‚Texte VERSTEHEN', ‚Regeln ANWENDEN') und daher auch auf die affektive und die physische Dimension in einem übergreifenden Sinne beziehen lassen. Sie können als *Muster geistiger oder materieller Handlungen* angesehen werden.

„Spezifische Strategien" *strukturieren „konkrete"* (vgl. Lompscher 1992: 95), einmalige oder wiederholte, geistige oder materielle *Handlungen*, die mit sehr bestimmten Inhalten, Mitteln bzw. Wissensbeständen und mit deutlich eingrenzbaren Zielen verbunden sind (z. B. ‚einen bestimmten Text VERSTEHEN', ‚eine bestimmte Regel ANWENDEN').

Unter andeutungsweiser Berücksichtigung „allgemeiner Strategien" lassen sich die einzelnen „Strategieebenen" wie folgt kennzeichnen:

Unter dem Aspekt der Fremdsprachenaneignung enthält die zentrale Komponente „Wissen" als Basis und zugleich potentielles Resultat jeder Form sprachlichen Handelns die Gesamtheit sprachlicher, ko- und kontextueller Inhalte, also Kenntnisse von Daten, Fakten, Begriffen, Strukturen, Systemen und Prozessen. Die ihr entsprechenden Strategieebenen – WIEDERERKENNEN auf der rezeptiven und REPRODUKTION auf der produktiven Seite - sind Wiederholungsleistungen, die im Unterricht meist zum Zweck der Festigung bestimmter Lerninhalte verlangt werden.

Als VERSTEHEN bezeichnen wir eine Neuleistung, die im Wesentlichen aus der Sinnzuordnung zu einem zuvor noch nicht bekannten Satz, Hör- oder Lesetext besteht. Hinter den üblichen Unterscheidungen zwischen Hörverstehensarten (z.B. „globales" vs. detailliertes Verstehen) bzw. zwischen Lesestilen (z.B. kursorisches vs. statarisches Lesen) steht die grundsätzliche Unterscheidbarkeit von prozessualer und datenorientierter Rezeption bzw. *top down-* und *bottom up-*Prozessen. Unter ANALYSE verstehen wir die Gewinnung von Erkenntnissen „über" einen Satz bzw. einen gesprochenen oder geschriebenen Text, die von diesem selbst erkennbar nicht versprachlicht werden. Die dieser Strategieebene üblicherweise zugeordneten fremdsprachenunterrichtlichen Gegenstandsbereiche erstrecken sich von der grammatischen, pragmatischen und stilistischen Aufarbeitung bis zur landeskundlichen und literarischen Interpretation. Auf der Strategieebene EVALUATION setzen die Lernenden die gewonnenen Analyseergebnisse mit ihren eigenen begründbaren Anschauungen und Wertvorstellungen in Bezug, wodurch ihre Einstellungen bestätigt oder verändert werden können.

Während habitualisierende Lern- und Arbeitsformen wie das Nachsprechen im fremdsprachlichen Anfangsunterricht, Zählen, Vokabellernen, Singen oder Spiele des Typs *En esta maleta hay ...* der Strategieebene REPRODUZIEREN zuzurechnen sind, entspricht ANWENDEN weitgehend den in der sogenannten „Transferphase" ausgelösten produktiven Sprachhandlungen. Das Arbeiten auf dieser Ebene umfasst beispielsweise die Wortschatzfestigung, den ersten Umgang mit einer neuen Struktur, das Lernen mit technischen Medien (Sprachlabor; CALL) und das Üben hochfrequenter Redemittel in kommunikativen Rollenspielen. VERÄNDERN ist die ursprüngliche Ebene des grammatikzentrierten Unterrichts. Zu den neueren Formen der Arbeit auf dieser Strategieebene gehört das *rewriting* als kreativer Umgang mit vorgegebenen Texten. Obwohl kreatives Arbeiten von der Strategieebene ANWENDEN an möglich ist, entfaltet es sich doch erst auf der Ebene SYNTHESE zum persönlich geprägten „freien Sprechen" oder „freien Schreiben".

Das Strategieebenen-Modell kann als vergleichsweise gut abgesichert angesehen werden[6]. Überdies lassen sich allen Ebenen von anderen Autoren benannte Strategien zuordnen (vgl. Wendt 1993: 72); so können etwa in den Merkmalen „kognitiver Lernstrategien" bei Oxford (1990: 19, 318 f.) die Ebenen WIEDERERKENNEN, REPRODUZIEREN, ANWENDEN, ANALYSE und SYNTHESE aufgewiesen werden. Die bereits angesprochene Beziehung zum Fertigkeitenmodell – bzw. die von Wode (1988: 95 f.; s. o.) vorgeschlagene Differenzierung nach den beteiligten Sinnesorganen - besteht in der leicht zu erkennenden Möglichkeit, jede der vier Grundfertigkeiten in vier Strategieebenen zu unterteilen.

4. Zur Typologisierung von Lernaktivitäten

Den Begriff „Lernaktivitäten" benutze ich in seinem umfassenden Sinne, d. h. für alle Formen sprachlichen Handelns, die mit den Zielen von Fremdsprachenunterricht in einem erkennbaren Zusammenhang stehen und die sich dokumentieren lassen; er umschließt also scheinbar so unterschiedliche Erscheinungsformen des Lernens wie die Lehrerfrage (vgl. Raabe 1989) und ihre Beantwortung, die Strukturübung, das Lern- oder Rollenspiel, die Textarbeit, die fremdsprachlich geführte Diskussion und die Umgestaltung eines Gedichts. Bei deren näherer Betrachtung und Untersuchung anzusetzen, scheint dem/der Fremdsprachendidaktiker/in angemessener als der umgekehrte, vom lerntheoretischen Konstrukt ausgehende Weg.

Als wichtiger Teilbereich der Lernaktivitäten sowie der gezielten Ausbildung von Strategien fremdsprachlichen Handelns kann die Bearbeitung der den Lehrwerken beigegebenen oder aus authentischen Materialien gewonnenen Übungen angesehen werden. Schwerdtfeger, die in ihrem überblickartigen Artikel (1989) das Übungsgeschehen als „Herzstück", „Zentrum", „Kernbereich" und „Zentralbereich des Fremdsprachenunterrichts" bezeichnet, bezweifelt die wissenschaftsmethodische Tragfähigkeit (: 188) und die Praxisrelevanz der bisher unternommenen Versuche, Übungsformen zu typologisieren.

---

[6] Die Zuverlässigkeit der ursprünglichen Fassung von 1956 ist schon mehrfach Gegenstand von Untersuchungen gewesen und in vielen Fällen bestätigt worden (vgl. Bloom u. a. dt. 5. Aufl. 1976: 32, Kropp/Stoker 1966: 34-39, Cox/Unks 1967, De Corte 1980). Ausubel/Robinson (1969: 72 f.) haben die Berechtigung aller Bloomschen „Stufen" mit Ausnahme der EVALUATION anerkannt. Die früheste Absicherung erhält unsere adaptierte Version durch Guilfords Faktorenanalyse (1956): sechs Ebenen – also alle außer REPRODUKTION und ANWENDEN – entsprechen von ihm ermittelten „Begabungen" oder kognitiven Stilen. Der rezeptive Taxonomieteil entspricht recht genau den „Ebenen der Erkenntnisfähigkeit" bei Lompscher (1972: 51 f.), der produktive hingegen der OPI-Skala bei Barnwell (1988) und Macht (1989: 5).

Solchen Versuchen liegen die unterschiedlichsten Kriterien oder Kriterienkombinationen[7] zugrunde; von diesen lässt allein der „Steuerungsgrad" Rückschlüsse auf die Art der von den Lernenden einzusetzenden Strategien zu. Der unmittelbare Weg besteht in der Zuordnung der intendierten Übungseffekte zu Strategieebenen. Das Ergebnis dieser Analyseform, die durch die nachfolgenden Beispiele[8] verdeutlicht werden soll, besteht in der Benennbarkeit spezifischer Strategien sprachlichen Handelns.

WIEDERERKENNEN

Sopas de letras enthalten bereits die meisten Arbeitsbücher für den Spanischunterricht. Auf der Rätselseite von *Lecturas* finden sich überdies sprachlich auch Lernenden zugängliche Synonym-Suchübungen und auf landes- bzw. kulturkundliches Wissen ausgerichtete Spiele wie das *juego de la verdad*, aus dem folgende beiden Fragen stammen:

- ¿En qué provincia andaluza desemboca el río Tinto, que ha dado su nombre a las minas de Ríotinto?
  Granada – Málaga – Huelva
- ¿Quién fue el director de la película „Viridiana", que consiguió en 1961 la Palma de Oro, en el Festival Internacional de Cine de Cannes?
  Luis Buñuel – J. L. Garci – Antonio Ribas

VERSTEHEN

Eine elementare Form der Herstellung von Sinnbezügen lässt sich dadurch üben, dass aus Zeitungen ausgeschnittene Kleinanzeigen nach vorgegebenen Rubrikenbezeichnungen (*Enseñanza, Mobiliario-Ventas* ...) zu sortieren sind. Das VERSTEHEN eines *chiste* erfordert häufig die Entdeckung ungewohnter Sinnbezüge. Ein solcher ergibt sich im nachfolgenden Beispiel aus dem Doppelsinn von *ser de mayor* („als Erwachsener sein/machen").

EN CLASE

La profesora le pregunta al más pequeño de sus alumnos:
- A ver, Luisito, ¿qué serás tú de mayor?
- ¡Luisazo, señorita!

ANALYSE

Während die Grundlehrwerke i. d. R. ein Minimum an Übungen für die Förderung des WIEDERERKENNENS und des VERSTEHENS bereitstellen, fehlt es allgemein an Übungen,

---

[7] Häufig verwandte, meist in Kombinationen auftretende Typologisierungskriterien sind: Komplexität der sprachlichen Subsysteme (Knapp-Potthoff 1979, Bausch/Christ/Hüllen/Krumm, 1989: 191-200, Wißner-Kurzawa 1989: 197 f., Segermann 1992), äußere Form (Grewer/Moston/Sexton 1975, Wißner-Kurzawa 1989), Steuerungsgrad (Knapp-Potthoff 1979: 67 u. a., Wißner-Kurzawa 1989), Grundfertigkeiten (Bausch/Christ/ Hüllen/Krumm 1989: 201-209, Segermann 1992), Teilfertigkeiten bzw. Operationen (Schumann 1989: 203 f., Stiefenhöfer 1989: 205 f.), Sozialformen (Krüger 1978) und kommunikatives Potential (Grewer/Moston/Sexton 1975).

[8] Folgende Quellen wurden benutzt: WIEDERERKENNEN: *Lecturas* N° 2087 v. 3.4.92: 33; VERSTEHEN: *ibid.*: 48, ANALYSE: *Paso a paso*, Ismaning, 2. Aufl. 1993: 164, *La España de hoy*, München 1983: 86, *Kontakte Spanisch neu*, Ismaning 1987: 155; EVALUATION: *Spanisch aktiv* 1, Arbeitsbuch, Berlin/München 1986: 72, *Lecturas*: 92, *EL PAIS* v. 8.9.92: 21, *Lecturas*: 90, 118; REPRODUKTION: *Eso es* 1, Neubearbeitung, Arbeitsbuch, Stuttgart 1984/1990: 29; ANWENDEN: *Spanisch aktiv*: 20, *Eso es*: 34; VERÄNDERN: *Eso es*: 49; SYNTHESE: *Eso es*: 47.

die den höheren rezeptiven Strategieebenen zugeordnet werden könnten, und dies, obwohl Spanischunterricht hierzulande überwiegend auf der Oberstufe und in der Erwachsenenbildung angeboten wird (vgl. Steinhilb 1985).

Mitunter finden sich in etwas anspruchsvolleren Lehrwerken unter „Fragen zum Text" oder *Comentario* einzelne Fragen, deren Beantwortung nicht unverkennbar vom Text vorgegeben ist, z. B.:

¿Por qué no consigue el chico hacer cambiar de opinión al padre?

Analice y comente Vd. los resultados de la encuesta publicada en la revista „Documentación Social".

Analice Vd. el texto de la carta destacando lo serio y la ironía que contiene.

Glücklicherweise enthalten manche Lehrbücher Anhänge mit Texten, die eine nähere Betrachtung lohnen. Das gilt z. B. für das Gedicht bzw. Lied *Preguntan de dónde soy*[9], dessen ANALYSE etwa ergeben kann, dass die *repeticiones* einen *efecto de insistencia* hervorrufen, dass Reimarmut und unterschiedliche Strophenlängen die Realitätsnähe der Schilderung unterstreichen und dass der Heimatbegriff (*patria*; vgl. *no tengo de adónde ser*) sich sowohl mit der *tierra* (*campo verde, suelo*) als auch mit historischen (*mucha sangre hay en el suelo*) und sozialen (*campos de patrón*) Merkmalen verbindet.

EVALUATION

Aufgaben zu dieser Strategieebene gehören im Lehrwerkangebot zur großen Ausnahme. Zu einem Text über *piropos* (zwischen „Kompliment" und „Anmache") fand ich die Fragen:

¿Crees que los hombres que echan piropos son machistas? - ¿Por qué? – ¿Qué te parece esta costumbre? - ¿Te gusta si te echan un piropo? – ¿Te gusta echar piropos?

Als geeignete Ausgangstexte für die Arbeit auf dieser Strategieebene erscheinen in erster Linie wertende Auseinandersetzungen mit ggf. einander widersprechenden Stellungnahmen im Rahmen von Meinungsumfragen (*encuestas*), z. B. zu der Frage

¿Es para usted la radio un medio de comunicación y distracción importante?

kurze Artikel zu aktuellen gesellschaftspolitischen Problemen, wie z. B.

Fijada una tasa anual de 15.000 pesetas para quien emplee a un extranjero

Las amas de casa de las grandes capitales se convierten en „ermitañas de ciudad"

oder ein sexistischer Werbeslogan wie jener, mit dem *Onda Cero* die Einschaltquoten anzuheben hofft:

De Julia te puedes esperar todo ...

REPRODUKTION

Lernaktivitäten zu dieser Strategieebene werden meist mit dem Ziel des Einprägens oder Auswendiglernens aufgetragen; die folgende Übung dient der Automatisierung zweier *preterito perfecto*-Formen:

---

[9] Dieses Lied von J. R. Guevara / Goulou wird von Atahualpa Yupanqui auf der Schallplatte *Caminito español* (EMI J 062-81.555; EMI Odeon S. A., Tuset 23-25) gesungen. Der Text ist in *Kontakte Spanisch neu* a. a. O. abgedruckt. Die Liedfassung, die durch eine sehr getragene Melodieführung interpretative Akzente setzt, ist auch auf der Kassette der Lektionstexte zugänglich.

En la cocina
Perfekt: Verben auf -ar § 60
1 A ¿Has comprado el pollo?
   B El pollo sí, pero he olvidado las gambas.
   pollo – gambas
2 arroz – azafrán, 3 plátanos-uvas, 4 pescado – fruta, 5 naranjas – gambas

In jedem der fünf Übungssätze werden die Strukturen ¿*Has comprado (dir. Obj.)?* und *(dir. Obj.) sí, pero he olvidado (2. dir. Obj.)* unverändert wiederholt. Auch die vorgegebenen Bezeichnungen für die Sachobjekte sind im Grunde nach einem impliziten Mechanismus zu „reproduzieren"; VERSTEHEN ist nämlich nicht unabdingbare Voraussetzung der richtigen Lösung. Fehler können sich eigentlich nur im Gebrauch des bestimmten Artikels einstellen; sie werden vermieden durch das

ANWENDEN

einer grammatischen Regel, die die Übereinstimmung der Artikelform mit Genus und Numerus des Substantivs festlegt.

Eine häufige Übungsform, die dieser Strategieebene zuzuordnen ist, besteht im Auswählen aus vorgegebenen Formen und dem Einsetzen in die Lücken eines Textes:

Completa con del / de la / al / a la:
Las Ramblas están en el centro _____ ciudad. _____ final de las Ramblas está el puerto y _____ izquierda está el Barrio Gótico. Yo vivo _____ lado de la Catedral, cerca _____ Ayuntamiento, _____ Museo Picasso y _____ plaza Cataluña.

Hierbei kann es sogar darum gehen, ganze Dialogteile zu ergänzen, sofern dies sich mit formelhaften Wendungen bzw. weitgehend invarianten Versatzstücken bewerkstelligen lässt. In der folgenden Übung wären geographisch-landeskundliche Kenntnisse anzuwenden, wenn keine Landkarte zur Hilfe genommen werden könnte:

América Central
Mire el mapa en la página 11 ...
¿Con qué países limita ...?
1 Panamá, 2 Guatemala, 3 Honduras, 4 El Salvador, 5 Costa Rica, 6 Nicaragua

Die Struktur des Antwortsatzes *A limita con B y C* ist 14 Lektionen zuvor eingeführt worden und jetzt zunächst in einem veränderten Zusammenhang (Mittelamerika) „anzuwenden"; ab dem zweiten *item* dürfte es sich allerdings tendenziell zunehmend um REPRODUKTION dieser Struktur handeln.

VERÄNDERN

Personalpronomen 25, 27, 28
1 A ¿Dónde está el libro de José?
   B Creo que lo tiene él.
   el libro de José – lo tiene él
2 la blusa de mamá, 3 los calcetines de los chicos, 4 el pantalón de Marisa, 5 los zapatos de Ana, 6 el abrigo de Daniel

Die Lösung zum dritten Stimulus
   A ¿Dónde *están* los calcetines de los chicos?
   B Creo que *los tienen ellos*.
zeigt, dass der Ersatz von *el libro de José* durch *los calcetines de los chicos* in dieser „Minimalsituation" eine Reihe weiterer Veränderungen bedingt, auf die die Lernenden selbst zu achten haben. Obwohl die einzige „richtige" Lösung durch die Aufgabe festgelegt ist, wird also mehr als einfacher Transfer, wird multipler Transfer verlangt.
SYNTHESE
   Descripción del dibujo – Bildbeschreibung
   Mire el dibujo del libro de texto. Describa el andén. Use:
   Betrachten Sie die Zeichnung im Schülerbuch. Beschreiben Sie den Bahnsteig. Verwenden Sie:
   a la izquierda – a la derecha – junto a la puerta – un banco – delante de la taquilla – junto a la puerta de la cantina (Bahnhofsrestaurant) – junto a la puerta del lavabo para caballeros (Herrentoilette)
Das Ergebnis der Bearbeitung der Aufgabe ist durch diese im einzelnen nicht festgelegt, zumal sie sich auch durch Textzitate nicht lösen lässt. Die zu erbringende sprachliche Leistung ist also, soweit die Lernenden den Intentionen der Verfasser folgen, der Strategieebene SYNTHESE zuzuordnen. Dennoch ist nicht auszuschließen, dass sich einzelne Lernende zunächst auf Teilbeschreibungen beschränken, die lediglich das ANWENDEN der Ortsadverbiale, des hochfrequenten *hay* und einer bekannten Sachbezeichnung (z. B. *A la izquierda hay una cantina*) verlangen. Schon die Erweiterung auf die sichtbaren Personen erfordert jedoch die Verwendung von *está/están* und damit wenigstens VERÄNDERN.

5. Untersuchungen auf der Grundlage des Strategieebenenmodells

Andere übungstypologische Ansätze (vgl. Anm. 7) sollen nicht als überflüssig abgetan werden. Sie leisten durchaus ihren jeweils spezifischen Beitrag zur Übungskonstruktion; sie erlauben es jedoch nicht, einen direkten Zusammenhang zwischen dem Übungsgeschehen und den von den Lernenden tatsächlich benutzten Strategien fremdsprachlichen Handelns herzustellen; denn dass solche Strategien auch in „normalen" Gesprächen Verwendung finden, haben wir schon vor vielen Jahren beobachtet (vgl. Wendt 1978a).
Das Strategieebenenmodell ermöglicht zunächst die Klassifizierung von *input-output*-Relationen. Für die quantitative Beschreibung der Übungsprofile von Lehrwerken genügt die Ermittlung der jeweils intendierten Strategieebene, wobei, wie das SYNTHESE-Beispiel zeigt, nach der höchstmöglichen Ebene eingestuft werden kann. Ist, wie etwa bei den Aufgabenbeispielen zur ANALYSE und zur EVALUATION, die sprachproduktive Komponente einer primär rezeptiven Leistung sehr hoch einzustufen oder setzt eine sprachproduktive Leis-

tung die intensive Auseinandersetzung mit einem Text voraus, empfiehlt es sich, bei der Auszählung die Aufspaltungen einer solchen Übung in zwei Aufgaben vorzunehmen.

Bei der Auswertung der Übungen zu den fünf ersten Lektionen im Arbeitsbuch von *Kontakte Spanisch neu*[10] waren die Strategieebenen ANALYSE und EVALUATION kein einziges Mal vertreten, standen den insgesamt 7,4 % Übungen zur Rezeption 92,6 % zur Produktion gegenüber, die etwa gleichgewichtig auf REPRODUKTION (mit abnehmender Tendenz), ANWENDEN und VERÄNDERN (mit steigender Tendenz) verteilt waren; Übungen zur SYNTHESE waren erst ab Lektion 3 und insgesamt nur in sehr viel geringerem Umfang aufzufinden. Aus Gesamtauswertungen von Französischlehrwerken wissen wir, dass solche Übungsprofile unterrichtsmethodische Konzepte reflektieren und charakterisieren können (vgl. auch Wendt 1980: 185 f.). Ähnliche Untersuchungen zeigen, dass weder der Schulfunkkurs *Viaje al Español* (WEST 3), noch der *Superlearning*-Kurs Spanisch (Füssling/München 1989) die Lernenden in einer dem jeweiligen Medium angemessenen Weise optimal fördern. Schließlich haben wir das Strategieebenenmodell auch bereits benutzt, um die Auswirkung spezieller Zusatzmaterialien auf Schülerleistungen quantitativ zu erfassen (Wendt 1978b).

Werden die Strategieebenen, wie eingangs geschehen, vorrangig als Erscheinungsformen fremdsprachlichen Handelns und Lernens interpretiert, bildet das Modell einen äußerst hilfreichen Raster für qualitative Untersuchungen. Über einen Beobachtungsversuch zum fremdsprachlichen VERSTEHEN, der der Ermittlung im Einzelfall beteiligter Operationen diente, habe ich 1992 berichtet. Im Zusammenhang mit der Zuordnung von Übungen zu Strategieebenen liegt es natürlich nahe, über das „laute Denken" beim Bearbeiten dieser Übungen herauszufinden, ob und wenn, in welchem Umfang das sprachliche Handeln der Lernenden tatsächlich den intendierten Strategieebenen entspricht. Untersuchungen dieser Art sind im Sommersemester 1993 in Anfängerkursen Französisch und Spanisch für Hörer/innen aller Fachbereiche angelaufen.

Literaturhinweise

Arendt, M. (1992). Prozedurales Wissen in der Praxis des schulischen Fremdsprachenunterrichts. *Die Neueren Sprachen, 91*(6), 615-626.

Arndt, H. & Janney, R. W. (1991). Speech style and interactional strategy: Central organizing principles. *Die Neueren Sprachen, 90*(3), 223-241.

Ausubel, P. & Robinson, F. G. (1969). *School learning. An introduction to educational psychology.* New York: Holt.

Barnwell, D. (1988). Oral proficiency testing in the USA. *The British Journal of Language Teaching, 26*, 35-42.

---

[10] Im Rahmen einer Veranstaltung über „Lehrwerke und Lernersprache" im Sommersemester 1993 von C. Kallenbach (Gießen) durchgeführt.

Bausch, K.-R., Christ, H., Hüllen, W. & Krumm, H.-J. (Hrsg.). (1989). *Handbuch Fremdsprachenunterricht*. Tübingen: Francke.

Bialystok, E. (1978). A theoretical model of second language learning. *Language Learning, 28*, 69-83.

Bloom, B. S.,Engelhart, M. D., Furst, E. J., Hill, W. H. & Krathwohl, D. R. (1971). *Taxonomy of educational objectives. Handbook 1: Cognitive Domain*(16. Aufl.). New York: McKay. Dt. *Taxonomie von Lernzielen im kognitiven Bereich*. Weinheim/Basel: Beltz 1972. 5. Aufl. 1976.

Bömmel, H. van, Christ, H. & Wendt, M. (Hrsg.).(1992). *Lernen und Lehren fremder Sprachen. 25 Jahre Institut für Didaktik der französischen Sprache und Literatur an der Justus-Liebig-Universität Gießen*. Tübingen: Narr. (Giessener Beiträge zur Fremdsprachendidaktik.)

Burt, M. & Dulay, H. C. (Hrsg.). (1975). *New directions in second language learning, teaching and bilingual education. Selected papers from the nineth annual TESOL convention*. Washington: TESOL.

Butzkamm, W. (1989). *Psycholinguistik des Fremdsprachenunterrichts. Natürliche Künstlichkeit: Von der Muttersprache zur Fremdsprache*. Tübingen: Francke. (UTB 1505.)

Cox, R.C. & Unks, N. J. (1967). *A selected and annotated Bibliography of studies concerning the taxonomy of educational objectives - Cognitive Domain*. Pittsburg, PA: Pittsburg University, Learning Research and Dev. Ctr.

De Corte, E. (1980). Zum Stand der empirischen Überprüfung der kognitiven Taxonomie von Bloom: Methoden und Ergebnisse. In Klauer, K.J. & H.J. Kornardt (Hrsg.), *Jahrbuch für empirische Erziehungswissenschaft* (S. 43-65). Düsseldorf: Schwann.

Faerch, C. & Kasper, G. (Hrsg.). (1983). *Strategies in interlanguage communication*. Harlow: Longman.

Galperin, P. J.(1972). Die geistige Handlung als Grundlage für die Bildung von Gedanken und Vorstellungen. In J. Lompscher (Hrsg.), *Probleme der Ausbildung geistiger Handlungen. Neuere Untersuchungen zur Anwendung der Lerntheorie Galperins* (S. 33-49). Berlin: Volk und Wissen.

Gaonac'h, D. (1988). *Théories d'apprentissage et acquisition d'une langue étrangère*. Paris: Hatier/CREDIF. (Langues et apprentissage des langues.)

Grewer, U., Moston, T. & Sexton, M. (1975). *Übungstypologie zum Lernziel Kommunikative Kompetenz*. Fuldatal: H.I.L.F.

Guilford, J. P. (1956).The structure of intellect. *Psychological Bulletin, 53*, 267-293.

Hartig, M. & Wode, H. (Hrsg.). (1978). *Soziolinguistik – Psycholinguistik. (Kongreßberichte der 8. Jahrestagung der GAL. Bd.4.)* Stuttgart: Hochschulverlag.

Hasselhorn, M. (1992). Metakognition und Lernen. In G. Nold (Hrsg.), *Lernbedingungen und Lernstrategien. Welche Rolle spielen kognitive Verstehensstrukturen?* (S. 35-63). Tübingen Narr.

Heuer, H. (1978). Zielsprache, Lernzielsprache und Lernersprache im Englischunterricht. *Linguistik und Didaktik, 34/35,* 181-187.

Kasper, G. (1981). *Pragmatische Aspekte in der Interimsprache. Eine Untersuchung des Englischen fortgeschrittener deutscher Lerner.* Tübingen: Narr.

Kasper, G. (1982). Kommunikationsstrategien in der interimsprachlichen Produktion. *Die Neueren Sprachen, 81*(6), 578-600.

Kasper, G. (1989). Funktionen und Formen der Lernersprachenanalyse. In K.-R. Bausch, H. Christ, W. Hüllen & H.-J. Krumm (Hrsg.), *Handbuch Fremdsprachenunterricht* (S. 218-222). Tübingen: Francke.

Keller, G. (1992). Schulpsychologische Lernförderung. In G. Nold (Hrsg.), *Lernbedingungen und Lernstrategien. Welche Rolle spielen kognitive Verstehensstrukturen?* (S. 65-72).Tübingen: Narr.

Klauer, K.J. & Kornardt, H.J. (Hrsg.). (1980). *Jahrbuch für Empirische Erziehungswissenschaft 1980.* Düsseldorf: Schwann.

Kleinschroth, R. (1991).Strategien und Redemittel wider die Einsamkeit des Lerners. *Praxis, 38*(4), 394-400.

Klingberg, L. (1971). *Einführung in die allgemeine Didaktik. Vorlesungen* (1. Aufl.). Berlin: Volk und Wissen. Lizenzausg. Frankfurt/M.: Athenäum o.J.

Knapp, K. (1980). Weiterlernen. Zur Bedeutung von Wahrnehmungs- und Interpretationsstrategien beim Zweitsprachenerwerb. *Linguistik und Didaktik, 11*(3-4), 257-271.

Knapp-Potthoff, A. (1979). *Fremdsprachliche Aufgaben. Ein Instrument zur Lehrmaterialanalyse.* Tübingen: Narr. (Ergebnisse und Methoden moderner Sprachwissenschaft 6.)

Knapp-Potthoff, A. & Knapp, K. (1982). *Fremdsprachenlernen und -lehren. Eine Einführung in die Didaktik der Fremdsprachen vom Standpunkt der Zweitsprachenerwerbsforschung.* Stuttgart u. a.: Kohlhammer.

Königs F. G. & Szulc, A. (Hrsg.). (1989). *Linguistisch und psycholinguistisch orientierte Forschungen zum Fremdsprachenunterricht. Dokumentation eines deutsch-polnischen Kolloquiums.* Bochum: Universitätsverlag Brockmeyer.

Kohn, K. (1979). Was der Lerner nicht weiß, macht ihn nicht heiß. *Linguistische Berichte, 64,* 82-94.

Kohn, K. (1990). *Dimensionen lernersprachlicher Performanz. Theoretische und empirische Untersuchungen zum Zweitsprachenerwerb.* Tübingen: Narr.

Krings, H. P. (1986). *Was in den Köpfen von Übersetzern vorgeht. Eine empirische Untersuchung zur Struktur des Übersetzungsprozesses an fortgeschrittenen Französisch-Lernern.* Tübingen: Narr. (Tübinger Beiträge zur Linguistik 291.)

Kropp, R. P. & Stoker, H. W. (1966). *The construction and validation of tests of the cognitive processes as described in the 'Taxonomy of educational objectives'. Cooperative Research Project No. 2117. With assistance of W.L. Bashaw*. Tallahassee, Fla.: Institute of Human Learning/Florida State Univ.

Krüger, M. (1978). Übungs- und Sozialformen im Fremdsprachenunterricht Deutsch. *Zielsprache Deutsch*, 4(1), 2-10.

Krumm, H.-J. (1979). Sprachunterricht und Sprachlernforschung. *Unterrichtswissenschaft*, 7(4), 305-312.

Kühlwein, W. & Raasch, A. (Hrsg.). (1978). *Kongreßberichte der 8. Jahrestagung der Gesellschaft für Angewandte Linguistik Mainz 1977. Band IV*. Stuttgart: Hochschulverlag.

Kühlwein, W. & Raasch, A. (Hrsg.). (1980a). *Sprache und Verstehen. Bd. 1*. Tübingen: Narr.

Kühlwein, W. & Raasch, A. (Hrsg.). (1980b). *Sprache und Verstehen. Bd. 2*. Tübingen: Narr.

Leont'ev, A. A. (1975). *Psycholinguistische Einheiten und die Erzeugung sprachlicher Äußerungen*. Dt. v. F. Jüttner u.a. München: Hueber.

Lewandowski, T. (1976). Sowjetische Psycholinguistik. *Die Neueren Sprachen*, 75(2), 188-216.

Lindsay, P. H. & Norman, D. A. (1972). *Human information processing: An introduction to psychology*. New York: Academic Press. Frz. Übers. *Traitement de l'information et comportement humain: une introduction à la psychologie*. Montréal/Paris: Ed. Etudes Vivantes 1980.

Lompscher, J. (1972a). Wesen und Struktur allgemeiner geistiger Fähigkeiten. In J. Lompscher (Hrsg.), *Probleme der Ausbildung geistiger Handlungen. Neuere Untersuchungen zur Anwendung der Lerntheorie Galperins* (S. 17-132). Berlin: Volk und Wissen.

Lompscher, J. (Hrsg.). (1972b). *Probleme der Ausbildung geistiger Handlungen. Neuere Untersuchungen zur Anwendung der Lerntheorie Galperins*. Berlin: Volk und Wissen.

Lompscher, J. (1992). Lehr- und Lernstrategien im Unterricht – Voraussetzungen und Konsequenzen. In G. Nold (Hrsg.), *Lernbedingungen und Lernstrategien. Welche Rolle spielen kognitive Verstehensstrukturen?* (S. 95-104). Tübingen: Narr.

Lutjeharms, M. (1988). *Lesen in der Fremdsprache. Versuch einer psycholinguistischen Deutung am Beispiel Deutsch als Fremdsprache*. Bochum: AKS-Verlag. (Fremdsprachen in Lehre & Forschung Bd. 5.)

Macht, K. (1989). Ist Gesprächsfähigkeit benotbar? *Der fremdsprachliche Unterricht*, 94(2), 4-7.

Miller, G. A., Galanter, E. & Pribram, K. H. (1960). *Plans and the Structure of Behavior*. New York: Holt, Rinehart & Winston. Dt. *Strategien des Handelns. Pläne und Strukturen des Verhaltens*. Stuttgart: Klett 1973. (Konzepte der Humanwissenschaften.)

Moser, H. (1974). *Handlungsorientierte Curriculumforschung. Überlegungen zum gegenwärtigen Stand der Curriculumdiskussion*. Weinheim/Basel: Beltz.

Nold, G. (Hrsg.). (1992). *Lernbedingungen und Lernstrategien. Welche Rolle spielen kognitive Verstehensstrukturen?* Tübingen: Narr.

O'Malley, J. M., Chamot, A.U., Stewner-Manzanares, G., Kupper, L. & Russo, R. P. (1985). Learning strategies used by beginning and intermediate ESL students. *Language Learning, 35*(1), 21-46.

Oxford, R. L. (1990). *Language Learning Strategies. What every teacher should know.* New York: Newbury.

Raabe, H. (1989). Fragen im Fremdsprachenunterricht und Lernstrategien. In F. G. Königs & A. Szulc (Hrsg.), *Linguistisch und psycholinguistisch orientierte Forschungen zum Fremdsprachenunterricht. Dokumentation eines deutsch-polnischen Kolloquiums* (S. 193-214). Bochum: Universitätsverlag Brockmeyer.

Raasch, A. (1988). Grammatische Fachausdrücke, Spracherwerb und Sprachvermittlung. *Die Neueren Sprachen, 87*(1-2), 159-173.

Rampillon, U. (1989). Lerntechniken. In K.-R. Bausch, H. Christ, W. Hüllen & H.-J. Krumm (Hrsg.), *Handbuch Fremdsprachenunterricht* (S. 215-217). Tübingen Francke.

Rampillon, U. (1991). Fremdsprachen lernen – gewußt wie. Überlegungen zum Verständnis und zur Vermittlung von Lernstrategien und Lerntechniken. *Der fremdsprachliche Unterricht, 25*(2), 2-9.

Rohrer, J. (1974). Lerntechniken: didaktische und linguistische Fragestellungen. *Sprachmittler, 12*(1), 13-23.

Schulz, R. (1980b). Sehen-Hören/Verstehen (Watching Comprehension). Versuch einer Übungstypologie. In W. Kühlwein & A. Raasch (Hrsg.), *Sprache und Verstehen* (Bd. 2, S. 15-17). Tübingen: Narr.

Schumann, A.(1989). Übungen zum Hörverstehen. In K.-R. Bausch, H. Christ, W. Hüllen & H.-J. Krumm (Hrsg.), *Handbuch Fremdsprachenunterricht* (S. 201-204). Tübingen: Francke.

Schwerdtfeger, I.C.(1989). Arbeits- und Übungsformen: Überblick. In K.-R. Bausch, H. Christ, W. Hüllen & H.-J. Krumm (Hrsg.), *Handbuch Fremdsprachenunterricht* (S. 187-190). Tübingen: Francke.

Segermann, K. (1992). *Typologie des fremdsprachlichen Übens.* Bochum: Brockmeyer. (Dortmunder Konzepte zur Fremdsprachendidaktik 1.)

Selinker, L. (1972). Interlanguage. *International Review of Applied Linguistics, 10*, 209-231.

Seminar für Sprachlehrforschung der Ruhr-Universität Bochum (Hrsg.). (1986). *Probleme und Perspektiven der Sprachlehrforschung.* Red. K.-R. Bausch, F.G. Königs & K. Kogelheide. Frankfurt/M.: Scriptor.

Slama-Cazacu, T. (1970). A contribution to contrastive linguistics. A psycholinguistic approach: Contact analysis. *Revue Roumaine de Linguistique, 15*, 101-128.

Steinhilb, M. (1985). *Spanischunterricht in Deutschland. Entwicklung und gegenwärtiger Stand seiner Institutionen*. Bochum: Brockmeyer.

Stiefenhöfer, H. (1989). Übungen zum Leseverstehen. In K.-R. Bausch, H. Christ, W. Hüllen & H.-J. Krumm (Hrsg.), *Handbuch Fremdsprachenunterricht* (S. 204-206). Tübingen: Francke.

Tarone, E. (1980). Communication strategies, foreigner talk and repair in interlanguage. *Language Learning, 30*, 417-431.

Tarone, E. (1983). Some thoughts on the notion of 'communication strategy'. In C. Faerch & G. Kasper (Hrsg.), *Strategies in interlanguage communication* (S. 61-74). Harlow: Longman.

Taylor, B. P. (1975). Use of overgeneralization and transfer learning strategies by elementary and intermediate University students of ESL. In M. Burt & H. C. Dulay (Hrsg.), *New directions in second language learning, teaching and bilingual education. Selected papers from the nineth Annual TESOL Convention* (S. 55-69). Washington: TESOL.

Vogel, K. (1990). *Lernersprache. Linguistische und psycholinguistische Grundfragen zu ihrer Erforschung*. Tübingen: Narr. (Tübinger Beiträge zur Linguistik 341.)

Weltner, K. (1992). Über das Lernen von Lernstrategien. In G. Nold (Hrsg.), *Lernbedingungen und Lernstrategien. Welche Rolle spielen kognitive Verstehensstrukturen?* (S. 125-150).Tübingen: Narr.

Wenden, A. (1991). *Learner strategies for learner autonomy*. New York: Prentice Hall.

Wendt, M. (1978a). Stufen produktiver Sprachverwendung. In W. Kühlwein & A. Raasch (Hrsg.), *Kongreßberichte der 8. Jahrestagung der Gesellschaft für angewandte Linguistik Mainz 1977* (Bd. IV, S. 55-61). Stuttgart: Hochschulverlag.

Wendt, M. (1978b). Kognition und Rezeption im Fremdsprachenunterricht. *Unterrichtswissenschaft, 6*(3), 261-263.

Wendt, M. (1980). Zur Eignung von Materialien für die Förderung mündlich-rezeptiver Kompetenz im Französischunterricht. In W. Kühlwein & A. Raasch (Hrsg.), *Sprache und Verstehen* (Bd. 1, S. 183-188). Tübingen: Narr.

Wendt, M.(1992). Probieren gehört zum Studieren. Zur Erforschung des Hörverstehens durch teilnehmende Beobachtung. In H. van Bömmel, H. Christ & M. Wendt (Hrsg.), *Lernen und Lehren fremder Sprachen. 25 Jahre Institut für Didaktik der französischen Sprache und Literatur an der Justus-Liebig-Universität Gießen* (S. 82-95).Tübingen: Narr. (Giessener Beiträge zur Fremdsprachendidaktik)

Wendt, M. (1993). *Strategien des fremdsprachlichen Handelns. Lerntheoretische Studien zur begrifflichen Systematik. Band 1: Die drei Dimensionen der Lernersprache*. Tübingen: Narr. (Giessener Beiträge zur Fremdsprachendidaktik).

Wildner-Bassett, M. E. (1986). Sicherheitsinseln im Kommunikationsfluß. Gesprächsroutinen und -strategien für Deutsch als Fremdsprache. In Seminar für Sprachlehrforschung der Ruhr-Universität Bochum (Hrsg.), *Probleme und Perspektiven der Sprachlehrforschung*, Red. K.-R. Bausch/F.G. Königs/R. Kogelheide, (S. 181-195). Frankfurt/M.: Scriptor.

Wißner-Kurzawa, E. (1989). Grammatikübungen. In K.-R. Bausch, H. Christ, W. Hüllen & H.-J. Krumm (Hrsg.), *Handbuch Fremdsprachenunterricht* (S. 196-199). Tübingen: Francke.

Wittgenstein, L. (1971). *Philosophische Untersuchungen.* Frankfurt/M.: Suhrkamp. (Fssg. v. 1953 auch in Schriften Bd. 1, Frankfurt/M.: Suhrkamp 1960: 279-544.)

Wode, H. (1988). *Einführung in die Psycholinguistik. Theorien, Methoden, Ergebnisse.* München: Hueber.

Wolff, D. (1983). Überlegungen zum Hörverstehen im Fremdsprachenunterricht. *Die Neueren Sprachen, 82*(4), 282-297.

Wolff, D. (1990). Zur Bedeutung des prozeduralen Wissens bei Verstehens- und Lernprozessen im schulischen Fremdsprachenunterricht. *Die Neueren Sprachen, 89*(6), 610-625.

Wolff, D. (19919). Lerntechniken und die Förderung der zweitsprachlichen Schreibfähigkeit. *Der fremdsprachliche Unterricht, 25*(2), 34-39.

Zimmermann, G. (1991). Strategien und Strategiedefizite beim Lernen mit Instruktionstexten. *Fremdsprachen lehren und lernen, 20*, 195-210.

Zimmermann, R. (1990). Lexikalische Strategien: Perspektiven für die Wortschatzarbeit? *Die Neueren Sprachen, 89*(5), 426-452.

Anmerkungen zum Strategienkonzept

Günther Zimmermann

> *"There is much confusion in the current literature concerning the meaning of the term learning strategy"*
> *(Derry 1990, 348).*

1. Zur Begründung des Beitrags

Das Motto des Beitrags steht stellvertretend für viele Äußerungen in den kognitiven Wissenschaften, die dem Konzept „Strategie" erhebliche Mängel unterstellen, z.B. "the lack of precision which characterizes discussions of learning strategies" (Ellis 1986, 167), oder "Studies of second language learners have classified learning strategies in various ways, making it difficult in many cases to compare strategies reported in one study with those reported in another" (Chamot 1987, 71). Und auch Vogel (1990, 28) kritisiert die „arbiträre und nur vage definierte Verwendung der Begriffe *Prozess* und *Strategie*" und „die Gleichsetzung von Strategien mit linguistischen Regeln". Diese unterschiedliche Verwendung ist darauf zurückzuführen, dass das Strategienkonzept kein einheitliches wissenschaftliches Konstrukt repräsentiert, sondern verschiedenen theoretischen und auch alltagstheoretischen Orientierungen entstammt. Es thematisiert zudem sehr unterschiedliche Aspekte des Lernverhaltens (Krapp 1993, 292, 295)

Hinzu kommt ein *inflationärer* Gebrauch des Terminus und des Begriffs im Sinne *jedweder* (mentaler und externer) (Teil-)Handlung.

Es erscheint daher angebracht, in einem Sammelband zu diesem Thema einige begriffskritische Anmerkungen einzubringen, die vielleicht dazu beitragen, dass in einer thematischen Grundfrage der Fremdsprachenforschung einige Klärungen herbeigeführt werden können.

2. „Denn eben wo Begriffe fehlen ..." Zur Problematik des Strategiebegriffs

In der Literatur zum Wortfeld „Strategie" gibt es zahlreiche Beispiele für erhebliche Diskrepanzen in der Begriffsbestimmung. Den Begriffen werden unterschiedliche Merkmalskomplexe zugeordnet. Ich werde zunächst untersuchen, was unter Strategien allgemein und was unter kognitiven und metakognitiven Strategien verstanden wird. Am Beispiel einer speziellen Strategie werde ich fragen, was mit „Wiederholung" (repetition) gemeint ist und sodann, auf welcher Hierarchie-Ebene Strategien angesiedelt sind und ob diese „innere" oder „äußere" Handlungen darstellen. Weiter ist festzustellen, wie Strategien kategorisiert werden, mit welchen anderen Faktoren sie interagieren und schließlich, in welchem Synonymenfeld sie gebraucht werden.

2.1 Was ist eine „Strategie"?

2.1.1 Handlungen/Pläne/Strategiewissen/Spracherwerbswissen

Definitionstyp 1:
„Eine Strategie ist eine Sequenz von Handlungen, mit der ein bestimmtes Ziel erreicht werden soll. Lernstrategien sind demnach Handlungssequenzen zur Erreichung eines Lernziels" (vgl. Friedrich/Mandl 1992, 6). Vgl. auch Edmondson/House (1993, 220): „Lernstrategien sind also Aktivitäten, die Lerner mit dem Ziel ausüben, ihre fremdsprachliche Kompetenz zu erweitern."

Definitionstyp 2:
Eine Strategie ist eine „Entscheidungsregel, die situationsabhängig einzelne Handlungsalternativen oder Handlungsfolgen auswählt, durch die neue Zustände oder Zustandsfolgen erzeugt werden können. Die Herausbildung von Strategien ist an Hypothesen gebunden, die immer dann entstehen, wenn Anforderungssituationen vorliegen, die mit dem verfügbaren Kenntnisstand nicht direkt bewältigt werden können. Die Strategie ist dann das durch eine Hypothese induzierte Handlungsprogramm, das durch die bei seiner Realisierung gewonnene Information zur Bestätigung, Korrektur oder Verwerfung der Hypothese beiträgt (Clauß u.a. 1986, 600). Vgl. auch Lompscher (1992, 95): „Strategien stellen allgemeine Entscheidungsregeln oder allgemeine Vorgehensweisen dar, deren Ziel es ist, die Methoden und Mittel auszuwählen und anzuwenden, die geeignet erscheinen, bestimmte Ziele zu erreichen".
"If one accepts the basic distinction made in this model between the planning and the execution of speech, communication strategies can best be placed within the planning phase, more precisely, within the area of the planning process and the resulting plan. It seems possible to argue for such a categorization of strategies even without any further specification of their conceptual status, as it can be assumed that they somehow steer, monitor or control speech execution and should therefore be kept apart from the execution process itself" (Faerch/Kasper 1984, 28).

Definitionstyp 3:
"First of all, the term *learner strategies* refers to language learning behaviors learners actually engage in to learn and regulate the learning of a second language. Secondly, the term *learner strategies* refers to what learners know about the strategies they use, i.e. their strategic knowledge. Finally, the term *learner strategies* refers to what learners know about aspects of their language learning other than the strategies they use, e.g. what personal factors facilitate L2 learning. ... It is assumed that this knowledge may influence a learner's choice of strategy" (Wenden 1987, 6f.).

Sind „Strategien" also *Handlungen/Handlungssequenzen* (Definitionstyp 1) oder *Bestandteile von Planungsprozessen/Plänen* bzw. Handlungs*programme* bzw. *Entscheidungsregeln* (Definitionstyp 2)? Oder sind sie das (deklarative [und prozedurale!]) *Wissen von Strategien* (Definitionstyp 3)? Oder sollten „Strategien" gar das *allgemeine Spracherwerbswissen* umfassen, das seinerseits die Wahl von Strategien beeinflusst (Definitionstyp 3)? Oder verstehen wir unter „Strategien" alle erwähnten Aspekte zusammen (Definitionstyp 3)?

2.1.2 Was ist „kognitiv" – „metakognitiv"?

Was für den Terminus „Strategie" gilt, trifft auch für andere, begleitende Begriffszeichen wie „kognitiv" und „metakognitiv" zu: "The distinction between metacognitive and cognitive strategies has been described as difficult to circumscribe with precise boundaries. What is metacognition to one analyst is sometimes cognitive to another" (O'Malley/Chamot 1990, 144). Ähnlich äußert sich Chamot (1987, 83). Friedrich & Mandl (1992, 14f.) stellen fest, dass man in der Literatur unterschiedliche Auffassungen darüber findet, ob metakognitive Strategien z.B. als Primär- oder als Stützstrategien aufzufassen sind[1].

Was für Rubin eine „kognitive" Strategie ist, kann für Chamot (1987, 76) ein "external act" sein, der Interaktionen mit anderen Personen erforderlich macht und darum als „sozialaffektive Strategie" zu klassifizieren ist. Das ist z.B. der Fall bei der „Strategie" *clarification/verification*.

2.1.3 Was ist eine „Wiederholung" (repetition)?

Bestimmte Begriffe werden formal und damit einseitig definiert: So sprechen O'Malley/Chamot (1990, 80) hinsichtlich der „Wiederholung" von einer "rote strategy", die im Vergleich zu Strategien wie "elaboration", "auditory representation" und "grouping" weniger aufwendige mentale Aktivitäten erfordere ("less mentally active engagement with the learning task", und später im Text: "require little conceptual processing" [99]). „Wiederholung" besagt zunächst nur, dass jemand z.B. eine gelesene Passage noch einmal liest, also eine äußere Handlung vollzieht. Über die Gründe bzw. über die Funktion dieser äußeren Handlung wird damit aber noch nichts gesagt. Diese *Funktionen* (um sich etwas einzuprägen, um (besser) zu verstehen), sind aber doch dasjenige Kriterium, das es überhaupt erst erlaubt, Strategien als mentale Vorgänge zu identifizieren und nicht die äußere Handlung der Wiederholung. O'Malley/Chamot denken offensichtlich nur an mechanisch zu absolvierende Wiederholungsaufgaben zur Speicherung von Sprache (*rehearsal*). Eigene Untersuchungen zeigen, dass die Wiederholung eine außerordentlich komplexe Funktion der Begriffsvernetzung mit dem Ziel der Bildung von

---

[1] *Primär*strategien sind nach Dansereau Strategien, „die direkt auf die zu erwerbende bzw. zu verarbeitende Information so einwirken, dass diese besser verstanden, behalten, wieder abgerufen und transferiert werden kann, und dadurch zur Veränderung kognitiver Strukturen und Prozesse führen. *Stütz*strategien zielen auf die Beeinflussung jener motivationalen und exekutiven Funktionen, die auf den Prozess der Informationsverarbeitung indirekt einwirken, indem sie ihn in Gang setzen, aufrechterhalten und steuern" Friedrich/Mandl (1992, 8).

Makropropositionen auf unterschiedlichen hierarchischen Ebenen haben kann (Zimmermann 1993). Damit wäre sie nur äußerlich, an der Oberfläche, eine „Wiederholungs-", eigentlich aber eine „Reduktions-" bzw. „Organisationsstrategie" mit informationsreduzierender Funktion: „Organisierende bzw. reduzierende Strategien schaffen sozusagen die Voraussetzung dafür, dass komplexe Information angesichts der beschränkten Kapazität unseres Arbeitsspeichers überhaupt verarbeitet werden kann ... Durch Organisationsstrategien werden Detailinformation(en, Zi.) zu größeren Sinneinheiten zusammengefasst und gruppiert und damit kognitiv leichter handhabbar" (Friedrich/Mandl 1992, 12).[2] Diese Funktion der Wiederholung wird von Kluwe (1988, 368) bestätigt, der darauf hinweist, dass Wiederholungen als Indikator für den systematischen Aufbau einer Gedächtnisstruktur aufgefasst werden können. Im Grunde ist das, was unter „Wiederholung" zu verstehen ist, ein Problem der speziellen Tätigkeit, die gerade ausgeübt wird, also z.B. eines vielleicht mehr oder minder mechanischen Wortschatzlernens nach „Vokabelgleichungen" oder des bedeutungsvollen Lernens nach Texten. „Wiederholungen" haben in beiden Arbeitskontexten unterschiedliche Funktionen und implizieren daher unterschiedliche Strategien. Man kann diese Strategien unter Rückgriff auf das kognitionspsychologische Konzept der *Verarbeitungstiefe* (Craig/Lockhart 1972) als „Oberflächenverarbeitungsstrategie" bzw. „Tiefenverarbeitungsstrategie" bezeichnen (Krapp 1993, 299). Im Fall des oben angesprochenen Wortschatzerwerbs beschränkt sich der Lernende auf ein „oberflächenhaftes" Auswendiglernen von Fakten; im Falle des Textlernens geht es um ein semantisch „tieferes" Verarbeiten, bei dem Beziehungen zwischen Konzepten hergestellt, Probleme entdeckt und gelöst werden, semantische Reduktionen auf Makropropositionen hin vorgenommen und schließlich idiosynkratische Regeln gebildet werden.

Als weiteres Problem kommt hinzu, dass die Kategorisierung sowohl bei *einem* Autor wie bei *verschiedenen* Autoren widersprüchlich ist: Während bei bestimmten Autoren „repetition" eine eigene Kategorie bildet, ist das bei Rubin (1987, 24) nur im Sinne einer Unterkategorie von *practice* und von *memorization* der Fall.

2.1.4 Auf welcher kognitiven Hierarchie-Ebene sind Strategien anzusiedeln?

Der Begriff „Strategie" wird nicht einheitlich von anderen Begriffen abgegrenzt, ja er wird sogar mit ihnen gleichgesetzt. So ist in der Problemlösepsychologie bei bestimmten Autoren der Begriff „Strategie" grosso modo identisch mit „Heurismus", andererseits aber hierarchisch höher eingeordnet: Heurismen werden nach „unten" gegen Operationen abgegrenzt, nach „oben" gegen Strategien, die als „Regeln" bezeichnet werden, die Heurismen oder Algorithmen in eine Reihenfolge bringen (Kretschmer/Wieberg 1983, 209).

Andererseits werden in der Problemlösepsychologie Strategien aber auch nach „unten" gegenüber *Operationen* abgegrenzt, wobei Heurismen nicht ins Spiel kommen: Zwei oder mehr Ope-

---

[2] Ein Problem, das hier wiederum entsteht, ist die Inkompatibilität der Theorie- und Kategorienbildung in der Psychologie einerseits und in der Fremdsprachenforschung andererseits: „Reduktionsstrategien" gehören in letzterer zur Kategorie der Vermeidungsstrategien (avoidance behavior) (Faerch/Kasper 1983, 36ff.).

rationen sind danach als Strategie anzusehen (Dörner 1979). Vgl. auch Clauß u.a.: „Strategien sind auf der Grundlage kognitiver Operationen[3] bildbar".

Andere Autoren nennen grosso modo das, was in der deutschen Problemlösepsychologie als „Operation" bezeichnet wird, „Prozedur" bzw. „Technik". *Prozeduren* bzw. *Techniken* werden als (Teil-)Handlungen verstanden, die je nach Situation und Aufgabe in die Strategie integriert werden, um das jeweilige Ziel zu erreichen (Derry 1990, 348). Nach Schnotz 1994, 293) hat „die Anwendung einer bestimmten Lernstrategie (...) jeweils einen konkreten, äußerlich wahrnehmbaren operativen Aspekt, der in der Aktivierung bestimmter exekutiver Prozeduren besteht". Diesen operativen Aspekt der Anwendung einer Lernstrategie bezeichnet er als „Lerntechnik". Die genannten Autoren differenzieren also zwischen „Strategie" einerseits und „Technik" bzw. „Prozedur" (gelegentlich auch Operationen/Taktiken genannt) andererseits, um die unterschiedliche Hierarchiehöhe der jeweiligen Prozesse und Subprozesse zum Ausdruck zu bringen. Mit *Strategie* wird zumeist der hierarchiehöhere Prozess bezeichnet" (Friedrich/Mandl 1992, 6).

Auch Kirby (nach Krapp 1993, 292) klassifiziert hierarchisch, aber in seiner Matrix werden Konstrukte miteinander verbunden, die einerseits bisher nicht in einem Klassifikationsschema erfasst wurden, andererseits aber die Chance bieten, bisher unverbunden nebeneinander existierende Konzepte in einer Theorie abzubilden:
– „Taktiken" führen zum Aufruf elementarer kognitiver Operationen (skills).
– „Strategien" werden als Kombination von Taktiken verstanden, die zusammen einen „Plan zur Bewältigung eines bestimmten Problems" darstellen.
– „Lernstile" sind Tendenzen, in vielen verschiedenen Situationen ähnliche Strategien zu verwenden. Sie werden (im Gegensatz zu Lerntechniken und Lernstrategien) als „generalisierte Merkmale oder Eigenschaften einer Person aufgefasst" (Krapp 1993, 292).

Nicht alle Autoren, die sich mit Strategien des Lernens und Denkens befassen, unterscheiden zwischen Strategien einerseits und Techniken/Prozeduren andererseits. Vielmehr werden beide als „Strategien" bezeichnet (Weinstein und Mayer, vgl. Friedrich/Mandl 1992, 7). Auch Weltner (1992, 127f.) setzt die Begriffe „Strategie" und „Technik" gleich. Ebenso Möhle (1984, 46), die Hesitationsphänomene als „Techniken" interpretiert, die es ermöglichen, Zeit zu gewinnen, und damit als „strategisches Verhalten", nicht aber als „aktive Problemlösestrategie". Raabe (1989, 206) postuliert Größen oberhalb von Strategien, also „Strategienverkettungen" bzw. „Strategiencluster" (Raabe), und nach Wolff 1990, 615) lassen sich Abfolgen von Strategien (z.B. zur Erschließung der Bedeutung eines Wortes) als „prozedurale Sprachwissensschemata" kategorisieren. Nach Hasselhorn/Körkel (1984, 284) können Strategien unter eine von vier Klassen metakognitiver Komponenten subsumiert werden, die die Aufgabe hat, „die

---

[3] Operationen werden als wesentliche Konstituenten geistiger Fähigkeiten angesehen, z.B. „das Ausgliedern von Merkmalen und Teilen an Objekten, das Herstellen von Beziehungen zwischen ihnen, das Erfassen von Unterschieden und Gemeinsamkeiten zwischen Vergleichsobjekten, das Ordnen von Objekten hinsichtlich eines oder mehrerer Merkmale, das Abstrahieren von unwesentlichen Merkmalen oder Komponenten eines Gegenstandes, das begriffliche Klassifizieren von Gegenständen oder Erscheinungen, das Verallgemeinern, das Konkretisieren als das Übertragen und Anwenden des Allgemeinen auf das Besondere und Einzelne" usw. (Claus u.a. 1986, 318).

flexible zieladaptive Regulation und Überwachung" von Strategien zu gewährleisten. Hasselhorn (1992, 52) sieht sogar in der metakognitiven Komponente „eine zentrale notwendige Bedingung für die Nutzung von Lernstrategien", offenbar, weil überhaupt erst festgestellt werden muss, bei welchen Aufgaben welche Art von Strategie angemessen ist (Schneider/Körkel/Vogel 1987, 100; Friedrich/Mandl 1992, 13).

2.1.5 Sind Strategien „innere" oder „äußere" Handlungen?

Weinstein & Mayer verstehen unter *Strategien* „generell alles innere und äußere Verhalten, mit denen (sic!) Lernende verschiedene Aspekte des eigenen Lernens wie Motivation, Aufmerksamkeit, Informationsauswahl und -verarbeitung u.a. zu beeinflussen versuchen" (Friedrich/Mandl 1992, 7).

Weltner (1992, 127) bezeichnet mit Lernstrategien äußere Aktivitäten wie „Einteilung der Arbeit in förderliche Arbeitsabschnitte", „Aufstellung und Einhaltung von Arbeitsplänen", aber auch das, was andere als „Stützstrategien" bezeichnen, also die „Erhaltung der eigenen Motivation und Lernbereitschaft durch selbstverordnete Belohnungen beim Erreichen bestimmter Arbeitsetappen".

Im übrigen werden auch innerhalb *einer* Publikation trotz differenzierender Definition „Strategien" als Planungs- und Informationsverarbeitungsvorgänge einerseits und „äußere", beobachtbare Handlungen andererseits verstanden (vgl. Krapp 1993, 292, 299).

O'Malley & Chamot (1990, 197) bezeichnen „äußere" Handlungen (*overt behavior*) als *study skills*. Nur die nicht beobachtbaren mentalen „inneren Handlungen" (*covert*) nennen sie "strategies".

Ich hielte es im Sinne einer Präzisierung und begrifflichen Verschlankung, aber auch unter instruktionspsychologischen Gesichtspunkten ebenfalls für vorteilhaft, zwischen „Strategien" (innere Vorgänge) und „Techniken" (äußere Vorgänge) zu unterscheiden. Wolff (1992, 15) definiert in diesem Sinne „Arbeits- und Lerntechniken" als „Hilfsmittel, um das Sprachlern- und das Sprachverarbeitungsverhalten zu stützen" (vgl. in ähnlichem Sinne auch Wild/Schiefele 1993, 313). Und Nold (1992, 10) stellt fest: „Lernstrategien werden daher nicht mehr vorwiegend als technisch-praktische Hilfen zur zeitlichen und sachlichen Organisation von Lernprozessen begriffen, sondern als kognitive und metakognitive Strategien, mit deren Hilfe der Lerner sein eigenes Lernen kontrolliert. Eine solche begriffliche Festlegung würde auch der eingeführten und generell akzeptierten Definition von Rampillon (1985, Kap. 2, 3) weitgehend entsprechen.

Es fehlt eine von den Funktionen und Zielen her unterschiedliche und daher auch analytisch notwendige Unterscheidung von mentalen und externen Aktivitäten und eine dieser Unterscheidung folgende Terminologie. Deshalb erscheint es mir ratsam, den Fachausdruck „Strategie" auf interne Planungs- und Informationsverarbeitungsvorgänge zu beziehen, und für „äußere", beobachtbare Handlungen wie „im Wörterbuch, in der Grammatik nachschlagen", „auswendig lernen", „Karteien verwenden" den Ausdruck „Techniken" zu verwenden.

Der Fachausdruck „Strategie" wird also insgesamt begrifflich äußerst heterogen und überdies inflationär gebraucht. Merkmalskomplexe wie *inferieren, elaborieren, note-taking, im Wörter-*

buch nachschlagen, listening to a TV programme, going to the cinema, im zielsprachigen Umfeld empfehlenswerte soziale Verhaltensweisen zeigen oder gar *umblättern* dokumentieren, dass offenbar fast jede „Handlung" oder im besten Falle „Vorgehensweise" als „Strategie" bezeichnet wird.

Ein solcher Verwendungsmodus des Ausdrucks ist problematisch, weil er der für Wissenschaft üblichen theoriebezogenen Reduktion eines Begriffs auf die wesentlichen Merkmale widerspricht. Theoriebezogenheit heißt z.B., reduzierende Kriterien einzuführen. So haben Kasper & Faerch (1984, 34) hinsichtlich der Kommunikationsstrategien die Kriterien der *Problembezogenheit* (d.h. "something is acknowledged as problematic", Jordens) und der *Bewusstheit* (d.h. somebody is "conscious about there being a difficulty") verwendet.

Nach den angeführten Belegen kann Chaudron (1990, 116) zugestimmt werden: "The units of analysis for what might constitute a 'strategy' are inconsistent both within and across studies."

2.2 Wie werden „Strategien" kategorisiert?

Wie aus dem Problemaufriss von Friedrich & Mandl (1992) hervorgeht, werden Strategien in sehr unterschiedlicher Weise kategorial erfasst: Die Autoren extrahieren aus der Literatur folgende Grobkategorien:

(1) Primär- und Stützstrategien,
(2) allgemeine und spezifische Strategien,
(3) Beschreibung von Lern- und Denkstrategien nach ihrer Funktion für den Prozess der Informationsverarbeitung, z.B. Wiederholungsstrategien, Elaborationsstrategien, Organisationsstrategien, Kontrollstrategien,
(4) Mikro-, Meso- und Makrostrategien.
(5) Brown & Palinscar haben darüber hinaus eine Einteilung in metakognitive und kognitive Lernstrategien vorgenommen, eine Unterscheidung, die O'Malley & Chamot (1990, 99) als "one of the principal contributions of the literature in cognitive psychology" charakterisieren. Schließlich ist – wie bereits bemerkt – unter Rückgriff auf das kognitionspsychologische Konzept der Verarbeitungstiefe (Craik/ Lockhart 1972) eine Unterscheidung von „Tiefenverarbeitungsstrategien" und „Oberflächenverarbeitungsstrategien" vorgenommen worden.

Spracherwerbsspezifische Grobkategorisierungen unterscheiden z.B. nach „sozialen" und „kognitiven Strategien". Letztere wiederum werden unterteilt in „Lernstrategien" und – für den Sprach*gebrauch* – in „Produktions/Rezeptions-" und „Kommunikationsstrategien" (Ellis 1986, 165). O'Malley/Chamot gliedern „Lernstrategien" in „metakognitive", „kognitive" und „sozio-affektive Strategien".

Kategorisierungen wie (4) sind in ihrem postulierten zeitlichen Umfang schwer zu operationalisieren und darum m.E. kaum brauchbar. Außerdem stellt sich wiederum das Problem der Abgrenzung zu unter- bzw. übergeordneten Kategorien. Hinsichtlich der Einteilung in „allgemeine" und „spezifische" Strategien (2) hat Wendt (1993, 69) eine Kategorienbildung nach „drei Graden der Allgemeinheit" vorgenommen: Er unterscheidet 1. „Strategie-Ebenen"

(z.B. VERSTEHEN in der Kategorisierung nach Bloom und Mitarbeitern), 2. „Allgemeine Strategien" (Texte VERSTEHEN), 3. „Spezifische Strategien" (einen bestimmten Text VERSTEHEN).
Unterschiedliche Kategorienbildungen führen natürlich zur unterschiedlichen *Einordnung* von Strategien: So zählen nach Dansereau zu den Stützstrategien auch „Strategien der metakognitiven Kontrolle des eigenen Lernens ..., durch die beispielsweise ein Lernender feststellt, ob er etwas verstanden hat oder nicht, und die situationsangemessene Auswahl von Techniken/Prozeduren für verschiedene Lernsituationen" (Friedrich/Mandl 1992, 8f.), Strategien, die nach anderen Autoren der Kategorie „metakognitive Strategien" (bei einer Einteilung der Strategien in *metakognitive, kognitive und sozio-affektive*) zugeordnet werden.

2.3 Interdependenzen von Strategien mit anderen Faktoren

Es ist bisher unklar, von welchen Faktoren der Gebrauch von Strategien in welchem Umfang abhängt. So hat sich gezeigt, dass z.B. folgende Faktoren den Einsatz von Lernstrategien beeinflussen (Krapp 1993, 302, 306): das Wissen über den Nutzen bestimmter Lernstrategien, Selbstvertrauen bzw. Selbstwirksamkeitswahrnehmungen, das Interesse am Lerninhalt und die Art der motivationalen Orientierung (z.B. intrinsische vs. extrinsische Zielorientierung).

2.3.1 Personeigenschaften

Einige Autoren behaupten, der Einsatz von Strategien sei von den kognitiven Stilen der Informationsverarbeitung abhängig: "A field-independent or analytic learner may naturally gravitate toward strategies such as grouping or deduction" (O'Malley/Chamot 1990, 163; vgl. auch Duda/Riley 1990, 12). Das ist eine recht problematische Hypothese, wenn man bedenkt, dass das Konstrukt „kognitive Stile" seit kurzem in der Wissenschaft hinsichtlich seiner Brauchbarkeit umstritten ist bzw. völlig abgelehnt wird (Tiedemann 1984).
Auch die subjektiven Theorien von Strategieanwendern über Sprache und Sprachenlernen wurden ins Feld geführt: "because this knowledge can form the basis for selecting and activating one strategy over another (Rubin 1987, 19). Zum Beispiel verzichteten jüngere bzw. schwächere Schüler deswegen auf die Anwendung von Strategien, weil in ihrer subjektiven Lern- und Verstehenskonzeption kein Platz dafür sei. So hätten die betreffenden Personen ein ausgesprochenes „Wörterbuchverständnis" von Verstehen: Einen Text hätte man dann verstanden, wenn man alle seine Wörter kenne und sie richtig aussprechen könne (Friedrich/Mandl 1992, 35). Dieser Befund kann aus unseren eigenen Untersuchungen bestätigt werden, was die Äußerung einer Hauptschülerin beim Lernen eines Grammatiktextes andeutet: „Das ist schwer. Das muss ich auswendig lernen."
Strategien sind Anlass gewagter Spekulationen, etwa wenn konjiziert wird: "perhaps a product of one's own personality, cognitive style or hemisphere preference" (Larsen-Freeman/Long 1992, 199). Die Hemisphärenforschung lässt bis heute keine seriösen Anwendungsperspektiven zu.
Es wird weiter vermutet, dass der Gebrauch von Strategien von der erworbenen Sprachkompetenz, dem Alter und dem Geschlecht der Lernenden, ihren Überzeugungen, ihrem

Selbstkonzept, der Lernaufgabe, dem Lernkontext und kulturellen Einflüssen abhängt (Larsen-Freeman/Long 1992, 199, O'Malley/Chamot 1990, 160, Friedrich/Mandl 1992, 25).

2.3.2 Sachwissen

Untersuchungen haben ergeben, dass sich Experten Novizen gegenüber nicht so sehr durch überlegene Strategien auszeichnen als vielmehr durch eine umfangreiche und gut organisierte Wissensbasis. Außerdem ist Wissen eine unerlässliche Voraussetzung für die Anwendung von Strategien. Friedrich/Mandl (1992) haben diesen Sachverhalt mit der anschaulichen Metapher „Ohne Wolle kann man nicht stricken" zum Ausdruck gebracht. Damit in Übereinstimmung steht der Befund, dass Kinder mit umfangreichem Vorwissen von einem Training in metakognitiven Strategien kaum profitierten. Schließlich ist die Interaktion von Wissen und Strategien ein offenes Problem (Friedrich/Mandl 1992, 20). Befunde wie diese sind geeignet, die Bedeutung des Strategienkonzepts zu relativieren. Zu dieser Einschätzung trägt auch die Hypothese Skehans (1989) bei, dass nicht Lernstrategien den Lernerfolg determinieren bzw. mitentscheiden, sondern umgekehrt: die Nutzung von Lernstrategien könnte eine Konsequenz des Lernerfolgs sein, aber auch personaler Eigenschaften wie Intelligenz und Motivation. Auch Edmondson/House (1993, 222) schließen sich diesen skeptischen Auffassungen an.

2.4 Synonymien (Bezeichnungsvielfalt)

Für die Begriffsbezeichnung „Strategie" werden mehrere Ausdrücke verwendet, die in den gleichen wie auch in anderen theoretischen Zusammenhängen für andere Sachverhalte stehen. Wenden (1987, 7) fasst zusammen: "In the literature, strategies have been referred to as "techniques"[4], "tactics", "potentially conscious plans", "consciously employed operations, "learning skills", "basic skills", "functional skills", "cognitive abilities", "language processing strategies", "problem solving procedures". Es ist auch die Rede von "learning behaviours" (Wesche; Politzer/McGroarty), "cognitive processes" (Rubin) (vgl. Larsen-Freeman/Long 1992, 199) und "mental techniques" (Derry 1990, 349).
Wenden kommt zu dem Schluss: "These multiple designations point to the elusive nature of the term" (Wenden 1987, 7).

3. Theorieabhängigkeit des Strategiebegriffs

Die in 2. analysierten begrifflichen Inkonsistenzen mögen z.T. darauf zurückzuführen sein, dass die Redeweise von *Lernstrategie* zunächst nicht mehr als „eine Metapher für das Vorgehen ist, das Lerner mehr oder weniger bewusst ... an den Tag legen" (Knapp 1980, 44). Hinzu kommt, dass dieses „Konstrukt" von unterschiedlichen theoretischen Positionen her aus den

---

[4] Z.B. Chamot (1987, 71): "Learning strategies are techniques... that students take ...", und Derry (1990, 367f.) kündigt eine Tabelle mit prozeduralen „Lernstrategien" an, die dann dort "learning tactics" heißen.

Daten herausgefiltert wurde, und zwar sowohl auf der Grundlage subjektiver wie auch wissenschaftlicher Theorien.

3.1 Lerntheoretische Positionen

Problematisch an zahlreichen Strategienlisten und (sog.) Taxonomien ist, dass sie lernpsychologische, motivationspsychologische und evtl. noch psycholinguistische Theoriebestandteile enthalten, ohne dass eine übergreifende Theorie, die alle diese Bestandteile kompatibel und erklärbar machen könnte, existierte.

Autoren wie Derry (1990) und (wie sie behaupten, aber nicht durchhalten) O'Malley/Chamot (1990) beziehen sich daher ausschließlich auf eine *lerntheoretische* Position und behandeln Strategien als rein kognitives Phänomen. Der Vorteil des Bezugs auf diese Position wird durch gewisse Nachteile erkauft, z.B. dass auf Untersuchungen von personalen und sozialen Voraussetzungen wie Motivation, Emotionen, Qualität des Unterrichts und Klassenklima (Friedrich/Mandl 1992, 34; von Saldern 1992) vorläufig verzichtet werden muss. Im Rahmen einer lerntheoretischen Position können Personeigenschaften, die eine Prädisposition für den Gebrauch bestimmter Strategien bilden könnten (Skehan 1989, 96), nicht erfasst werden[5].

Dass es sich hier um ein Defizit der lerntheoretischen Position handelt, lässt sich kaum leugnen. Auf die unauflösliche Verschränkung kognitiver und affektiver Vorgänge weisen besonders Friedrich & Mandl (1992) in ihrem Literaturbericht hin. Unter der beziehungsreichen Überschrift „Kognition und Emotion" machen sie deutlich, dass auch auf dem Gebiet der Lern- und Denkstrategien „die Querbezüge zwischen emotional-motivationalen und kognitiven Prozessen offensichtlich" sind. Informationsverarbeitende Primärstrategien nützten nichts, wenn sie nicht durch entsprechende motivationale Prozesse gestützt würden. Verschiedene Befunde weisen darauf hin, dass „das Training von emotionalen Bewältigungs- und Attributionsstrategien einen Beitrag dazu leisten kann, dass überhaupt kognitive Kapazität für die Aufgabenbewältigung und die Anwendung von Lern- und Denkstrategien frei wird" (Friedrich/Mandl 1992, 26; vgl. auch Clauß u.a. 1986, 319). Nach Wendt (1993, 71) sind „Strategien sprachlichen Handelns ... über die Intentionalität der von ihnen strukturierten Handlungen mit der affektiven Dimension verbunden ...". Hasselhorn (1992, 46) postuliert eine „Tripel-Allianz" kognitiver, metakognitiver und motivationaler Komponenten der Informationsverarbeitung, schließt aber eine affektive Komponente nicht ein.

O'Malley & Chamot (1990, 7) bemängeln, die Klassifizierungen von Rubin (1987) und Naiman u.a. (1978) beruhten weder auf kognitiven noch auf spracherwerbsspezifischen Theorien, so dass es schwer sei, aus ihren umfangreichen Strategienlisten diejenigen Strategien herauszufiltern, die für das Lernen grundlegend seien und festzustellen, welche von diesen mit anderen kombiniert werden könnten, wenn es darum gehe, das Lernen zu optimieren.

---

[5] Konsequenterweise umfaßt der Klassifikationsversuch von O'Malley et al. (zit. in O'Malley/Chamot 1990, 119f.) nur die Kategorien *metakognitive, kognitive* und *soziale* Strategien. Inkonsequent ist dann allerdings die Anführung nicht nur sozialer, sondern auch *affektiver* Strategien (S. 199).

Die Frage der Theoriebezogenenheit berührt grundsätzliche Probleme nicht nur der Strategienforschung, sondern der Fremdsprachenforschung insgesamt. O'Malley/Chamot (1990, 16f.) sehen in Linguistik und Psychologie zurecht unterschiedliche Paradigmen zur Beschreibung des Fremdsprachenerwerbs und des Strategiengebrauchs:

Linguistic theories assume that language is learned separately from cognitive skills, operating according to different principles from most learned behaviors ... This assumption is represented in analyses of unique language properties, such as developmental language order, grammar, knowledge of language structures, social and contextual influences on language use, and the distinction between language learning and acquisition. Language and linguistic processes are viewed as interacting with cognition but nevertheless maintaining a separate identity that justifies investigation independent from cognitive processes.

The second paradigm for theory development in second language acquisition emerges from cognitive psychology and is based in part on information processing and in part on studies and theory that have evolved over the past 15 years or so on the role of cognitive processes in learning. The role of learning strategies in the acquisition of information generally can be understood by reference to the information processing framework for learning.

Mit Anderson und im Gegensatz zu Chomsky plädieren O'Malley/Chamot (1990, 24) für "a unitary theory of the mind or a common cognitive system for all higher-level mental processes".[6] Die Autoren beziehen sich aus mehreren Gründen auf die Lerntheorie Andersons: Andersons Werk integriere zahlreiche Arbeiten zur Informationsverarbeitung, die seiner Theorie einen höheren Allgemeinheitsgrad verschafften als vergleichbaren Theorien. Diese Feststellung beziehe sich auf Sprachverstehen und Sprachproduktion wie auch auf Problemlösen und verbales Lernen und damit auch auf den Einsatz von Strategien. Außerdem unterscheide die Theorie zwischen deklarativem und prozeduralem Wissen und könne auch auf das Strategienlernen angewandt werden. Und schließlich werde Andersons Theorie kontinuierlich weiterentwickelt, erweitert und revidiert (O'Malley/Chamot 1990, 19).

Von besonderer Bedeutung für den Strategienerwerb und -gebrauch in der lerntheoretischen Position ist die Unterscheidung von *deklarativem* und *prozeduralem* Wissen und die Annahme einer *Interface*-Regelung zwischen beiden (und damit eine Gegenposition zu Krashens

---

[6] Auch McLaughlin (1988, 107f.) hält die universalgrammatische Position hinsichtlich des Fremdsprachenerwerbs für nur eingeschänkt brauchbar und favorisiert das lerntheoretische Modell, bemängelt allerdings hauptsächlich, dass sprachliche Daten und damit auch Interimssprachen im Rahmen dieses Modells nicht untersucht werden können; es müsse daher mit Spracherwerbstheorien verknüpft werden (148ff.). Nold (1992, 18, 19) macht auf den m.E. wichtigen Gedanken aufmerksam, dass das lerntheoretische Modell *fachübergreifend* angewendet werden kann und sieht – um das zu rechtfertigen – in der modularen Struktur des menschlichen Gehirns, das eine Interaktion zwischen verschiedenen modularen Subsystemen zulasse, eine Brücke zwischen den zwei Richtungen in der Zweitsprachenerwerbsforschung. Interessant ist, dass auch die aktuelle kognitive Linguistik Sprache im Sinne des Modularismus als ein autonomes Subsystem der Kognition versteht und nicht als ein Epiphänomen der Kognition (Schwarz 1992, 17). Wolff (1990, 611f.) hält das kognitive Modell des Lernens, wie es von Rumelhart/Norman und Norman vorgestellt wurde, hinsichtlich der Erklärung von Spracherwerbsprozessen für besonders attraktiv und begründet das im einzelnen (613f.).

Monitortheorie). Für die Übergänge von dem bewusstseinspflichtigen und nur relativ langsam abrufbaren deklarativen Wissen zu dem i.a. nicht mehr bewussten und automatisierten prozeduralen Wissen werden – inzwischen empirisch bewährte – Phasen der *skill acquisition* (*cognitive, associative, autonomous stage*) angenommen[7] und erfolgreiche Computersimulationen für unterschiedliche Bereiche wie Lesen, Schachspielen und das Lösen von Algebra-Textaufgaben durchgeführt (O'Malley/Chamot 1990, 24ff.). Ob beide Wissensarten getrennt in einem prozeduralen und einem semantischen Gedächtnis gespeichert werden oder miteinander verschränkt in schematischen Wissenseinheiten, ist bisher ungeklärt (vgl. Dechert 1984, 215).

3.2 Andere theoretische Positionen

Darüber hinaus werden Strategien in unterschiedlichen theoretischen Zusammenhängen diskutiert, z.B. im Kontext der *Problemlösepsychologie* (etwa Dörner 1979, Kretschmer/Wieberg 1983, Edelmann 1993), in *funktionalen* Kategorisierungen (Weinstein & Mayer 1986), im Rahmen *psycholinguistischer* Ansätze (z.B. Hörmann 1978, Engelkamp 1984, Strohner 1988, für den Fremdsprachenerwerb z.B. Dechert/Möhle/Raupach 1984, Wolff 1992) und im Zusammenhang von *Lernzieltaxonomien* (z.B. Wendt 1993).

Aus der unterschiedlichen theoretischen Verankerung ergeben sich mindestens drei Konsequenzen:

a) Es werden z.T. untereinander nicht kompatible Kategorien gebildet.

b) Es ergibt sich auch eine je verschiedene Gewichtung der ermittelten Strategien. So hält Oxford (1990) affektive Strategien kognitiven gegenüber für grundlegend, während andere Autoren affektive Strategien bei ihren Kategorisierungen gar nicht erst berücksichtigen.

c) Hier liegt auch einer der Gründe, weshalb die Zahl der in der Literatur angenommenen Lernstrategien sich erheblich unterscheidet; sie reicht von 5 bei Weinstein & Mayer und in den *good-language-learner*-Untersuchungen bis hin zu 64 bei Oxford. Angesichts dieser Zahl kommentieren O'Malley/Chamot (1990, 103): "What Oxford apparently tried to do was to subsume within her classification virtually every strategy that had previously been cited in the literature on learning strategies. The problem with this approch, so far as a taxonomy of strategies is concerned, is that this extended listing is far removed from any underlying cognitive theory, fails to prioritize which strategies are most important to learning, and generates subcategories that appear to overlap."

4. Vermittlung von Strategien

Auch hinsichtlich des Themas „*Vermittlung* von Strategien" besteht in der Literatur weder Klarheit noch Einigkeit. O'Malley/Chamot (1990, 152) unterscheiden zwischen "separate

---

[7] Diese *Lern*phasen weisen übrigens eine Reihe von Parallelen zu fremdsprachendidaktischen *Lehr*phasenmodellen auf (vgl. Zimmermann 1969, 1988, Mey/Zimmermann 1993).

versus integrated instruction" und stellen fest: "An unresolved issue in instruction in learning strategies is whether instruction should focus only on learning strategy instruction or should be integrated with classroom instruction in the language or content subject."

Beck/Guldimann/Zutavern (1991) lehnen die Vermittlung von Strategien ganz ab. Sie vermitteln 5 metakognitive Verfahren als Instrumente zur Förderung eigenständiger Lerner mit dem Ziel, dass die Schüler in der Anwendung dieser Instrumente selbst Arbeits- und Lernstrategien generieren (Strategienentwicklung) und sich ihrer eigenen Arbeits- und Lernprozesse bewusst werden (metakognitive Bewusstheit).[8] Für diese Art der Vermittlung spricht meines Erachtens, dass es sich bei Strategien weniger um starre Regeln als vielmehr um adaptive Instrumente handelt, die eine flexible Anpassung an den jeweiligen Verarbeitungszustand erlauben und notwendig machen (Strohner 1988).

Zweifel an der Möglichkeit, Strategien zu vermitteln, äußern auch O'Malley/Chamot (1990, 161): "Learning strategies instruction would be most valuable for students who are not successful learners, yet these are the very students who may be least motivated to try new strategies, since they may not have confidence that they are able to learn successfully anyway. ... Jones et al. ... indicate that a major objective of strategy training should be to change students' attitudes about their own abilities by teaching them that their failures can be attributed to the lack of effective strategies rather than to the lack of ability or to laziness."

Insgesamt hat die Vermittlung von Lernstrategien zwar zu nachweisbaren Effekten geführt, aber „Ausmaß und Stabilität der Veränderungen lassen sehr zu wünschen übrig". Manchmal treten sogar Leistungsminderungen ein. Und häufig bleibt der erhoffte Transfer aus (Krapp 1993, 304).

In seinem Aufsatz *Lernen lehren – erziehungswissenschaftlich betrachtet* sieht Gunther Eigler (1983) grundsätzlich drei Möglichkeiten der Strategienvermittlung: 1. Ein *Übungstraining*, d.h. „Probleme lösen lassen und auf ein Sich-Herausbilden von Problemlösungsstrategien hoffen", 2. ein *taktisches Training*, d.h. einzelne Operationen (bzw. Strategien, Zi.) an sich und übertragen üben, 3. ein *strategisches Training*, d.h. „ganze Problemabläufe an sich und übertragen üben...". Eigler entscheidet sich für die 1. Alternative: „Ein Lehren des Lernens, gemäß methodologischen Vorstellungen möglichst isoliert gehalten, ist in dieser Weise auf der Ebene der Lehr-Lern-Prozesse nicht realisierbar. Wenn sich Möglichkeiten des Denkens und Lernens (im Sinn der Verarbeitungskapazität) entwickeln sollen, dann vermutlich über Verarbeiten, d.h. dass ständig etwas gelernt wird: Wissen und Fähigkeiten. Und wenn Lehren einen Einfluß auf die Entwicklung des Denkens und Lernens im Sinn der Verarbeitungskapazität haben soll, dann vermutlich über Lernaufgaben und Probleme, mit denen zum Lernen von etwas, von Wissen und Fähigkeiten, angeregt wird. Es ist also von einem Geschehen auszugehen, in dem etwas gelernt wird und im Lernen von etwas die Möglichkeit von Denken und Lernen sich entwickeln." (Eigler 1983, 347).

Dem „verheißungsvoll" klingenden „Lehren des Lernens" begegnet Eigler mit Skepsis, weil die empirische Basis „äußerst schmal" ist und ihre Ergebnisse „fern von großer Gene-

---

[8] In eine ähnliche Richtung argumentiert Nold (1992, 14).

ralisierbarkeit" sind. Außerdem wisse man wenig über den Zusammenhang zwischen deklarativem und prozeduralem Wissen (Eigler 1983, 345).

Es ist bisher weiter unklar, welche Strategien bei welchen Aufgabentypen erfolgreicher sind. Sicher scheint zu sein, dass Strategien zusammen mit anderen Lernbedingungen nur bei *subjektiv mittelschweren Aufgabenanforderungen* die Lernleistung verbessern (Hasselhorn 1992, 47).

Eine Kombination von kognitiven und metakognitiven Strategien könnte Lernergebnisse und Transferwirkungen am günstigsten beeinflussen, allerdings ist bisher unbekannt, welche Kombinationen das sein könnten (O'Malley/Chamot 1990, 218f.), wie auch bisher kaum konzeptuelle Vorstellungen darüber bestehen, wie Einzelstrategien zusammenwirken. Das betrifft auch das Zusammenwirken von allgemeinen und spezifischen Strategien: „Allgemeine Strategien tragen zur Lösung eines konkreten Problems zumeist nur wenig bei. Sie sind häufig sogar an das Vorhandensein spezifischerer Strategien gebunden" (Friedrich/Mandl 1992, 16, 18).

Ein bisher fast völlig vernachlässigter Bereich der Forschung sind Strategien zum Erwerb *prozeduralen* Wissens. Wie Derry (1990) gezeigt hat, sind diese mindestens ebenso wichtig wie Strategien zum Erwerb *deklarativen* Wissens. Das gilt besonders für das Fremdsprachenlernen, z.B. für das Aussprachetraining und für Grammatikübungen im Kontext des Übergangs von deklarativem zu prozeduralem Wissen. Beide Lerntypen erfordern aber unterschiedliche Typen von Lernstrategien, da sie in unterschiedlicher Form im Gedächtnis repräsentiert sind[76].

5. Fazit

Die Analyse der Literatur lässt erkennen, dass der Begriff „Strategie" in vielen Fällen idiosynchratisch und überdies häufig inflationär gebraucht wird, wobei zahlreiche und unterschiedliche zielbezogene Verhaltensweisen (von *Inferieren* und *note-taking* bis hin zu *Umblättern*) unter dem Begriff subsumiert werden. Aufgrund vorgängiger *impliziter* Theorien und entsprechender Datensammlungen werden in solchen Fällen induktiv mehr oder minder subjektive Kategorisierungen und Definitionen vorgenommen, eine Vorgehensweise, die Peter Skehan (1989, 98) als "research-then-theory perspective" charakterisiert hat. Ad-hoc-„Taxonomien" führen aber nicht viel weiter, weil sie nur kurzatmig aktuellen Erkenntnisinteressen gerecht zu werden versuchen.

Was wir in der Fremdsprachenforschung brauchen, um einen tragfähigen Diskurs in der *scientific community* zu gewährleisten, sind theoretisch begründete Rahmenkonzeptionen, aus denen sich die einzelnen Begriffe des Wortfeldes „Strategie" logisch ableiten lassen (vgl. dazu Grotjahn und Wendt, in diesem Band). „Jeder Begriff, der in einer Theorie verwendet wird, muß auch in einer Theorie definiert sein, denn die Begründbarkeit einer Theorie ist eine Funk-

---

[9] Ausführliche Informationen hierzu bei Derry 1990.

tion der Begründbarkeit ihrer Begriffe. Eine Theorie ist so gut, wie ihre Begriffe begründet sind" (Finke 1979, zit. bei Lewandowski 1992, 165).

Hinsichtlich der Vermittlung von „Strategien" in der Unterrichtspraxis sollten wir angesichts nachteiliger Erfahrungen mit zahlreichen „Moden" in Fremdsprachendidaktik und -unterricht eine weise Zurückhaltung walten lassen. Es wird noch eines erheblichen Forschungsaufwands bedürfen, um unterrichtstragfähige Konzepte zu entwickeln und in der Forschung abzusichern. Zunächst ist erst einmal festzustellen, ob bzw. inwieweit „Strategien" überhaupt vermittelt werden müssen und welche Wirkungen präzisere, detailliertere und besser (z.B. hierarchisch) organisierte Wissensbasen haben, wie das etwa die Studien zum Expertenwissen nahelegen (Detail-/Hierarchie-Modell, vgl. Bromme 1992, 27ff.). In diesem Sinne müßte auch geklärt werden, inwieweit es ausreicht, metakognitive Verfahren zu vermitteln, die Auswirkungen auf die Verarbeitungstiefe haben und außerdem die individuelle Generierung von Strategien erlauben. Metakognitive Verfahren hätten außerdem den Vorteil, dass Strategien an wechselnde Problem- und Aufgabenstellungen flexibler angepasst werden können.

Literaturhinweise

Anderson, J.R. (1988). *Kognitive Psychologie.* Heidelberg: Spektrum der Wissenschaft.

Beck, E., Guldimann, T., Zutavern, M. (1991). Eigenständig lernende Schülerinnen und Schüler. Bericht über ein empirisches Forschungsprojekt. *Zeitschrift für Pädagogik, 5,* 135-168.

Bialystok, E. (1990). *Communication strategies. A psychological analysis of second-language use.* Oxford: Basil Blackwell.

Bromme, R. (1992). *Der Lehrer als Experte. Zur Psychologie des professionellen Wissens.* Bern/Göttingen/Toronto: Verlag Hans Huber.

Chamot, A. U. (1987). The learning strategies of ESL students. In A. Wenden & J. Rubin (eds.), *Learner strategies in language learning* (S. 71-83). Englewood Cliffs, NJ: Prentice/Hall International.

Chaudron, C. (^{3}1990). *Second language classrooms. Research on teaching and learning.* Cambridge: Cambridge University Press.

Clauß, G. u.a. (Hrsg.) (1986). *Wörterbuch der Psychologie.* Köln: Pahl-Rugenstein Verlag.

Craik, F. I. & Lockhart, R. (1972). Levels of processing. A framework for memory research. *Journal of Verbal Learning and Verbal Behavior, 11,* 671-684.

Dechert, H. W. (1984). Second language production: six hypotheses. In H. W. Dechert, D. Möhle & M. Raupach, *Second language productions* (S.211-230). Tübingen: Gunter Narr.

Dechert, H.W., Möhle, D. & Raupach, M. (1984). *Second language productions.* Tübingen: Gunter Narr.

Derry, S.J. (1990). Learning strategies for acquiring useful knowledge. In B.F. Jones & L. Idol (eds.), *Dimensions of thinking and cognitive instruction* (S.347-379). Hillsdale, N.J.: Erlbaum.

Dörner, D. (²1979). *Problemlösen als Informationsverarbeitung.* Stuttgart/ Berlin/ Köln/ Mainz: Kohlhammer.

Duda, R. & Riley, P. (1990). *Learning styles.* Nancy: Presses universitaires de Nancy.

Edelmann, W. (³1993). *Lernpsychologie. Eine Einführung.* Weinheim: Psychologie Verlags Union.

Edmondson, W. & House, J. (1993). *Einführung in die Sprachlehrforschung.* Tübingen/Basel: Francke.

Eigler, G. (1983). Lernen lehren – erziehungswissenschaftlich betrachtet. *Unterrichtswissenschaft, 4,* 335-349.

Ellis, R. (1986). *Understanding second language acquisition.* Oxford: Oxford University Press.

Engelkamp, J. (Hrsg.). (1984). *Psychologische Aspekte des Verstehens.* Berlin: Springer-Verlag.

Faerch, C. & Kasper, G. (1984). *Strategies in interlanguage communication.* London/New York: Longman.

Friedrich, H. F. & Mandl, H. (1992). Lern- und Denkstrategien – Ein Problemaufriss. In H. Mandl & H. F. Friedrich (Hrsg.), *Lern- und Denkstrategien. Analyse und Intervention (S.1-54).* Göttingen: Hogrefe.

Groeben, N. (1982). *Leserpsychologie: Textverständnis – Textverständlichkeit.* Münster: Aschendorff.

Hasselhorn, M. (1992). Metakognition und Lernen. In G. Nold (Hrsg.), *Lernbedingungen und Lernstrategien. Welche Rolle spielen kognitive Verstehensstrukturen?* (S.35-63). Tübingen: Gunter Narr.

Hasselhorn, M. & Körkel, J. (1984). Zur differentiellen Bedeutung metakognitiver Komponenten für das Verstehen und Behalten von Texten. *Zeitschrift für Entwicklungspsychologie und Pädagogische Psychologie, 16*(4), 283-296.

Hörmann, H. (1978). *Meinen und Verstehen. Grundzüge einer psychologischen Semantik.* Frankfurt/Main: Suhrkamp.

Jörg, S. (1984). Möglichkeiten und Grenzen der Bewusstseinslenkung beim Hörer. In J. Engelkamp (Hrsg.), *Psychologische Aspekte des Verstehens* (S. 91-109). Berlin: Springer-Verlag.

Kasper, G. (1982). Kommunikationsstrategien in der interimsprachlichen Produktion. *Die Neueren Sprachen, 81*(6), 578-600.

Kluwe, R.H. (1988). Methoden der Psychologie zur Gewinnung von Daten über menschliches Wissen. In H. Mandl & H. Spada (Hrsg.), *Wissenspsychologie* (S. 359-385). München/Weinheim: Psychologie Verlags Union.

Knapp, K. (1980). *Lehrsequenzen für den Zweitsprachenerwerb.* Braunschweig: Vieweg.

Krapp, A. (1993). Lernstrategien: Konzepte, Methoden und Befunde. *Unterrichtswissenschaft, 21*(4), 291-311.

Kretschmer, I. & Wieberg, H.-J. W. (1983). Allgemeine Problemlösestrategien als Unterrichtsziel. In L. Kötter & H. Mandl (Hrsg.), *Kognitive Prozesse und Unterricht. Jahrbuch für Empirische Erziehungswissenschaft 1983* (S.207-232). Düsseldorf: Schwann.

Larsen-Freeman, D. & Long, M.H. (1992). *An Introduction to Second Language Acquisition Research.* London/New York: Longman.

Lewandowski, T. (1990). *Linguistisches Wörterbuch, Band 1.* Heidelberg, Wiesbaden: Quelle & Meyer.

Lompscher, J. (1992). Lehr- und Lernstrategien im Unterricht – Voraussetzungen und Konsequenzen. In G. Nold (Hrsg.), *Lernbedingungen und Lernstrategien. Welche Rolle spielen kognitive Verstehensstrukturen?* (S. 95-104). Tübingen: Gunter Narr.

McLaughlin, B. (1988). *Theories of Second-Language Learning.* London: Edward Arnold.

Mey, H. & Zimmermann, G. (1991). Zwei Phasenmodelle. Begriffsstrukturen der Fremdsprachendidaktik in Deutschland Ost und West. *Fremdsprachenunterricht, 35/44*(1), 5-8.

Möhle, D. (1984). A comparison of the second language speech production of different native speakers. In H. W. Dechert, D. Möhle & M. Raupach,. *Second language productions* (S.26-49). Tübingen: Gunter Narr.

Naiman, N., Frohlich, M., Stern, H. H. & Todesco, A. (1978). *The Good Language Learner.* Toronto: The Ontario Institute for Studies in Education.

Neisser, U. (1987). Introduction: The ecological and intellectual bases of categorization. In U. Neisser, *Concepts and Conceptual Development: Ecological and Intellectual Factors in Categorization.* Cambridge: Cambridge University Press.

Nold, G. (1992). Lernbedingungen, Lernstrategien, kognitive Strukturen. Ein Problemaufriss. In G. Nold (Hrsg.), *Lernbedingungen und Lernstrategien. Welche Rolle spielen kognitive Verstehensstrukturen?* (S. 9-22). Tübingen: Gunter Narr.

O'Malley, J. M. & Chamot, A. U. (1990). *Learning strategies in second language acquisition.* Cambridge: Cambridge University Press.

Oxford, R. L. (1990). *Language Learning Strategies. What every teacher should know.* New York: Newbury House Publishers.

Raabe, H. (1989). Fragen im Fremdsprachenunterricht und Lernstrategien. In F.g. König & A. Szulc (Hrsg.), *Linguistisch und psycholinguistisch orientierte Forschungen zum Fremdsprachenunterricht* (S. 193-214). Bochum: Universitätsverlag Dr. N. Brockmeyer.

Raasch, (1988). Grammatische Fachausdrücke, Spracherwerb und Sprachvermittlung. *Die Neueren Sprachen, 87*(1-2), 159-173.

Rampillon, U. (1985). *Lerntechniken im Fremdsprachenunterricht. Handbuch.* München: Max Hueber Verlag.

Rubin, J. (1987). Learner strategies: Theoretical assumptions, research history and typology. In A. Wenden & J. Rubin, *Learner strategies in language learning* (S. 15-30). Englewood Cliffs, NJ: Prentice/Hall International.

Saldern, M. v. (1992). Lernen und Klassenklima. In G. Nold (Hrsg.), *Lernbedingungen und Lernstrategien. Welche Rolle spielen kognitive Verstehensstrukturen?* (S. 73-93). Tübingen: Gunter Narr.

Schneider, W., Körkel, J. & Vogel, K. (1987). Zusammenhänge zwischen Metagedächtnis, strategischem Verhalten und Gedächtnisleistungen im Grundschulalter: Eine entwicklungspsychologische Studie. *Zeitschrift für Entwicklungspsychologie und Pädagogische Psychologie, 19*(2), 99-115.

Schnotz, W. (1994). *Aufbau von Wissensstrukturen. Untersuchungen zur Kohärenzbildung bei Wissenserwerb mit Texten. Fortschritte der psychologischen Forschung, 20.* Weinheim: Psychologie Verlags Union.

Schwarz, M. (1992). *Kognitive Semantiktheorie und neupsychologische Realität. Repräsentationale und prozedurale Aspekte der semantischen Kompetenz.* Tübingen: Max Niemeyer.

Skehan, P. (1989). *Individual differences in second-language learning.* London: Edward Arnold.

Strohner, H. (1988). Zentrale Planung oder dezentrale Kooperation? Adaptive Strategien des Textverstehens. *Linguistische Berichte, 118,* 481-496.

Tiedemann, J. (1984). Feldabhängigkeit/Feldunabhängigkeit: Kompetenz statt Präferenz. *Zeitschrift für Entwicklungspsychologie und Pädagogische Psychologie, 16*(2), 162-171.

Vogel, K. (1990). *Lernersprache. Linguistische und psycholinguistische Grundfragen zu ihrer Erforschung.* Tübingen: Gunter Narr.

Weinstein, C. E. & Mayer, R. E. (1986). The Teaching of Learning Strategies. In M. C. Wittrock (ed.). *Handbook of Research on Teaching* (S. 315-327). London/New York: Macmillan.

Weltner, K. (1992). Über das Lernen von Lernstrategien. In G. Nold (Hrsg.). *Lernbedingungen und Lernstrategien. Welche Rolle spielen kognitive Verstehensstrukturen?* (S. 125-150). Tübingen: Gunter Narr.

Wenden, A. L. (1987). Conceptual background and utility. In A. Wenden & J. Rubin, *Learner strategies in language learning* (S. 3-13). Englewwood Cliffs, NJ: Prentice/Hall International.

Wenden, A. & Rubin, J. (1987). *Learner strategies in language learning* . Englewood Cliffs, NJ: Prentice/Hall International.

Wendt, M. (1993). *Strategien des fremdsprachlichen Handelns. Lerntheoretische Studien zur begrifflichen Systematik. Band 1: Die drei Dimensionen der Lernersprache.* Tübingen: Gunter Narr.

Wild, K.-P. & Schiefele, U. (1993). Induktiv versus deduktiv entwickelte Fragebogenverfahren zur Erfassung von Merkmalen des Lernverhaltens. *Unterrichtswissenschaft, 21*(4), 312-326.

Wolff, D. (1990). Zur Bedeutung des prozeduralen Wissens bei Verstehens- und Lernprozessen im schulischen Fremdsprachenunterricht. *Die Neueren Sprachen, 89*(6), 610-625.

Wolff, D. (1992). Zur Strukturierung des Sprachwissens bei Zweitsprachenlernern. *Die Neueren Sprachen, 91*(2), 179-197.

Zimmermann, G. (1969). Integrierungsphase und Transfer im neusprachlichen Unterricht. *Praxis des neusprachlichen Unterrichts, 3*, 245-260.

Zimmermann, G. (1988). Lehrphasenmodell für den fremdsprachlichen Grammatikunterricht. In B. Kast (Hrsg.), *Grammatik im Unterricht* (S. 160-177). München: Goethe-Institut.

Zimmermann, G. (1992). Zur Funktion von Vorwissen und Strategien beim Lernen mit Instruktionstexten. *Zeitschrift für Fremdsprachenforschung, 3*(2), 57-79.

Englischlernende an der Volkshochschule: Welche Variablen beeinflussen die Auswahl von Lernstrategien im Anfängerunterricht?
Eine Pilotstudie

Petra Morfeld

„Die Menge der Vokabeln ist eigentlich nicht das Problem, sondern das Behalten. ... Ich behalt's nicht. Ich weiß auch nicht, wie ich sie lernen soll. Ich hab noch nicht rausgefunden, wie ich es am besten lernen soll, die Vokabeln, halt, damit ich sie behalte."

(Lernender, zitiert nach Quetz 1992, S. 78)

Die Befragung 57 sogenannter „lernungewohnter" KursteilnehmerInnen (KT) nach ihren Vokabellernstrategien ergab, dass hauptsächlich Wiederholungsstrategien eingesetzt werden. An zweiter Stelle wurden kognitive Strategien genannt, an dritter rezeptive, produktive und soziale Strategien. Die Auswahl der Strategien scheint sowohl von der Lernbiographie als auch von personalen Faktoren beeinflusst zu werden. Bei der Lernbiographie spielten Vorkenntnisse in Englisch die größte Rolle. Bei den personalen Faktoren zeichneten sich Unterschiede zwischen konventionell und unkonventionell Lernenden hinsichtlich ihres Lernstils, ihrer Ambiguitätstoleranz und ihres Umgangs mit eigenen Fehlern ab. Alle KT fanden das Sprachenlernen wichtiger als soziale Kontakte, obwohl nur eine Minderheit die Sprache aktuell nutzen wollte. Ein Lernertraining zu dem Thema „Wie lerne ich Vokabeln" wurde von der Mehrheit der KT positiv beurteilt. Welche Strategien übernommen wurden, war zum einen von der Kursstufe, zum anderen vom Lerntyp abhängig.

When 57 participants of night school classes were asked after their vocabulary learning strategies, repetition strategies came first followed by cognitive strategies in the second place and receptive, productive and social strategies in the third. The choice of strategies seems to be influenced by learning experience as well as by learner characteristics. As to the learning biography, former experience in learning English plays the most important part. Regarding the learner characteristics, conventional learners differed from unconventional ones in learning style, tolerance of ambiguity and in the way they treated their own mistakes. All participants considered the learning of the language more important than social contacts, although only few of them actually needed the language. The teaching of more effective vocabulary learning strategies was appreciated by most of the participants. The kind of strategies adopted after the training was on the one hand influenced by the linguistic level of the participants, on the other hand by their learning type.

Anfang der 70er Jahre entstanden die ersten Studien zum 'successful language learner', die herauszufinden suchten, welche Lernstrategien erfolgreiche von weniger erfolgreichen

SprachenlernernInnen unterscheiden. Als Lernstrategien werden im Folgenden „Handlungssequenzen" (Mandl, Friedrich, 1992, S.6) bezeichnet, mit denen Lernende planvoll, zielgerichtet und Mehr oder Weniger bewusst die Aufnahme, Verarbeitung, Wiederauffindung und den Gebrauch sprachlichen Materials unterstützen.[1] Eines der Ziele dieser Forschungsrichtung besteht darin, erfolgloseren Lernenden Wege zeigen zu können, die Effektivität ihres Lernens zu verbessern.

Eine Zielgruppe, die in besonderem Maße von den Ergebnissen dieser Forschungsrichtung profitieren könnte, sind die TeilnehmerInnen an Anfängerkursen, vor allem die sogenannten lernungewohnten TeilnehmerInnen.

Diese spezielle Teilnehmergruppe hat in der Mehrheit nur den Haupt- oder Realschulabschluss und wenig oder lange zurück liegende Lernerfahrung. Ihr Lernen ist weit gehend imitativ (Quetz u.a.1981, S.31); kognitive Operationen wie das Abstrahieren oder problemlösendes Denken sind ihnen nicht geläufig. Muttersprachliche Voraussetzungen sind nur unzureichend vorhanden. Daneben mangelt es vielen dieser KursteilnehmerInnen (KT) an effektiven Lernstrategien und Arbeitstechniken (vgl. Düker u.a.,1985, S.283). Im Bereich der Wortschatzarbeit beispielsweise beschränken sie sich oft auf das Auswendiglernen zweispaltiger Vokabellisten oder das oberflächliche Durchlesen des zu lernenden Materials.

Zusätzlich leiden diese KT nicht selten unter Versagensangst und niedriger Selbsteinschätzung bezüglich ihrer Sprachbegabung und ihres Gedächtnisses, welche durch unrealistische Erfolgserwartungen noch verstärkt werden (Quetz 1992, S.86ff.).

Welche Strategien Lernende benutzen, hängt von einer Vielzahl von Faktoren ab. Dazu gehören die Lernbiographie und die Sprachlernerfahrung im allgemeinen (Nation & McLaughlin in Ellis 1994) und die Lernerfahrung in der Zielsprache (Politzer 1983, Medani 1989), personale Faktoren wie Alter (Ehrman & Oxford 1989) und Geschlecht (Politzer 1983, Oxford, Ehrman & Nyikos 1989), kognitive Faktoren wie Lernstil (Ehrman & Oxford 1989, Reid 1987) und affektive Faktoren wie Einstellungen (Solmecke & Boosch 1981), Motivation (Oxford & Nyikos 1989, Politzer & McGroarty 1985) oder Ambiguitätstoleranz (Reiss 1985, Ely 1989).[2]

Die Beantwortung der Frage, ob diese Faktoren auch für die unzulänglichen Lernstrategien dieser speziellen Zielgruppe verantwortlich sind, ist von entscheidender Bedeutung für die Praxis. Mängeln, die sich aus der Lernbiographie her leiten, kann mit der gezielten Vermittlung geeigneter Strategien begegnet werden. Personale Faktoren dagegen sind weitaus schwieriger, wenn überhaupt, zu verändern.

Die vorliegende Studie untersuchte in diesem Zusammenhang zum einen, in wie weit verwendete Strategien sich auf Merkmale der Lernerpersönlichkeit oder auf die Lernbiographie zurück führen lassen. Zum anderen sollte herausgefunden werden, ob eine bestimmte Form des Lernertrainings, wie sie in der einschlägigen Literatur befürwortet wird, von dieser speziellen Ziel-

---

[1] Zur Diskussion der Definitionsproblematik vgl. den Beitrag von Zimmermann in diesem Band.
[2] Um einen Überblick zu erhalten s. auch Oxford 1989, Skehan 1989 und Ellis 1994.

gruppe überhaupt angenommen wird, und ob verschiedene Lerntypen bestimmte Strategien bevorzugt übernehmen. Sie beschränkte sich dabei auf die Wortschatzarbeit, und zwar auf das Vokabellernen zu Hause: Wie wird die Festigung des im Unterricht neu gelernten Materials, d.h. der Transfer des Vokabulars aus dem Kurzzeitgedächtnis in das Langzeitgedächtnis, erreicht?

1. Untersuchungsdesign

1.1 Beschreibung der Versuchspersonen

Fünf Volkshochschulkurse im Raum Frankfurt wurden im Rahmen dieser Untersuchung befragt. Die Anzahl der Versuchspersonen verringerte sich im Verlauf der Kurse von anfangs 71 auf 57 TeilnehmerInnen.

Die Lernenden verteilten sich auf drei verschiedene Kursstufen. Die KT (30) der Stufe 1 bestanden aus sogenannten „echten" und „falschen" Anfängern; die Lernenden (24) der Stufe 2 besaßen ein Jahr VHS-Erfahrung in Englisch und die der Stufe 3 drei Jahre Englischerfahrung (15). Der Unterricht in Stufe 1 und 2 fand zwei Mal, der in Stufe 3 nur ein Mal die Woche über jeweils 90 Minuten statt. Stufe 1 und 2 benutzten das Lehrwerk TAKE OFF 1 und 2 (Cornelsen, 1985), Stufe 3 ON THE WAY 2 (Klett, 1982).

Die Zusammensetzung der Kurse, was Geschlecht, Alter und Ausbildung betrifft, kann als repräsentativ für VHS-Kurse in diesem Bereich bezeichnet werden. Wie in den meisten Sprachkursen, so überwogen auch hier die Frauen: 36 Frauen standen 21 Männer gegenüber. Heterogen waren die Kurse in Bezug auf das Alter der KT. Die Verteilung der TeilnehmerInnen über die drei Altersgruppen „19-29 Jahre", „30-49 Jahre" und „50 und älter" war jedoch relativ gleichmäßig, mit leichtem Überhang der älteren KT. Die Mehrheit der KT besaß den Hauptschul- (42%) oder Realschulabschluss (33%), nur knapp ein Fünftel das Abitur. Mehr als die Hälfte (60%) hat eine Lehre gemacht, die restlichen KT hatten entweder die Fachschule (16%) besucht oder eine Meisterprüfung (12%) absolviert. Studiert hatten nur 3 Lernende.

1.2 Durchführung

Vier Wochen nach Kursbeginn füllten die KT einen Fragebogen aus, der drei Ziele verfolgte. Zum einen diente er der Bestandsaufnahme der von den KT zu diesem und zu früheren Zeitpunkten verwendeten Vokabellernstrategien, zum anderen der Ermittlung der Personaldaten und der Lernbiographie. Des weiteren enthielt er Fragen zu den kognitiven und affektiven Voraussetzungen der Lernenden.

Die dazu verwendeten Fragen orientierten sich eng an den Vorgaben des Arbeitsverhaltensinventars (AVI) von Thiel, Keller und Binder (1979). Das AVI ist ein Persönlichkeits-Struktur-Test zur Diagnose von Störungen im Bereich des Lern- und Arbeitsverhaltens von Schülern der

Sekundarstufe 2. Die Autoren dieses Tests gehen von einem Lernbegriff aus, der neben lern- und arbeitstechnischen auch emotionale, motivationale, personale und sozial-psychologische Aspekte berücksichtigt. Aus technischen Gründen wurde die Anzahl der Fragen zu den einzelnen Skalen teilweise gekürzt, einige Fragen, die für diese Zielgruppe nicht zutreffen, weg gelassen oder ersetzt, so z.B. die Frage nach dem Berufswunsch durch die nach den Gründen für das Englischlernen.

Im Anschluß an die Befragung erhielten die KT ein semester begleitendes direktes Lernertraining zum Vokabellernen, das auf den Stoff des jeweiligen Lehrwerks abgestimmt war. Das Lernertraining basierte auf Ergebnissen anderer Studien (O'Malley 1985; Medani 1989) sowie auf persönlicher Beobachtung, wonach insbesondere Anfänger in Englischkursen einen Mangel an wesentlichen kognitiven und metakognitiven sowie an sozialen und affektiven Strategien aufweisen. Dies berücksichtigend wurden die KT über die Funktionsweise des Gedächtnisses und geeignete Lernbedingungen informiert, wurden Nutzen und Funktion von Vokabelringbuch und Vokabelkartei demonstriert und erklärt und Einige grundlegende Lernstrategien wie Gruppierung, Visualisierung oder Lernen im Kontext geübt. Auswahlkriterium für die gewählten Strategien war zum einen, dass sie in das jeweilige Lehrwerk integrierbar waren, zum anderen, dass sie – den Bedürfnissen der oft berufstätigen KT entsprechend – ohne größeren Zeit- oder Arbeitsaufwand zu Hause ausgeführt werden konnten.

Die Vermittlung der Lernstrategien erfolgte in der Regel dreischrittig (vgl. O'Malley/Chamot 1990; Ellis/Sinclair 1989). Zuerst wurde den KT die eigene Vorgehensweise bewusst gemacht, anschließend wurden neue Strategien vorgestellt und im Unterricht oder zu Hause geübt. Gegen Ende des Kurses wurde mit einem zweiten Fragebogen zum einen überprüft, wie das Lernertraining bei den KT angekommen war, zum anderen, ob und aus welchem Grund die KT eine Strategie übernommen hatten. Die Ergebnisse des zweiten Fragebogens wurden darauf hin mit denen des ersten verglichen.

1.3 Auswertung

Um einen Vergleich zu ermöglichen, wurden die KT in die drei Kategorien ‚konventionell' (Typ A) bzw. ‚unkonventionell Lernende' (Typ C) sowie ‚Lernende mit gemischten Strategien' (Typ B) eingeteilt. Grundlage dieser Einteilung bildeten die von ihnen verwendeten Strategien: Typ A benutzt ausschließlich konventionelle Strategien; Typ C in der Mehrheit oder ausschließlich unkonventionelle Strategien; bei Typ B beträgt der Anteil der unkonventionellen Strategien 50% oder weniger.

Zu den konventionellen Strategien wurden die Mehrzahl der Wiederholungsstrategien wie den „Stoff der letzten Stunde durchlesen", „auswendig lernen" und „abschreiben", aber auch die soziale Strategie „Sich abhören lassen" und die kognitive „Übungen im Buch / Arbeitsbuch machen" gezählt. Unkonventionelle Strategien bedürfen im Unterschied dazu eines gewissen Maßes an Eigeninitiative oder gedanklicher Eigenleistung von Seiten der Lernenden, was die Beschaffung oder die Bearbeitung des zu lernenden Materials betrifft. So erfordert das Ausfüllen von Übungen im Arbeitsbuch zwar auch das Durchdenken des Stoffs, die Art der Bearbeitung und die Auswahl des Materials ist jedoch vorgegeben. Das Erfinden eigener Sätze oder einer Geschichte dagegen wird allein von den Lernenden selber gelenkt.

Die Anzahl der Nennungen zu den einzelnen Fragen wurden dann für die drei Kategorien von Lernenden miteinander verglichen.

2. Ergebnisse des ersten Fragebogens

2.1 Welche Strategien verwenden die KT zum Vokabellernen?

Die Bestandsaufnahme der Strategien, die die KT kennen und/oder benutzen, ergab ein überraschend vielfältiges Bild: Insgesamt 42 verschiedene Strategien wurden angegeben:

Wiederholungsstrategien (74x):
1) Schwierige Vokabeln aufschreiben
2) Oft schreiben
3) Mehrmals durchlesen
4) Alten Stoff nochmal durchlesen
5) Stoff der letzten Stunde wiederholen
6) Stoff der nächsten Stunde durchlesen
7) Laut lesen
8) Vorlesen
9) Schwierige Vokabeln farbig markieren
10) Merkverse, Eselsbrücken benutzen
11) Auswendig lernen
12) Zweisprachige Vokabelgleichungen auswendig lernen
13) Mit Computer lernen[3]
14) Karteikartensystem benutzen[4]
15) Auf Kassette sprechen[5]
16) Üben
17) Buchstabieren

Kognitive Strategien (24x):
1) Übungen im Buch/Arbeitsbuch machen
2) Über den Stoff nachdenken
3) Sätze bilden

Soziale Strategien (6x):
1) Mit anderen lernen
2) Bei den Hausaufgaben helfen
3) Andere um Hilfe bitten
4) Um Korrektur bitten
5) Sich abhören lassen

Rezeptive Strategien (6x):
1) Viel lesen
2) Engl. Zeitung lesen
3) Engl. Lieder hören
4) Engl. Radio hören
5) TV-Sprachkurse anschauen
6) Engl. Theater besuchen
7) In Englisch fernsehen
8) Engl. Kinofilme anschauen

Produktive Strategien (6x):
1) Im Urlaub ausprobieren
2) Mit anderen Englisch sprechen
3) In Gedanken Englisch sprechen
4) In Situationen einprägen
5) Geschichten/Aufsätze schreiben

Metakognitive Strategien (2x):
1) Hausaufgaben machen
2) Vor dem Einschlafen lernen
3) Oft wiederholen
4) Während des Unterrichts aufpassen
5) Jede Gelegenheit zum Lernen nutzen
6) Nach dem Frühstück lernen
7) Täglich Etwas lernen
8) Sich selber testen
9) Vokabelordner, nach dem Alphabet geordnet.

Der Vergleich der Nennungen der tatsächlich verwendeten Strategien für die einzelnen Kategorien zeigt eine überwältigende Mehrheit der Wiederholungsstrategien, die allein 74mal angegeben werden. Es folgen mit großem Abstand die kognitiven Strategien mit 24 Nennungen, die sozialen, produktiven und rezeptiven mit jeweils 6 Nennungen und die metakognitiven Strategien mit 2 Nennungen. Affektive Strategien wurden überhaupt nicht erwähnt.

Typ A benutzt definitionsgemäß hauptsächlich Wiederholungsstrategien, dafür jedoch keine rezeptiven oder produktiven Strategien. Sein hoher Anteil an den kognitiven Strategien erklärt sich durch die Strategie „Übungen im Buch/Arbeitsbuch machen", welche häufig als Hausaufgabe aufgegeben wird. Typ A ist zudem der Einzige, der soziale Strategien einsetzt. Typ B verwendet viele der Strategien von Typ A, allerdings in weitaus geringerem Maße, verwendet dafür aber als Einziger metakognitive und einen Teil der produktiven Strategien. Typ C schließlich ist in erster Linie bei den rezeptiven und produktiven Strategien vertreten, kognitive Strategien werden wenig, Wiederholungsstrategien fast gar nicht verwendet.

		Typ A (n = 40)	Typ B (n = 10)	Typ C (n = 7)
Wiederholungsst.	n = 74	74% (55)	23% (17)	3% (2)
Kognitive Str.	n = 24	58% (14)	25% (6)	17% (4)
Metakog. Str.	n = 2	/	100%	/
Soziale Str.	n = 2	100%	/	/
Rezeptive Str.	n = 6	/	/	100%
Produktive Str.	n = 6	/	33% (2)	67% (4)

---

[3] Diese Strategie wurde deshalb bei den Wiederholungsstrategien eingeordnet, weil es mir weniger um die Wahl des Mediums ging als um das Prinzip, das der Arbeit mit diesem Medium zugrunde liegt und welches auf der Wiederholung des zu lernenden Materials beruht. Dabei wurde davon ausgegangen, dass die betreffenden KT keine elaborierten Vokabellernprogramme benutzten, die dann ja eher zu den kognitiven Strategien gezählt werden müssten.

[4] s.o.

[5] s.o.

2.2 Das Lernverhalten in Personalfaktoren

2.2.1 Die personalen Faktoren „Geschlecht" und „Alter"

Der Vergleich zwischen Männern und Frauen hinsichtlich der von ihnen verwendeten Lernstrategien zeigt eine leichte Tendenz der Männer hin zu den unkonventionelleren Strategien. Soziale Strategien dagegen wurden ausschließlich von Frauen verwendet. Da die Anzahl der Probanden insgesamt und insbesondere bei den Männern nicht repräsentativ ist, ist diese Aussage mit Vorsicht zu betrachten. Ich halte sie dennoch für erwähnenswert, da sie den Ergebnissen von Oxford/Nyikos (1989, S.296f.) entspricht, die unterschiedliche Lernstrategien der beiden Geschlechter mit der These erklären, dass Frauen anders als Männer dazu erzogen werden, sich stärker sozial zu orientieren und konform zu verhalten und dass dieses Konformitätsstreben sich auch auf ihre Art zu lernen überträgt.

		Typ A (n = 40)	Typ B (n = 10)	Typ C (n = 7)
Geschlecht	Frauen	65% (26)	60% (6)	57% (4)
	Männer	35% (14)	40% (4)	43% (3)

Während sich Typ A gleichmäßig über die drei Altersstufen ‚bis 30 Jahre',‚31 bis 49 Jahre' und ‚50 und älter' verteilt, besteht die Gruppe der Lernenden von Typ B und C zur Hälfte aus KT, die älter als 50 sind. Es ist dennoch fraglich, ob sich daraus die Schlussfolgerung ableiten lässt, dass höheres Alter zu einem unkonventionelleren Lernverhalten führt. Die älteren KT sind nämlich zugleich am stärksten in der 3. Gruppe mit immerhin drei Jahren Englischerfahrung vertreten, d.h. sie besitzen ein größeres Strategiewissen und halten sich z.T. regelmäßig im Englisch sprachigen Ausland auf.

		Typ A	Typ B	Typ C
Alter	bis 30 Jahre	33% (13)	30% (3)	14% (1)
	31 bis 49	35% (14)	20% (2)	28% (2)
	50 und älter	33% (13)	50% (5)	56% (4)

Die Verteilung der Schulabschlüsse lässt kaum eindeutige Aussagen zu. Die hypothetische Annahme, je höher der Schulabschluß – d.h. je größer die Lernerfahrung gerade auch in kognitiven Bereichen – desto unkonventioneller die Strategien, kann nicht uneingeschränkt bestätigt werden. Vergleicht man die prozentuale Verteilung der einzelnen Abschlüsse nur bei Typ A und Typ C, so trifft diese Annahme zu. Typ B entspricht dieser Hypothese jedoch nicht: der Anteil an ehemaligen HauptschülerInnen ist in dieser Gruppe größer als bei Typ A, zugleich ist der Anteil der ehemaligen RealschülerInnen bei Typ B kleiner.

		Typ A		Typ B		Typ C	
Schulabschluss	Hauptschule	43%	(17)	50%	(5)	28%	(2)
	Realschule	35%	(14)	20%	(2)	42%	(3)
	Abitur	17%	(7)	20%	(2)	28%	(2)
	Sonstiges	5%	(2)	10%	(1)		

Auch die Lernerfahrung während der Ausbildung scheint nur bedingt einen Einfluss auf die Auswahl der Lernstrategien zu haben. Der Anteil der ehemaligen Lehrlinge nimmt zwar ab, je unkonventioneller die Lernstrategien werden, während der Anteil der Meister und ehemaligen FachschülerInnen zusammen genommen steigt. Die wenigen KT jedoch, die studiert haben, zählen ausschließlich zu den konventionellen Lernenden.

		Typ A		Typ B		Typ C	
Ausbildung	Lehre	63%	(25)	60%	(6)	43%	(3)
	Meister	10%	(4)	20%	(2)	14%	(1)
	Fachschule	10%	(4)	20%	(2)	43%	(3)
	Studium	7%	(3)	/		/	
	Sonstiges	10%	(4)	/		/	

Die große Mehrheit der KT besitzt Vorkenntnisse in Englisch, wie dies wegen der unterschiedlichen Kursniveaus auch zu erwarten war. Geht man davon aus, dass im Englischunterricht vor 10 oder 20 Jahren Vokabellernen mit auswendig lernen gleich gesetzt wurde, so müsste der Anteil der KT, die Englisch in der Schule gelernt haben, bei Typ A am höchsten sein. Dies ist tatsächlich der Fall. Die Hälfte der konventionellen KT haben Englisch in der Schule gelernt, während deren Anteil bei Typ B und C nur ungefähr ein Drittel beträgt. Der Anteil der VHS-Lernenden ist bei Typ B am größten, derjenige der Autodidakten bei Typ C.

		Typ A		Typ B		Typ C
Vorkenntnisse Englisch	Keine	9%	(6x)	20%	(3x)	/
	Ja, davon:	91%	(61x)	80%	(12x)	100%
	– Schule	50%		33%		35%
	– VHS u.a.	25%		44%		35%
	– Autodidakt	25%		23%		30%

Was Vorkenntnisse in anderen Sprachen betrifft, so stellt Typ B mit Abstand die größte Gruppe: zwei Drittel dieses Typs haben mindestens eine andere Sprache gelernt. Bei Typ C sind es etwas mehr, bei Typ A etwas weniger als zwei Fünftel der Lernenden.

		Typ A	Typ B	Typ C
Vorkenntnisse andere Sprachen	Ja	38% (15)	60% (6)	43% (3)
	Nein	48% (19)	20% (2)	43% (3)

Eine überraschend eindeutige Aussage ergibt der Vergleich der Strategien, die von den KT während ihres erstmaligen Englischlernens benutzt wurden, mit denen, die sie während des gegenwärtigen Kurses verwenden. Gut die Hälfte der KT greift ausschließlich auf damalige Lernstrategien zurück, 23% benutzen zum Teil bekannte, zum Teil neue Strategien und nur ein Viertel der KT läßt voraus gegangene Lernerfahrung unberücksichtigt oder besitzt gar kein Vorwissen. Letzteres trifft in erster Regel für Typ A zu. Im Gegensatz zu Typ A und C benutzt Typ B zur Hälfte auch neue Strategien.

		Typ A	Typ B	Typ C
Rückgriff auf bekannte Strat.	zu 100%	52% (21)	40% (4)	57% (4)
	zum Teil	15% (6)	50% (5)	28% (2)
	kein Rückgriff	33% (13)	10% (1)	/

Des weiteren übt die Dauer der Lernerfahrung einen gewissen Einfluss auf die Art der verwendeten Strategien aus. Typ A ist am stärksten in Stufe 1 vertreten und Typ B in Stufe 2. Im Vergleich mit den beiden anderen Typen stellt Typ C zwar die größte Gruppe an Lernenden in Stufe 3; die Zahl dieses Typs ist jedoch bei den Anfängern genau so groß wie bei den Fortgeschritteneren.

		Typ A	Typ B	Typ C
Kursstufe	Stufe 1 n = 26	50% (20)	30% (3)	42% (3)
	Stufe 2 n = 19	33% (13)	50% (5)	14% (1)
	Stufe 3 n = 12	17% (7)	20% (2)	42% (3)

2.2.3 Zusammenfassung

Zurück kehrend zu der Ausgangsfrage, in wie weit Lernbiographie und personale Faktoren die Auswahl von Vokabellernstrategien beeinflussen, lässt sich fest stellen, dass die Lernbiographie dabei eine nicht zu unterschätzende Rolle spielt. Diese beschränkt sich jedoch weit gehend auf die Art und die Dauer der Lernerfahrung in der Zielsprache, Schulabschluß und Ausbildung lassen keinen eindeutigen Einfluß auf die Auswahl der Strategien erkennen. Die gefundenen Strategien lassen sich in ihrer großen Mehrheit auf bekannte und früher schon benutzte Strategien beim Fremdsprachenlernen sowie auf unterschiedliche Kursniveaus zurückführen. Die Herkunft der Strategien der ‚echten' Anfängern bleibt unklar. Nach Porte (1988,

S.168) werden Strategien manchmal von anderen Bereichen, z.B. aus der Mathematik, auf das Sprachenlernen übertragen, jedoch ohne dabei ihre Angemessenheit zu berücksichtigen.

Des weiteren ist zu vermuten, dass die unterschiedliche Sozialisation von Männern und Frauen die Strategienauswahl mit beeinflußt.

2.3 Unterschiede bei den kognitiven Voraussetzungen

2.3.1 Die mentale Verarbeitung der Daten

Die Autoren des AVI unterscheiden bei ihrer Definition von ‚Lernstil' zwischen dem ‚data gatherer' und dem ‚data organizer', demjenigen der Daten anhäuft und demjenigen, der sie strukturiert. Das Auswendiglernen entspricht eher dem Lernstil des ‚data gatherer', das Improvisieren dem des ‚data organizer'.

Der Vergleich der Häufigkeiten bei dieser Variable lassen bei Typ C eindeutig ein Übergewicht der Lernenden erkennen, die eher improvisieren. Je konventioneller die verwendeten Lernstrategien sind, desto mehr tendieren die Lernenden jedoch zum Auswendiglernen.

		Typ A		Typ B		Typ C	
Lernstil	auswendig	43%	(17)	20%	(2)	14%	(1)
Szene vorführen	improvisiert	58%	(23)	80%	(8)	85%	(6)
Grammatische	auswendig	35%	(14)	30%	(3)	14%	(1)
Regel lernen	anwenden	65%	(26)	70%	(3)	85%	(6)
Gründlichkeit	f.gründl.gehalten	15%	(6)	/		14%	(1)
beim Lernen	nicht gehalten	78%	(31)	90%	(9)	85%	(6)

Unter ‚Denkstil' ist entsprechend dem AVI das konzeptuelle Tempo (s.auch Reid 1987, S.89) der einzelnen Lernenden zu verstehen, d.h. Reflektivität versus Impulsivität.

Die Ergebnisse dieser Studie zum Denkstil widersprechen einander. Hier scheinen Art und Anzahl der Fragen unzureichend. Die Mehrheit aller Lernenden geht Probleme eher bedachtsam an. Die Antworten zum Umgang mit Arbeitsanweisungen ergeben allerdings ein entgegengesetztes Ergebnis, nämlich die Neigung zu einem impulsiven Vorgehen. Allerdings zeigen hier die Lernenden von Typ C einen größeren Anteil an reflexiv vorgehenden KT als die beiden anderen Typen.

Auch bei der Stoffverarbeitung tendiert die große Mehrheit aller KT zu einer schnellen und oft flüchtigen Verarbeitungsweise anstelle eines langsamen und gründlicheren Vorgehens. Typ B bezeichnet sich sogar ohne Ausnahme als schneller Stoffverarbeiter.

		Typ A		Typ B		Typ C	
Denkstil Problemlösung	Schritt für Schritt	37%	(15)	60%	(6)	42%	(3)
	andere Lösungen	51%	(21)	40%	(4)	42%	(3)
	nach Gefühl	10%	(4)	/		14%	(1)
	aufgeben	2%	(1)	/		/	
Arbeitsanweisung	flüchtig lesen	90%	(36)	90%	(9)	71%	(5)
	gründlich lesen	10%	(4)	10%	(1)	28%	(2)
Stoffverarbeitung	schnell u. flüchtig	65%	(26)	90%	(9)	71%	(5)
	langsam, gründl.	28%	(11)	/		28%	(2)

Wenn es schließlich darum geht, Gelerntes zu erinnern, so neigen fast alle Lernenden dazu, oft oder manchmal ein Wort zu vergessen, das sie tags zuvor noch wußten. Bei einem mündlichen Vortrag jedoch ist Typ C leicht im Vorteil: nur 2 von 5 KT leiden gelegentlich unter einer Gedankenblockade; bei den anderen Lerntypen sind es immerhin 9 von 10 KT.

Aktualisierungs- phase		Typ A		Typ B		Typ C	
Einzelwort	vergessen	98%	(39)	100%	(10)	86%	(6)
	nicht vergessen	2%	(1)	/		14%	(1)
Vortrag	blockiert	90%	(36)	90%	(9)	71%	(5)
	nicht blockiert	10%	(4)	10%	(1)	29%	(2)

2.3.2 Zusammenfassung

Typ A neigt nicht nur beim Vokabellernen zum Auswendiglernen, sondern auch bei anderen Aufgabenstellungen. Dies spricht dafür, dass die kognitiven Voraussetzungen eine bedeutsame Rolle bei der Auswahl von Lernstrategien spielen. Hier wäre es interessant, weitere Aspekte des Konzepts ‚Lernstil' zu testen, wie z.B. die Bevorzugung bestimmter Eingangsmodalitäten (vgl. Reid 1987).

Eindeutige Aussagen hinsichtlich des Denkstils lassen sich aufgrund der widersprüchlichen Ergebnisse nicht treffen. Der ineffektive Umgang mit Arbeitsanweisungen spiegelt jedoch das Fehlen von geeigneten metakognitiven Strategien wider.

Die im Vergleich zu den anderen Typen höhere Zahl der Lernenden von Typ C, die keine Probleme mit einem Vortrag vor der Gruppe haben, entspricht deren stärkerer Verwendung von produktiven Strategien. Gedankenblockaden sind jedoch auch häufig Folge von Hemmungen oder Ängstlichkeit und dadurch eng mit affektiven Faktoren verknüpft.

2.4 Affektive und motivationale Voraussetzungen

2.4.1 Einstellungen, Erwartungen und Selbsteinschätzung

Die Einstellung zum Englischlernen ist bei Typ C fast durchweg positiv besetzt: Fast alle Lernenden bezeichnen es als Vergnügen. Bei Typ A dagegen überwiegen zwar die positiven Aspekte, gut ein Drittel dieses Typs betrachtet es zum Teil aber auch als Arbeit. Bei Typ B wird der Arbeitscharakter am stärksten empfunden: weniger als der Hälfte der KT macht das Englischlernen uneingeschränkt Spaß.

		Typ A		Typ B		Typ C	
Einstellung zum Englischlernen	Arbeit	20%	(8)	40%	(4)	14%	(1)
	Vergnügen	60%	(24)	40%	(4)	85%	(6)
	beides	18%	(7)	20%	(2)	/	

Befragt nach ihrer Vorstellung, ob das Sprachenlernen eher ein intuitiver, bewußter oder ein beides beinhaltender Vorgang sei, entscheidet sich die Mehrheit der Lernenden vom Typ A und C für letzteres, eine knappe Mehrheit der Lernenden vom Typ B dagegen für den bewussten Vorgang. ‚Bewusst' war den KT erklärt als ‚die Regeln und Wörter einer Sprache auswendig zu lernen und regelmäßig zu üben'. Auffällig ist hier zum einen der verschwindend geringe Anteil derer, die das Sprachenlernen für einen rein intuitiven Vorgang halten, zum anderen wie viel mehr Lernende vom Typ A und B im Unterschied zu Typ C sich für ‚bewusst' entschieden haben.

		Typ A		Typ B		Typ C	
Einstellung zum Sprachenlernen	intuitiv	5%	(2)	10%	(1)	/	
	bewusst	40%	(16)	50%	(5)	14%	(1)
	beides	55%	(22)	40%	(4)	85%	(6)

Knapp drei Vierteln der unkonventionell Lernenden reicht es, ein Wort ungefähr zu verstehen, bei Typ B ist dies die Hälfte, bei Typ A nur ein Drittel. Analog dazu überwiegt der Anteil der Lernenden vom Typ A bei denjenigen KT, die ohne die Rückübersetzung in die Muttersprache nicht auszukommen glauben.

		Typ A		Typ B		Typ C	
Ambiguitäts-toleranz	Wort übersetzen	63%	(25)	50%	(5)	28%	(2)
	Sinn verstehen	35%	(14)	50%	(5)	71%	(5)

Auch im Umgang mit Fehlern ist eine deutliche Tendenz dahin gehend zu beobachten, dass die Lernenden vom Typ B und C damit besser umgehen können als die Lernenden vom Typ A:

Während bei letzteren ein Drittel auf Fehler negativ reagiert, ist dies bei den beiden anderen Gruppen nur jeweils circa ein Sechstel.

		Typ A		Typ B		Typ C	
Misserfolgs-toleranz	– Fehler	n = 75x		n = 20x		n = 13x	
	unangenehm	9%	(7x)	5%	(1x)	8%	(1x)
	– frustriert	9%	(7x)	5%	(1x)	/	
	– ärgerlich	12%	(9x)	5%	(1x)	8%	(1x)
	– gehören z.Lernen	36%	(27x)	45%	(9x)	46%	(6x)
	– plant Wiederhg.	33%	(25x)	40%	(8x)	38%	(5x)

Die Selbsteinschätzung bei Typ C bezüglich seiner Sprachbegabung und seines Gedächtnisses ist etwas positiver als bei den anderen beiden Gruppen. Nur knapp ein Drittel dieser Lernenden halten sich für durchschnittlich begabt, mehr als die Hälfte sogar für gut oder zumindest in bestimmten Bereichen für gut. Bei den Lernenden vom Typ A dagegen ist das Verhältnis genau umgekehrt: Fast die Hälfte hält sich nur für durchschnittlich begabt, ein Drittel schätzt sich in einigen Bereichen als gut ein. Bei Typ B schätzt sich die Mehrheit als durchschnittlich begabt ein, der Rest verteilt sich auf ‚gut‘ oder ‚in einigen Bereichen gut‘. Interessanterweise sind es gerade die Lernenden vom Typ B, die ihre Selbsteinschätzung kaum revidieren, wenn es darum geht, sich im Niveau ihres Kurses einzuordnen. Wiederum bezeichnen sich fast drei Viertel als dem Durchschnitt zugehörig. Bei Typ A dagegen schrumpft die Zahl derer, die sich für gut oder teilweise gut halten, während die Anzahl derjenigen, die sich bei den Schwächeren einordnen, leicht ansteigt. Auch Typ C revidiert seine ursprüngliche Selbsteinschätzung: Er ordnet sich ausnahmslos nur noch als ‚durchschnittlich‘ ein.

		Typ A		Typ B		Typ C	
Selbsteinschätzung in Bezug auf das Englischlernen allgemein	gut	8%	(3)	10%	(1)	14%	(1)
	teilweise gut	37%	(15)	20%	(2)	42%	(3)
	durchschnittlich	47%	(19)	70%	(7)	28%	(2)
	schlecht	8%	(3)	/		14%	(1)
Selbsteinschätzung innerhalb des Kursniveaus	bei besseren KT	15%	(6)	20%	(2)	/	
	Durchschnitt	52%	(21)	70%	(7)	100%	
	bei schwächeren	33%	(13)	10%	(1)	/	

Was ihre Gedächtnisleistung anbelangt, so bezeichnen immerhin knapp drei Viertel der Lernenden vom Typ C diese als ‚gut‘ oder ‚sehr gut‘, der Rest als ‚durchschnittlich‘. Typ B verteilt sich fast gleichmäßig auf ‚gut‘ und ‚durchschnittlich‘. Bei Typ A überwiegt der Anteil derjenigen, die sich im oberen Bereich einordnen, geringfügig den der Lernenden vom Typ B, ansonsten unterscheiden die beiden Gruppen sich nicht wesentlich.

		Typ A		Typ B		Typ C	
Einschätzung Gedächtnis	sehr gut	5%	(2)	/		14%	(1)
	gut	50%	(20)	50%	(5)	57%	(4)
	durchschnittlich	37%	(15)	40%	(4)	28%	(2)
	schlecht	8%	(3)	10%	(1)	/	

Als wichtigsten Grund für das Englischlernen nannten alle drei Gruppen an erster Stelle die mögliche Brauchbarkeit. Darunter fallen Angaben wie ‚Weil Englisch heutzutage zur Allgemeinbildung gehört' oder ‚Ich denke, dass Englischkenntnisse generell von Nutzen sind.' Auffällig ist zum einen der besonders hohe Stellenwert dieser Begründung bei Typ B, zum anderen, dass Typ C mit fast einem Drittel am stärksten bei dem Grund ‚Aktuelle Brauchbarkeit' vertreten ist. Dazu zählen zum Beispiel konkrete Reisepläne in englischsprachige Länder und englischsprachige Freunde oder Verwandte.

		Typ A		Typ B		Typ C	
Hauptgrund f.das Englischlernen	Akt.Brauchbarkeit	15%	(6)	/		28%	(2)
	Mögl.Brauchbark.	47%	(19)	70%	(7)	57%	(4)
	Notwendigkeit	15%	(6)	20%	(2)	14%	(1)
	Freizeitbeschäft.	5%	(2)	10%	(1)	/	

Entgegen der verbreiteten Annahme, dass VHS-Kurse in erster Linie der Geselligkeit dienen, stand bei allen KT die Erwartung die Sprache zu lernen an erster Stelle, bei den konventionell Lernenden sogar noch ausgeprägter als bei den anderen. Soziale Aspekte wurden nur von den konventionell Lernenden eindeutig an zweiter Stelle genannt, bei den anderen beiden Gruppen war der Wunsch etwas über Land und Leute zu erfahren stärker.

		Typ A		Typ B		Typ C	
Erwartungen an den Unterricht	Sprache lernen/auffrischen	n = 56x 63%	(35x)	n = 15x 40%	(6x)	n = 9x 56%	(5x)
	Soziale Aspekte	21%	(12x)	27%	(4x)	11%	(1x)
	Kulturelle Aspekte	16%	(9x)	33%	(5x)	33%	(3x)

Typ A stellt einen höheren Anspruch an sich als die beiden anderen Typen: Er legt deutlich mehr Wert auf Fehler freies Sprechen. Dies könnte mitverantwortlich dafür sein, dass Typ A eigene Fehler negativer bewertet als die beiden anderen Typen. Des weiteren könnte die hohe Erwartungshaltung den Mangel an z.B. produktiven Strategien erklären, die die Bereitschaft Fehler zu machen voraussetzen.

		Typ A	Typ B	Typ C
Anspruchsniveau	Fehler frei sprechen	40% (16)	20% (2)	14% (1)
	fließend sprechen	60% (24)	80% (8)	85% (6)

Die Zahl der Lernenden, die das Gefühl haben, die Anforderungen des Kurses nicht zu schaffen, ist bei Typ A und C ungefähr gleich groß. Die Lernenden vom Typ B sind diejenigen, die am wenigsten an ihren Fähigkeiten zweifeln.

		Typ A	Typ B	Typ C
Misserfolgs-motivation		n = 42x	n = 10x	n = 6x
	zurückhaltend im Unterricht	24% (10x)	40% (4)	33% (2x)
	kann nicht genug	29% (12x)	20% (2)	33% (2x)
	schaffe ich nicht	2% (1x)	/	/
	keine	45% (19x)	40% (4)	33% (2x)

Bei der Mehrheit der KT genügt der Druck, in der Gruppe mit kommen zu wollen, um die Motivation zum Lernen aufrecht zu erhalten. Nur circa ein Fünftel der Lernenden vom Typ A und B braucht hin und wieder zusätzlich Druck von außen, ein geringer Teil auch eine regelmäßige Überprüfung. Ebenfalls ungefähr ein Fünftel dieser beiden Gruppen lernt völlig ohne Zwang, während der Anteil der hoch motivierten Lernenden bei Typ C fast die Hälfte beträgt.

		Typ A	Typ B	Typ C
Lernmotivation	– lernt ohne Zwang	23% (9)	20% (2)	42% (3)
	– Druck d. Gruppe genügt	45% (18)	50% (5)	43% (3)
	– braucht hin u. wieder Druck	23% (9)	20% (2)	/
	– braucht regel-mäßig Überprüfung	10% (4)	10% (1)	14% (1)

2.4.2 Zusammenfassung

Auch in Bezug auf affektive und motivationale Faktoren werden Zusammenhänge mit den verwendeten Strategien sichtbar.

Die Benutzung rezeptiver und produktiver Strategien setzt eine gewisse Toleranz gegenüber Mehrdeutigkeit oder Nichtverstehen voraus. Dem entspricht, dass Typ C einen größeren Anteil an Lernenden aufweist, die eine höhere Ambiguitätstoleranz und eine positivere Einstellung gegenüber eigenen Fehlern besitzen als die beiden anderen Gruppen.

Der mechanische und teilweise arbeitsaufwendigere Charakter der Wiederholungsstrategien spiegelt sich in den Einstellungen der KT zum Englischlernen wie auch zum Sprachenlernen im allgemeinen: Bei Typ A und B wird Englischlernen häufiger mit ‚Arbeit' assoziiert als bei Typ C, der das Englischlernen ausschließlich als ‚Vergnügen' bezeichnet. Dem entspricht die von Wenden (1986) geäußerte Annahme, dass Einstellungen zur Sprache mehr Einfluss auf die Wahl der Strategien ausüben als die Sprachbegabung. Die Beurteilung des Englischlernens als ‚Arbeit' kann jedoch auch daran liegen, dass Englisch als schwierig empfunden wird.

Des weiteren wird ein Zusammenhang zwischen der Benutzung von rezeptiven und produktiven Strategien und bestimmten Gründen für das Englischlernen erkennbar. Die Lernenden, bei denen die tatsächliche Anwendung des Englischen entweder geplant oder gegeben ist und bei denen ein ausgeprägteres Interesse an der anderen Kultur besteht, verwenden diese Strategien vorrangig (vgl. auch Politzer & McGroarty 1985; Oxford & Nyikos 1989). Es ist anzunehmen, dass aus diesen Gründen auch die Motivation dieser Lernenden weniger abhängig von äußerem Druck ist.

Des weiteren mag bei Typ C die relativ positive Einschätzung seines Gedächtnisses ein Grund für den kleineren Anteil an Wiederholungsstrategien sein.

Einen Hinweis dafür, dass „unkonventionell" jedoch nicht notwendigerweise mit „effektiver" gleich zu setzen ist, liefern die Fragen zur Selbsteinschätzung. Es ist eine relativ große Gruppe an Lernenden vom Typ C, die sich – trotz anders lautender Selbsteinschätzung ihrer Sprachbegabung – innerhalb des Kursniveaus nur beim Durchschnitt einordnen, und die Zweifel haben den Kurs zu schaffen. Diese eher negative Einschätzung der eigenen Fähigkeiten überrascht um so mehr, als der Anspruch dieser Lernenden bezüglich des gewünschten sprachlichen Niveaus niedriger ist als der der beiden anderen Gruppen. Auch Politzer & McGroarty (1985, S.114ff.) haben festgestellt, dass bestimmte Strategien zwar von Nutzen sind, wenn es gilt die linguistische Kompetenz zu verbessern, dass sie aber hinsichtlich der kommunikativen Kompetenz den gegenteiligen Effekt haben können.

3. Ergebnisse ‚Fragebogen 2'

Nur 23 der ursprünglich 57 KT nahmen am zweiten Teil der Befragung teil. Aus Stufe 1 waren dies 14 KT, aus Stufe 2 beteiligten sich 9 KT und Stufe 3 mußte aus technischen Gründen ganz ausfallen.

Die Gruppe der Lernenden vom Typ A war dementsprechend auf siebzehn, die vom Typ B auf vier und vom Typ C auf zwei KT geschrumpft. Über die letzte Gruppe ließ sich aufgrund ihrer kleinen Zahl keine verlässliche Aussage treffen, sie wurde deshalb in der weiteren Auswertung nicht mehr berücksichtigt.

Die Resonanz der KT auf das Lernertraining war größtenteils positiv. Die überwiegende Mehrheit (82%) hielt es für wichtig etwas über das Lernen zu lernen. Ein Lernender (Typ C) glaubte, die gebotene Information auch selbst herausfinden zu können, drei weiteren Lernenden (2x Typ A, 1x Typ C) hatte das Training nichts Neues gebracht.

Da Zusammenhänge zwischen verwendeten Lernstrategien und personalen Faktoren im ersten Teil der Untersuchung erkennbar wurden, konnte man annehmen, dass die verschiedenen Typen auch unterschiedliche Strategien übernehmen werden. Der Vergleich der von Typ A und B übernommenen Strategien bestätigt diese Annahme.

Typ A hat fast doppelt so häufig metakognitive sowie mehr visuelle Strategien übernommen als Typ B. Zu den metakognitiven Strategien wurde auch die Optimierung der Lernbedingungen gezählt wie z.B. einen festen Zeitpunkt zum Lernen zu bestimmen. Typ A nahm in Folge des Trainings eine Veränderung von Lernort, Zeitpunkt und Häufigkeit vor; Typ B dagegen schien die Organisation seines Lernens keine Probleme bereitet zu haben. Letzterer wählte dafür weit mehr kognitive Strategien aus. Etwas weniger als die Hälfte der Lernenden vom Typ A lernt als Folge des Trainings bewusster, bei Typ B sind es sogar zwei Drittel.

	metakog.Str.	kognitive Str.	visuelle Wiederh. Str.	prod. Strat.
Typ A n = 47x	40% (19)	32% (15)	26% (12)	2% (1)
Typ B n = 14x	21% (3)	47% (8)	21% (3)	/

Das Ergebnis wird durch einen Vergleich der verschiedenen Kursstufen etwas relativiert: Auf der ersten Stufe ist kaum ein Unterschied zwischen Typ A und B bezüglich der übernommenen Strategien erkennbar. Die Strategien verteilen sich in erster Linie auf die metakognitiven und auf die visuellen Wiederholungsstrategien, wobei Typ A bei den metakognitiven Strategien deutlich stärker vertreten ist.

Auf der zweiten Stufe überwiegen bei beiden Typen die übernommenen kognitiven Strategien, dennoch ist deren Anteil bei Typ A erheblich kleiner als bei Typ B. Der Anteil der metakognitiven Strategien ist bei Typ A auch in Stufe 2 größer als bei Typ B.

		metakog.Str.	kognitive Str.	Wiederhl.Str.	prod. Str.
Typ A	Stufe 1 n = 26	46% (12)	19% (5)	35% (9)	/
Typ B	Stufe 1 n = 5	40% (2)	20% (1)	40% (2)	/
Typ A	Stufe 2 n = 21	33% (7)	48% (10)	14% (3)	5% (1)
Typ B	Stufe 2 n = 9	11% (1)	78% (7)	11% (1)	/

Betrachtet man die Gründe, die für die Auswahl der übernommenen Strategien angegeben werden, so unterscheiden sich Typ A und B nur geringfügig, aber nicht unwesentlich. Bei beiden Gruppen steht die Effizienz als Kriterium an erster Stelle, gefolgt von einem eher affektiv besetzten Grund. Die Berücksichtigung des eigenen Lerntyps folgt an dritter Stelle und an letzter der Aspekt der Erprobtheit einer Strategie. Auffallend ist, dass Effizienz für Typ B eindeutig wichtiger ist als für Typ A, während letzterer eine Strategie auch nach deren zeitlichem Aufwand auswählt ohne Berücksichtigung ihrer Wirksamkeit.

	Macht Spaß	Kann ich mir besser merken	Geht schneller als andere Techniken	Entspricht meiner Art zu Lernen	Habe ich schon immer so gemacht
Typ A n = 61x	28% (17)	38% (23)	8% (5)	21% (13)	5% (3)
Typ B n = 24x	25% (6)	46% (11)	/	21% (5)	8% (2)

Abschließende Bewertung

Die Frage, ob lernbiographische oder Lernerfaktoren die Auswahl von Lernstrategien beeinflussen, lässt sich für beide Faktorengruppen mit einem vorsichtigen ‚Ja' beantworten. Die Ergebnisse dieser Untersuchung entsprechen tendenziell denen der anfangs zitierten Studien.
Verstärkt man die beobachteten Tendenzen zu einem ‚Prototyp' des unkonventionell Lernenden, so weist dieser an einigen Stellen sogar Übereinstimmung mit den Eigenschaften des sogenannten 'successful language learner' auf:

Erfolgreiche Sprachenlernende:	*Unkonventionell Lernende:*
(nach Reiss 1985, S.518f.)	(Beispiel ‚Vokabellernen')
– nicht unbedingt frei von Hemmungen;	– eher frei von Hemmungen;
– ambiguitätstolerant;	– ambiguitätstolerant;
– hat Spaß am Sprachenlernen;	– hat Spaß am Sprachenlernen;
– motiviert zu kommunizieren;	– benutzt gerne produktive Strategien;
– immer aktiv, d.h.sprachl. Daten verarbeitend, auch wenn er/sie nichts sagt;	– ?
– wenig Gedächtnisstrategien;	– wenig Gedächtnisstrategien;
– kontrolliert die eigene Sprachproduktion ständig;	– ?
– achtet mehr auf Form als auf Bedeutung;	– nein (s.S.13, Anspruchsniveau: fließend);
– häufig kognitive Strategien (guessing);	– auch kognitive Strategien (Übungen im Buch etc.);
– wendet Sprache oft an.	– wendet Sprache oft an (produktive/ rezeptive Strategien) u.a.

Gemeinsam ist beiden Ansätzen die positive Einstellung gegenüber dem Sprachenlernen und die Bereitschaft die Sprache aktiv anzuwenden. Während der Ansatz der erfolgreichen Lernenden jedoch sowohl formale als auch kommunikative Aspekte des Sprachenlernens berücksichtigt, ist der Mangel an Gedächtnis- oder adäquaten kognitiven Strategien bei einer eher formalen Aufgabe wie dem Vokabellernen auffällig. Hier müsste näher untersucht werden, wie erfolgreich die unkonventionell Lernenden mit ihren Strategien sind. Politzer & McGroarty (1985) haben dazu festgestellt, dass eine Strategie, die der Aneignung linguistischen Wissens dienlich ist, der Aneignung kommunikativer Fähigkeiten abträglich sein kann.
Auch die Einflussnahme des kognitiven Stils, insbesondere weiterer Dimensionen des Lern- und Denkstils, müsste mit entsprechenden Testinstrumenten noch genauer erforscht werden.

Die Ergebnisse des zweiten Fragebogens bestätigen die Vermittelbarkeit von Lernstrategien selbst in einem Rahmen, der ein intensives Training nicht zuläßt. Des weiteren scheinen sie darauf hinzu weisen, dass kognitive, affektive und motivationale Faktoren auch die Annahme von neuen Strategien beeinflussen. Zur Absicherung dieser Ergebnisse fehlt jedoch zum einen die Beschreibung des Lehrstils der Kursleiterinnen, das einen nicht unerheblichen Einfluß auf die Auswahl von Strategien ausübt (vgl.Politzer 1983). Zum anderen muss der Frage nach der Effektivität dieser Form des Lernertrainings weiter nachgegangen werden, da gerade die Lernenden mit dem größeren Defizit an kognitiven Strategien diese weniger häufig übernahmen.

Vergleicht man allerdings in einem weiteren Schritt die ‚Prototypen' der (un)konventionell Lernenden mit den konkreten Eigenschaften der einzelnen KT, so ist die Übereinstimmung sehr gering. Die Ausprägung der verschiedenen Faktoren ist bei jedem/r Lernenden eine andere. Daraus die Schlussfolgerung zu ziehen, dass ein Lernertraining im Klassenverband undurchführbar sei, halte ich dennoch für falsch. Dagegen spricht das Fehlen kognitiver, aber auch metakognitiver, sozialer und insbesondere affektiver Strategien bei allen KT. Dagegen spricht auch, dass neue Strategien übernommen wurden. Die Einzigartigkeit der Lernenden spricht jedoch dafür, dass die Bewusstmachung individueller Stärken und Schwächen, Gründe und Zielvorstellungen in einem Lernertraining weitaus stärker berücksichtigt werden müßte.[6]

Literatur

Dueker, Ursula, Spekker, Elke & Vielau, Axel. (1985). Zur Praxis lernzieldifferenzierter Unterrichtsformen im VHS-Fremdsprachenunterricht. *Englisch-Amerikanische Studien 2*, 281-295.

Ehrman, Madeline & Oxford, Rebecca. (1989). Effects of sex differences, career choice, and psychological type on adults' language learning strategies. *Modern Language Journal 73*, 1-13.

Ellis, Gail & Sinclair, Barbara. (1989). *Learning to Learn English. A course in learner training.* (Learner's Book & Teacher's Book). Cambridge: CUP.

Ellis, Rod. (1994). *The Study of Second Language Acquisition.* Oxford: OUP.

Ely, Christopher M. (1989). Tolerance of Ambiguity and Use of Second Language Strategies. *Foreign Language Annals 22*, 437-445.

Mandl, Heinz & Friedrich, Helmut F. (1992). *Lern- und Denkstrategien. Analyse und Intervention.* Goettingen: Hogrefe.

Meara, Paul. (Hrsg.). (1989). *Beyond Words.* London: British Association for Applied Linguistics.

Medani, Osman Ahmed. (1989). Vocabulary learning strategies. In Meara (1989), 3-15.

O'Malley, Michael. (1985). Learning strategies ssed by beginning and intermediate ESL students. *Language Learning 35*, 21-46.

O'Malley, Michael & Chamot, Anna Uhl. (1990). *Learning Strategies in Second Language Acquisition.* Cambridge: CUP.

Oxford, Rebecca. (1989). Use of language learning strategies: A synthesis of studies with implications for strategy training. *System 17*, 235-247.

Oxford, Rebecca & Nyikos, Martha. (1989). Variables affecting choice of language learning strategies by university students. *Modern Language Journal 73*, 291-300.

---

[6] Vgl. dazu Wenden 1986, die aufzeigt, wie das Wissen über die eigenen Fähigkeiten, über das Sprachenlernen im allgemeinen, über Strategien und ihre Effizienz und über individuelle Vorlieben die Auswahl von Strategien beeinflußt. Vgl. weiterhin den Beitrag von Rampillon in diesem Band.

Oxford, Rebecca, Nyikos, Martha & Ehrman, Madeline. (1988). Vive la difference? Reflections on sex differences in use of language learning strategies. *Foreign Language Annals 21*, 321-328.

Politzer, Robert L. (1983). An exploratory study of self reported language learning behaviors and their relation to achievement. *Studies in Second Language Acquisition 6*, 54-65.

Politzer, Robert & McGroarty, Mary. (1985). An exploratory study of learning behaviors and their relationship to gains in linguistic and communicative competence. *TESOL QUARTERLY 19*, 103-123.

Porte, Graeme. Poor language learners and their strategies for dealing with new vocabulary. *ELT Journal 42*, 167-171.

Quetz, Jürgen. (1992). *Lernschwierigkeiten Erwachsener im Anfangsunterricht Englisch: Bericht über eine Umfrage bei Teilnehmerinnen und Teilnehmern an Englischkursen der Volkshochschule und eines Abendgymnasiums.* Augsburg: Universität. (I & I-Schriften, Bd.59).

Quetz, Jürgen, Bolton, Sibylle & Lauerbach, Gerda. (1981). Fremdsprachen für Erwachsene. Berlin: Cornelsen.

Reid, Joy M. (1987). The learning style preferances of ESL students. TESOL Quarterly 21, 87-111.

Reiss, Mary-Ann. (1984). The good language learner: another look. *The Canadian Modern Language Review 41*, 511-523.

Skehan, Peter. (1989). *Individual Differences in Second-Language Learning.* London u.a.: Edward Arnold.

Solmecke, Gerd & Boosch, A. (1981). *Affektive Komponenten der Lernerpersönlichkeit und Fremdsprachenerwerb.* Tübingen: G.Narr.

Thiel, R., Keller, G. & Binder, A. (1979). *Arbeitsverhaltensinventar (AVI).* Braunschweig: Westermann.

Wenden, Anita. (1986). What do second-language learners know about their language learning? A second look at retrospective accounts. *Applied Linguistics 7*, 186-205.

Lernstrategien in verschiedenen Tätigkeitsbereichen des Fremdsprachenunterrichts. Lassen sich passende Strategien finden? (Ein Zwischenbericht)

Günter Nold und Gerhard Schnaitmann

1. Theoretische Vorüberlegungen

Seit der Hinwendung zur kognitiven Psychologie wird sowohl in der Lern- und Lehrforschung als auch in einem Teilbereich der Fremdsprachenerwerbsforschung Lernen als ein aktiver Prozeß begriffen, in welchem die Aneignung von sowohl deklarativem als auch prozeduralem Wissen der Selbststeuerung der Lernenden zuzuschreiben ist. Im Zuge dieser Erkenntnis der aktiven Rolle der Lerner wird auch hinterfragt, welcher Anteil strategischen und kognitiv-metakognitiven Fähigkeiten bei der Entwicklung komplexer Wissens- und Fertigkeitsstrukturen zukommt. So hebt A.L.Brown (1984) die exekutiven Strategien der Planung, Überwachung, Prüfung und Bewertung als bedeutsam für den Lernprozeß allgemein hervor, während O'Malley und Chamot (1985, 1990) ausgehend von einem umfassenderen Strategiebegriff den Einfluß von metakognitiven, kognitiven und sozio-affektiven Strategien auf das Zweitsprachenlernen untersuchen und dabei u.a. den Bereich der metakognitiven Strategien noch weiter aufschlüsseln (Planung, Aufmerksamkeitssteuerung, selektive Aufmerksamkeit, Selbststeuerung, Überwachung, Problemidentifizierung und Bewertung); trotz der unterschiedlichen Begriffsdifferenzierung teilen beide die Vorstellung, dass die aktiven Lerner mit Hilfe der Lernstrategien Einfluß auf ihre Lernleistungen auszuüben suchen (Vgl. auch die Darstellungen in Schneider 1985, Friedrich & Mandl 1986, Weinstein & Mayer 1986, Mandl & Friedrich 1992, Nold 1992, Krapp 1993).

Wenn in jüngerer Zeit die kognitive und metakognitive Seite des Lernens stärker in den Vordergrund gestellt wird, bedeutet dies nicht, dass die Lernprozesse als vorwiegend rationale Prozesse aufgefasst werden; vielmehr ist es unbestritten, dass emotional-motivationale und kognitive Prozesse sich gegenseitig durchdringen. Die Formel von der Einheit von "will and skill" unterstreicht diesen Tatbestand (Vgl. Salomon & Globerson 1987, Gardner 1989, McCombs & Marzano 1990, Lehtinen 1992). In der gegenwärtigen Lernstrategieforschung lassen sich dagegen mehrere miteinander konkurrierende inhaltliche Festlegungen des Strategienbegriffs feststellen, wie gerade auch der Beitrag von Zimmermann (in diesem Band) belegt (siehe ferner Lompscher 1992, 18ff). Wenn daher im Folgenden über den Untersuchungsansatz und erste Ergebnisse eines weiterentwickelten Forschungsprojekts (Ludwigsburger Mehrfächerprojekt) berichtet wird, das in der Tradition kognitiver Lerntheorien steht, wird von einem Strategiebegriff ausgegangen, der sich an Klauer (1988), Friedrich & Mandl (1992, 9), Lompscher (1992, 22; 1993, 9) und O'Malley & Chamot (1990, 52) orientiert. Danach werden Lernstrategien aufgefasst als Handlungssequenzen zur Erreichung eines Lernziels; sie werden damit als mehr oder weniger komplexe Vorgehensweisen verstanden, die in ihrer Entstehung beim Lernen vor allem in den frühen Phasen bewusst oder potentiell bewusst sein können und danach auch halb- oder unbewusst und damit automatisch oder teilautomatisiert eingesetzt werden. Ferner wird angenommen, dass sie wesentlich davon geprägt sind, dass sie sich in Anpassung an konkrete Tätigkeits- und Handlungsbeziehungen oder durch Ziel- und Anforderungsbezüge (Lompscher) entwickeln. Im Unterschied zur Lerntechnik, die als eigenständige Handlung durch Übung erworben wird (Krapp 1993, 760), gilt die Lernstrategie damit als der hierarchiehöhere Prozeß, auch wenn nicht zu übersehen ist, dass im konkreten Fall die Übergänge fließend sind.

Der Einfluß von Lernstrategien auf die Lernleistung ist in zahlreichen Untersuchungen belegt worden. O'Malley & Chamot (1985; 1990, 123ff) stehen hier exemplarisch für den Bereich des Zweitsprachenlernens, für den sie eine positive Beziehung zwischen der Qualität der Lernleistung und sowohl der Anzahl als auch der Eignung der Lernstrategien in verschiedenen Tätigkeitsbereichen feststellen. Klauer (1988) nennt mit Bezug auf Faktoren des Lernerfolgs allgemein fünf Gruppen von Faktoren, die allerdings nicht unabhängig voneinander zu sehen sind, und zwar das Vorwissen/Wissen als dem stärksten Prädiktor, intellektuelle Fähigkeiten, Einflüsse der Umgebung, motivationale Beweggründe und Lernstrategien (Vgl. auch Helmke 1992 und Hasselhorn 1992). Lehtinen (1992, 125ff) betont in diesem Zusammenhang, dass inzwischen recht genaue Vorstellungen darüber vorhanden sind, welche kognitive und metakognitive Fähigkeiten bei guten Leistungen eine Rolle spielen, jedoch wenig darüber bekannt ist, unter welchen Bedingungen sich diese Fähigkeiten entwickeln. In seinem eigenen Beitrag geht er dementsprechend auf den Zusammenhang zwischen Leistungen und den kognitiven Verstehensstrategien sowie den sozio-emotionalen Bewältigungsstrategien im schulischen Kontext ein. Beunruhigend ist seine Feststellung, dass im traditionellen Schulunterricht in der Regel nicht einmal Schüler mit guten Schulleistungen dazu angeregt werden, ihre Lernstrategien maximal zu entwickeln und zu gebrauchen: „Nur eine starke persönliche Aufgabenorientierung und eine intrinsische, an der Sache orientierte Motivation scheinen systematisch zu einem anspruchsvollen und qualitativ hochentwickelten Gebrauch von Lern- und Denkstrategien in Schulsituationen zu führen" (Lehtinen 1992, 136).

Angesichts der Erkenntnis, dass schülernahe Entwicklungsbedingungen von kognitiven und metakognitiven Prozessen und deren Lernbereichsspezifität Desiderate der gegenwärtigen Lern- und Lehrforschung sind, wird das Ludwigsburger Forschungsprojekt zum Lernen in verschiedenen Fächern (Vgl. Grob, Rhöneck et al. 1993 a,b,c; Nold 1993; Nold & Schnaitmann 1994; 1995) inzwischen darauf ausgerichtet, nicht nur kognitive, affektive und soziale Aspekte des Lernens zu erfassen, sondern verstärkt auch die kognitiven und metakognitiven Lernstrategien in verschiedenen Lernbereichen zu untersuchen und ihre Entwicklungssequenzen bei guten bzw. schlechten Schülern nachzuvollziehen. Folgende Fragen sind dabei von besonderem Interesse: Über welche Sequenzen läuft der Lernprozeß des guten bzw. des schlechten

Schülers? Gibt es allgemeine Muster von Verstehens- und Lernleistungen in den verschiedenen Fächern? Welcher Schüler mit welchen Lernpräferenzen verwendet unter welchen Bedingungen welche Lernstrategien? Wie kann durch das Training bestimmter Strategien der Lernprozeß in verschiedenen Tätigkeitsbereichen beeinflußt werden?

2. Erste Ergebnisse des Ludwigsburger Mehrfächerprojekts zur Frage der bereichsspezifischen Lernstrategien

2.1 Das Ludwigsburger Mehrfächerprojekt mit seinem Teilprojekt „Die Entwicklung sprachlicher Verstehensstrukturen in Englisch als Fremdsprache" wurde an anderer Stelle schon ausführlicher dargestellt (Vgl. Dines & Nold 1992; Nold 1993; Nold & Schnaitmann 1994; 1995; 1996). Es wird hier daher nur verkürzt auf die bereits in diesen Veröffentlichungen dargelegten Grundlagen des Forschungsansatzes und die Auswertung der Datenbasis eingegangen, während über die Ergebnisse einer Lernstrategiebefragung und einer neuerlichen Pilotstudie zur Erfassung von bereichsspezifischen Lernstrategien im Fremdsprachenunterricht im Einzelnen berichtet wird.

Im Einklang mit bestimmten theoretischen Annahmen, die vor allem auf Erkenntnissen der Kognitionspsychologie beruhen, wurden empirische Daten in zunächst drei, danach fünf Realschulklassen (Zahl der Probanden N = 64, N = 123) erhoben, um die Zusammenhänge zwischen bereichsspezifischen Leistungsdaten und den kognitiven, affektiven und sozialen Variablen des Lerners in seinem Lernumfeld zu erfassen. Es wurde danach untersucht, ob die feststellbaren gegenseitigen Beziehungen und Ursache-Wirkungsverhältnisse Aufschlüsse über die theoretischen Annahmen geben.

Folgende Variablen wurden dabei erfasst (Die Variablen der ersten Stichprobe decken sich nicht vollständig mit der zweiten.):
1. Variablen der allgemeinen kognitiven und emotional-motivationalen Aspekte der Lernerpersönlichkeit und des Lernumfeldes:
– Formales Denkvermögen (Lawson 1978)
– Zahlennachsprechen-rückwärts (ZNR)
– Arbeitsverhalteninventartest (Motivation, Arbeitsstil etc.)
    (Thiel et al. 1979)
– Lasso-Test (Klassenklima) (v.Saldern 1987)
– Lernstrategiefragebogen (Lompscher MS 1992)

2. Tätigkeitsspezifische Variablen der Lernerpersönlichkeit:
– (Meta)sprachliche Bewusstheit (Dines & Nold 1992;
   Nold & Schnaitmann 1994; 1996)
– Unterrichtsinteresse (vgl. Häussler 1987)

3. Kurz- und längerfristige Leistungsvariablen:
- Grammatiktest (GRAM)
- Wortschatztest (VOC)
- Textreproduktion (WRIT)
- Hör- und Leseverstehen (LRC)
- Grammatischer Abschlusstest (FINAL)
- (verschiedene mündliche Leistungen nur in der ersten Stichprobe)

Diese Leistungsdaten wurden durch hoch reliable informelle Tests ermittelt, die auf das Sprachniveau der Schüler abgestimmt waren.

Ferner wurden die Zeugnisnoten aus Klasse 7 in den Fächern Deutsch, Englisch, Mathematik, Biologie zu einem Kennwert NOTEN zusammengezogen, um das allgemeine Vorwissen einbeziehen zu können.

2.2 Bei der Auswertung der Daten wurden vielfältige korrelative Beziehungen zwischen den Leistungsvariablen und sowohl den allgemeinen kognitiven und emotional-motivationalen sowie klassenklimabezogenen Variablen festgestellt (Vgl. Nold & Schnaitmann 1994; 1995; 1996). Um hier genauere Aussagen über Ursache-Wirkung-Beziehungen machen zu können, wurden die Daten mit Hilfe der LISREL-Analyse (Jöreskog et al. 1989) ausgewertet. In Einklang mit den an der Kognitionspsychologie orientierten theoretischen Annahmen wurde dabei vor allem untersucht, welcher Stellenwert kognitiven Fähigkeiten in Relation zu den affektiv-motivationalen und sozialen Variablen zukommt. Die Analyse erbrachte folgende Ergebnisse:

(1) Es wurde zunächst die Annahme widerlegt, dass es in Bezug auf die kognitiven, emotional-motivationalen und sozialen Variablen ein einheitliches theoretisches Konstrukt wie „Fremdsprachenkompetenz" gibt; die rezeptiven und die produktiven Leistungen im Englischen stellen selbständige Leistungsfaktoren dar.

(2) Die schriftsprachliche Kompetenz (Grammatik, Wortschatz, Textreproduktion) wird sehr stark beeinflußt von den kognitiven Fähigkeiten (vor allem durch die Variable der (meta)sprachlichen Bewußtheit bestimmt) und dem Sozialklima in der Klasse (hier bestimmt durch die Schüler-Schüler Variablen Hilfsbereitschaft und fehlende Aggression gegen Mitschüler), während den Motiven (vertreten durch Misserfolgs- und Lernmotivation) nur eine untergeordnete direkte kausale Rolle zukommt. (Siehe die Abbildung 1).

(3) Die rezeptive Fremdsprachenkompetenz (in Verbindung mit grammatischer Kompetenz) wird von einem ähnlichen Wirkungsgefüge wie die schriftsprachliche Kompetenz (siehe 2 oben) beeinflusst; allerdings spielen die Motive eine größere Rolle, und das Fähigkeitskonstrukt wird bestimmt durch den allgemeinen Wissens-/Leistungsstand (Noten) in Verbindung mit einer Gedächtnisvariable (Zahlennachsprechen rückwärts: ZNR). (Siehe die Abbildung 2).

2.3 Diese Erkenntnisse über das Wirkungsgefüge von Faktoren des Lernerfolgs bieten Anhaltspunkte dafür, wie das Lernverhalten beim Fremdsprachenerwerb in der Schule möglicherweise verbessert werden kann. So ist zu fragen, mit welchen Maßnahmen das Klassenklima positiv gestaltet werden kann; lassen sich möglicherweise mit sozialen Lernstrategien wie "cooperation" (O'Malley & Chamot 1990, 120) entscheidende Impulse für einen höheren Lernerfolg geben? In gleicher Weise können solche Fragen gestellt werden, um die Gedächtnisfähigkeiten beim Hörverstehen zu optimieren oder die metasprachliche Bewußtheit hinsichtlich grammatischer, lexikalischer oder textueller Regelungen zu steigern. In diesem Zusammenhang ist auch zu untersuchen, welche metakognitiven und kognitiven Lernstrategien eingesetzt werden können, um die Lernbedingungen auf Seiten der Lerner positiv zu beeinflussen.

Bei der Ermittlung von Lernerdaten wurde in der umfangreicheren Stichprobe (N = 123 - siehe oben) auf dem Hintergrund solcher Fragestellungen ein Lernstrategiefragebogen eingesetzt, der erste Aufschlüsse darüber geben sollte, welche Lernstrategien Schülern in der 8. Klasse (Realschule) zur Verfügung stehen. Ferner sollte in Erfahrung gebracht werden, ob sich ein Zusammenhang mit Leistungsdaten nachweisen ließe und ob es Zusammenhänge zwischen Lernstrategien und anderen Variablen gebe. Der eingesetzte Fragebogen (Lompscher MS 1993) gliedert sich in sechs Teile, die allgemein folgende Bereiche des Unterrichts (ohne direkten Fachbezug) zum Gegenstand haben: (1) Arbeit mit Lehrbuchtext/Informationsentnahme und -wiedergabe, (2) Unterrichtsgespräch (stark lehrerzentriert), (3) Schwierigkeitsbewältigung/Lösungsfindung, (4) Bearbeitung der Hausaufgaben, (5) Einprägen/Memorieren und (6) Soziales Lernen/Lernformen. Jeweils werden zehn Auswahlantworten mit einer vierteiligen Skalierung vorgegeben, und zusätzlich wird eine offene Frage gestellt.

Die sechzig Auswahlantworten wurden in einer Korrelationsanalyse zusammen mit den übrigen Variablen (Zahl der Probanden mit vollständigen Werten in allen Bereichen: N = 98) ausgewertet. Zusätzlich wurde auf der Basis der Englischleistungsmittelwerte eine Gruppenbildung in gute („gS":N = 36) und schlechte („sS":N = 21) Schüler vorgenommen, um korrelative Bezüge in Hinsicht auf unterschiedliche Leistungsgruppen feststellen zu können. Für die Leistungsvariablen lassen sich auf dieser Basis eine Reihe von Zusammenhängen mit den durch den Fragebogen festgelegten Lernstrategien ausmachen, wie die folgenden Ergebnisse zeigen.

Lernstrategien in den Bereichen:

Grammatiklernen (Gram, Final):

    Einen Text mehrmals durchlesen (1.2: -.30*)
    Auf Fragen selbst eine Antwort finden (2.6: .29*)
     sS: Auf richtige Antworten warten und sie sich einprägen (2.7: -.52*)
    Die eigene Antwort mit der anderer vergleichen (2.8: .26*)
    Bei Nichtverstehen Fragen stellen (2.9: .25)
    Hausaufgaben notwendigerweise machen (4.1: .28*)
     gS: Gelerntes einem anderen mitteilen (5.9: .36)

Wortschatzlernen (Voc):

    Einen Text einmal durchlesen (1.1: .30*; gS: -.46*)
      sS: Wichtiges unterstreichen (1.4: .46)
    Auf Fragen selbst eine Antwort finden (2.6: .30*)
    Die eigene Antwort mit der anderer vergleichen (2.8: .29*)
    Mit Hilfe des Lehrbuchs Lösung finden (3.4: .25)
    Hausaufgaben notwendigerweise machen (4.1: .26*)
    Hausaufgaben ordentlich und sauber (4.3: .25)
    Einprägen durch Herstellen eines Zusammenhangs (5.5: .28*)
      sS: Gerne mit anderen zusammenarbeiten (6.7: .44)
    Anderen zuhören (6.9: .24)

Textreproduktion (Writ):

    Einen Text mehrmals durchlesen (1.2: -.31*)
      gS: Beispiel zum Text überlegen (1.6: -.38)
    Mit Hilfe des Lehrbuchs Lösung finden (3.4: .28*)
      gS: Hinweise zur Lösung im Lehrbuch oder sonstwo suchen (3.5: .36)
    Einprägen durch Wiederholung (5.3: .25)
    Einprägen durch Herstellen eines Zusammenhangs (5.5: .24)
      gS: Wenn anderer Schüler Gruppe leitet, mitmachen (6.2: -.36)

Hörverstehen (Teil von LRC):

Hier gibt es nur gruppenbezogene Korrelationen.
    gS: Notizen machen (1.5: -.51**)
Beispiel zum Text überlegen (1.6: -.36)
Weiß nicht, wie Gedächtnisleistung zu verbessern (5.1: .39*)
Gelerntes auswendig zur Kontrolle aufschreiben (5.0: -.61**)
Die Leitung zur gemeinsamen Lösung einer Aufgabe übernehmen
(6.0: -.45*)
    sS: Auf richtige Antworten warten und sie sich einprägen (2.7: -.48)
Herausfinden, worum es bei einer Aufgabe geht (3.6: .44)

Leseverstehen (Teil von LRC):

Keine Korrelationen

(1-tailed Signif: * - .01   ** - .001)

Bei einer ersten Bewertung dieser Ergebnisse fällt auf, dass die korrelativen Zusammenhänge im ganzen nicht sehr stark sind, sowohl positiv als auch negativ ausfallen und in den verschiedenen Teilbereichen mehr oder weniger relevant sind. Dies mag darauf zurückzuführen sein, dass der Lernstrategiefragebogen nicht spezifisch auf die für den Fremdsprachenunterricht passenden Lernstrategien abgestimmt ist. In diese Richtung weisen die Antworten der Schüler auf die offenen Fragen des Fragebogens, in denen sie sehr individuelle Vorgehensweisen kundtun, auf die unten näher eingegangen wird.

Dennoch deuten die Ergebnisse auf offensichtliche Zusammenhänge zwischen den Leistungsdaten und den Lernstrategien hin, die für die Stichprobe bedeutsam sind. Bemerkenswert ist, dass teilweise die gleichen strategischen Vorgehensweisen positiv mit den Leistungsvariablen Grammatik, Wortschatz und Textreproduktion korrelieren; dies trifft beispielsweise auf die Strategien „Auf Fragen selbst eine Antwort finden" und „Die eigene Antwort mit der anderer vergleichen" zu, zwei sehr sinnvolle, aktives Lernen fördernde und dem Tätigkeitsbereich angepasste Strategien. Das Gleiche gilt auch für die Strategie „Einprägen durch Herstellen eines Zusammenhangs". Im Gegensatz dazu ist die Korrelation mit „Hausaufgaben notwendigerweise machen" möglicherweise ein Hinweis darauf, dass der Eigeninitiative feste Grenzen gesetzt sind. Auf der anderen Seite ist nicht zu übersehen, dass die Korrelationen für die Teilbereiche der Leistungsdaten auch signifikante Unterschiede aufweisen, wobei insbesondere das Hör- und Leseverstehen zu nennen sind.

Auffallend sind ferner bestimmte gruppenspezifische Merkmale. Auch wenn hier nicht festgestellt werden kann, dass sich die Ergebnisse der guten Schüler durch eine viel größere Anzahl passender Lernstrategien im Vergleich zu den schlechten Schülern auszeichnen, wie dies in anderen Untersuchungen der Fall ist (Vgl. O'Malley & Chamot 1990, 111, 140), gibt es dennoch einzelne bemerkenswerte Unterschiede. So weichen die Werte der guten Schüler in einigen Fällen stark von der Gesamtgruppe ab. Für sie ist es beispielsweise keine gute Strategie, einen Text nur einmal durchzulesen oder sich beim Hörverstehen Notizen zu machen oder mit anderen zusammenzuarbeiten. Andererseits fragt es sich, ob ihre Strategien beispielsweise zum Einprägen von Gehörtem genügend ausgeprägt sind, wie dies angesichts der Ergebnisse der Kausalanalyse oben (Abb. 2) wünschenswert erscheint.

2.4 Zur Vorbereitung einer umfassenderen Untersuchung der Rolle strategischer Vorgehensweisen von Schülern wurde im Rahmen des Mehrfächer-Forschungsprojekts im Schuljahr 1992/93 an zwei Realschulen (9. Klasse) eine Pilotstudie (Zahl der Probanden N = 51) durchgeführt. Dabei wurde zunächst das gleiche Datenmaterial gesammelt wie in der Stichprobe, über die oben berichtet wurde. Es war dabei das Ziel, einerseits die Relevanz des Strategiefragebogens weiter zu erhärten (Er weist an einzelnen Stellen Veränderungen einer laufenden Revision auf.) und andererseits zusätzliche Datengewinnungsverfahren zu erproben.

So wurde versucht, Schüler in einer Übungssituation dazu zu bewegen, durch lautes Denken Auskunft über ihre Lernwege zu geben. (Die Auswertung dieser Daten ist noch nicht abgeschlossen). Außerdem wurden die Schüler angeregt, ein LERNTAGEBUCH zu führen, in dem sie nach einer Anleitungsphase über ihre Lernerfahrungen als möglichst aktive Lerner berichten sollten.

Ferner wurde eine zweistündige Unterrichtseinheit zur Einführung von Infinitivstrukturen durchgeführt, die an drei Stellen unterbrochen wurde, um an Hand von schriftlichen Fragen zu erkunden, ob und in welcher Weise die Schüler imstande waren, die Lernziele zu antizipieren (Vgl. Lehtinen 1992, 128; Nold 1993, 117). Die Antworten der Schüler wurden anschließend ausgewertet und zu einem Kennwert ANTIZIPATION zusammengefasst. Damit sollte in einem konkreten Einzelfall eine metakognitive Strategie im unmittelbaren Zusammenhang mit einer entsprechenden unterrichtlichen Situation ermittelt werden.

Im Folgenden wird zunächst über die Ergebnisse berichtet, die sich aus der Korrelationsanalyse der quantifizierbaren Daten (Probandenzahl mit vollständigen Variablen N = 43) ergaben. Eine weitere Unterteilung in Untergruppen („W" und „G") wurde auf Grund von offensichtlichen Klasseneffekten vorgenommen.

Lernstrategien in den Bereichen:

Grammatiklernen (Gram):

    G: Wichtiges unterstreichen (1.4: .67**)
    G: Notizen machen (1.5: .68**)
    G: Beispiel zum Text überlegen (1.6: .68**)
  Hilfe suchen bei anderen (3.3: .31)
  Einprägen durch Wiederholung (5.3: .31)
Antizipation: -.25* (Mädchen: -.40*)

Wortschatzlernen (Voc):

  Beim Lesen Wichtiges herausfinden (1.2: .56**)
  Beim Lesen sich merken, was unverstanden (1.3: .35*)
    G: Wichtiges unterstreichen (1.4: .53)
    G: Notizen machen (1.5: .64*)
    G: Beispiel zum Text überlegen (1.6: .71**)
    G: Inhalt mit eigenen Worten wiedergeben (1.9: .66*)
  Zuhören und mitdiskutieren (2.1: .31)
  Bei Nichtverstehen Fragen stellen (2.9: .35*)
    G: Mehrfach versuchen, Lösung zu finden (3.1: .63)
  Hinweise zur Lösung im Lehrbuch oder sonstwo suchen (3.5: .33)
  Problem und Zwischenergebnis aufschreiben (3.7: .35*)
  Laufende Fehlerkontrolle (3.0: .32)
  Zuerst schwierigere, dann leichtere Aufgaben machen (4.5: .31)
  Zuerst für Arbeit vorbereiten, dann anderes (4.8: .36*)
  Einprägen durch Ordnen (5.4: .32/W: -.57)
    W: Einprägen durch Herstellen eines Zusammenhangs (5.5: -.58)
  Gelerntes auswendig zur Kontrolle aufschreiben (5.0: .34*/G: .58*)

G: Die Leitung zur gemeinsamen Lösung einer Aufgabe übernehmen
(6.0: .58*)
Antizipation: .55**

Textreproduktion (Writ):

   G: Beispiel zum Text überlegen (1.6: .56*)
   W: Wichtiges finden und sich merken (1.7: -.77**)
   G: Mehrfach versuchen, Lösung zu finden (3.1: .53)
   Manchmal keine Hausaufgaben (4.7: .39*)
   Gute Zeiteinteilung, um alles zu schaffen (4.9: -.35*)
   Weiß nicht, wie Gedächtnisleistung zu verbessern (5.1: -.34*)
Antizipation: -.01

Hörverstehen (Teil von LRC):

   G: Beispiel zum Text überlegen (1.6: .56*)
   Zuhören und Stichwörter aufschreiben (2.2: -.33*)
   G: Manchmal keine Hausaufgaben (4.7: .61*)
   Weiß nicht, wie Gedächtnisleistung zu verbessern (5.1: -.39*)
   Wenig Gesprächsanteil in Gruppe (6.5: -.38*)
Antizipation: .10

Leseverstehen (Teil von LRC):

Keine Korrelationen mit Fragebogen
Antizipation: .15 (Jungen: .67**; Mädchen : -.09)

(1-tailed Signif: * - .01   ** - .001)

Zu dieser Analyse läßt sich feststellen, dass die korrelativen Bezüge hinsichtlich ihrer Stärke ähnlich zu bewerten sind wie in der Stichprobe oben. Auch läßt sich beobachten, dass die Zusammenhänge für die einzelnen Leistungsbereiche sehr unterschiedlich ausfallen, wobei sich in dieser Stichprobe ein größerer Unterschied dadurch ergibt, dass die Korrelationen zwischen Strategien und Wortschatzlernen besonders ausgeprägt sind. Darüberhinaus fällt bei einem Vergleich der Ergebnisse auf, dass es nur wenige Strategien gibt, die mit Leistungsdaten in beiden Stichproben korrelieren; wenn sie vorkommen, sind sie zum Teil umgekehrt korreliert wie „Notizen machen" oder „Weiß nicht, wie Gedächtnisleistung zu verbessern". Im Gegensatz dazu sind innerhalb der Stichproben die Lernstrategien zu erwähnen, die bereichsübergreifend vorkommen. In der vorliegenden Stichprobe trifft dies vorwiegend auf Strategien zu, die in einer der Klassen (Untergruppe „G") mit Leistungswerten korrelieren: „Wichtiges unterstreichen", „Notizen machen", „Beispiel zum Text überlegen" und „Mehrfach versuchen, Lösung zu finden". Dies deutet vermutlich darauf hin, dass Lernstrategien in starkem Maße von individuellen Präferenzen und Klasseneffekten betroffen sind. Diese Schlussfolgerung drängt sich auf, wenn man die freien Schülerantworten aus dem Fragebogen berücksichtigt und wenn man die Ergebnisse des Lernstrategiefragebogens mit denen der anderen Variablen in beiden Stichproben vergleicht. Auf diese Variablen kann hier nicht eingegangen werden; es kann allerdings allgemein festgestellt werden, dass in beiden Stichproben die Korrelationswerte zwischen den englischen Leistungswerten und den Variablen des Arbeitsverhaltensinventars, des Klassenklimatests und der (meta)sprachlichen Bewußtheit (siehe oben) größere Gemeinsamkeiten aufweisen.

Besondere Aufmerksamkeit verdient die Variable „Antizipation". Die Fähigkeit, möglichst frühzeitig eine zutreffende Vorstellung von einem Lerngegenstand zu entwickeln, wurde als eine wichtige metakognitive Lernstrategie erachtet, da die Ergebnisse der Kausalanalyse (siehe Abb. 1) in diese Richtung zeigen. Tatsächlich hat sich diese Annahme in dieser Stichprobe als nicht zutreffend für den Bereich des Grammatiklernens, wohl aber für das Wortschatzlernen erwiesen. Hier sind weitere Untersuchungen nötig, zumal sich auch geschlechtsspezifische Unterschiede andeuten (siehe die Ergebnisse im Bereich Leseverstehen).

Exemplarisch dafür, dass die Schüler über individuell sehr verschiedene Lernstrategien verfügen, wird im folgenden zum tätigkeitsübergreifenden Bereich des Einprägens auszugsweise aufgelistet, welche Vorgehensweisen in den freien Antworten des Lernstrategiefragebogens geäußert werden:

Ich lerne schon, wenn ich den Lernstoff bekomme und merke es mir sofort.
Aufgabe/Text fast auswendig lernen, vereinfachen, so dass leichter zu merken.
So lange lernen, bis ich das Gewußte schreiben kann.
Einem anderen aufsagen, dadurch mehr Selbstbewusstsein.
Mehrmals aufschreiben.
Sich abfragen lassen (Mutter, Freunde, Geschwister).
Besprochene Kassetten anhören.
Manches geht nicht ins Gehirn hinein.
Schreiben, bevor lernen, eigene Fragen, um nach einiger Zeit zu beantworten.
Früh lernen vor der Arbeit.
Nichts.

2.5 Eine Analyse der Lerntagebücher der Schüler unterstreicht ebenfalls die Feststellung, dass die Verwendung von Lernstrategien stärker als andere Variablen von persönlichen Eigenheiten geprägt ist. So lässt sich aus den folgenden Aussagen einer leistungsmäßig guten Schülerin auf einen höchst ausgeprägten und individualisierten Strategiegebrauch schließen:

(Wie lerne ich im Fach Englisch?) „Ich sehe jeden Tag englische Fernsehsender. Alle Wörter, die ich dabei nicht verstanden habe, schlage ich im Wörterbuch nach. Ich lerne oft ganze Seiten aus dem Wörterbuch, und vergesse sie dann auch nicht wieder. Um Grammatik zu üben, denke ich alle Sätze, die ich auf Deutsch sage, vorher in Englisch. Die Vokabeln für die Schule lerne ich selten. Viele Wörter kenne ich schon, und ich kann mir Wörter ohne Bezug auf einen

Satz sowieso nicht merken." – (Was macht mir Probleme?) „Ich kann einfache Wörter meistens nicht richtig schreiben. Schwere Wörter kann ich mir gut merken, aber bei einfachen denke ich immer, dass man sie auf eine komplizierte Weise schreiben muss." – (Wie beteiligst Du Dich am Unterricht, wenn Du möglichst viel lernen willst?) „Ich melde mich die ganze Zeit." – (Wie arbeitest Du am besten mit einem Schulbuch?) „Ich lese die Vokabeln, was aber nicht viel nützt, da ich nur Wörter, die ich gehört habe, richtig behalte." – (Wie gehst Du vor, wenn Du eine schwierige Aufgabe lösen willst?) „Ich überlege, ob ich die Lösung schon einmal gehört habe. Wenn nicht, suche ich eine ähnliche, und löse die Aufgabe nach demselben Prinzip." – (Was ist beim Erledigen der Hausaufgaben wichtig?) „Zeitdruck. Wenn ich zuviel Zeit habe, lerne ich nicht richtig." – (Wie prägst Du Dir den Lernstoff am besten ein?) „Ich schaue mir englische Serien im Fernsehen an. Englisch, das ich im Fernsehen höre, vergesse ich nicht." – (Was hältst Du von einer Zusammenarbeit mit anderen Schülern beim Lernen?) „Ich finde, man sollte viel mehr mit anderen Schülern zusammen arbeiten dürfen." – (Hältst Du Dich für einen erfolgreichen Lerner?) „Ich kann sehr viele Wörter sprechen, aber nicht alle schreiben. Ich weiß nicht, ob das erfolgreich ist."

Eine andere Schülerin beginnt ihre Aussagen folgendermaßen: „Ich lese abends vor dem Schlafen die Vokabeln oder Regeln durch. Danach decke ich (bei Vokabeln) das Deutsche ab und sage das Englische. Dann sage ich mir ein paarmal das Englische und das Deutsche vor, und gehe zum nächsten Wort. Die Regeln sage ich mir auch vor, und versuche ein paar Beispiele..." Ihre strategische Vorgehensweise ist ebenfalls stark ausgeprägt, verrät jedoch einen völlig anderen Lernweg in ihrer Sprachverarbeitung. Ferner wird in beiden Beispielen deutlich, wie mehr lerntechnische Vorgehensweisen (Gebrauch eines Lexikons oder Vokabelabdecken) mit hierarchiehöheren Lernstrategien wie beispielsweise "auditory representation" im ersten Beispiel oder "self-evaluation" (Vgl. O'Malley & Chamot 1990, 119) im zweiten Beispiel sich verbinden. Die Analyse der Schülereintragungen im Lerntagebuch sprechen eine deutliche Sprache: Die Individualität der Lerner darf gerade bei Stichproben mit einer großen Probandenzahl nicht aus dem Auge verloren werden.

2.6 Die eingangs gestellte Frage, ob sich passende Lernstrategien finden lassen, kann ohne Abstriche bejaht werden, wenn damit gemeint ist, dass die Lerner Strategien gebrauchen, die an die spezifischen Tätigkeiten des Fremdsprachenunterrichts angepaßt sind. Dabei darf allerdings nicht übersehen werden, dass aus der Sicht des erfahrenen Lerners und Lehrers sowohl in den Ergebnissen der Korrelationsanalyse (z.B. Kontroll- und Behaltensstrategien) als auch in den freien Fragebogenantworten und den Lerntagebüchern das Fehlen geeigneter Lernstrategien sich andeutet. Hier stellt sich die Frage, ob ein gezieltes Strategietraining angeboten werden sollte, um besser passende Strategien sich anzueignen zu können. Diese Frage kann nur nach weiteren empirischen Untersuchungen uneingeschränkt bejaht werden, andernfalls würde das Individuum möglicherweise zum Lernen von Strategien gedrängt werden, die nicht passen. So warnt Klauer (1991, 9) in Anbetracht einer Reihe von neueren Untersuchungen vor einer „forcierten Umstellung" der Lerner durch ein Strategietraining, auch wenn die verwendeten Strategien „suboptimal" sind. Eine der am Forschungsprojekt beteiligten Klassen schrieb mir am Ende (9. Klasse) Briefe, aus denen dieses Zitat stammt: „Sehr geehrter Prof. Nolde, das Lernprogramm, das Sie mit uns gerade machen, scheint mir nicht sehr nützlich. Ich bin mit meinem Lernstil bisher sehr gut zurecht gekommen und konnte damit eigentlich immer einen guten Erfolg erzielen. Deshalb denke ich, dass man es sich gut überlegen sollte, seine Lernweise, die bisher immer sehr erfolgreich war, jetzt noch zu ändern...".

Zusammenfassung

Wenn Lernen als ein aktiver Prozeß verstanden wird, stellt sich die Frage nach dem sinnvollen Einsatz von geeigneten Lernstrategien in den verschiedenen Tätigkeitsbereichen des Fremdsprachenunterrichts. Lernstrategien werden hier verstanden als mehr oder weniger komplexe, bewusste, potentiell bewusste oder auch unbewusste Handlungssequenzen zur Erreichung eines Lernziels. In den Ausführungen zu Ergebnissen des Ludwigsburger Mehrfächerprojekts wurde an Hand von zwei Stichproben das Faktorengeflecht dargestellt, in dessen Rahmen Lernstrategien mehr oder weniger effektiv eingebettet sind. Sowohl aus den Ergebnissen der quantitativen als auch der qualitativen Analyse ergab sich die Frage nach dem Sinn oder dem Risiko eines gezielten Strategietrainings. Es wird erwartet, dass die geplanten nächsten Schritte in dem Forschungsprojekt Antworten hierauf geben werden.

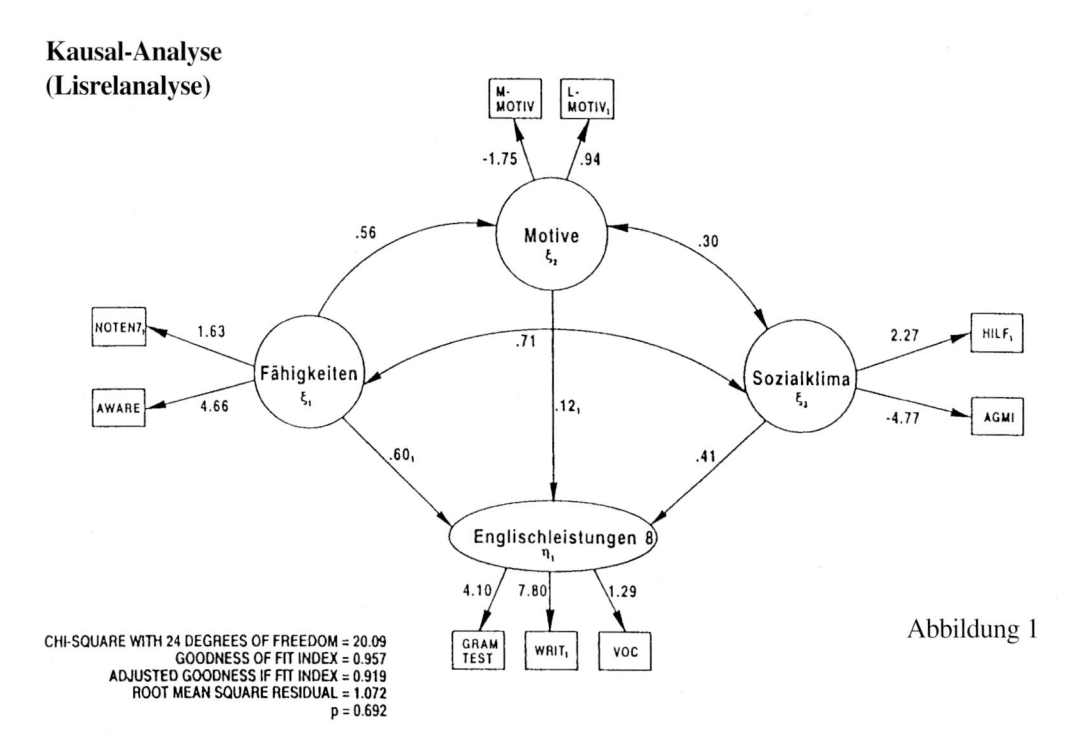

**Kausal-Analyse
(Lisrelanalyse)**

Abbildung 1

CHI-SQUARE WITH 24 DEGREES OF FREEDOM = 20.09
GOODNESS OF FIT INDEX = 0.957
ADJUSTED GOODNESS IF FIT INDEX = 0.919
ROOT MEAN SQUARE RESIDUAL = 1.072
p = 0.692

**Kausal-Analyse
(Lisrelanalyse)**

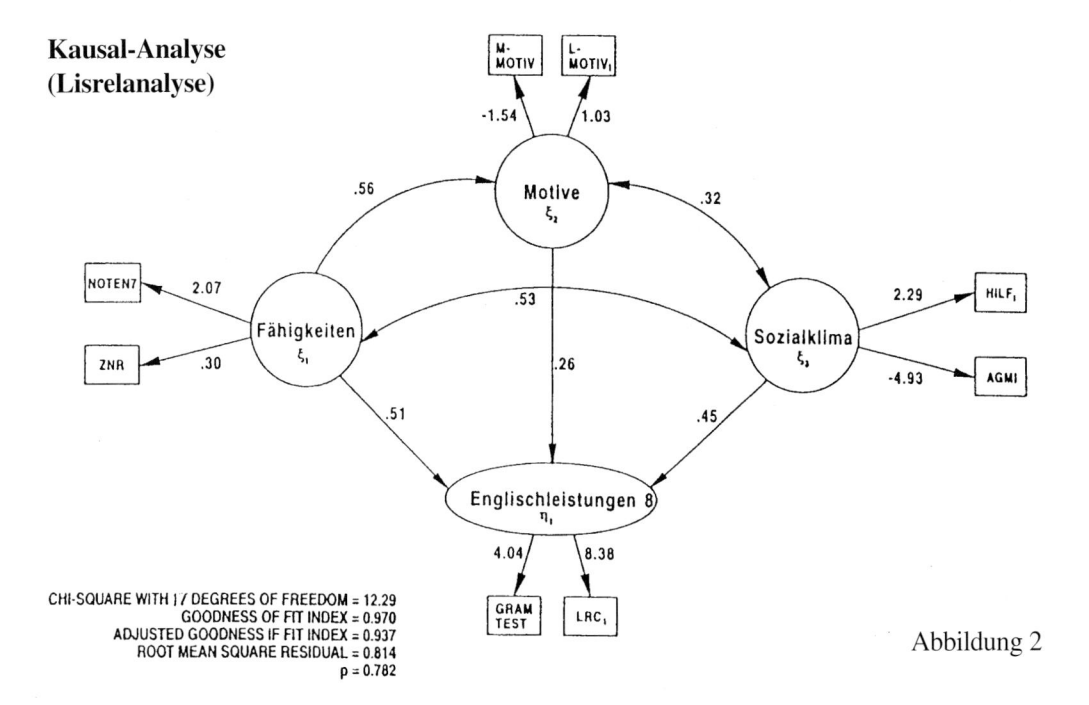

Abbildung 2

Literaturhinweise

Brown, A. L. (1984). Metakognition, Handlungskontrolle, Selbststeuerung und andere noch geheimnisvollere Mechanismen. In F. E.Weinert & R. H.Kluwe (Hrsg.), *Metakognition, Motivation und Lernen* (S. 60-108). Stuttgart: Kohlhammer.

Brown, H. D. (1987). *Principles of language learning and teaching.* Englewood Cliffs, N.J.: Prentice Hall.

Friedrich, H. F. & Mandl, H. (1986). Self-regulation in knowledge acquisition: A selection of German research. In G. Beukhof & P. R.-J.Simons (eds.), *German and Dutch research on learning and instruction. General topics and self-regulation in knowledge acquisition* (S. 43-99). Den Haag: Stichting voor Onderzoek van het Onderwijs.

Friedrich, H. F. & Mandl, H. (1992). Lern- und Denkstrategien – Ein Problemaufriß. In H. Mandl & H. F.Friedrich (Hrsg.), *Lern- und Denkstrategien. Analyse und Intervention* (S. 1-54). Göttingen: Hogrefe.

Gardner, H. (1989). *Dem Denken auf der Spur: Der Weg der Kognitionswissenschaft.* Stuttgart: Klett-Cotta.

Grob, K., Menschel, H., Reiche, H., Rhöneck, Ch.v., & Schreier, U. (1993a). Schülervorstellungen und neue Ansätze für den Physikunterricht. *Physik in der Schule, 31*(11), 362-368.

Grob, K., Rhöneck, Ch. v., & Völker, B. (1993b). Die Entwicklung von Verstehensstrukturen im Anfangsunterricht der Elektrizitätslehre. *Naturwissenschaften im Unterricht – Physik, 16*, 24-29.

Grob, K., Rhöneck, Ch. v. Schnaitmann, G. & Völker, B. (1993c). *Vortragsmanuskript: Cognitive abilities, psychological motives, learning strategies, and social interactions as components of long-term learning in basic electricity.* EARLI-Tagung Aix-en-Provence.

Hasselhorn, M. (1992). Metakognition und Lernen. In G. Nold (Hrsg.), *Lernbedingungen und Lernstrategien* (S. 35-64). Tübingen: Gunter Narr.

Häussler, P. (1987). Measuring students' interest in physics – design and results of a cross-sectional study in the Federal Republic of Germany. *International Journal of Science Education, 9*, 79-92.

Helmke, A. (1992). Determinanten der Schulleistung: Forschungsstand und Forschungsdefizit. In G.Nold (Hrsg.), *Lernbedingungen und Lernstrategien* (S. 23-34). Tübingen: Gunter Narr.

Jöreskog, K. G. & Sörbom, D. (1989). *LISREL 7, User's reference guide.* Chicago.

Klauer, K. J. (1988). Teaching for learning-to-learn: A critical appraisal with some proposals. *Instructional Science, 17*, 351-367.

Klauer, K. J. (1991). *Denktraining für Kinder II. Ein Programm zur intellektuellen Förderung.* Göttingen: Hogrefe.

Krapp, A. (1993). Lernstrategien: Konzepte, Methoden und Befunde. *Unterrichtswissenschaft, 4*, 291-311.

Lawson, A. E. (1978). The development and validation of a classroom test of formal reasoning. *Journal of Research in Science Teaching*, 11-24.

Lehtinen, E. (1992). Lern- und Bewältigungsstrategien im Unterricht. In H. Mandl & H. F. Friedrich (Hrsg.), *Lern- und Denkstrategien. Analyse und Intervention* (S. 125-149). Göttingen: Hogrefe.

Lompscher, J. (1992). Zum Problem der Lernstrategien. In *LLF-Berichte, Nr. 1, 18-54*. Potsdam: Interdisziplinäres Zentrum für Lern- und Lehrforschung.

Lompscher, J. (1993). Lernstrategien – metakognitive Aspekte. In *LLF-Berichte, Nr 5, 9-80*. Potsdam: Interdisziplinäres Zentrum für Lern- und Lehrforschung.

Mandl, H. & Friedrich, H. F. (Hrsg.). (1992). *Lern- und Denkstrategien. Analyse und Intervention.* Göttingen: Hogrefe.

McCombs, B. L. & Marzano, R. J. (1990). Putting the self in self-regulated learning: The self as agent in integrating will and skill. *Educational Psychologist, 25*, 51-69.

Naiman, N., Fröhlich, M., Stern, H. H., & Todesco, A. (1978). *The good language learner. Research in Education Series No. 7,* Toronto: The Ontario Institute for Studies in Education.

Nold, G. (Hrsg.). (1992). *Lernbedingungen und Lernstrategien. Welche Rolle spielen kognitive Verstehensstrukturen?* Tübingen: Gunter Narr

Nold, G. (1993). Die Entwicklung sprachlicher Verstehensstrukturen in Englisch als Fremdssprache. *Zeitschrift für Fremdsprachenforschung, 4*(1), 110-120.

Nold, G. & Schnaitmann, G. (1994). Kognitive, affektive und soziale Aspekte des Lernens im Fremdsprachenunterricht. In R. Olechowski & B. Rollett (Hrsg.), *Theorie und Praxis. Aspekte empirisch-pädagogischer Forschung– quantitative und qualitative Methoden.* Frankfurt am Main: Peter Lang, 294-300.

Nold, G. & Schnaitmann, G.(1995). Faktoren des Lernerfolgs im Fremdsprachenunterricht. Ergebnisse eines empirischen Forschungsprojekts. In L. Bredella (Hrsg.), Verstehen und Verständigung durch Fremdsprachen? Bochum: Brockmeyer, 338-349.

Nold G. & Schnaitmann, G. (1996). Die Analyse kognitiver Verstehensstrukturen in verschiedenen Tätigkeitsbereichen des Fremdsprachenunterrichts. In G. Schnaitmann (Hrsg.), *Theorie und Praxis der Unterrichtsforschung. Methodologische und praktische Ansätze zur Erforschung von Lernprozessen.* Donauwörth: Auer, 167-182.

O'Malley, J. M., Chamot, A. U., Stewner-Manzanares, G., Kupper, L., Russo, R. P. (1985). Learning strategies used by beginning and intermediate ESL students. *Language Learning, 35*(1), 21-46.

O'Malley, J. M. & Chamot, A. U. (1990). *Learning strategies in second language acquisition.* Cambridge: Cambridge University Press.

v. Saldern, M. (1987). *Sozialklima von Klassen.* Frankfurt: Peter Lang.

Salomon, G. & Globerson, T. (1987). Skill may not be enough: The role of mindfulness in learning and transfer. *International Journal of Educational Research, 11*, 623-637.

Schneider, W. (1985). Developmental trends in the metamemory behaviour relationship: An integrative review. In D. L. Forrest-Pressley, G. E. MacKinnon & T. G. Waller (eds.), *Metacognition, cognition, and performance* (S. 57-109). New York: Academic Press.

Schwartz, B. D. (1992). Testing between UG-based and problem-solving models of L2A: Developmental Sequence Data. *Language Acquisition, 2*(1), 1-19.

Thiel, R. D., Keller, G., & Binder, A. (1979). *Arbeitsverhaltensinventar.* Braunschweig: Westermann.

Weinstein, C. E. & Mayer, R. E. (1986). The teaching of learning strategies. In M. C. Wittrock (ed.). *Handbook of research on teaching. 3rd edition* (S. 315-327). New York: Macmillan.

White, L. (1989). *Universal grammar and second language acquisition.* Amsterdam: John Benjamins.

„Das Auge hört mit"
Sehstrategien im Fremdsprachenunterricht?

Horst Raabe

1. Plädoyer für das Visuelle

„Sehen kommt vor Sprechen. Kinder sehen und erkennen, bevor sie sprechen können" (Berger 1974, 7). Sehen gehört zu den zentralen menschlichen Wahrnehmungs- und Verstehenstätigkeiten. Man sagt, der Mensch nehme die Hälfte seines Wissens über Bilder auf. Der Bezug zur Sprache ist bedeutend, verläuft doch in der allgemeinen Sprachwirklichkeit Hörverstehen zu großen Teilen als ein audiovisueller Prozeß. Zu Bildern heißt es: "Pictures can represent (the) non-verbal sources of information. Indeed, they and what they represent are centrally bound up with the nature of communication itself. What we see affects how we interpret what we hear and vice versa" (Wright 1989, 137). Man weiß, dass die Entwicklung der kommunikativen Fertigkeiten blinder Menschen sozusagen ‚moduliert' ist: "The lack of visual cues influences the content, style and outcomes of communication" (Kellerman 1992, 245). „La «lecture de l'image» et...la compréhension des phénomènes iconiques" sind Bestandteil der „saisie globale des processus de la communication" (Fougeyrolles 1993, 10). Anfängliches Fremdsprachenlernen auf späteren Altersstufen, besonders aber Fremdsprachenlernen im Kindesalter ist ohne ausreichende Verbindung mit visuellen Wahrnehmungen ungemein erschwert.[1]

Sharwood Smith (1986) hat die Doppelrolle fremdsprachlichen Inputs für Lernende hervorgehoben. Einerseits erzeugt Input beim Rezipienten 'meaning' (das Verstehen des Mitgeteilten), andererseits erzeugt er aber auch 'competence change'. Der Rezipient lernt/erwirbt simultan die Fremdsprache. Das bedeutet: Das Verstehen des Inputs erleichtern, ihn über Visuelles verstehbar ('comprehensible') zu machen (Singleton 1992, 9), heißt Fremdsprachenlernen/-erwerben erleichtern. Das bedeutet aber auch: Die Rolle des Visuellen wird komplexer. Im Fremdsprachenunterricht entwächst es der oft als ausschließlich angesehenen 'meaning'-Funktion, Hilfe inhaltlichen Verstehens zu sein. Visuelles wird vielmehr interpretierbar als Förderer eines fremdsprachlichen 'competence change'. Somit eröffnet sich eine Forschungsoptik, die das Visuelle als Faktor der Ingangsetzung und Stützung fremdsprachlicher Lernprozesse thematisiert. Diese Perspektive kennt die ‚allgemeine' Filmsemiotik bzw. Filmanalyse selbst-

---

[1] Kap.1 geht von einem breiten Verständnis des Visuellen (also auch Realia, Körpersprache umfassend) aus.

verständlich nicht. Sie fragt nach der Funktion von Sprache im Film, nach der Funktion von Film für Sprache (Hickethier 1993). Die fremdsprachenunterrichtliche Filmanalyse hat jedoch nach der Funktion von Film für den Fremdsprachenerwerb zu fragen.

Die schon öfter vorgestellte, die pure ‚Sprachlichkeit' übersteigende Leistung[2] des Visuellen im Fremdsprachenunterricht ist schnell umrissen (exemplarisch Mainka-Teerstegen 1989, 70; Riley 1985; Schilder 1995a; Stempleski, Tomalin 1990, 3f; Willms 1986, 10). Visuelles bietet in der Hauptsache:

– Zugriff auf die Realität außerhalb des Klassenraums
– Überbrückung räumlicher Distanz
– multimedial präsentierte fremdkulturelle Inhalte
– ‚Begegnung' mit muttersprachlichen Sprechern in ihrer konkreten soziokulturellen Einbettung
– multimedial präsentierten situativen Kontext
– erweiterte Veranschaulichung emotional-affektiver Momente
– Erfahrung ‚echter' (verbal **und** non-verbal gebundener) Kommunikation
– Erfahrung gesprochener Sprache in visueller Einbettung
– erweitertes Textsortenangebot
– größeres Angebot an Sprech- und Handlungsimpulsen

Vergegenwärtigt man sich Richtlinienvorgaben im kommunikativen Lernzielbereich, so ist Bebermeiers und Humburgs (1986, 5) Frage absolut legitim: „Wie aber soll der Schüler lernen, *native speakers* zu verstehen, sich im (sic) *realen Kommunikationssituationen* zu bewähren oder gar *außersprachliche Gesten* und *Verhaltensmuster* des fremdsprachlichen Raumes richtig zu deuten und angemessen darauf zu reagieren?" Man ist geneigt fortzufahren: Wie soll das im Klassenzimmer geschehen, ohne Inanspruchnahme gerade dieser Leistungen visueller Medien?

Sind entsprechende Voraussetzungen erfüllt,[3] lassen sich (Lern-)Vorteile visueller Medien wie folgt umschreiben (exemplarisch Buttjes 1988, 51; Deichsel 1984, 189ff; Kellerman 1992, 250; Schilder 1995b; Zimmer 1984, 60f). Sie begünstigen u.a.:

---

[2] Bekanntlich hat die audiovisuelle Methode der 60/70er Jahre (CREDIF) dem ‚Ansehen' des Bildes eher geschadet als genutzt. Zu sehr verarmten die Bilder durch reduktionistische Vereindeutigungen zu wenig attraktiven semiotischen ‚Undingen'. Heute sollte es keine Veranlassung mehr geben, die kritisierbare Wirkung der CREDIF-Bilder auf die Leistung des Visuellen im Fremdsprachenunterricht zu generalisieren.

[3] Lernvorteile visueller Medien gelten nicht allgemein. Sie sind z.B. abhängig von der Art der bildlichen Darstellung sowie von entsprechenden geistigen Fertigkeiten der Betrachter. Darüberhinaus sollte erwähnt werden, dass die psychologische Forschung wegen der oft untersuchungsmethodisch erzwungenen Vereinfachung des visuellen Inputs keinesfalls die wünschenswert zuverlässige Hilfe bringt, wenn die Wirkung von komplexeren Bildern in fremdsprachlichen Lernprozessen beurteilt werden soll (Weidenmann 1988, 14ff). Insbesondere die ästhetische Wirkung, sowie emotional-affektive Faktoren werden bei Untersuchungen zu Prozessen der visuellen Informationsverarbeitung allzu oft ausgeblendet (Sturm 1991, 5).

- bessere Verstehensleistung bei deskriptiven Texten
- besseres Globalverständnis bei narrativen Texten[4]
- größere Schnelligkeit bei der (fremdsprachlichen) Bedeutungskonstitution[5]
- Ermüdungsreduktion durch den Gebrauch aller sensorischen Kanäle
- Aufschließen größerer kognitiver Kapazität
- Erzeugung von (gesteigerter) Aufmerksamkeit
- erhöhte Aktivierung der Lernenden aufgrund der „offenen Struktur" (Eco 1972, 162) des visuellen Angebots
- größeren Lernzuwachs
- bessere Langzeiteffekte des Lernens
- situatives und kontextbezogenes Lernen
- ganzheitliches Lernen
- bessere Ausnützung biophysikalischer Lernressourcen
- umfassende(re) Akkulturation als wesentliche Instanz des Fremdsprachenerwerbs
- Steigerung der Motivation

Gerade beim Verstehen der der Fremdsprache zuordenbaren Lebenswelt werden (nach Funke 1990, 594) zwei von fünf ganz wesentlichen Bezugsebenen, wie sie sich für Lernende ergeben, über Visuelles angesteuert: die Oberflächenebene der Erscheinungen (Alltagsleben, Gebrauchsgegenstände, Gebäude, Landschaft), sowie die Ebene der Repräsentation (Filme, bildende Kunst, Fotografien). So wird folgerichtig für die neue Initiative der ‚Classes Européennes du patrimoine' (‚European Heritage Classes') an dominanter Stelle gefordert, den Blick zu schulen (‚éduquer le regard/training the eye'). Derartige Klassen sollen lernen, „à voir des choses dont l'intérêt ne saute pas directement aux yeux. Le regard qu'on pose sur les choses en fait aussi la valeur; elle développe la créativité, l'autonomie et l'esprit critique" (Vonesch 1994, 3).

Die Bedeutung des Visuellen, mithin des visuellen Verstehens, müsste also besonders im Fremdsprachenunterricht der **Spracherwerbsphase** zentral sein: man sollte tendenziell auf eine mit der Sprache paritätische Funktion, nicht Bereicherungs-, schon gar nicht Auflockerungsfunktion des Visuellen hinzielen. Eine Anerkenntnis dieser Bedeutung scheint bislang allerdings eher vordergründig, stehen den regelrecht bildüberfrachteten modernen Lehr-

---

[4] Dieser Verstehensvorteil impliziert z.B., dass Film/Video eher mit einer didaktisch unaufbereiteten, also authentischen Fremdsprache ausgestattet sein kann (Kellerman 1992, 250).

[5] Wright (1989, 138) "Our natural inclination is to search for meaning. The use of suitable pictures...can speed the process by which students assimilate meaning." Die Hypothese der dualen (visuellen und verbalen) Kodierung von Bildern (Paivio 1971) nährt die Annahme, dass sie einen schnelleren Zugang zu konzeptuellen Repräsentationen gestatten (Meutsch 1990, 65f).

werken⁶ doch in ‚schöner' zahlenmäßiger Disproportion relativ wenige Arbeiten zur Didaktik und Methodik des Visuellen im Fremdsprachenunterricht entgegen. Das Visuelle ist präsent und doch abwesend. Dies trifft auf den konkreten, tagtäglichen Unterricht zu, der, wertet man Unterrichtsbeobachtungen aus, die Fremdsprache allzu oft rein schrifttextlich, avisuell, in einer abstrakten Lernumwelt anbietet[7]. Dies trifft auf die Methodik und Didaktik des fremdsprachlichen Verstehens zu, wo häufig genug das Visuelle regelrecht ausgeblendet oder zwar genannt, aber nicht mitreflektiert wird[8].

Das geläufige Modell des **primär gesetzten** *‚Hör*verstehens' (warum wird *Hörseh*verstehen nicht primär gesetzt?) trägt in sich die Gefahr der Vernachlässigung, wenn nicht gar die (unbewusste) Negation des Visuellen[9]: so wird die Forderung von Kellerman (1992, 253) "teaching and testing need revision" nur allzu verständlich. Es bedarf einer **steten lehr-**strategischen Bewußtmachung (eine sozusagen auf **visuelle 'teaching awareness'** hinauslaufende Grunddisposition). Worum es gehen muss, ist:

– **kritischer Umgang** mit Fremdsprache dort, wo bislang ohne Einbezug des Außersprachlichen, also nur mit rein sprachlichem Hörinput/Leseinput gearbeitet wird
– **zielmäßig gesuchter Umgang** mit Fremdsprache genau dort, wo sie mit Außersprachlichem vernetzt ist:
    direkt etwa durch Förderung unterrichtlicher situativer Simulationen (Realia, Körpersprache)
    etwa durch Förderung von Auslandsaufenthalten
    indirekt (medial vermittelt) durch Bild und Film.

---

[6] Neil Postmans Werben für einen ökologischen Umgang mit Medien, so schon die Medienproduzenten selbst sich nicht um medienökologische Fragen kümmern, zielt auf eine reflektierte Position des Konsumenten hinsichtlich der ‚Bilderfluten' auch in Lehrwerken. Mit ökologischen Reduktionen wächst allerdings die Verantwortung für das verbleibende Einzelbild. Gerade im Fremdsprachenunterricht kommt es auf die Produktion ‚richtiger' und zahlenmäßig ‚ausreichender' Bilder der ‚anderen' Welt an, um der Bildung schiefer Urteile vorbeugen zu können. Hier ist klar eine argumentative Gegenläufigkeit erkennbar, deren Auflösung in der Fremdsprachendidaktik gesonderter Anstrengung bedarf.

[7] "The standard classroom is one of the worst possible places in which to learn a living language"; es ist das Vermögen des Visuellen "(to) bring reality to what is an unnatural way of learning a creative, living system of sounds and forms" (Hill 1990, 1).

[8] Eine derartige Einschränkung zeigt das folgende Zitat: „Die rezeptive Sprachverarbeitung ist eine psychologische Aktivität, bei der das Sprachwissen und Weltwissen der Rezipienten mit den eingehenden **sprachlichen** Stimuli interagiert und eine kognitive Repräsentation des Textes bzw. der sprachlichen Äußerung hervorbringt" (Multhaup/Wolff 1992, 8; Hervorhebung von Vf.; vgl. auch durchgehend Wolff 1990). Selbstverständlich fokussieren Multhaup und Wolff das Nur-Sprachliche aus der von ihnen gewählten Forschungsperspektive. Gleichwohl kann das Zitat als Indiz dafür gelesen werden, wie der Part des Visuellen bei der Auseinandersetzung mit sprachlichen Verstehensprozessen formulatorisch aus dem Blickfeld gerät.

[9] Schon der allgemeine fremdsprachendidaktische Sprachgebrauch ist ‚verräterisch'. Man spricht von den vier Fertigkeiten, ohne die zentrale visuelle Verstehensfertigkeit zu benennen. Man spricht von visuellen Hilfen oder Stützen, als handele es sich hier um ein Additum oder einen besonderen unterrichtsmethodischen Kunstgriff. Nicht spricht man von visueller Amputation, von Blindheit, von avisuellem Vorgehen als zu vermeidendem Störfall: Was normal ist, wird zum Anormalen.

Dass das Visuelle Probleme hat, in seine ihm eigentlich zustehende fremdsprachenunterrichtliche Bedeutung eingesetzt zu werden, hat Gründe:

Es ist seine (phänomenologische) ‚Zweideutigkeit'. Es hat einen klaren Bezug zum Fremdsprachenlernen, ist aber nicht die Fremdsprache selbst[10]. Befunde zum bildsprachlichen Verstehen betreffen nicht die Fremdsprache, sondern ‚nur' indirekt das fremdsprachliche Verstehen und Lernen. All dies suggeriert eine nachgeordnete Funktion, die visuell-mediales Wissen bei fremdsprachlichen Verstehens- und Lernprozessen haben kann, so ausgeprägt diese Funktion auch sein mag. Die eigentlich integriert zu verstehende unterrichtliche Zielgröße des Hörsehens verkommt didaktisch und methodisch zur desintegrierten Fertigkeit des Hörens. Warum also visuelle ‚Alphabetisierung', wenn es doch um die Fremdsprache geht? Ist eine solche Alphabetisierung überhaupt nötig? Wie groß soll dann der Anteil des Fremdsprachenunterrichts bei dieser fächerübergreifenden Aufgabenstellung sein?

Schon der visuell-sprachliche Schnittbereich bereitet Kopfzerbrechen. So schlägt Hill (1990, 59) Übungen vor, wo Texte in Bilder, Bilder in Texte zu überführen sind. Hier werden in der Anwendung ausschließlich die sprachlichen Lernziele (*vocabulary in poetry, increasing the feeling for words, reason-giving*) für wichtig erachtet, nicht aber das eigentlich übergeordnete visuell-sprachliche Lernziel, das da lautet: Konstruktion von Bild-Text-Zuordnungen[11]. Diese heimliche Tendenz bei der fremdsprachenunterrichtlichen Arbeit mit Bildern, sich vom Visuellen ab- und der Sprache zuzuwenden, muss deutlich gesehen (und kritisiert werden).[12]

Ein Blick in die Filmanalyse zeigt, wie dicht diese an literarisch-hermeneutischen Verfahren liegen kann (Hickethier 1993, 34f). Ohnehin fällt es der Fremdsprachenlernforschung schwer, die Bedeutung dieser Verfahren auch für das ‚engere' Fremdsprachenlernen gebührend anzuerkennen. Als Indiz: die fremdsprachliche Leselernforschung abstrahiert häufig genug von den der textlichen Literarizität und Poetizität geschuldeten Vorteilen beim Ingangsetzen und Durchführen von Fremdsprachenerwerbs- oder lernprozessen. Setzt sich diese Tendenz fort, wenn es um den Einbezug des Visuellen in den Fremdsprachenunterricht geht?

Darüberhinaus tut sich die Forschung schwer, ‚harte Fakten' für das zweifelsfreie Existieren der positiven Funktion des Visuellen beim Fremdsprachenerwerb beizusteuern. MacWilliam (1986) vermisst eine empirische fremdsprachenunterrichtliche Video-Rezeptionsforschung

---

[10] Diese Trennung steht vielleicht hinter Piephos (1983, 7f) sehr dezidierter Ablehnung des Films als Leitmedium im Medienverbund: er könne weder kognitiv eindringen lassen, nicht trainieren, nicht Lernprozesse auslösen, kaum Themen vermitteln. Diese Grenzen müssten durch andere Medien (das Lehrbuch z.B.) überwunden werden.

[11] Ebenso Wright (1989) oder Wright/Haleem (1991, 2), die bemerken, dass "the underlying theme of this book is that...meaning and communication will be built into the English lessons by using visual materials". Dies impliziert, dass dem Visuellen einzig Auslösefunktion, aber nicht die Funktion, Erkenntnisgegenstand zu sein, zuteil wird.

[12] Das didaktische Konzept für den integrierten Medienverbund, wie von Piepho (1983, 14) vorgestellt, belegt diese Tendenz. In den unterichtlichen Phasen der Information und Aufnahme wird noch vom integralen audiovisuellen ‚Filmtext' ausgegangen, in den Phasen des Übens und Anwendens wird methodisch und didaktisch nur noch zum Sprachtext reflektiert, ohne weiter auf das visuelle, filmische Potential der verwendeten Textsorte zu bauen.

völlig. Er kennt offensichtlich Bufe et al. (1984) nicht. Aber auch da wird vor allem in dem Beitrag von Batz/Ohler (1984) deutlich, welchen unerhörten untersuchungmethodischen Aufwand es bedeutet, die Hilfsfunktion des Bildes bei der Entschlüsselung fremdsprachlicher TV-Sendungen zu bestimmen. Kellerman (1992, 250) zitiert gar die Frage, ob Lernende überhaupt von visuellen Informationen profitieren können, ob nicht die Kapazität ihrer Informationsverarbeitung durch das fremdsprachliche Defizit so begrenzt ist, dass sie gar nicht mehr auf visuelle Hilfe, bezogen aus etwa (gar kulturkontrastiven) körpersprachlichen Zeichen ihrer Kommunikationspartner, achten können. Die in dieser Frage verborgene Annahme gilt widerlegt, jedoch bedeutet in vielen Bereichen der praktizierte Einbezug des Visuellen oft nicht mehr als die Antizipation vermuteter positiver Forschungsergebnisse.

Während nun der Einsatz des Visuellen in der Fremdsprachendidaktik einen festen, wenn auch keinen bedeutungsangemessenen Platz hat, führt die Beschäftigung mit dem Kapital, das Lernende/Schüler aus der Steigerung ihrer Fähigkeit und dem planmäßigen Einsatz des Seh- und Hörsehverstehens ziehen könnten, ein Schattendasein[13]. Natürlich finden sich in der Literatur zu Techniken bzw. Strategien des fremdsprachlichen Hörens oder Lesens Hinweise, dass Bilder (Bildfolgen, Film) für fremdsprachliche Verstehensprozesse (und damit auch Lernprozesse) zu nutzen sind (z.B. Rampillon 1985)[14]. Die Überlegungen in der fremdsprachlichen Lernstrategieforschung sollten jedoch darüber hinausgehen. Sie sollten auf der Annahme gründen, dass bei ungeschultem Seh- und Hörsehverstehen nur suboptimale Lernvoraussetzungen vorliegen. Es würde also nicht genügen, nur ein Benützen der Strategie der Bildverwendung bei der Bedeutungsentschlüsselung von Texten zu empfehlen. Mehr noch, es ist die Hypothese zu vertreten, dass ein verbessertes **visuelles** und **audiovisuelles** Verstehen ein effizienteres

---

[13] Dies gilt (naturgemäß) weniger für Fächer wie Kunsterziehung, Deutsch, sehr jedoch für den Fremdsprachenunterricht. Dennoch: Compte (1993,7) fordert für den Fremdsprachenunterricht, man müsse lernen „à 'lire' l'écriture télévisuelle" und Weiand (1978, 54) referiert, dass ‚film-literacy' als Phänomen des allgemeinen Transfers von Fertigkeiten verstärkte Aufmerksamkeit verdient, da ‚Filmleser' mehr von Lehrfilmen profitieren könnten. Schwerdtfeger (1989, 24) betont, dass im Fremdsprachenunterricht das Verstehen non-verbaler Zeichen als ‚fünfte Fertigkeit' zu fördern sei. Möglichkeiten (nicht nur) dieser Förderung zeigt ihr Buch an vielen Übungsbeispielen. Allerdings fehlt ein lerntheoretisches Konzept, das die Verbindung zu einer kognitiven visuellen Strategienkomponente herstellt, welche für ein effektives Bearbeiten gerade dieser Übungen eingesetzt werden müsste. Ähnlich Hill (1990), der seine visuell basierten Übungsvorschläge rein sprachlich ('language focus') legitimiert und, trotz des großen visuellen 'impacts', elaborierte visuelle Fähigkeiten stillschweigend voraussetzt. Bereits anders setzt Kellerman (1992, 253) an, wenn sie schreibt: "Raising learners' awareness of the visual aspect of speech decoding should increase the strategies they have at their disposal for comprehending L2 speech".

[14] Rubin (1981) führt unter direkten Strategien diejenige des 'guessing meaning from pictures', unter indirekten Strategien diejenige des 'creating opportunities for practice: listening (sic!) to TV' auf. Oxford (1990, 48, 81, 92) greift dies auf und erweitert noch um 'memory strategies: using imagery', wo bildhafte Vorstellungen der Lernenden und Lernerskizzen als Gedächtnishilfe figurieren.

Helbig (1993) differenziert den Bildgebrauch bei Lesestrategien in Bereitstellungsstrategie (Bilder aktivieren Vorwissen) und Verarbeitungsstrategie (beim kursorischen Lesen Eindruck vom Text über Bild gewinnen). Bei Erschließungsstrategien wird der Bildgebrauch allerdings nicht mehr erwähnt.

Bei O'Malley/Chamot (1990, 128ff) hingegen bleibt das Visuelle bei ihren Ausführungen zu Strategien der 'listening comprehension' völlig ausgespart.

fremdsprachliches Verstehen und Lernen bedingt[15]. Das heißt: Fremdsprachliche Hör- und Lesestrategien sind zweifellos in Unterricht und Forschung zentral zu setzen, es muss dort aber auch um Strategien des Sehens und Hörsehens gehen. Genau genommen: **Welches könnten solche Strategien des Sehens und Hörsehens sein, die Fremdsprachenlernprozesse günstig beeinflussen und sie effektiver gestalten**?

Ob ‚ungeschulte Seher' nur suboptimale Voraussetzungen für den als aktiv, kreativ aufzufassenden Prozess des Sehverstehens mitbringen, ist Gegenstand der 'visual literacy'-Debatte. Weidenmann (1988, 174ff; 1990) spricht sich dezidiert dafür aus, dass vor allem das Bildverstehen zweiter Ordnung, das indikatorische[16] Bildverstehen zu schulen und auch schulbar ist, dass Betrachter Bildangebote optimal nutzen können sollten, dass es also Unterschiede zwischen naiven und entsprechend ausgebildeten Bildsehern gibt. Dabei ist die Annahme naheliegend, dass unterschiedliche visuelle Quellen unterschiedlichen Sehaufwand bedeuten: Das Dekodieren von Körpersprache in der Kommunikation zwischen Sprechern eines Kulturkreises erfordert weniger Aufwand als in der interkulturellen Kommunikation, unterschiedliche Bildsorten (vom Abbild bis zum Kunstbild) und schließlich der Film erfordern selbstverständlich in ihrem Bereich ebenfalls jeweils unterschiedlichen Sehaufwand bzw. verschiedene Sehverstehensaktivitäten.

Gerade beim Film ergeben sich dabei eine Reihe interessanter Fragen, die ein vorsichtiges, differenzierendes Abwägen beim Thema Sehstrategien geraten sein lassen.
Nehmen wir Willms (1986, 12): Er weist darauf hin, dass die Fremdsprachenlernenden als Adressaten von den Produzenten (sc. des Sprachlehrfilms) „hinsichtlich ihrer Sehinteressen, Seh-Gewohnheiten und Rezeptionsmöglichkeiten lernstufengerecht beschrieben" werden müssten. Birgt dieser Ansatz, schlecht ausgeführt, nicht auch die Gefahr, dass die den Lernenden zugemuteten filmischen Produkte gerade einen Erwerb verbesserten Filmverstehens unnötig machen, dass diese Lehrfilme die Rezipienten visuell unterfordern und von daher oft als höchst unattraktiv eingestuft werden?[17] Und zeigt dies nicht gerade den Weg, wie fatalerweise die kontraproduktive Passivität des Sehenden (Lancien 1986, 11) erzeugt werden kann? Schließlich ist ja nicht die Frage, welche Bilder minimalerweise Schülern zugemutet werden können, sondern welche ‚Welten' sich Schülern über Bilder potentiell öffnen.

---

[15] "Video literacy combines particularly well with work on a foreign language since the relationship between the pictures and the language directs powerful attention to the language" (Cooper et al. 1991, 7). Diese Verbindung lässt unbenommen, dass das visuelle Informationsangebot (nach primärer Aktivierung des imaginalen Verarbeitungssystems) zunächst das muttersprachliche verbale Kodierungssystem, erst später mit zunehmendem fremdsprachlichem Vermögen auch das fremdsprachliche Kodierungssystem anspricht.
[16] Gemeint sind etwa binnenbildliche Steuerungscodes, die ein Bildproduzent in pädagogischer Absicht verwendet.
[17] Unterrichtende wollen bezeichnenderweise, dass z.B. Video „vom Bild her Spannung erzeugt, Dynamik entwickelt und doch Gelassenheit vermittelt" (Lehrergruppe 1989, 80). Mit anderen Worten: Attraktiver sollten fremdsprachliche (Lehr-)Filme schon sein, nur, und hier regt sich der Pädagoge, sie sollten nicht so attraktiv sein, dass sie sprachliche Verstehens- und Lernprozesse verschütten. Scheint der springende Punkt nicht gerade, dass durch die Herausforderung verbesserter visueller Lesefähigkeiten längerfristig das Sprachverstehen und Sprachlernen gewinnt?

Oder Bergmann (1993, 92ff): Er demonstriert, dass neuere Spielfilme fraglos mit dem eingeweihten, nicht-naiven Zuschauer rechnen. Jugendliche verstünden dank ihrer assoziativen Medienkompetenz etwa den Filmschnitt durchaus als Schnitt: sie genössen das Gemachte als solches. Daraus leitet sich für die Medienpädagogik, so sie spröde belehren, aufklären will, die Gefahr ab, von den Jugendlichen zurückgewiesen zu werden. Heißt dies, dass ein Unterrichten von Sehstrategien quasi unmöglich wird? Wohl dann nicht, wenn, sollten Bergmanns Analysen stichhaltig sein, methodisch implizite, induktive Wege der Seh-Schulung gewählt werden.
Oder: Bei der audiovisuellen Rezeption verschränkt der Zuschauer die Strukturierung seiner Wahrnehmung durch das Bild mit der Annahme, er blicke auf etwas, was ihm „wie eine Realität präsentiert wird" (Hickethier 1993, 56). Dabei ist anzunehmen, dass wir wegen dieser „illusion analogique" (Lancien 1986, 15) Filme eher für ein Doppel der Realität nehmen. Warum also noch Bilder analysieren? Zudem ‚verstehen' wir Filme, ohne ‚Filmsprache studiert' zu haben. Bedeutet diese suggestive Sicherheit für uns nicht eine erhebliche Kraft gegen die Erhebung von (Hör-)Sehstrategien zum Lerngegenstand?[18] Jedoch: Wir sehen ständig und glauben, alles zu verstehen, obgleich wir, was uns zu entgehen scheint, doch nicht alles sehend verstehen. Genau derartige Überlegungen sind es wiederum, die dazu legitimieren, Sehstrategien zum Lehrgegenstand zu machen.

Fraglos läßt sich die Beschäftigung mit (Hör-)Sehstrategien mit der aufgekommenen Diskussion um die Bedeutung impliziten prozeduralen Wissens beim Fremdsprachenlernen (Wolff 1990) vernetzen.[19] Sie sind in dieser Diskussion integraler Bestandteil, selbst wenn es bislang nicht so deutlich gesehen worden ist. Folgt man Wolffs Anliegen (1990, 620f), so kann die ansonsten geringe (interaktionale) Authentizität im Klassenzimmer durch audiovisuelle Angebote **und deren geschulte Verarbeitung** erhöht und damit der Zugriff auf prozedurale, auch sprachverarbeitende Wissenssorten gestärkt werden. Durch audiovisuelle Angebote **und deren geschulte Verarbeitung** kann eine größere Komplexität fremdsprachlichen Lernens erreicht werden. Diese beugt einer Verkümmerung der Inanspruchnahme prozeduralen Wissens vor, welches ja Lernaufgaben steuern und Lernzuwächse erzielen soll. Wolffs (1990, 621f) Vorschläge für die Vermittlung prozeduralen Wissens lassen sich weiterhin an zwei Stellen (audio)visuellspezifisch auslegen: da, wo es heißt, dass diese Vermittlung durch den Gebrauch der Sprache in kommunikativen Situationen geleistet werden solle (Situationen also, die oft idealerweise audiovisuell gekennzeichnet sind und somit audiovisuell verstanden werden müssen), und da, wo es heißt, dass implizites prozedurales Sprachwissen von Lernenden auch in explizites Wissen übertragen werden können sollte – ein Prozess, wo (audio)visuelle Strategien selbst als Explizierungsgegenstand zu sehen sind, wo der audiovisuelle Text selbst als Gegenstand bewusstmachender Aufgabenstellungen zu betrachten ist.

---

[18] Auch bei Joly (1994, 33) wird die ‚langage universel' des Bildes als ein Moment gehandelt, das naiverweise gegen die Tätigkeit des Bilderanalysierens ins Feld geführt werden kann.
[19] Grotjahn (1996) weist auf die nicht ‚kanonische' Verwendungsweise des Begriffs prozeduralen Wissens bei Wolff (1990) hin.

Wir wissen, dass eine Verbesserung prozeduraler Kompetenzen zweierlei implizieren kann: Einerseits die Fähigkeit zu erzeugen, kontrollierbare Strategien zielorientiert bei Informationsverarbeitungsprozessen einzusetzen, andererseits ein stets ausreichendes Potential an unbewusst ablaufenden und damit kapazitätssparenden Automatismen sicherzustellen (Schwarz 1992, 131). Auch (oder gerade?) bei der Beschäftigung mit (Hör-) Sehstrategien und ihrer Vermittlung dürfte diese Unterscheidung nicht ohne Probleme sein. Werden doch gerade mit diesen Strategien eine Reihe von Automatismen angesprochen, die wegen einer längerfristig zu verbessernden Informationsverarbeitung mittelfristig in (strategischen) Bewusstheitsrang zu heben sind, unter Aufgabe der erwähnten, gerade bei visuellen Verstehensprozessen besonders nötigen Kapazitätsersparnis.

2. Vorbereitende Bemerkungen zur Beschäftigung mit Sehstrategien

2.1 Zur Forschungslage

"(..) de la perception de l'image (...) on sait encore trop peu de choses" (Lancien 1986, 5). Dieses ältere Zitat deutet an, dass die Beschäftigung mit Sehstrategien, insbesondere in ihrem funktionalen Bezug zum Fremdsprachenlehren und -lernen, auch heute noch eher nur vorläufige Überlegungen bieten kann. Es fehlen nach wie vor wichtige Grundlagenkenntnisse (Weidenmann 1988). Häufig ist ein Spannungsverhältnis zwischen Grundlagenforschung und anwendungsorientierter Reflexion ohnehin nicht auszuräumen[20].

Das saloppe Wort, es mache keinen Sinn, Arme zu untersuchen, so man wissen will, wie Reiche leben, zeigt ein weiteres Spannungsverhältnis. Zu ergründen, wie und in welchem Ausmaß Fremdsprachenlernende etwa die Perzeption kinesischen Verhaltens der Gesprächspartner bei Verstehensvorgängen einsetzen (Kellerman 1992, 253), ist wichtige, wohl auch machbare Forschung. Für unser Thema werden jedoch sinnvollerweise Einsichten darüber benötigt, was sehstrategisches Verhalten **‚guter'** Fremdsprachenlernender ausmacht. Forschung mit derlei Erkenntnisinteresse liegt nicht vor, sie erscheint gegenwärtig, ‚harte Fakten erbringend' auch nicht zufriedenstellend durchführbar. Das erklärt die Vorläufigkeit, das noch Spekulative von Reflexionen über Sehstrategien beim Fremdsprachenlernen.

2.2 Hintergründe

Einige Hintergrund bildende Bemerkungen bei der Beschäftigung mit dem Thema können sein:
– Es existieren Gesetze des Sehens (Winnenburg 1993, 7f.), die weniger als Gegenstand einer Strategiediskussion denn als z.T. universell beobachtbarer Fakt anzusehen sind. Zu ihnen gehö-

---

[20] Für unser Thema läßt sich dieses Spannungsverhältnis an Batz/Ohler (1984) belegen.

ren das Gesetz der Dynamik des Sehens von (im europäisch/amerikanischen Kulturkreis) links nach rechts, von oben nach unten, von hinten nach vorn, oder das Gesetz der Objektion (z.B. gleiche Farbe = gleiche Funktion). Strategisch von Bedeutung kann ein Bewusstsein (Wissen) um derartige Gesetze nur sein, wenn es darum geht, sich explizit zu kontrollieren, oder sich klarzumachen, dass ‚gegen Gesetz' gestaltete Bilder eventuell ein weiteres Mal gegenläufig zu interpretieren sind.

– Der Einsatz von Sehstrategien, deren Generalisierungsfähigkeit hängen zweifelsohne von der Art des visuell Zugänglichen (z.B. Realia, Körpersprache, Abbild, Kunstbild[21], unterschiedliche Filmsorten) und dem zur Dekodierung jeweils nötigen Sehaufwand ab. Abbild und Film ist die in diesem Beitrag befolgte pragmatische Auswahl und Trennung.

– Textlesen und Bildlesen unterscheiden sich in einem wesentlichen Punkt (Weidenmann 1988, 67ff): Leseprozesse werden bei schweren Bildern nicht abgebrochen, wie sie auch bei leichten Texten nicht abgebrochen werden. Bei zu leichten Bildern sowie zu schweren Texten werden sie jedoch in der Regel abgebrochen. Über die didaktische Leistungsfähigkeit bzw. Verwertbarkeit der beiden Medien hinaus, kann dies als bevorzugten Einsatzort von Hörsehstrategien z.B. das ‚nicht leichte' Hörsehereignis (den ‚nicht leichten' audiovisuellen Text) ausweisen.

– Was die Verarbeitung bildlicher Informationen betrifft, gibt es mehrere Erklärungsansätze. Einer Annahme Paivios (1971) zufolge werden Bilder primär imaginal kodiert, vorzugsweise bei konkreten Bildern kann auch das verbale Verarbeitungssystem aktiviert werden. Es ist also möglich, dass durch *einen* visuellen Reiz *zwei* funktionell voneinander unabhängige Verarbeitungssysteme, ein bildhaftes und ein sprachliches, ‚geweckt' werden: Bei Fremdsprachenlernenden ist davon auszugehen, dass sie visuelle Reize, die sich semantisch für diesen dualen Zugriff eignen, verbal anfangs ausschließlich muttersprachlich verarbeiten. Erst mit zunehmender fremdsprachlicher Kompetenz können visuelle Reize eventuell auch direkt in der Fremdsprache kodiert werden.[22] Paivios Modell der dualen Kodierung kann demnach durchaus einige der oben genannten Gedächtnisvorteile beim Einsatz des Visuellen im Fremdsprachenunterricht erklären. Es ist jedoch ungeeignet, Aussagen darüber zu machen, bei welchen visuellen Reizen in Lernenden bevorzugt fremdsprachliche Verarbeitungssysteme ‚geweckt' werden.

3. Ordnende Überlegungen zur Beschäftigung mit Sehstrategien

3.1 Zum Visuellen

Visuelles ist zweiteilbar in Realvisuelles (Realia, menschlicher Körper) und Medialvisuelles (Bild, Bildfolge, Fernsehen, Film). Abbild (Foto, Zeichnung, Gemälde, Fernsehen, Film) und

---

[21] Hierzu Hellwig (1990).
[22] Man denke an die Einsprachigkeitsdebatte und in diesem Zusammenhang an das Semantisieren.

logisches Bild (Schema, Diagramm, Notationssystem) stellen Bildsorten dar, die durch ihr Verhältnis zur Realität bestimmt sind. Visuelles kann mit spezifischen Texten und Ton (Geräusch, Musik) kookkurrieren. Diese Kookkurrenz führt etwa im Audiovisuellen beim Verstehenssubjekt[23] zu ganz spezifischen Wahrnehmungen von Bild-Text-Ton-Verhältnissen.

3.2 Zum Begriff der audiovisuellen Rezeption

Die Beschäftigung mit Visuellem und Sprache ist vorrangig eine Beschäftigung mit **audio**visueller **Rezeption**. **Rezeption**, weil Sehen kein Produktions- sondern Wahrnehmungsvorgang ist, **audio**, weil im Gegensatz zum Sprechen, Lesen, Schreiben das Visuelle beim Hören am vielfältigsten in die Wahrnehmung eingebunden ist, und zwar in Form realer Objekte und Situationen, in Form von Körpersprache, Bild und Film.

3.3 Zu Sorten bebildeter ‚Sprach'-Texte und ‚Welt'-Texte

Bebilderte Texte können von der Fremd*sprache* (etwa im Fall von Grammatiken) oder von der an die Fremdsprache gebundenen ‚*Welt*' handeln.

Im ‚Sprachfall' bieten Texte Botschaften über die Fremdsprache
(a) verfasst in natürlicher Metasprache (der Text erklärt z.B. eine Struktur der Fremdsprache) oder
(b) verfasst in didaktisiert-selbstreferentieller, auf sich selbst verweisender (Meta-)Sprache (der Text erklärt eine Struktur der Fremdsprache in der Fremdsprache und zeigt die zu erklärende fremdsprachliche Struktur gleichzeitig durch sich selbst).
In beiderlei bebilderten ‚Sprachtexten' transportiert das integrierte, in der Regel logische Bild Sprachwissensbotschaften. In beiden Fällen dient es *explizit* dem Aufbau tendenziell *expliziten* Sprachwissens.

Im ‚Weltfall' bieten Texte Botschaften über die (oder zu der) an die Fremdsprache gebundene(n) Welt
(c) verfasst in natürlicher Sprache (d. h. in authentischer Fremdsprache) oder
(d) verfasst in didaktisierter Sprache (d.h. in didaktisch aufbereiteter, nicht authentischer Fremdsprache).
In beiderlei bebilderten ‚Welttexten' transportiert das integrierte Bild (in der Regel ein Abbild) Weltwissensbotschaften (etwa auch landeskundliche Informationen). In (c) trägt das Bild dabei *implizit* zum Aufbau *impliziten* Sprachwissens (Fremdsprachenlernen) bei, in (d) hingegen trägt das Bild *implizit* zum Aufbau tendenziell *expliziten* Sprachwissens bei.

---

[23] Janßen-Holldiek (1984) vertritt den von uns geteilten Standpunkt, dass Bild-Text-Relationen nicht a priori existieren, sondern erst vom Verstehenssubjekt gestiftet werden. Auch dezidierte Produzentenintentionen sind der konstruktionalen Sinnkonstitution des Verstehenssubjekts unterworfen.

3.4 Zu Bild-Textsorten und Strategien

In bebilderten ‚Sprach'-Texten (a und b) sind Bilder primär ‚Sprachlernbilder'. Bebilderte ‚Welt'-Texte (c und d) kann der Lernende zu unbewusstem bis bewusstem Aufbau von fremdsprachlichem Sprachwissen verwenden, wobei didaktisierte Texte (d) eher ein bewusstes Sprachlernhandeln fördern. Bilder sind hier als ‚Weltbilder' oder (bei fremdkultureller Ladung) als ‚Weltlernbilder' mit in (d) ausgeprägterer Fremdsprachenlernfunktionalität aufzufassen. Ob (visuell gebundene) fremdsprachliche Lernstrategien oder (visuell gebundene) Rezeptionsstrategien vorliegen, ist von den Voraussetzungen her also einerseits davon abhängig, welche der Textsorten (a) bis (d) vom Lernenden verarbeitet wird, und wie andererseits Lernende mit ‚Welt'-Texten umgehen. Transportieren Bild und Text darüberhinaus Fremdkulturelles, können Rezeptionsstrategien prinzipiell auch als Fremdsprachenlernstrategien bezeichnet werden. Hier erkennt man die Problematik der Trennung in (psycholinguistische) Rezeptionsstrategien[24] und (didaktische) Lernstrategien. Je nach Bild-Textsorte sollte besser von einer unterschiedlich großen Schnittmenge zwischen Rezeptions- und Lernstrategien ausgegangen werden. Des weiteren gilt trivialerweise, dass jeweils der konkret vorliegende Text und das fremdsprachliche Vermögen der Lernenden den Umfang von Erschließungsstrategien (z.B. Inferieren), die eine Fremdsprachenlernkomponente darstellen, determinieren. Die weitergehende Frage, nämlich die Eignung bildlicher Informationen für das fremdsprachliche Lerngelingen ist z.B. über die Explikation der Krashen'schen i+1-Metapher im Rahmen der Input-Hypothese diskutierbar (Krashen 1982, 21f).

3.5 Zur Bildwirkung beim Fremdsprachenlernen

All dies vorausgesetzt lässt sich die Wirkung der Bilder beim Fremdsprachenlernen wie folgt umreißen (analog Wolff 1992):

Sprachlernbilder: Bereitstellungshilfe (z.B. *advance organizer*)
Erklärhilfe (von Strukturen)
Inferierhilfe (Struktur/Lexik)

Welt(lern)bilder: zu Sprache:
Bereitstellungshilfe
Inferierhilfe (Lexik/über Lexik zu Strukturen)
zu landeskundlichen Informationen:
Hilfe bei Operationen des   Bereitsstellens
Verarbeitens
Erschließens

---

[24] Wolff (1992) spricht von Verarbeitungsstrategien (bei übrigens inkonsistenter Verwendung dieses Begriffs).

Die Wirkung der Bilder bei der Informationsrezeption ist verortbar in Bereitstellen, Verarbeiten, Erschließen. Sehstrategien, die für eine angemessene Wahrnehmung des kulturell Fremden in der bildlichen Darstellung nötig sind, stellen hierbei ein ganz wichtiges, noch genauer zu beforschendes Gebiet dar.

3.6 Zum ‚visuellen Wissen' und Sehstrategien

Noch geht es darum, zu erkennen, dass und wie Sehstrategien eine ernstzunehmende Hilfe bei Fremdsprachenlernprozessen sein können. Hierzu wird zunächst folgende Strukturierung vorgeschlagen[25]:

Wissen ist Voraussetzung für die Anwendung von Sehstrategien (analog zu Zimmermann 1996). Es gibt deklaratives Wissen über Visuelles (dazu gehört Wissen etwa über Bildsorten, Bildsyntax, Bildlesen) und prozedurales Wissen in Bezug auf Visuelles (implizites Wissen, das Prozesse des verstehenden Umgangs mit Bildern bedingt). Nötig ist ein Aufbau deklarativen bis prozeduralen Wissens bezüglich des Bildverstehens und Bildverwendens. Beim Audiovisuellen kommt zusätzlich der Aufbau eines Wissens über Bild-/Textverhältnisse und deren Wirkungen (z.B. im Tonfilm) hinzu.

Wir erkennen drei Ebenen:
– Zum ersten die Ebene der Strategien (Prozesse, Techniken), die eingesetzt werden, um visuelles und audiovisuelles Wissen zu erzeugen. Fast alle Strategien, die für das Fremdsprachenlernen diskutiert werden, lassen sich auch hierfür einsetzen.[26]
– Zum zweiten die Ebene, wo Strategien (Prozesse, Techniken) dieses (audio)visuelle Wissen für verbessertes Verstehen des visuell Dargestellten und der Bild/Textverhältnisse aktivieren.
– Zum dritten die Ebene, wo das solchermaßen verbesserte (audio)visuelle Verstehensprodukt strategisch (prozessual, technisch) für den weiteren Sprachverstehens- und Sprachlernprozeß eingesetzt wird.[27]

---

[25] Differenzierende Reflexionen zum Strategiebegriff (hierzu Zimmermann 1996) oder zum Begriff deklarativen und prozeduralen (Seh-)Wissens werden an dieser Stelle bewusst ausgespart, um nicht unnötigerweise diese erste, vorbereitende Auseinandersetzung mit konkreten Sehstrategien beim Fremdsprachenlernen zu erschweren. Aus diesem Grund werden auch keine weitergehenden, parzellierenden Verortungen unten angeführter Seh„strategien" vorgenommen, Verortungen wie: Sind es Prozesse, Techniken, oder tatsächlich Strategien? Wann sind es kognitive, wann metakognitive Strategien (O'Malley/Chamot 1990, 46, 137ff)? Wann sind es Lernstrategien, wann Strategien der rezeptiven ‚Hälfte' der Kommunikation? Wann sind es Verarbeitungs-, wann Lernstrategien (Multhaup/Wolff 1992)? Für welche Kompetenzgrade können welche Sehstrategien wichtig sein? Wann sind es Instanzen deklarativen, wann Instanzen prozeduralen Wissens?
[26] Etwa nach O'Malley, Chamot (1990, 117f): Metakognitive Strategien: z.B. *advance organizers*; Kognitive Strategien: z.B. Wiederholung; Soziale Strategien: z.B. Nachfragen.
[27] Es ist diese dritte Ebene, die z.B. von Rampillon (1985, 70ff, 88) angeprochen wird.

3.7 Fazit, Themen- und Forschungseingrenzung

Es geht darum, das für **Fremdsprachenlernende**[28] relevante **(1) Wissen vom Sehen** und **(2) Wissen um Text-Bild Verbindungen** zu beschreiben. Auf dieser Wissensbasis operieren die **(3) Strategien (Prozesse, Techniken) des (Hör-)Sehens**. Von Strategien (Prozessen, Techniken) der Verwendung des Visuellen bei fremdsprachlichen Verstehens- und Lernprozessen zu sprechen, setzt also eine **Explikation** genau dieser Trias voraus. Als eine wesentliche Verdinglichung wird dabei Medienvisuelles in Form von Abbild und Film erachtet, wie es mit natürlichsprachlichen oder didaktisierten Hör- und Lesetexten über „Welt" sowie mit weiterem Ton (Geräusch, Musik) kookkurriert.

4. Beispiele

In der Folge werden Aspekte erwähnt, welche (Hör-)Sehwissen und mit ihm einhergehende (Hör-)Sehstrategien ausmachen. Über sie sollten Lehrende und Lernende von Fremdsprachen informiert sein, häufig nur im Sinne einer expliziten Bewußtmachung. Oft überlagern sich dabei verschiedene Aspekte, z.B. bei Abbild und Film. Ein durchgestaltetes Aufeinanderbeziehen wäre jedoch bereits eine Maßnahme, die eine konturierte fremdsprachenunterrichtliche Bild-/Filmwissenstheorie und Bild-/Filmverwendungstheorie voraussetzt. Soweit kann es an dieser Stelle nicht gehen.

Oft genug wird betont, dass „typische Gestaltungsmittel" (Willms 1986, 10) des Films, mithin „authentische Mediensprache" (Buttjes 1988, 54), Kenntnisse voraussetzen, die eigentlich erst vermittelt werden müssen. Compte (1993) sagt, „il faut apprendre à lire l'écriture télévisuelle". Schließlich inszenieren Produzenten und Regisseure auch Verstehbarkeit. Zu debattieren ist natürlich die Tiefe, Weite, Explizitheit des anzuzielenden bzw. zu vermittelnden visuellen Wissens. Es ist sicherlich gerechtfertigt, differenzierte semiotische Analysezugriffe (vgl. Vettraino-Soulard 1993) als zu weitgehend einzustufen. Die allgemeine Weite deutet Hickethier (1993, 109) an, wenn er sagt, dass in audiovisuellen Medien „mit **allen** (Hervorhebung von Vf.) Ausdrucksformen und vor allem durch ihr wechselseitiges Aufeinanderbezogensein Bedeutungen im Erzählprozess vermittelt bzw. durch den Zuschauer erzeugt werden". Schließlich geht es nicht darum, zu sehen, was ohnehin zu sehen ist, sondern die Darstellung dessen, was nicht

---

[28] Welches Wissen, welche Strategien für welche Adressaten zu veranschlagen sind, ist hier eine weitergehende Frage. Neben fremdsprachlichen Kompetenzgraden ist vor allem das Alter der Adressaten eine wichtige Variable. Was bedeutet dies? In den Fremdsprachenunterricht von Kindern und Jugendlichen muss z.B. eine altersspezifische medienpädagogische Komponente mit fremdsprachenlernmethodischer Ausrichtung integriert werden. In ihr geht es um das grundständige altersangemessene Vermitteln von Sehwissen und erstes Anwenden elaborierter Sehstrategien beim Rezipieren fremdsprachlicher Medientexte. Für den Erwachsenenunterricht trifft hingegen zu, dass bereits vorliegende Medienerfahrungen für den Einsatz beim Fremdsprachenlernen erfasst, ausgebaut und bewusst gemacht werden müssen.

vordergründig vorhanden ist, zu begreifen. Die individuelle Konstruktion von Sinn aus visuellem Angebot braucht gleichwohl Margen, innerhalb derer sie sich ereignen sollte[29].

4.1 Aspekte des Wissens

Aspekte des Wissens über Bilder betreffen, um nur fünf wichtige Beispiele zu nennen:

- **Bildtypen**: vom Abbild zum logischen Bild
- **Bildfunktionen**: von der Organisationshilfe zum Sprechanlass
- **Verstehensrichtungen**: vom Hintergrund, über die Situation, über die Teilnehmer/Akteure zur Interaktion (analog z.B. Candlin et al. 1982, 21)
- **Bildarchitektur**: graphische Analyse, Flächen-, Objektanalyse (analog z.B. Vettraino-Soulard 1993)
- **Visuelle Rhetorik**: Zeigebilder, Bildtropen (analog z.B. Hickethier 1993, 57 oder Joly 1994, 65ff)

Aspekte des Wissens über Film betreffen, um weitere fünf wichtige Beispiele zu nennen:

- **Filmformate**: Drama, Dokument, Werbung, Clip (analog Stempleski 1990, 7)
- **Kinematographischer Fotocode und seine Aufgabe**: Einstellung, Perspektive, Rahmen (analog z.B. Lancien 1986, 23f)
- **Kinematographischer Code und seine Aufgabe**: z.B. Kamerafahrt, Montage[30]
- **Filmsprachliche Mittel**: ikonische Zeichen als ‚filmsprachliche' Symbole
- **Gestaltungsmittel des zu Erzählenden**: Dramaturgie, Kamera‚schreibweise', Montage

Aspekte des Wissens über Text/Bild-Verhältnisse betreffen, um wiederum nur fünf wichtige Beispiele zu nennen:

- on/off-Ton-Kategorien
- **Bild-Text/Ton-Beziehungen**: von ‚koordiniert' bis ‚disjunktiv' (analog z.B. Scherer 1984, 39)[31] **und deren Bedeutung für das Verstehen**[32]

---

[29] Fragestellung: Macht es Sinn, in diesem Kontext von einer normativen Ästhetik des Visuellen à la Kracauers normativer Filmästhetik (Kracauer 1993) zu sprechen und sie entsprechend zu propagieren?

[30] „Die geschlossene Darstellung des fertigen Films überdeckt den langwierigen Prozeß einer kunst- und absichtsvollen Montage einzelner Bilder und Sprachanteile" (Buttjes 1986, 21).

[31] Hier gibt es nicht nur terminologisch, sondern auch konzeptuell unterschiedliche Fassungen (vgl. z.B. den exemplarisch zitierten Scherer 1984 versus Kracauer 1993), auf die hier nicht eingegangen werden kann.

[32] Vereinfacht geht es um das Wissen über das vereindeutigende Zusammenspiel von Bild und Text bei fremdsprachlichen Verstehensprozessen. Die Standardsituation in der Muttersprache ist, dass eine eher mehrdeutige Bildaussage zusammen mit einer vom Perzipienten verstehbaren (also eher eindeutigen) Textaussage eine Vereindeutigung erfährt. Kuchenbuch (1978, 53) sagt hierzu, der „Sprachtrakt" bringe „die bildliche Aussage auf den Begriff". Die fremdsprachliche Standardsituation zeigt ‚normalerweise' jedoch die hier stärkere Funktion des Visuellen. Obgleich eher mehrdeutig, werden visuelle Informationen zur Vereindeutigung eher mehrdeutiger (da von Lernenden nur unzureichend verstehbarer) Textaussagen funktionell.

- **Funktionen des Vor- oder Rückwärtsverweisens** (analog z.B. Biechele 1989, 92)
- **Funktionale Zusammenhänge zwischen den Kanälen**: etwa Darstellung, Organisation, Interpretation (analog z.B. Hosch, Macaire 1991, 24 oder Sturm 1991, 9f)
- **Bezüge zwischen der mimetischen und diegetischen Narration** (analog z.B. Hickethier 1993, 111)[33]

4.2 Aspekte des Strategischen

Dieses Wissen vom (Audio-)Visuellen kann zur Gestaltung von Verstehensprozessen im Fremdsprachenunterricht verwendet werden. So es z.B. bewusst, zielgeleitet, lernintentionell eingesetzt wird, bekommen von ihm ableitbare Aktionen per definitionem den Rang des Lernstrategischen[34].

Beispiele für eine Bild und Film übergreifende **Meta-Sehstrategieebene** sind:

- den visuellen Dekodiervorgang auf die Stufe des Bewussten heben[35]
- ihn bewusst nach den Leitlinien des visuellen Wissens gestalten[36]

---

zu Fußnote[32]: Eine derart vereinfachende Darstellung verkennt eine Reihe wichtiger Probleme. Meinhoff (1990, 600) betont z.B. die Schwierigkeiten beim Verstehen von TV-Nachrichten aufgrund ungünstiger Bild-Text-Bezüge (‚Ton-Bild-Schere'). MacWilliams (1986, 132f) Bericht über die Sprachwahrnehmung beim ‚Lesen' audiovisueller Informationen (wiederum TV-Nachrichten) zeigt ebenfalls kontroverse Ergebnisse. Unter bestimmten Bedingungen scheint die Sprachverarbeitung durch Visuelles gar gestört. Weitere, genauere Untersuchungen stehen hier aus. Sicherlich korrelieren derartige Befunde mit Fällen, wo bei audiovisuellen Produkten gegen Gesetze der akustisch-optischen Wahrnehmung verstoßen wird. Man erkennt jedoch die Bedeutung dieses Punktes für den Fremdsprachenunterricht, einmal z.B. was die Produktion von Sprachlehrfilmen, zum anderen was den Bereich des Lern-/Verstehensstrategischen betrifft. Neben ‚Basisstrategien' des Verwendens des Visuellen müssen offensichtlich auch Schutzstrategien des Auditiven existieren (Denk 1977, 54). Die Einsatzstellen dieser Strategien sind jedoch noch nicht sorgfältig genug bestimmt. So sollten die hier im Text erwähnten Strategien (noch) nicht irgendwelchen Einsatzstellen im obigen Sinn zugeordnet werden.

[33] Diese Unterteilung bezieht sich auf die aristotelische Unterscheidung zwischen (a) dem Zeigen eines Geschehens in einer dramatischen Handlung, die als Nachahmung (Mimesis) verstanden wird und (b) dem sprachlichen Präsentieren einer Handlung durch einen Erzähler (Diegese). In der Tat verbindet der Film mimetische und diegetische Narration. Er erzählt, indem er zeigt, und er erzählt durch Sprechen über etwas, was er nicht zeigt. Dadurch sind ästhetische ‚Überschüsse' gegeben. Hickethier (1993, 111) fasst es so: „Im Präsentativen sind ‚sinnliche' Momente enthalten, die als visuelle und akustische Reize sich nur im Schauen und Hören erfüllen, ohne erzählerische Funktion zu gewinnen, umgekehrt kann durch das Erzählen vermittelt werden, was nicht zeigbar und hörbar ist."

[34] Zweifellos lassen sich viele rezeptive Techniken/Strategien des fremdsprachlichen Hörens und Lesens, wie sie z.B. von Rampillon (1985) vorgestellt werden, auf die Hörsehtätigkeit übertragen. Dies soll hier nicht im einzelnen nachvollzogen werden.

[35] Es geht darum zu vermitteln, dass ‚wertiges' Sehen einer Anstrengung und auch Folgehandlungen (Weiand 1978, 54f spricht von Aktivierung) bedarf. Den weiteren Lohn der Anstrengung sprechen Kunz et al. (1992, 227) an, wenn sie sagen: „Die ... Bilder wurden insbesondere dann gut behalten, wenn die Lernenden angemessene strategische Lese- und Lernaktivitäten zeigten (z.B. eine intensive Betrachtung der verstehensrelevanten Bilder)".

[36] Vgl. auch Salomon (referiert von Meutsch 1990, 81f) und seine Untersuchungen zum 'mindful televiewing'.

Die Auswahl folgender **allgemeiner Sehstrategien** kann dabei helfen:

- den Dekodiervorgang versuchsweise **verlangsamen** (durch ‚Sehpausen' bzw. ‚Seh-Denkpausen') und/oder **beschleunigen**
- dem Dekodiervorgang **Struktur geben**: ihn etwa in Perzeption-Rezeption-Interpretation portionieren (Hosch, Macaire 1993, 31) oder ihn etwa auf Denotatives, Konnotatives, Technisches (Compte 1993, 69) verteilen
- eigene **Gegenentwürfe** zu vorfindlichen Bildern bzw. filmischen Sequenzen **imaginieren**[37]
- **Trennen** der Wahrnehmungskanäle (z.B. Sichten filmischer Sequenzen ohne Ton)
- Visuelles **sektioniert** betrachten

Beispiele **spezifischerer Sehstrategien** sind:

- Über **innere Vorschau** bestehendes Vorwissen aktivieren
- Neues, Fremdes **fokussieren** (selektive Wahrnehmung durch Verlangsamen zurückfahren)[38]
- Befolgen einer **Verstehensrichtung** (Candlin et al. 1982, 21: vom Hintergrund zur Interaktion)
- **Erwartungen** an Film-/Bildtypen im Vorfeld **explizieren**
- **filmsprachliche Mittel bewusst machen** (gezielt für Bedeutungskonstitution verwenden)

Beispiele für **Hörsehstrategien** sind:

- Über Bildaussage **Sprache antizipieren**
- vom Hörverstehen ausgehendes, **gezieltes Wiederholen** von filmischen Sequenzen[39]
- **Kontexte instrumentalisieren** (außerfilmische Zusatztexte, innerfilmische Sequenzen)
- **Variierende Bildhilfe** beim Verstehen **einschätzen** und **instrumentalisieren**
- Positive (Transfer), negative (Interferenz) **Interaktion zwischen den Kanälen erkennen und nutzen**[40]
- **Bewusstmachung** der bzw. **Achten** auf **Distraktorkräfte** des Bildlichen beim Sprachverstehen

---

[37] Dieser Vorschlag geschieht in Anlehnung an Weidenmann (1988, 77), der sagt: „erst wenn er (sc. der Bildbetrachter) die Vielfalt der Möglichkeiten kennt, kann er indikatorisch erschließen, warum ein Produzent ein Bild so und nicht anders gemacht hat". Das schulungsbedürftige indikatorische Bildverstehen kann durch ein Kontrastieren der Betrachterperzepte von fremden Bildkonzepten mit eigenen Bildkonzepten gefördert werden. Ähnlich Bufe (1993, 7), der dafür plädiert, dass Filmrezeption und -produktion zusammengehören.

[38] In die Diskussion, wie angemessenes visuelles Fremdverstehen, das sich dem automatisiert Sehenden verschließt (Compte 1993, 52f), strategisch vorbereitet werden könnte, kann an dieser Stelle nicht eingegangen werden.

[39] Hier wird angesprochen, dass das Filmlesen am Videogerät dem Textlesen analoge Techniken des ‚Überspringens', ‚Umblätterns', ‚Unterstreichens', ‚Exzerpierens', des 'Scanning' und 'Skimming' kennt (vgl. Jylhä-Laide/Karreinen 1993).

[40] Dies initiiert die von Molitor-Lübbert (1992, 79) angesprochene integrative Verarbeitung beider Informationsquellen.

– **Auditive Wahrnehmung** gegebenenfalls gegenüber der optischen Wahrnehmung **hochsetzen**

5. Perspektivische Fragen

Visuelles ist wichtig, aber im Fremdsprachenunterricht geht es um Sprache. Diese „Ja - Aber"-Einstellung in der Didaktik (vgl. etwa Hill 1990) muss bei den Lernenden langfristig eine Abwendung vom Bild erzeugen. **Muss die Lehrstrategie also nicht sein, dem Visuellen seinen ihm angemessenen Platz einzuräumen und auf diesem Fundament die Vermittlung visueller Strategien zu gestalten?**

Erinnern wir uns an das Zitat, dass Unterrichtende wünschen, dass Video „vom Bild her Spannung erzeugt, Dynamik entwickelt und doch Gelassenheit vermittelt". Hier besteht die Gefahr, dass passivem, oberflächlichem Sehen Vorschub geleistet wird. **Sollte die weitergehende Perspektive nicht sein, dass Lernende dazu befähigt werden, derartige erwünschte Qualitäten durch eigenes, aktiviertes Sehhandeln streckenweise für sich selbst zu erzeugen?** Dazu würden die oben genannten Strategien beitragen können.

Das Erwerben und Anwenden von Strategien bedeutet, dass vordem schwach analysiertes Wissen und schwach kontrolliertes Verhalten in Bereiche höher analysierten Wissens und stärker kontrollierten Verhaltens überführt werden (O'Malley/Chamot 1990, 60), ehe sich wieder Automatismen durch Gewöhnung einstellen. **Kann diese temporäre Verschiebung auch z.B. auf den schwach analysierten und kaum kontrollierten Sehvorgang (man denke an das normale ‚laienhafte' Filmsehen) vernünftig ausgeweitet werden?** Jedenfalls laufen Sehstrategieschulungen auch auf Veränderungen zu explizitem Sehwissen hinaus. Weidenmann (1988, 177) stützt diesen Ansatz, indem er sagt: „Systematisches Bildverstehen ... verlangt nicht weniger Wissen und mentalen Aufwand als systematisches Lesen. Hier wie dort müssen Strategien erworben und eingeübt werden, um die Verarbeitung zu optimieren". Und weiter: „Pädagogisch relevant sind weniger die Medien als vielmehr die Qualität der Verarbeitungsprozesse durch den Lerner und die dazu notwendigen Kompetenzen" (Weidenmann 1988, 179).

Wie aber können derartige Strategien aufgebaut werden? Es scheint, dass gerade (Hör-)Sehstrategien weniger als solche direkt, sondern eher indirekt über entsprechende Übungen und Aufgabenstellungen an audiovisuellem Material zu vermitteln sind. Hier kommen filmspezifische, insbesondere filmrezeptive und filmproduktive fremdsprachenunterrichtliche Aufgabenstellungen (Raabe 1986) zum Tragen.

Dabei sind divergierende Einschätzungen über die zulässige Intensität eines solchen Arbeitens im Fremdsprachenunterricht vorprogrammiert. Cooper et al. (1991) betonen zum Beispiel in der Einleitung ihres Buches, dass es bei fremdsprachenunterrichtlicher Videoarbeit keinesfalls um (professionelle) Videodekonstruktion gehen darf. **Simuliert diese Minimalposition eigentlich nicht das häusliche Filmsehen und sollte nicht eine anspruchsvollere, weniger naive Position zu vertreten sein?**

Zweifellos wird die fremdsprachliche Textverarbeitung durch über Visuelles bereitgestelltes, auch fremdsprachliches Weltwissen stark gesteuert, wobei anzunehmen ist, dass diese Steuerung bei defizitärem deklarativem fremdkulturellem Wissen umso stärker ist. Es ist nicht anzunehmen, dass das prozedurale visuelle Wissen unangesprochen bleibt, wie es ja bei gleicher Ausgangslage für das muttersprachliche prozedurale Wissen zuzutreffen scheint (Wolff 1990, 617f). Eine weitergehende Frage ist jedoch kritisch zu stellen: **Verbauen derartige visuelle Kompensations- und Erschließungsmaßnahmen bei Verstehensprozessen nicht noch zusätzlich den Weg zur Aktivierung sprachlichen prozeduralen Wissens?**

Eingangs wurde herausgearbeitet, dass das Visuelle im Fremdsprachenunterricht, so man es ausschließlich als Textverstehenshilfe sieht, in seiner eigentlichen Leistung für den Prozess des Fremdsprachenlernens unterschätzt wird. Es muss vielmehr interpretierbar gemacht werden als Förderer eines fremdsprachlichen 'competence change'. **Eröffnet sich hier nicht eine Forschungsoptik, die das Visuelle als Faktor der Ingangsetzung und Stützung fremdsprachlicher Lernprozesse thematisiert, eine Forschungsoptik, die es über Untersuchungen gerade zum Sehstrategischen weiter zu intensivieren gilt?**

Von Kracauer erfährt man eine cineastische Position, die die Rolle des Films als Sprachträger im Fremdsprachenunterricht unversehens problematisiert: Erst wenn, das Bild die Sprache beherrscht, so Kracauer (1993, 147), kommt es zum gelungenen filmischen Produkt. Ist da die Konsequenz, dass aus der Überzeugung, der Film sei gut für den Fremdsprachenunterricht, unendliche didaktische Naivität spricht? Ist da die Konsequenz, dass der Sprachlehrfilm a priori eine filmische ‚Missgeburt' ist, soll doch in ihm die Sprache das Bild beherrschen? Es kann davon ausgegangen werden, dass die Vorstellung vom gelungenen Film tatsächlich wenig mit den didaktisch konzipierten Sprachlehrfilmen zu tun hat. Dies beweist die beklagenswerte filmische Qualität fast aller existierenden Sprachlehrfilmproduktionen. Die in diesem Beitrag dargelegte Perspektive zeigt allerdings eine vertretbare Lösung. **Ist es nicht gerade die Beschäftigung mit Sehwissen und Sehstrategien, die den Fremdsprachenunterricht für den, im Kracauerschen Sinn ‚gelungenen' Film begründet zu öffnen vermag: dadurch dass der Bildkomponente die ihr gebührende Aufmerksamkeit zukommt, dadurch dass die angemessene Beschäftigung mit dem Bild letztlich die Sprache wieder in das Blickfeld rückt?**

Literaturverzeichnis

Anderson, J. R. (1985). *Cognitive psychology and its implications* (2. Aufl.). New York: Freeman.

Batz, R. & Ohler, P. (1984). Hörsehverstehen. Reflexionen im Umfeld eines Forschungsprojekts. In W. Bufe, I. Deichsel, & U. Dethloff (eds.), *Fernsehen und Fremdsprachenlernen* (S. 79-132). Tübingen: Narr.

Bebermeier, H. & Humburg, L. (1986). Schulfernsehen im Fremdsprachenunterricht. In R. H. Richter (ed.), *Schulfernsehsendungen zum Fremdsprachenunterricht* (S. 4-9). Köln: wdr.

Berger, J. (1974). *Sehen. Das Bild der Welt in der Bilderwelt.* Reinbek: Rowohlt.

Bergmann, W. (1993). Film, Schnitt und Schock. In G. Otto (ed.), *Unterrichtsmedien, Friedrich Jahresheft 11*, 92-94.

Biechele, B. (1989). Video im Sprachunterricht - zu ausgewählten Problemen der Theorie und Praxis eines neuen Mediums für den Fremdsprachenunterricht. *Neuere Entwicklungen im Fach Deutsch als Fremdsprache, Wissenschaftliche Beiträge der Fr.-Schiller-Universität Jena* (S. 82-98). Jena: Universität Jena.

Bufe, W., Deichsel, I. & Dethloff, U. (eds.). (1984). *Fernsehen und Fremdsprachenlernen*, Tübingen: Narr.

Bufe, W.(1993). Videogestützter Fremdsprachenunterricht: Von der Medienkonzeption zur Medienproduktion. *Der fremdsprachliche Unterricht. Französisch, 27*, 4-12.

Buttjes, D. (1986). Dokumentarfilme für die Jahrgangsstufen 9-13. In R. H. Richter (ed.), *Schulfernsehsendungen zum Fremdsprachenunterricht* (S.15-22). Köln: wdr.

Buttjes, D. (1988). Kontakt und Distanz: Fremdkulturelles oder interkulturelles Lernen im Englischunterricht. *Triangle 7*, 49-58.

Candlin, J., Charles, D. & Willis, J. (1982). *Video in English Language Teaching.* Birmingham: University of Aston in Birmingham.

Compte, C. (1993). *La vidéo en classe de langue.* Paris: Hachette.

Cooper, R., Lavery, M. & Rinvolucri, M. (1991). *Video*, Oxford: Oxford University Press.

Deichsel, I. (1984). Ansätze für eine Didaktik des Bildes. In W. Bufe, I. Deichsel & U. Dethloff (eds.), *Fernsehen und Fremdsprachenlernen* (S. 185-208). Tübingen: Narr.

Denk, R. (1977). *Erziehung zum Umgang mit Medien.* Freiburg: Herder.

Eco, U. (1972). *Einführung in die Semiotik.* München: Finck.

Fougeyrolles, P. (1993). Préface. In M.-C. Vettraino-Soulard, *Lire une image* (S. 9-10). Paris: Colin.

Funke, P. (1990). Das Verstehen einer fremden Kultur als Kommunikationsprozeß. In *Die Neueren Sprachen, 89*, 584-596.

Grotjahn, R. (1997). Strategiewissen und Strategiegebrauch. Das Informationsverarbeitungsparadigma als Metatheorie der L2-Strategieforschung. In diesem Band.

Helbig, B. (1993). *Textarbeit im bilingualen Sachunterricht: Analysen zum deutsch-französischen Bildungsgang der Sekundarstufe I des Gymnasiums*. Bochum (unveröffentlichte Staatsarbeit).

Hellwig, K. (1990). Anschauen und Sprechen - freie und gelenkte Sprachwirkungen durch künstlerische Bilder bei Lernern des Englischen. *Die Neueren Sprachen, 89*, 334-361.

Hickethier, K. (1993). *Film- und Fernsehanalyse*. Stuttgart: Metzler.

Hill, D. A. (1990). *Visual Impact*. Harlow: Longman.

Hosch, W. & Macaire, D. (1991). Landeskunde mit Bildern. *Fremdsprache Deutsch 5*, 20-27.

Hosch, W. & Macaire, D. (1993). *Bilder in der Landeskunde*. Berlin: Langenscheidt.

Janßen-Holldiek, I. (1984). Redundante, assoziative oder komplementäre Bilder? Zur Problematik der Planung und Interpretation von Bild/Text-Bezügen. In W. Bufe, I. Deichsel & U. Dethloff (eds.), *Fernsehen und Fremdsprachenlernen* (S. 67-78). Tübingen: Narr.

Joly, M. (1994). *Introduction à l'analyse de l'image*. Paris: Nathan.

Jylhä-Laide, J. & Karreinen, S. (1993). Play it again, Laura: Off-Air Cartoons and Video as a Means of Second Language Learning. In K. Sajavaara & S. Takala (eds.), *Finns as Learners of English: Three Studies*. (Jyväskylä Cross-Language Studies 16). Jyväskylä: University of Jyväskylä.

Kellerman, S. (1992).'I see what you mean': The role of kinesic behaviour in listening, and implications for foreign and second language learning. *Applied Linguistics, 13*(3), 239-258.

Krashen, S. (1982). *Principles and Practice in Second Language Acquisition*. Oxford: Oxford University Press.

Kracauer, S. (1993). *Theorie des Films* (2. Aufl.). Frankfurt/M.: Suhrkamp.

Kuchenbuch, T. (1978). *Filmanalyse. Theorien, Modelle, Kritik*. Köln: Prometh.

Kunz, G. C. et al. (1992). Zur differentiellen Bedeutung kognitiver, metakognitiver und motivationaler Variablen für das effektive Lernen mit Instruktionstexten und Bildern. In H. Mandl & H. F. Friedrich (eds.), *Lern- und Denkstrategien. Analyse und Interpretation* (S. 213-229). Göttingen: Hogrefe.

Lancien, T. (1986). *Le document vidéo dans la classe de langue*. Paris: Clé international.

Lehrergruppe der Peter-Petersen Schule, Frankfurt (1989). Erfahrungen im Klassenraum. *Audio Visuell, 5*, 80-82.

Mainka-Terstegen, R. (1989). Die Fremdsprachenmedien des FWU - Konzeption, Materialien, Perspektiven. *Audio Visuell, 5*, 69-80.

MacWilliam, I. (1986). Video and language comprehension. *ELT Journal, 40*(2), 131-136.

Meinhoff, U. H. (1990). Verständnisstrategien für fremdsprachige Fernsehnachrichten. *Die Neueren Sprachen, 89*, 597-610.

Meutsch, D. (1990). Ein Bild sagt mehr als tausend Worte? Befunde zum Bildverstehen. In Deutsches Institut für Fernstudien (ed.), *Medien und Kommunikation. Konstruktionen von Wirklichkeit* (S. 45-83). Weinheim/Basel: Beltz.

Molitor-Lübbert, S. (1992). Mit Text und Bild informieren: zur Psychologie der Textproduktion. In W. Börner & K. Vogel (eds.), *Schreiben in der Fremdsprache* (S. 78-92). Bochum: AKS.

Multhaup, U. & Wolff, D. (1992). Prozeßorientierung in der Fremdsprachendidaktik: Statt einer Einleitung. In U. Multhaup & D. Wolff (eds.), *Prozeßorientierung in der Fremdsprachendidaktik* (S. 7-13). Frankfurt/M.: Diesterweg.

O'Malley, J. M., Chamot, A. U. (1990). *Learning strategies in second language acquisition.* Cambridge: Cambridge University Press.

Oxford, R. L. (1990). *Language Learning Strategies.* New York: Newbury House.

Paivio, A. (1971). *Imagery and verbal processes.* New York: Holt, Rinehart & Winston.

Piepho, H.-E. (1983). Englisch im Medienverbund mit dem Fernsehen. In Hessisches Institut für Lehrerfortbildung (ed.), *Fernsehen und Film im kommunikativen Fremdsprachenunterricht* (S. 4-13). Fuldatal: HILF.

Raabe, H. (1986). Video und filmspezifisches Arbeiten im Fremdsprachenunterricht. In Seminar für Sprachlehrforschung (ed.), *Probleme und Perspektiven der Sprachlehrforschung* (S. 113-132). Frankfurt: Scriptor.

Rampillon, U. (1985). *Lerntechniken im Fremdsprachenunterricht.* Ismaning: Hueber.

Riley, P. (1985). Viewing comprehension: l'oeil écoute. In P. Riley (ed.), *Discourse and Learning* (S. 332-344). London, New York: Longman., P.

Rubin, J. (1981). Study of cognitive processes in second language learning. *Applied Linguistics, 11*, 117-131.

Scherer, H. (1984). Audiovisuelle Informationsaufnahme. Eine theoretische Skizze. In W. Bufe, I. Deichsel & U. Dethloff (eds.), *Fernsehen und Fremdsprachenlernen*(S. 19-48). Tübingen: Narr.

Schilder, H. (1995). Visuelle Medien. In K.-R. Bausch et al. (eds.), *Handbuch Fremdsprachenunterricht* (3. Aufl., S. 312-314). Tübingen: Francke.

Schilder, H. (1995). Unterrichtsmittel und Medien. In K.-R. Bausch et al. (eds.), *Handbuch Fremdsprachenunterricht* (3. Aufl., S. 503-508). Tübingen: Francke.

Schwarz, M. (1992). *Einführung in die Kognitive Linguistik.* Tübingen: Francke.

Schwerdtfeger, I. C. (1989). *Sehen und Verstehen. Arbeit mit Filmen im Unterricht Deutsch als Fremdsprache*. Berlin: Langenscheidt.

Sharwood Smith, M. (1986). Comprehension versus acquisition: two ways of processing input. *Applied Linguistics, 7*, 239-256.

Singleton, D. (1992). Second Language Instruction: the When and How. In J. F. Matter (ed.), *Language Teaching in the Twenty-first Century: Problems and Prospects. Aila Review, 9*, 46-54.

Stempleski, S. & Tomalin, B. (1990). *Video in Action. Recipes for Using Video in Language Teaching*. New York: Prentice Hall.

Sturm, D. (1991). Das Bild im Deutschunterricht. *Fremdsprache Deutsch 5*, 4-11.

Vettraino-Soulard, M.-C. (1993). *Lire une Image*. Paris: Colin.

Vonesch, G.-W. (1994). Eduquer le regard. *Exchanges, Bulletin 1*, 3.

Weiand, H. J. (1978). *Film und Fernsehen im Englischunterricht*. Kronberg: Scriptor.

Weidenmann, B. (1988). *Psychische Prozesse beim Verstehen von Bildern*. Bern: Huber.

Weidenmann, B. (1990). Muss man Bilder lesen lernen? Empirische Untersuchungen zur Visual-Literacy-Kontroverse. In: K. Neumann & M. Charlton (eds.), *Spracherwerb und Mediengebrauch* (S. 133-147). Tübingen: Narr.

Willms, H. (1986). Spielfilme für die Jahrgangsstufen 5-8. In R. H. Richter (ed.), *Schulfernsehsendungen zum Fremdsprachenunterricht* (S. 10-14). Köln: wdr.

Winnenburg, W.(1993). Tafelbilder - Lernoptimierung durch wahrnehmungspsychologisch adäquate Gestaltung. In G. Otto (ed.), *Unterrichtsmedien, Friedrich Jahresheft* 11, (S. 6-9).

Wolff, D. (1992). Lern- und Arbeitstechniken für den Fremdsprachenunterrricht: Versuch einer theoretischen Fundierung. In U. Multhaup & D. Wolff (eds.), *Prozessorientierung in der Fremdsprachendidaktik* (S. 101-120). Frankfurt/M.: Diesterweg.

Wolff, D. (1990). Zur Bedeutung proceduralen Wissens bei Verstehens- und Lernprozessen im schulischen Fremdsprachenunterricht. *Die Neueren Sprachen, 89*, 610-625.

Wright, A. (1989). *Pictures for Language Learning*. Cambridge: Cambridge University Press.

Wright, A. & Haleem, S. (1991). *Visuals for the Language Classroom*. London: Longman.

Zimmer, H. D. (1984). Kognitionspsychologische Aspekte des Fremdsprachenerwerbs oder visuelle und verbale Komponenten der Wortbedeutung im Fremdsprachenerwerb. In W. Bufe, I. Deichsel & U. Dethloff (eds.), *Fernsehen und Fremdsprachenlernen* (S. 49-66). Tübingen: Narr.

Zimmermann, G. (1997). Anmerkungen zum Strategiekonzept. In diesem Band.

Be aware of awareness – oder: Beware of awareness? Gedanken zur Metakognition im Fremdsprachenunterricht der Sekundarstufe I

Ute Rampillon

1. *Language awareness* – ein neues Konzept für den Fremdsprachenunterricht?

Ein Anlass für die Entstehung der ursprünglich zuerst in Großbritannien geführten „awareness-Diskussion" waren Beobachtungen zur Situation englischer Schulen. Dort zeigte sich bei Untersuchungen unter anderem, dass jedes vierte Kind am Ende der Schullaufbahn des fremdsprachlichen Lesens und Schreibens im funktionalen Sinne nicht mächtig war.[1]

Chancen, diesen Tatbestand abzubauen, sah man darin, das fremdgesteuerte und eher konsumierende Lernen der Schülerinnen und Schüler zugunsten eines selbständigeren Erwerbens zurückzunehmen. *Knowledge about language* bzw. *awareness of language* sollten dabei eine nicht unbeträchtliche Rolle spielen.

Durch amerikanischen Einfluss – und in jüngster Zeit auch durch englische Arbeiten[2] – wurde dieser zunächst linguistisch verstandene Begriff erweitert um die Dimension der *literary appreciation*. Es ging nun darum, das Interesse Jugendlicher für Literatur zu wecken und schlug sich in einer heute in Amerika noch immer weit verbreiteten Textsammlung für den Schulgebrauch nieder, die unter dem Titel "Language Awareness" erschien.

In einer neueren Definition beschreiben schließlich James und Garrett den Terminus wie folgt:

> *Language awareness is a person's sensitivity to*
> *and conscious awareness of the nature of language*
> *and of its role in human life.*[3]

---

[1] Garrett, P. et al. (1992): Language Awareness: Wat is dat? *Language Awareness, 1*, S. 3.
[2] Stainton, C. (1992): Language Awareness: Genre Awareness – A Focused Review of Literature. *Language Awareness, 2*, S. 109 ff.
[3] James, C. & Garrett, P. (1992): The Scope of Language Awareness. In Dies. *Language Awareness in the classroom* (S. 4). London: Longman.

Garrett lieferte Übersetzungsvorschläge für den Begriff in verschiedenen Sprachen.

Danish: *sproglig bevidsthed*
Dutch: *taalverkenning*
French: *prise de conscience de phénomènes linguistiques*
German: *Sprachbewusstheit*
Russian: знанija o jazikе/знания о языке
Spanish: *conocimiento linguistico*

In allen Fällen bezieht sich die Bewusstheit auf das Nachdenken über Sprache und auf die Fähigkeit, darüber in einer Metasprache zu sprechen. In einem erweiterten Verständnis gehört zu ihr nicht allein das Wissen über korrekte linguistische Formen, sondern auch das Wissen über zielgerichtete sprachliche Prozesse sowie die Bewußtheit darüber, wie Sprache und soziale Macht einander beeinflussen können.[4] Die zunächst auf die Muttersprache bezogene Bedeutung des Begriffs wurde also im Laufe der Zeit ausgedehnt und auf Sprache generell bezogen. In jüngsten Veröffentlichungen zur *awareness*-Diskussion wird heute auch von britischer Seite das fremdsprachliche Lernen einbezogen.[5]

Die oben skizzierte Entwicklung fällt in der aktuellen deutschen Fachdiskussion auf fruchtbaren Boden. Nicht nur im pädagogische Sinne wird der Gedanke aufgegriffen, sondern er wird auch hier übertragen auf den Fremdspracherwerb. So fordert Piepho von den Fremdsprachenlernern die Reflexion über die Fremdsprache und meint damit das ordnende und deutende Nachdenken über sie. SchülerInnen müssen verständig darüber nachdenken lernen, ihre Erkenntnisse formulieren und wirksame Einsichten gewinnen können. Damit tritt Piepho ein für den Abbau tradierter Scholasmen und schulgrammatischer Gewohnheiten, die den erfolgreichen Spracherwerb eher behindern als fördern.[6]

Wolff zeigt überzeugend auf, welche Bedeutung Sprachbewusstheit im Zusammenhang mit der Fremdsprachenarbeit in der Grundschule, beim Begegnungssprachenkonzept und im bilingualen Lernkontext hat. Er führt weiter aus, dass Sprachbewusstheit auch im traditionellen Fremdsprachenunterricht der Sekundarstufe I bereits seit langem eine Nische gefunden hatte, nämlich im Grammatikunterricht. Er stellt jedoch die kritische Frage, ob die in der Schule eingesetzten Verfahren auch effizient und schülerangemessen sind und ob es nicht auch ganz andere Bereiche des Fremdsprachenerwerbs gibt, in denen *language awareness* eine Rolle spielen kann.[7]

---

[4] Ivanich, R. (1990): Critical language awareness in action. In R. Carter (ed.), *Knowledge about language and the Curriculum* (S. 127): London: Hodder and Stoughton.
[5] Jones, S. (1993): Cognitive Learning Styles: Does Awareness Help? A Review of the Literature. *Language Awareness*, 2(4), S.195 -207.
[6] Piepho, H.-E. (1992): Unveröffentlichtes Manuskript. Leipzig.
[7] Wolff, D. (1993): Sprachbewusstheit und die Begegnung mit Sprachen. *DNS*, 92(6), 516.

Wie Wolff weisen Hecht und Green darauf hin, dass *language awareness* in ihrer erweiterten Bedeutung deutlich über die in deutschen Lehrplänen (des Gymnasiums) anzutreffende „Sprachbetrachtung" hinausgeht und nicht mit dieser verwechselt werden darf.

"We hope, however, to have made it clear that, whilst language awareness (Sprachbewusstheit) and looking at language (Sprachbetrachtung) are not identical curricular aims, they have a great deal in common, e.g. problems of metalanguage, insight into the structures of language and communication, text types.
On the other hand, topics such as the development and application of different learning strategies, the causes and effects of errors, planned language comparison aimed at combating ethnocentrism, the role of language in society - topics which we would wish to subsume under language awareness - are on the whole absent from German curricula."[8]

Diese Auslegungen des Begriffs der *language awareness* machen deutlich, dass er keineswegs nur für englische GrundschülerInnen und -schüler und deren Muttersprache von Bedeutung ist, sondern dass er sehr wohl auch eine Rolle in unserem Fremdsprachenunterricht der Sekundarstufe I spielen sollte.

2. *Language Awareness* in der Sekundarstufe I

Wenn wir unsere Absicht ernst nehmen, SchülerInnen zu autonomen Benutzerinnen und Benutzern einer (oder mehrerer) Fremdsprachen zu erziehen, sie als Lern-Subjekte (und nicht als Lehr-Objekte) zu verstehen, dann muss selbstgesteuertes Lernen bereits in der Schule eingeführt und trainiert werden, um außerhalb der Schule und nach der Schulzeit wirksam zu sein. Dazu müssen die Lernenden darin Einblick gewinnen, wie eine Fremdsprache funktioniert und was sie in der Kommunikation bewirkt. Derzeit haben die Schülerinnen und Schüler im Schulalltag jedoch kaum eine Chance, sich dieser Prozesse bewusst zu werden, die beim Lernen wie auch beim Gebrauch der Fremdsprache ablaufen. Sie gehen durch den Fremdsprachenunterricht an der Hand des Lehrers und sind dabei weitgehend „kognitiv blind". Denn die LehrerInnen schreiben ihnen vor, was sie sagen sollen, was sie fragen wollen und was sie wann zu lernen haben.

Stattdessen müssen wir sie jedoch zu Reflexionen über die Fremdsprache führen und ihnen dabei verdeutlichen, dass Selbstbeobachtung und die Beobachtung anderer Lernender in ähnlichen Situationen immer wieder Anstöße für ein selbst-bewusstes Fremdsprachenlernen und -anwenden geben können. Solche Reflexionen wollen also keineswegs zurückführen in den alten grammatikalisierenden und kognitivierenden Fremdsprachenunterricht. Im Gegenteil: Sie sollen die SchülerInnen vom reinen Regellernen lösen, sollen sie zu eigenen Hypothesen ermutigen und sie über die Sprachbewusstheit zur Lernerautonomie führen.

---

[8] Nold, G. (1992): *Lernbedingungen und Lernstrategien* (S. 48). Tübingen: Narr.

Für den Fremdsprachenunterricht der Sekundarstufe I möchte ich *language awareness* vor allem drei fachdidaktischen Feldern des Fremdsprachenunterrichts zuordnen:

Language Awareness: Metakognitive Reflexionen zum Fremdsprachenlernen	
Linguistic awareness	sprachliche Kenntnisse sprachliche Fertigkeiten
Communicative awareness	Wissen über Funktionsweisen von Sprache: – Kommunikationsstrategien – Strategien der Körpersprache – Diskursstrategien – Dominanzstrategien und die Fertigkeit, diese Strategien zu deuten bzw. selber anzuwenden.
learning awareness	Wissen über Lern-, Denk- und Problemlöseprozesse und die Fertigkeit, diese Strategien zu deuten bzw. anzuwenden. – Stützstrategien – Primärstrategien – Instruktionsstrategien

– Abb. 1 –

Abbildung 1 gibt einen Überblick über die verschiedenen Bewußtheitsbereiche, an denen im Fremdsprachenunterricht gearbeitet werden sollte. Diese stehen grundsätzlich gleichgewichtig nebeneinander. Im derzeitigen Unterrichtsalltag hat jedoch der Bereich des deklarativen Wissens, also des Wissens um sprachliche Kenntnisse und Fertigkeiten, ein unzulässiges Übergewicht. Es sollte stattdessen verhältnismäßig mehr Raum gegeben werden für das exekutive und das prozedurale Wissen.

Die in der Abbildung und im folgenden vorgenommene systematische Trennung der Bewußtheitsfelder wird im Lernprozeß wie auch bei der Anwendung der Sprache aufgehoben. Sie werden im Unterricht miteinander verwoben, was u.a. auch ein ökonomisches Arbeiten ermöglicht.

2.1 *Linguistic awareness* (deklaratives Wissen)

Hiermit werden die sprachlichen Kenntnisse (Wortschatz, Grammatik, Rechtschreibung und Aussprache) angesprochen wie auch die vier Fertigkeiten (Hörverstehen, Leseverstehen, Sprechen, Schreiben). Beim Erwerb aller dieser Kenntnisse und Fertigkeiten ist es notwendig den Schülerinnen und Schülern Lernsituationen anzubieten, in denen sie eigene Hypothesen über die Mechanismen der Zielsprache bilden, diese im Verlauf ihrer Beobachtungen testen, kontrollieren, korrigieren, verwerfen oder auch als eigene Einsichten annehmen. Dabei entdecken sie z.B. selbständig Wortbildungsgesetze, verschiedene Lesestrategien etc. Die Bewusstmachung solcher Entdeckungen durch den Lehrer oder die Lehrerin hilft ihnen bei der Benutzung der Fremdsprache und trägt so zur Entwicklung ihrer sprachlichen Flexibilität und Wendigkeit bei, also letzlich zu ihrer fremdsprachlichen Autonomie.

2.2 *Communicative awareness* (exekutives Wissen)

Das exekutive Wissen bezieht sich auf die Anwendung der Fremdsprache in Kommunikationssituationen. Die o.a. Kenntnisse und Fertigkeiten sind *eine* Voraussetzung für das Gelingen fremdsprachlicher Kommunikation. Für Lernende einer Fremdsprache bedarf es jedoch gleichermaßen der Einsicht in vier weitere Bereiche um in diesen Situationen erfolgreich zu sein. Es handelt sich um
– Kommunikationsstrategien
– Strategien der Körpersprache
– Diskursstrategien
– Dominanzstrategien.

Alle diese Strategien erfordern die Sensibilität und Bewußtheit der Lernenden für die Prozesse, die bei der Benutzung der Sprache stattfinden und für Wirkungsweisen, die durch sie ausgelöst werden. Über diese Sensibilität können sie Erfahrungen darin sammeln, wie Sprache funktioniert und welche Strategien sie in der Kommunikation einsetzen können.

Kommunikationsstrategien
Kommunikationsstrategien werden in Gesprächssituationen eingesetzt, sobald eine kommunikative Lücke entsteht oder zu entstehen droht, d.h. wenn einem Sprecher ein Wort fehlt, wenn er sich falsch bzw. mißverständlich ausdrückt oder wenn er Unsicherheiten des Ausdrucks verspürt. Um den möglichen Zusammenbruch der Kommunikation zu vermeiden, können u.a die folgenden Strategien alternativ und ggf. auch additiv eingesetzt werden:
- Wortbildung
  Auf der Basis seiner impliziten Sprachbewusstheit erfindet der Sprecher Wörter in der Fremdsprache, indem er sich an anderen Elementen dieser Sprache oder an anderen (vor allem verwandten) Sprachen orientiert. Dabei erhofft er, dass der Gesprächspartner seine Redeabsichten erkennt.
- wörtliche Übersetzung
  Der Sprecher gibt dabei wörtlich in der Zielsprache wieder, was er sagen möchte und läßt dabei fremdsprachliche Gesetzmäßigkeiten und Besonderheiten außer Acht.
- Themenvermeidung
  Um eine Gesprächssituation linguistisch nicht zu überfrachten oder um sprachlichen Fehlleistungen und Unzulänglichkeiten aus dem Wege zu gehen, steuert ein Sprecher das Gespräch so, dass ein für ihn sprachlich schwieriges Thema vermieden wird.

- leere Wörter
  Sie dienen als sprachliche Füllwörter, wenn z.B. ein einzelnes Wort benötigt wird. Da sie semantisch leer sind, können sie durch den Kontext vielfältige Bedeutungen erhalten und sind daher multifunktional einsetzbar. Beispiele: *le truc* (frz.); *das Dings* (dt.); *the what's it* (engl.).
- Beschreibungen/Umschreibungen
  Fehlt dem Sprecher ein präziser Begriff, so kann er sich helfen, indem er an dessen Stelle eine Beschreibung, eine Umschreibung oder gar eine Definition benutzt. Auch Annäherungen durch semantisch ähnliche Wörter können einbezogen werden.

Die Bewusstheit der SchülerInnen darüber, dass sie sich im Ernstfall mit Kommunikationsstrategien helfen können, um eine Gesprächssituation zu meistern, gibt ihnen die notwendige Flexibilität und Sicherheit in der Fremdsprache.

Strategien der Körpersprache
Strategien der Körpersprache sind - je nach Zielsprache - für den Erfolg der Kommunikation von großer oder auch sehr großer Bedeutung. Sie sind eine Unterstützung beim Sprechen wie auch beim hörend-sehenden Verstehen. Die Körpersprache umfasst Gesichtsausdrücke und Körperbewegungen. Sie bezieht Körperhaltungen mit ein wie auch proxemische Signale, z.B. die relative Nähe der Gesprächspartner zueinander. Sie kann bei Sprechern unterschiedlicher Kulturen und Sprachen interkulturell unterschiedlich ausgeprägt sein und verschiedenartige Rituale einschließen, die für eine Nation typisch sind und deren richtige Deutung in der Gesprächssituation ausschlaggebend sein kann. Sensibilität für die Wahrnehmung und den Umgang mit derartigen Signalen ist eine wesentliche Voraussetzung für gelingende Kommunikation.

Diskursstrategien
Hierbei handelt es sich um Mechanismen, die ein Sprecher benutzt um ein Gespräch mit jemandem zu beginnen, um es aufrecht zu erhalten, es höflich zu unterbrechen oder bei Unterbrechungen wieder aufzunehmen und schließlich um es angemessen zu beenden. Dazu bedarf es nicht allein eines adäquaten Vokabulars, sondern auch des Wissens um bestimmte sprachliche Routinen, z.B. darum, dass beim Verabschieden die Formel "good-bye" nicht genügt, sondern dass höflicherweise zuvor sprachliche und aussersprachliche Signale gegeben werden, die den Partner auf das Ende des Gesprächs bzw. der Begegnung vorbereiten. Was jedoch Höflichkeit, Freundlichkeit etc. aus der Sicht der verschiedenen Kulturen bedeuten, kann sehr unterschiedlich sein und bedarf der mit einer Vielzahl von Beispielen verbundenen Vermittlung. Auf diese Weise kann dann dazu beigetragen werden, dass die SchülerInnen zu einer Bewusstheit über Interkulturalität gelangen, die u.a. auch für die Themenauswahl in Gesprächen von Bedeutung ist.

Um soziale Beziehungen durch Gespräche aufzubauen, sind „sichere" Themen von einiger Bedeutung. Themen, denen der Gesprächspartner zustimmen und in die er sich mit einbringen kann, fördern eine positive Beziehung zwischen den Sprechern. Als sichere Themen können solche angesehen werden, die sozio-kulturell angemessen sind, wie etwa das Gespräch über das Wetter, wenn es sich um Deutsche oder Engländer handelt.

Der erwachsene ausländische Benutzer einer Fremdsprache kennt diese Mechanismen vielleicht aus der Muttersprache. SchülerInnen müssen sie zunächst noch bewusst gemacht werden, ehe sie sie in der Fremdsprache – in sozio-kulturell abgewandelter Form – einsetzen können. Ohne die Bewusstheit für derartige Abläufe würden sie trotz linguistischer Kenntnisse ein Gespräch in der Zielsprache nicht angemessen führen können und sein Erfolg wäre ggf. in Frage gestellt.

Dominanzstrategien

Mit Dominanzstrategien sind solche gemeint, die dazu beitragen können zu diskriminieren und zu manipulieren. Sollen die SchülerInnen und Schüler auch durch den Fremdsprachenunterricht zu Mündigkeit und Emanzipation erzogen werden, müssen sie lernen, solche Strategien zu erkennen und zu durchschauen. Gewalt durch Sprache findet heute immer noch zwischen Männern und Frauen, zwischen Lehrern und Schülern, zwischen Eltern und Kindern, zwischen Chef und Untergebenen statt. Manipulation durch Sprache ist heute im Geschäftsleben, in der Politik leicht aufzuspüren. Die Sensibilität der SchülerInnen für Sprache und ihre Wirkungen kann schon im Kleinen, bei der Vermittlung des Einzelwortes im Fremdsprachenunterricht angebahnt werden, um dem Missbrauch der Sprache durch das Wissen um derartige Strategien entgegenzutreten.

2.3 *Learning awareness* (prozedurales Wissen)

Die Bewusstheit der SchülerInnen über ihr Lernen umfaßt das Wissen über Strategien des Lernens, des Denkens und des Problemlösens sowie die Fertigkeit, diese Strategien zu deuten und anzuwenden. Zu unterscheiden sind in diesem Bereich drei verschiedene Gruppen von Strategien:
– Stützstrategien (indirekte Strategien)
– Primärstrategien (direkte Strategien)
– Instruktionsstrategien.

Aus den Ergebnissen der Zweitsprachenerwerbsforschung können wir annehmen, dass Lernende die fremde Sprache aufbauen, indem sie die an sie herangetragenen Sprachdaten aufnehmen, analysieren, testen, rekonstruieren und automatisieren.

Für den Fremdsprachenunterricht bedeutet dies, dass der aktive Teil des Lernprozesses vor allem bei den SchülerInnen liegen muss und dass ein Unterricht, in dem der Grad der Steuerung durch den Lehrer oder die Lehrerin zugunsten anderer Hilfen deutlich zurückgenommen wird, diesen Prozess fördert.

Um diese Steuerung auch weitgehend selber übernehmen zu können, benötigen die SchülerInnen dafür geeignete prozedurale Kenntnisse.

Stützstrategien beim Fremdsprachenlernen
Stützstrategien beim Fremdsprachenlernen haben vor allem motivationale und dienende Funktion. Sie helfen den Lernenden, ihre individuelle Lernbereitschaft positiv zu beeinflussen. Sie tragen auch dazu bei, dass sie ihren persönlichen Lernprozess so arrangieren, dass er wirksam werden kann. Um dies zu gewährleisten, müssen die SchülerInnen folgendes Grundkenntnisse mitbringen:
– Wissen über die Funktion und die Struktur der verfügbaren Lernmaterialien und Lernhilfen.
– Wissen über eine sinnvolle Arbeitsplatzgestaltung
– Wissen über Zeitmanagement und indiviuelle Lernplanungen
– Wissen über psychologische Vorbedingungen zum erfolgreichen Lernen (u.a. Fragen der Selbstmotivation)
– Wissen um den persönlichen Lernstil.

Primärstrategien beim Fremdsprachenlernen
Primärstrategien beim Fremdsprachenlernen tragen dazu bei, dass sprachliche Kenntnisse und Fertigkeiten (wieder-)erkannt, erinnert, reaktiviert und transferiert werden können. Sie haben ihren didaktischen Ort in drei Hauptphasen des Fremdsprachenerwerbs: In der Phase der Aufnahme, der Verarbeitung und der Kontrolle fremdsprachlichen Wissens und Könnens. Die verschiedenen Lerntechniken und Lernstrategien können dabei sowohl die Fertigkeiten wie auch die linguistischen Kenntnisse betreffen.
Zur Beherrschung und Anwendung der Lerntechniken und -strategien wird von den Lernenden zunächst einmal die grundsätzliche Bereitschaft benötigt, sich über ihr eigenes Lernen Gedanken zu machen und auf der Metaebene ihre Einsichten dazu zu artikulieren. Bereits vom ersten Lernjahr an müssen sie an derartige analysierende Beobachtungen herangeführt werden, damit im Laufe der Zeit ein selbständiges Steuern und Kontrollieren durch sie selber möglich wird und sie eine Bewusstheit dafür entwickeln, dass sie im Lernprozess in der Regel zwei Aspekte gleichzeitig verfolgen müssen: Einmal die Sache, um die es geht, hier also die Fremdsprache; zum anderen aber auch den Prozess, in dem sie sich als Lernende einer Fremdsprache befinden. Im Fremdsprachenunterricht sollten sie daher wiederholt und systematisch Gelegenheiten geboten bekommen, um derartige kognitive Selbstbeobachtungen und Selbsterfahrungen machen zu können. Dann können sie entdeckend und forschend über Sprache reflektieren, durch Introspektion eigene Strategien ihres Spracherwerbs aufdecken, durch Gespräche mit anderen SchülerInnen die Vorteile, Probleme und Nachteile beim selbständigen Lernen diskutieren, ihr Lernen um weitere Strategien ergänzen und ggf. auch durch andere Lernverfahren ersetzen.

Im derzeitigen Schulalltag wird dieser Bereich jedoch weitgehend vernachlässigt. Wenn wir aber wollen, dass unsere SchülerInnen erfolgreich Fremdsprachen lernen, dann muss sich im Unterricht etwas ändern. Denn erfolgreiche SchülerInnen werden in der Literatur wie folgt gekennzeichnet:
• Sie verfügen über eine Vielzahl allgemeiner und spezifischer Lernstrategien und benutzen sie auf flexible und reflexive Weise.

- Zusätzlich zu Lernstrategien haben sie ein breites Weltwissen und können so im Lernprozess darauf zurückgreifen.
- Schließlich sind sich gute Lerner der Beziehung zwischen ihren persönlichen Anstrengungen beim Einsatz von Lernstrategien und ihrem Lernerfolg bewusst.[8]

Instruktionsstrategien
Selbsterfahrung und Selbstbeobachtung durch die Lernenden selber sind mit Gewissheit ein wichtiger Schritt zur eigenen Lernbewusstheit. Diese kann noch verstärkt werden durch Fremdbeobachtung und Imitation. Wenn die SchülerInnen im Fremdsprachenunterricht Muster und Modelle kennenlernen, wie der Lehrer oder die Lehrerin sie durch Instruktion an bestimmte Lernschritte heranführt, wie sie also z.B. induktiv zum Verständnis einer Grammatikregel geleitet werden, dann gibt ihnen das eine Orientierung für spätere selbständige Lernschritte. Dies wird vor allem dann gewährleistet, wenn die Lernenden sich auch während des Unterrichts auf der Metaebene bewusst machen, welche Lernschritte auf welche Weise und zu welchem Zweck und Ziel ablaufen. Wenn darüber hinaus der Lehrer oder die Lehrerin im Unterricht die Instruktionen in ihrer didaktischen Funktion noch erläutert, ist der Weg zum Durchschauen und Verstehen der Lernprozesse und zur eigenen Lernbewusstheit geöffnet. Besonders hilfreich ist es sodann, wenn der Unterricht so aufgebaut wird, dass den Lernenden zunehmend gezielte Phasen zum entdeckenden Lernen angeboten werden. Sie wecken Neugier und Entdeckerfreude bei den SchülerInnen und ermutigen sie zum selbständigeren und kreativen Umgang mit der Sprache.

Das induktive Denken und Lernen, das derzeit erneut im Mittelpunkt der pädagogischen Diskussionen steht, stellt hierbei eine wichtige Komponente dar. Auch ein Unterricht, der frageleitet ist, wobei die Fragen von den SchülerInnen ausgehen, unterstützt dieses Lernen.

Will der Unterricht sprachentdeckendes Lernen möglich machen, dann muss er den Schülerinnen und Schülern folgende Stufen prozeduralen Denkens wiederholt anbieten:

Stufen prozeduralen Denkens	mentale Aktivitäten	**Kommentare, Erläuterungen**
Problemfindung	Diskriminieren Identifizieren Selektion	Ungewohntes Wahrnehmen als Problem erkennen als Problem annehmen
Problemanalyse	Segmentieren Klassifizieren Hierarchisieren Distribuieren Transformieren Taxieren Opponieren	Begrenzungen vornehmen Einheiten bilden Kategorien bilden Kontexte erkennen sprachl. Teile ändern spez. Merkmale gewichten ausgrenzen

---

[8] Nold, G. (1922): Lernbedingungen und Lernstrategien (S. 48). Tübingen: Narr.

Problemlösung	Analogien erkennen Hypothesen bilden Hypothesen testen Transferieren Generalisieren	Deduzieren von Merkmalen und Relationen externes Feedback und selbst. Kontrolle

– Abb.2 –

Diese drei Stufen stellen nur einen Teil des gesamten Prozesses dar – wenn auch vielleicht den in diesem Kontext wichtigsten. Dennoch darf die ihm vorangehende Phase des *Planens* nicht übersehen werden. Hier entwickeln die SchülerInnen überhaupt die Bereitschaft, sich auf das selbständige Lernen einzulassen und auch darauf, außerhalb des regulären Unterrichts weitere individuelle Lernphasen vorzusehen. Hier werden auch organisatorische Überlegungen zu Lernzeiten, Lernhilfen, Lernorten etc. angestellt wie auch erste Orientierungen zu Lerngegenständen und Lernzielen gefunden, die in die zweite Phase des Reflektierens überleiten und die Stufe der Problemfindung vorbereiten. Bei Erreichen der Problemlösung sollte jedoch der Lernende den Lernprozess nicht beenden, sondern eine – ggf. mehrere – Phasen der *Kontrolle* seines Lernstandes anschließen. Die Ergebnisse dieses Schrittes können ihn in die erste Phase zurückführen, wo er evtl. weitere Lernschritte plant. Das bedeutet für das obige Schema, dass es sich nicht um eine eingleisige und gradlinige Abfolge von Stufen handelt, sondern eher um einen spiralförmigen Prozess.

3. *To be aware or unaware?*

In den vorangehenden Überlegungen wurde auf die Wichtigkeit der linguistischen, kommunikativen und prozeduralen Bewusstheit hingewiesen. Die Sensibilität der SchülerInnen für sprachliche Prozesse, die beim Erwerb und der Anwendung der Fremdsprache ablaufen, wurde als besonders wichtig für den Lernerfolg dargestellt. Die SchülerInnen sollen daher auf zwei Ebenen lernen: der sachbezogenen und thematischen Ebene wie auch auf der operativen Ebene. Selbstbeobachtung und Selbsterfahrung (*consciousness raising*) sind dabei wichtige Stichworte.

Wenn es Ziel des Fremdsprachenunterrichts ist, die Lernenden zu größtmöglicher Selbständigkeit zu führen und gleichzeitig ihre kommunikative Kompetenz möglichst weitgehend zu entwickeln, dann dürfen sie nicht auf der Stufe der Bewusstheit verharren, sondern müssen die genannten Bereiche verinnerlichen. Einsichten und Erfahrungen, die sie bewusst erworben haben, müssen sich verselbständigen, um letztlich unbewusst in den fremdsprachlichen Lernprozess einfließen zu können.

Ihre linguistischen Erfahrungen, z.B. über das Funktionieren von Wortbildungsgesetzen, werden die Lernenden in Kommunikationssituationen „automatisch" anwenden und zuvor nicht mehr darüber nachdenken, ob sie die Kommunikationssituation nun durch das Bilden von Analogien oder auf andere Weise meistern wollen.

In sprachlich schwierigen Kommunikationssituationen werden die Lernenden wie selbstverständlich Kommunikationsstrategien anwenden ohne sich zuvor bewusst zu vergegenwärtigen, ob sie nun z.B. eine Umschreibungsstrategie oder lieber die Strategie des *code-switch* einsetzen möchten.

Beim Nachschlagen von Vokabeln werden sich fortgeschrittene Lernende – ohne jede Metareflexion – durch die Leitwörter auf jeder Wörterbuchseite steuern lassen und nicht erst über Lerntechniken bei der Benutzung von Wörterbüchern nachdenken.
In einem alltäglichen fremdsprachlichen Gespräch werden sie nur selten als erstes darüber nachsinnen, welche Diskursstrategien auszuwählen sind um sich mit jemandem zu unterhalten. Noch weniger werden sie sich während des Gesprächs *bewusst* Gedanken über interkulturelle Aspekte machen.
Statt einer Reflexion zu den verschiedenen Bereichen werden die Lernenden ihre zunächst bewusst erworbenen Einsichten und Erfahrungen unmittelbar einbringen, denn ihr explizites Wissen ist zu implizitem Wissen, zu Verhaltensweisen, ja, vielleicht sogar zu Haltungen geworden.
Dies gilt z.B. für den Bereich der kommunikativen Bewusstheit. Hier entwickeln die SchülerInnen im Laufe des Spracherwerbs Einstellungen und Haltungen, die sie zu bestimmten Verhaltensweisen veranlassen.
Vergleichbares gilt für die Bewusstheit beim Lernen: Die SchülerInnen entwickeln schließlich eigene Lernstile und Lerngewohnheiten, die sie im Lernprozess und in der Anwendung der Fremdsprache deutlich entlasten.

Die Konsequenz aus diesen Überlegungen besteht darin, dass zwar im Laufe des Fremdsprachenunterrichts die Bewusstheit der SchülerInnen in den unterschiedlichen Feldern gezielt thematisiert und entwickelt werden muss. Dabei müssen die Lernenden so zahlreiche Übungsmöglichkeiten und Anwendungsgelegenheiten haben, dass das explizite Wissen verinnerlicht wird. Am Ende dieses Prozesses steht dann jedoch der Schüler und die Schülerin, der/die erworbene Haltungen, Einstellungen, Stile und Gewohnheiten auf beinahe „natürliche" Weise und unbewusst in die eigene Lernersituation einbezieht.
Die Antwort auf die eingangs gestellte Frage sollte also lauten:
First be aware – then unaware.

Literaturhinweise

Fairclough, Norman (Ed.): *Critical Language Awareness*. London: Longman. Garret, Peter et al. (1992): *Language Awareness: Wat is dat?* In: *Language Awareness*, Heft 1.

Ivanich, R. (1990): *Critical Language Awareness in Action*. In: Carter, R. (ed.) (1990): *Knowledge about Language and the Curriculum*. London: Hodder and Stoughton. James, Carl/Garret, Peter (Ed.) (1991): *Language Awareness in the Classroom*. London: Longman.

Nold, Günther (Hg.) (1992): *Lernbedigungen und Lernstrategien*. Tübingen: Narr. Rampillon, Ute (1994): *Language Awareness – eine Orientierung für den Fremdsprachenunterricht der Sek. I*. In: *Der fremdsprachliche Unterricht / Englisch*, Heft 4, S. 43f.

Stainton, C. (1992): *Language Awareness: Genre Awareness – A Focused Rewiev of Literature*. In: *Language Awareness*, Heft 2, S. 109ff.

Wolff, Dieter (1993): *Sprachbewußtheit und die Begegnung mit Sprachen*. In: *Die Neueren Sprachen*, 92 (6), S. 516.

Wright, Tony (1994): *Investigating English*. London, New York, Melbourne, Auckland: Arnold.

Sprachverarbeitungs- und Erwerbsstrategien im Fremdsprachenunterricht unter Einsatz bewusstmachender Vermittlungsverfahren

Bernd Rüschoff

0. Vorbemerkung

In dem vorliegenden Beitrag geht es um innovative Wege des Sprachlernens und des Erwerbs von Fremdsprachen im Kontext neuer Informations- und Kommunikationstechnologien. Dabei werde ich versuchen zu verdeutlichen, dass sich gerade aus den innovativen Möglichkeiten der Nutzbarmachung der Neuen Technologien auch weiterentwickelte Ansätze für die Vermittlung von Fremdsprachen und neue Wege des Lernens ergeben können. Ausgehen möchte ich dabei von modernen Ansätzen des Spracherwerbs, bei dem es nicht vordringlich um das bloße Üben und die Umsetzung von Fertigkeiten im Sinne einer traditionellen kommunikativen Didaktik geht, sondern um die Aktivierung von Sprachverarbeitungsprozessen und die Umsetzung entsprechender Erwerbsstrategien.

Es handelt sich dabei um Lernen im Sinne einer Fremdsprachendidaktik, die prozessorientiertes und projektbasiertes Lernen unter Nutzung möglichst authentischer Materialien im Kontext authentischer Aufgabenstellungen fordert. Ein solcher Ansatz wird in jüngerer Zeit immer häufiger von Didaktikern diskutiert, die sich mit den Defiziten einer rein unter dem Schlagwort „kommunikatives Lernen" operierenden Didaktik auseinandergesetzt haben (vgl. Wolff, 1994). Die Frage, ob und in welcher Form die neuen Technologien einen solchen Ansatz fördern können, wird in diesem Beitrag besprochen.

In diesem Zusammenhang sollen zunächst einige Aussagen zum theoretischen Hintergrund der im zweiten Teil des Beitrages zu beschreibenden Anwendungs- und Nutzungsbeispiele gemacht werden. Konkret beschreiben möchte ich in diesem zweiten Teil

- die Arbeit mit CD ROM-gestützten Textdatenbanken und Multimedia-Resourcen;
- die Nutzung von Werkzeugen zur Aufbereitung von bzw. der Arbeit mit authentischen Materialien aus solchen Quellen;
- das Lernen mit Hypertextssystemen und interaktiven Multimedia Systemen für das Hörverstehen, wobei auch Aspekte des Lese- und Sehverstehens eine Rolle spielen.

Abschließend werde ich mich kurz zu der Nutzung der in Teil zwei angesprochenen Beispiele im Sinne einer *teacher resource* für Lehrende einerseits und einer *task-base* für Lernende andererseits äußern.

1. Zum theoretischen Hintergrund

Sicher wird heutzutage niemand mehr den Spracherwerbsprozess als eine bloße Abfolge assoziativer Lernsequenzen beschreiben wollen. Wie Monika Schwarz in ihrer Einführung in die Kognitive Linguistik schreibt, wurde ein solcher Ansatz schon früh „... als inadäquat zurückgewiesen, da er weder die strukturellen Gesetzmäßigkeiten von Sprache, noch die Kreativität, die unsere Sprachfähigkeit auszeichnet, erklären kann" (Schwarz, 1992, S. 103). So betont z.B. Diane Larsen-Freeman, dass sich Sprachlernen weder auf *habit formation* oder auch *rule formation* reduzieren läßt, weist aber darauf hin, dass beide Bereiche in Teilbereichen des *Second Language Acquisition* (SLA) ihre Funktion haben. Sie beschreibt SLA als einen Prozess, in dem vor allem auch *concept learning* relevant ist. Das heißt also, dass auch und gerade der Erwerb von Sprachbewusstheit und die Anwendung von Strategien zum Erwerb und zum Umgang mit Sprache und zur Sprachproduktion für das Sprachlernen von großer Bedeutung sind.

Sie sagt allerdings auch "... with language as complicated as it is, we should not expect the process of language acquisition to be any less complicated" (Larsen-Freeman, 1991, S. 15). Wenngleich es also auch heute noch keine allgemeingültige Theorie des Erlernens und Erwerbens von Sprache gibt, so kann man doch vor dem Hintergrund von lernpsychologischen Untersuchungen und allgemeiner kognitionspsychologischer Ansätze einige Thesen herausarbeiten, die immer mehr Zustimmung finden. Ausgangspunkt ist dabei, dass die Mängel einer rein kommunikativen Didaktik immer offensichtlicher werden und sich eine solche in Reinform auch nie im Schulalltag hat etablieren können. Wolff führt dazu aus, dass viele „... Theoretiker den ... Grundprinzipien der kommunikativen Didaktik mit mehr und mehr Skepsis gegenübertreten", was aber nicht zu einer Rückkehr zu alten Prinzipien geführt hat, sondern „zu neuen Überlegungen, zu neuen Ansätzen" (Wolff, 1994, S. 13).

Wie aber soll denn Sprachlernen im Kontext solcher neuen Überlegungen definiert werden. Corder führte schon 1981 aus: "Efficient language teaching must work with, rather than against, natural processes, facilitate rather than impede learning" (Corder, 1981, S. 7). Davon ausgehend verstehe ich in diesem Zusammenhang Sprachlernen und Spracherwerb als einen interaktiven, dynamischen Prozeß, bei dem Elemente kognitiven Lernens und konstruktivistische Verfahren des Erfahrens von Informationen und der Informationsverarbeitung und vor allem -aufbereitung aktiv miteinander wirken. Das heißt dann auch, dass Spracherwerb nicht nur ein bloßer Rekonstruktionsprozeß im Sinne generativer Grammatiktheorien ist, sondern ein Prozess, in dem Lernende vorhandene Sprachkompetenz in Verbindung mit prozeduralen und deklarativen Schemata aktivieren, um auf der Grundlage zu verarbeitender

Sprachmaterialien und durch das Zusammenwirken all dieser Faktoren neues sprachliches Wissen zu erarbeiten.

Piaget formulierte die Grundlage eines solchen Ansatzes wie folgt: " ... we consider all cognitive acquisitions, including language, to be the outcome of a gradual process of construction" (Piaget, 1983, S. 110. zitiert in Schwarz, 1992). Und für die moderne Kognitionspsychologie wird immer wieder betont, dass sie „... den Menschen in seiner Eigenschaft als informationsverarbeitendes System untersucht" (Strube et al, 1990, S.115). Für das Lernen und Erwerben einer Fremdsprache heißt das jedoch, dass Sprachlernen nicht einfach auf die Notwendigkeit des Umgangs mit Sprache in kommunikativen Situationen beschränkt werden darf, sondern dass Lernen zusätzlich in einer Form organisiert werden sollte, in der sich Lernende eigenständig mit Sprache auf der Grundlage möglichst authentischer Materialien auseinandersetzen können. Ein solcher Ansatz ist für den Erwerb von Sprachkompetenz ebenso wichtig. Um ihm gerecht werden zu können, scheinen mir Forderungen nach prozessorientiertem und projektbasierten Lernen eine logische Konsequenz zu sein.

Nun stellt sich natürlich die Frage, inwieweit die Neuen Technologien der Informations- und Datenverarbeitung für einen Spracherwerbsprozess nutzbar gemacht werden können, der auf den hier skizzierten Prinzipien beruht. Und schließlich geht es darum, wie sich denn dieser didaktische Ansatz in praktisch realisierbare methodische Verfahren und unterrichtliches Verhalten bzw. entsprechende Lernprozesse umsetzen lässt. Hier haben die Neuen Technologien sicher einiges zu bieten, wenn man, um in einem Bild zu sprechen, sich nicht von den Beschränkungen einiger weniger auf kleine Disketten gebannter bits und bytes in Form traditioneller Drills und Übungen in seiner Phantasie einschränken lässt. Traditionelle CALL-Programme für das *Computer Assisted Language Learning* haben nur wenig gemein mit der Nutzung dieser Technologien im Sinne eines *Technology Enhanced Language Learning* (TELL), wo es mehr und mehr um das Fördern und Stützen oder gar erst Aktivieren, Bewusstmachen und Umsetzen von für den Spracherwerbsprozess notwendigen Strategien bzw. Lern- und Arbeitsformen geht.

In diesem Zusamenhang kommt der Rolle der Lernenden nicht nur als aktiv an Kommunikation Beteiligten, sondern vor allem als selbständig handelnde und eigenverantwortlich entdeckende und experimentierende „Forscher" große Bedeutung zu. Carroll betont schon 1973 als wichtige Fertigkeit der Lernenden "the ability to examine language material and from this to notice and identify patterns of correspondence and relationships involving either meaning or syntactic form." Und gerade hier, so möchte ich in diesem Beitrag zeigen, bieten die Neuen Technologien eine Fülle von Möglichkeiten, manche der in diesem Kontext propagierten Forderungen einer modernen prozeßorientierten Didaktik mit lerneraktivierenden Elementen überhaupt erst praktisch umsetzbar zu machen.

Was die Realität des Computereinsatzes im Schulalltag betrifft, so wird hier häufig von der Überzeugung ausgegangen, „... dass Übung auch außerhalb der konkreten kommunikativen Anwendungssituation zum notwendigen Prozess des Automatisierens von sprachlichen Wissen beiträgt ..." (Schmidt-Schönbein, 1993, S. 119). Ein solcher Grundsatz geht einerseits in Richtung der eben genannten Vorstellung, darf aber nicht auf das bloße Automatisieren von Wissen beschränkt bleiben. Im Schulalltag scheint ein solcher Ausgangspunkt allerdings oft lediglich dazu zu führen, dass beim CALL nur auf traditionelle Übungspakete zurückgegriffen wird. Denn „... zur Einübung fester fremdsprachlicher Strukturen und Sprachmuster bietet [der Computer] ... mehr Möglichkeiten, als die bisher üblichen Übungsbücher" (Pietsch-Meister, 1993, S. 137). Sicher haben solche traditionelle Materialien auch ihren Platz im Ensemble der Möglichkeiten Neuer Technologien, etwa für das remediale Üben und Wiederholen, aber das ist m.E. nur ein ganz kleiner Aspekt und hat mit einem durch diese Technologien möglichen Innovationsschub im Sprachlernen und -erwerb recht wenig zu tun. Schließlich betonte Francis Di Vesta schon 1974, "Studying, learning, reviewing and recalling are not simple input-output activities any more than using language is." Sicher ist auch die Nutzung computergestützter Übungsmaterialien in Form traditioneller *drills* und *exercises* für manche Lernertypen durchaus sinnvoll und effektiv. Ich meine allerdings, dass durch den allmählichen Einsatz auch weitergehender Arbeitsformen und Aufgabenstellungen im Sinne der im zweiten Teil dieses Beitrags vorgestellten Materialien die Erweiterung des Lernhorizonts und die Weiterentwicklung der Lernstrategien und Arbeitstechniken von Lernenden ein wichtiger Aspekt der Nutzbarmachung Neuer Technologien für diesen Bereich sein sollte.

Freiwillig werden im Bereich der Technologienutzung aber immer noch Einschränkungen akzeptiert, wo es diese m.E. so nicht gibt. „Die Grenzen [des] Einsatzes [sind] durch das Medium selbst festgeschrieben. Eine freie, von Spontaneität lebende Kommunikation wird man mit dem Computer wohl kaum erreichen können" (Pietsch-Meister, 1993, S. 137). Gerade diese Aussage beruht, so meine ich, auf einem Mißverständnis dessen, was Sprachlernen im Dienste einer kommunikativen Kompetenz eigentlich ist, bei der es um "knowledge and ability" (Widdowsen, 1989) geht. Das Postulat eines Sprachlernens im Sinne von "Language Learning is Language Use" (Ellis, 1985) beschränkt sich eben nicht nur auf das freie, spontane Kommunizieren. Zur Entwicklung von sprachlichen Fertigkeiten und kommunikativer Kompetenz gehört ja auch das, was Dieter Wolff mit Sprachbewusstheit bezeichnet. „Sprachbewusstheit muss gefördert werden über entdeckendes Lernen, über aktives Erforschen der fremden Sprache durch Schüler (Entdecken von sprachlichen Regelmäßigkeiten in bereitgestellten Materialien, ..., Erforschen sprachlicher Gegebenheiten in der Umwelt etc.)" (Wolff, 1994, S. 20).

Dabei geht es dann aber nicht nur um das Vermitteln und den Erwerb rein faktisch-sprachlichen Wissens, also von *competence* im allgemeinen Sinne. Auch prozedurales Wissen in Hinblick auf die Umsetzung dieses Wissens in Sprechakte auf der Grundlage pragmalinguistischer *ability* ist ein relevanter Aspekt. Zusätzlich ist aber von besonderer Bedeutung, wie bereits angedeutet, der Bereich des Erwerbs und der Anwendung entsprechender Lernstrategien und Arbeitstechniken im Sinne des „Lernen lernen." Ein solcher Ansatz scheint sich mittlerweile auch bei manchen Anwendungen in der Schulpraxis durchzusetzen. So verweist Gisela Schmidt-Schönbein in ihrem oben zitierten Beitrag in der Übersicht über für das Sprachlernen nutzbare Software auch auf die Möglichkeit, Lernenden per Computer sprachliche Daten bereitzustellen und von diesen bearbeiten und selbst verwalten zu lassen. Sie spricht dabei u.a. auch Konkordanzprogramme an, auf die ich im zweiten Abschnitt meines Beitrages zu sprechen komme.

In diesem Sinne ist dann auch das Üben „außerhalb der konkreten kommunikativen Anwendungssituation" zu verstehen als Arbeit mit und an der zu erwerbenden Sprache, bei dem es nicht nur um das Automatisieren und Festigen von sprachlichem Wissen, sondern auch und gerade um das Bewusstmachen von und die aktive Arbeit mit Spracherwerbsstrategien geht. Für das selbständige Arbeiten u.a. mit technologiegestützten Werkzeugen spricht zusätzlich, was Peter Skehan für diesen Bereich ganz allgemein formuliert: "There is some evidence that the best studied strategies, and the ones that have the clearest effect, are performance based" (Skehan, 1989, S. 95).

2. Praktische Anwendungs- und Nutzungsmöglichkeiten

Wo also liegt das Potential der Neuen Technologien für ein prozessorientiertes und projektbasiertes Sprachlernen, das auf der Grundlage der hier skizzierten theoretischen Grundlagen basiert? Wie bereits eingangs erwähnt, werde ich mich trotz der zahlreichen Möglichkeiten und Anwendungsbeispiele, die es m.E. gibt, in diesem Teil auf drei Bereiche beschränken. Neben der Arbeit mit CD ROM-gestützten Textdatenbanken und Multimedia Resourcen und der Nutzung von Werkzeugen zur Aufbereitung von bzw. der Arbeit mit authentischen Materialien aus solchen Quellen sollen dabei auch Möglichkeiten des Lernens mit Hypertextssystemen und interaktiven Multimedia Systemen für das Hörverstehen und Sehverstehen kurz angesprochen werden.

2.1 CD-ROM-gestützte Textdatenbanken

Für den Bereich des Aktivierens und Übens bzw. das Umsetzen von Spracherwerbsstrategien bieten textbasierte und auch multimedia-gestützte Datenbanken auf CD-ROM-Datenträgern, d.h. sogenannte lokale Datenbanken, besondere Möglichkeiten. Dabei wird insbesondere der Forderung nach Authentizität der Inhalte und Aufgabenstellungen im Sprachunterricht Rechnung getragen. Auch das Problem der Handhabbarkeit wirklich authentischer Textdokumente beispielsweise aus dem englischsprachigen Raum relativiert sich, da über entsprechende Aufgabenstellungen die Aufmerksamkeit der Lernenden so gezielt gelenkt werden kann, dass auch sprachlich über dem Niveau der Lernenden stehende Texte genutzt werden können.

Solche Textdatenbanken werden auf CD-ROM mittlerweile von vielen englischen, amerikanischen, aber auch französischen und deutschen Zeitungen und Zeitschriften angeboten. Dies geschieht teilweise in Form kompletter Jahresausgaben aller Texte und auch der Photos einer Publikation. An dieser Stelle sei nur auf die TIMES/SUNDAY TIMES und den GUARDIAN, sowie auch auf die WASHINGTON POST und die französischen Tageszeitung LE MONDE verwiesen, da diese preislich auch in einem für öffentliche Bildungseinrichtungen realistischen Rahmen liegen. Zusätzlich werden mehr und mehr Datenbanken in Form von aufbereiteten bzw. speziell für Schulen zusammengestellten Textkorpora auf CD-ROM veröffentlicht, wie etwa CHANGING TIMES (Englisch) oder AUTOLIRE (Französisch).

Wie aber, so die zunächst berechtigt erscheinende Frage, sollen Sprachlernende mit solch komplexen Textmaterialien umgehen, diese verarbeiten und dabei auch noch die Fremdsprache lernen können? Aus diesem Grunde halte ich den Hinweis von Jeromy Fox für besonders wichtig, der betont: CD-ROMs "... offer an excessive amount of information. ... Teachers will need to devise tasks containing guidance as to how learners can limit their searches" (Fox, 1992, S. 17).

Dazu ein Beispiel: In einer Unterrichtsreihe zum Thema „Rassismus" tauchen in den von einer Lehrperson benutzten Textmaterialien und Dokumenten immer wieder unterschiedliche englische Bezeichnungen auf, die etwas mit Heimat, Herkunftsland, Vaterland etc. zu tun haben. Wörter also, wie *fatherland, motherland, homeland, mother country, home country*. Bei diesem Wortfeld reicht es ja nicht, den Lernenden nur die Bedeutung dieser Begriffe abstrakt zu vermitteln, sondern Ihnen muss auch die Möglichkeit gegeben werden, entsprechende Konnotationen und feine Unterschiede in deren Verwendung zu ermitteln.

Der Auftrag, ein einsprachiges Wörterbuch zu konsultieren, bringt den Lernenden nicht viel, da sie dort nur wenig differenzierende Definitionen finden. Die Begriffe werden im Collins *COBUILD English Language Dictionary* (PONS) beispielsweise fast identisch umschrieben:

– *fatherland* *is the country in which one's ancestors were born.*
– *motherland* *is the country in which you were born.*
– *homeland* *is your native country.*
– *etc.*

Zu *homeland* findet sich zwar eine zweiter Verweis bezogen auf Gebiete unter schwarzer Selbstverwaltung in Südafrika, aber auch diese Information trägt nur teilweise zur Klärung des Problems bei.

Für die Lehrperson ergibt sich mittels CD-ROM-gestützter Textdatenbanken nun folgende Möglichkeit. Erstens können per Recherche aus den Artikeln der TIMES oder anderer o.g. Zeitungen in Sekundenschnelle alle Fundstellem mit diesen Begriffen herausgefiltert werden. Diese können von den Lernenden entweder direkt analysiert werden, d.h. sie suchen und analysieren entsprechende Textstellen eigenständig und stellen besonders aussagekräftige Zitate für die Klasse selbst zusammen, oder sie werden von der Lehrperson recherchiert und auf einem Arbeitsblatt zusammengestellt. Die Aufgabenstellung ist also, aus entsprechenden Kontexten Rückschlüsse über die genaue Bedeutung, Konnotation oder Anwendung der Begriffe oder des zu klärenden Wortfelds zu ziehen.

Natürlich handelt es sich dabei um Textauszüge, die aus authentischen Quellen stammen und damit sprachlich sehr anspruchsvoll sind. Da allerdings die Aufmerksamkeit der Lernenden gezielt auf eine Analyse der Kontexte dieser Begriffe in Hinblick auf größere oder kleinere Unterschiede in deren Bedeutung und Anwendung gelenkt wurde, sind solche Zitate verarbeitbar. Es geht ja nicht darum, das gesamte Zitat in seiner vollständigen Bedeutung zu erfassen, sondern darum, z.B. durch eine Strategie des *skimming for jist* den Textauszug nach Schlüsselworten zu durchforsten und so Rückschlüsse auf die Bedeutung des jeweiligen Begriffs zu ziehen. Gleichzeitig werden bei dieser Art der Wortschatzarbeit eine Vielzahl an Verstehensstrategien aktiviert und auch trainiert, wie Hypothesenbilden und -überprüfen, Inferieren, Crossreferencing etc.

Nur auf diese Weise erarbeiten sich Lernende tatsächlich ihre eigenen Begrifflichkeit zu einem Wortfeld (oder bei anderer Aufgabenstellung eines syntaktischen Phänomens) und speichern diese Begrifflichkeit mit den dazugehörigen sprachlichen Merkmalen dann so, dass sie auch in einem neuen Kontext wieder aktiviert werden können. Gerade so können die o.a. Elemente kognitiven Lernens und konstruktivistische Verfahren des Erfahrens von Informationen und der Informationsverarbeitung und vor allem Aufbereitung aktiviert werden und zusammenwirken. Eine Erweiterung wäre denkbar, indem man Lernenden eine Auswahl von Definitionen aus Wörterbüchern gibt und sie auffordert, auf der Grundlage der Analyse der Textstellen jeweils bessere Umschreibungen der Wortbedeutung und geeignete Beispielkontexte zusammenzustellen.

Abgesehen von diesem auf konkrete Wortschatzarbeit bezogenen Anwendungsmöglichkeit bieten die hier erwähnten Textdatenbanken natürlich eine schier grenzenlose Quelle zusätzlich zu vorhandenen Lehrwerken einsetzbarer Materialien. Themenbereiche können ohne viel Suchaufwand für Lehrpersonen oder Lernende jeweils unter Mitbenutzung aktuellster Texte bearbeitet werden. Der Vorteil elektronischer Textdatenbanken gebenüber einem gedruckten Reader mit *topical texts* ist neben der wirklichen Aktualität und der schnellen Suche auch die Tatsache, dass alle Texte bzw. Fundstellen von Lehrpersonen wie SchülerInnen von der CD-ROM direkt in die Textverarbeitung übernommen und dort weiterverarbeitet werden können. Somit ergeben sich vielfältige Möglichkeiten, diese Texte in eine Form zu bringen, die dem Wissenstand und Sprachniveau der jeweiligen Lernergruppe entspricht.

2.2 Das Werkzeug Konkordanz

Eine weitere Möglichkeit der Nutzung von Textdatenbanken im Sprachunterricht ergibt sich aus der Möglichkeit, die dort enthaltenen Materialien mittels unterschiedlicher Werkzeugprogramme für die Arbeit in einer Klasse aufzubereiten. Mit Hilfe eines Konkordanzprogramms können beispielsweise in kürzester Zeit Fundstellen eines Suchworts und eine Reihe unmittelbarer Kontexte aus solchen Texten herausgefiltert werden. Diese Kontexte sind auf jeweils eine Textzeile beschränkt. Auch hier wird die Wortschatzarbeit oder Grammatikarbeit auf der Grundlage authentischer Texte eine realistische Option. Will man Lernende z.B. den Bedeutungsunterschied zwischen den Worten *clothes*, *cloths*, und *clothing* selbst erschließen lassen, so bietet sich folgende Konkordanzliste an:

```
ied as she jumped up and seized the  table-cloth with both hands:   one good pull
andwiches that remained with a damp   cloth.  'Mr McQuaid's room is ready," Maggie
sheep and wool and cattle. A white    cloth was spread on the table, homemade bre
the open window sash. He pulled the   cloth of the screens aside and peered into
as bolsters, blankets, hearth-rugs,   table-cloths, dish-covers and coal-scuttles
y mother was kept busy making altar   cloths, stoles, and a perfectly fashioned s
side of the road, they hang fish on   clothes lines and then eat them dry. The cl
hese families began to make all the   clothes their families needed, thus increas
 to display this wealth through her   clothes, manner and life style. The birth o
There is almost no other furniture.   Clothes hang on a line at one side of the r
nd for their children. </qt> Making   clothes for each other is a traditional ple
 could I wait while she changed her   clothes. When she returned she was dressed
to clothes. Unlike western fashion    clothes, whose form and variations are depe
bviously symbolic part of a woman's   clothes. Its function is basically to cover
 their mothers-in-law insisted. The   clothes people wear always have a symbolic
symbolism is extremely formalised.    Clothes are made with the family's approval
stern stuff, unsuitable for women's   clothing. And even outfits which are quite
joint venture with the Pamplemousse   Clothing Company, opened seven Anonymous st
t. We had very little experience in   clothing design at that stage, although we
airman of Hepworths, it had its own   clothing plant and it either produced too m
utside we had all the food, all the   clothing, the skis, the chutes. Everything.
```

Diese Liste ist innerhalb weniger Minuten zusammengestellt und ausgedruckt.

Gerade die Nutzung von Konkordanzen entsprechen der Technologienutzung im Sinne eines prozeßorientierten Lernens. Hier haben Lernende die Möglichkeit, als „Sprachdetektive" (Johns, 1986) Erkenntnisse über Sprachstrukturen, Bedeutungen oder auch Funktionen und Beziehungen sprachlicher Elemente selbst zu entdecken. Aus beliebigen in digitaler Form, d.h. auf Diskette oder CD-ROM, vorliegenden Textdateien können in Sekundenschnelle sprachliche Elemente in unterschiedlichen Formen und auch in Verbindung mit bestimmten Kontexten herausgesucht werden. Geht es zum Beispiel um die Unterscheidung zwischen some und any, so ist folgendes Arbeitsblatt in wenigen Minuten erstellt:

```
o your own copies.   We want to know if  any mistakes you find, so we can correct
ject Gutenberg nor Duncan Research has    any official connection with the Univers
es are not to distribute this file for    any more cost to the user than $2 and or
.  If this file is to be included with    any other hardware, software or other ma
ject Gutenberg nor Duncan Research has    any official connection with the Univers
arge, or the key was too small, but at    any rate it would not open any of them.
all, but at any rate it would not open    any of them.   However, on the second tim
he might find another key on it, or at    any rate a book of rules for shutting pe
utes to see if she was going to shrink    any further:   she felt a little nervous
rate that she was ready to ask help of    any one; so, when the Rabbit came near h
see if she could have been changed for    any of them.    'I'm sure I'm not Ada,' s
ped in like herself.  'Would it be of     any use, now,' thought Alice, 'to speak
uld think very likely it can talk:   at   any rate, there's no harm in trying.'  S
ly offended.  'We won't talk about her    any more if you'd rather not.'    'We ind
nah!  I wonder if I shall ever see you    any more!'  And here poor Alice began to
ole went straight on like a tunnel for    some way, and then dipped suddenly down,
number of bathing machines in the sea,    some children digging in the sand with w
et bent down its head to hide a smile:    some of the other birds tittered audibly
  might like to try the thing yourself,   some winter day, I will tell you how the
g was to eat the comfits:   this caused   some noise and confusion, as the large b
  remarkable sensation among the party.   Some of the birds hurried off at once:
  in here any longer!'   She waited for   some time without hearing anything more:
es came rattling in at the window, and    some of them hit her in the face. 'I'll
her dead silence.    Alice noticed with   some surprise that the pebbles were all
akes,' she thought, 'it's sure to make    SOME change in my size; and as it can't
lar and Alice looked at each other for    some time in silence:   at last the Cater
ave to turn into a chrysalis--you will    some day, you know--and then after that
tell her something worth hearing.  For    some minutes it puffed away without spea
ght, I'm afraid,' said Alice, timidly;    some of the words have got altered.'  '
r decidedly, and there was silence for    some minutes.    The Caterpillar was the
```

Auch hier haben Lernende die Möglichkeit, Sprache selbst zu entdecken und eigene Schlüsse zu ziehen. Fox beschreibt den Vorteil der Arbeit mit Konkordanzprogrammen wie folgt: "The advantage of a concordance is that unlike the dictionary it provides the user with an output which presents the facts of the language in a precise way because it is based upon actual use" (Fox, 1992, S. 12). Es würde den Rahmen dieses Beitrags sprengen, wollte man einen detaillierten Überblick über alle Nutzungsmöglichkeiten von Konkordanzprogrammen im Detail beschreiben wollen. Dazu liegt außerdem eine hervorragende Publikation von Jones und Tribble aus dem Jahr 1989 vor.

Wichtig ist an dieser Stelle vielleicht der Hinweis, dass die Recherche nicht nur auf einfache Wörter beschränkt bleibt, sondern die Möglichkeit der Suche auch nach komplexeren Strukturen über eine erweiterte Einbeziehung des Kontextes besteht. Beispielsweise können Verblisten zusammen mit jeweils mit den Verben verwendbaren Präpositionen erstellt werden. Auch die Suche nach bestimmten grammatischen Formen lässt sich gezielt über die Einbindung sog. *context words* steuern. Wird als Suchwort *ED eingegeben und als *context word* definiert, dass nur Beispiele mit Kontexten aufgelistet werden sollen, in denen links von einem Wort mit der Endung *ED entweder *have, has* bzw. *was, is* o.ä. vorkommen, so wird die Suche automatisch auf Verben mit entsprechenden Zeitformen etc. eingeschränkt.

```
  5 April 1990. Changes that have been reported but not yet acted upon by BGN ar
lion. Another 1 million have probably moved into and around urban areas within
conomic considerations, however, have played second fiddle to political and mil
991. Major political events have been updated through 30 March 1990. Military a
ince some nations have US ambassadors accredited to them, but no physical US mi
on the former Branches entry has been replaced by three entries--Executive bran
November 1987   Legal system: has not accepted compulsory ICJ jurisdiction   Na
cade, one-third of the population has fled the country, with Pakistan shelterin
ions with that nation. The US has not recognized the incorporation of Estonia,
al   Notes: The US Government has not recognized the incorporation of Estonia,
rate.   Contributors: Information was provided by the Bureau of the Census (Dep
  62436; note--US Embassy in Kabul was closed in January 1989   Flag: three equa
on available as of 1 January 1990 was used in the preparation of this edition.
1); results--President Ramiz Alia was reelected without opposition;   People's
93); results--President Bendjedid was reelected without opposition;   People's
C VERSION       The World Factbook is produced annually by the Central Intellig
y from the proportion when GNP/GDP is expressed in PPP dollar terms, as, for ex
ographic Names. The long-form name is included in the Government section and an
a which comes from cacao seeds and is used in making chocolate, cocoa, and coco
lished by the Department of State, is included. References to other situations
```

Was die Wortschatzarbeit betrifft, so möchte ich auf ein weiteres Beispiel verweisen, welches kürzlich von Simon Murison-Bowie in einem Beitrag zum Concordancing vorgestellt wurde. Hier geht es darum, Definitionen zu den verschiedenen Bedeutungen eines Wortes aus dem Wörterbuch mit entsprechenden Kontexten in Verbindung zu bringen. Dabei geht es um die Benutzung von MAN im Sinne von *male person* aber auch *human race*, eine Aufgabe, die sicher im Zeitalter von '*political correctness*' interessant sein kann. In seinem Beitrag weist auch er darauf hin, dass die Arbeit mit Konkordanzen direkt Lernprozesse unterstützt und fördert. Lernende müssen Wortbedeutungen aktiv herleiten und erarbeiten und nicht einfach eine Definition passiv absorbieren. (vgl. Murison-Bowie, 1993, S. 42) Und Tim Johns charakterisiert das

Werkzeug Konkordanz treffend "as a research tool for investigating the company that words keep" (Johns, 1983, 121)

Die Nutzung einer Konkordanz ist aber nicht automatisch auf die Arbeit mit Textdatenbanken auf CD-ROM beschränkt. Oxford University Press hat als Zusatz zu dem MicroConcord Textkorpora zu unterschiedlichen Themenkomplexen auf Diskette veröffentlicht. Und auch Longman bietet mittlerweile ein Corpus Network an, über welches man Zugriff auf einen Textkorpus von ca 30 Millionen Wörtern hat. Gerade aus einer so umfangreichen Datenbank lassen sich problemlos Kontexte für die Wortschatzarbeit mit verschiedensten Lernergruppen unterschiedlicher Leistungsstufen zusammenstellen. Textkorpora können aber von Lehrpersonen auch eigenständig auf bestimmte Lernergruppen zusammengestellt werden. An der PH-Karlsruhe haben wir ein Korpus mit Texten verschiedener in allgemeinbildenden Schulen eingesetzter Lehrwerke zusammengestellt, der von den Studierenden für die Vorbereitung unterrichtsrelevanter Arbeitsblätter genutzt werden kann. Wortschatzarbeit läuft jetzt oft so ab, dass den SchülerInnen als Einstieg in eine neue Lektion bzw. als Vorentlastung auf einem Arbeitsblatt eine Liste aller neu zu erwerbenden Wörter mit jeweils ca. 5 per Konkordanz zusammengestellten Kontexten vorgelegt wird . Diese versuchen dann, Sinn und Bedeutung des neuen Wortschatzes vorab zu erschließen, bevor der Lektionstext bearbeitet wird.

Dieses Prinzip kann auch in eine innovative Form eines Lückentextes direkt übertragen werden. Tim Johns hat dazu ein Werkzeug CONTEXTS entwickelt, mittels dessen Konkordanzlisten automatisch in eine Art Lückentext-Übung übertragen werden können. Zu jedem Begriff oder Wort werden jeweils 10 Kontexte zusammengestellt. Zunächst erscheint nur der erste Kontext auf dem Bildschirm, wobei der Suchbegriff ausgeblendet ist. Reicht diese Information nicht aus, um das gesuchte Wort einzugeben, können Lernende weitere Kontexte aufrufen, bis die Lösung eindeutig erkennbar ist. Auch in dieser traditionell anmutenden Übungsform geht es nicht einfach um das Automatisieren und Vertiefen gelernter Vokabeln. Diese Übung bietet Lernenden einen besonderen Anreiz zu gezieltem Analysieren der einzelnen Kontexte und vor allem zur Berücksichtigung von Querverbindungen innerhalb der Kontexte. Dadurch werden fast automatisch Strategien und Lernprozesse aktiviert, die dem weiter oben angeführten Prinzip eines Spracherwerbs als interaktiven, dynamischen Prozesses entsprechen, bei dem Elemente kognitiven Lernens und konstruktivistische Verfahren des Erfahrens von Informationen und der Informationsverarbeitung und vor allem -aufbereitung zusammenwirken.

2.3 Multi-Media Datenbanken

Gerade der Bereich der lokalen Datenbanken hat in der jüngsten Zeit insbesondere durch Multimedia-Enzyklopädien und bild- und tongestützte Texdatenbanken eine enorme Erweiterung des Angebots erfahren. Auch hier bieten sich eine Vielzahl von Nutzungsmöglichkeiten für den Sprachunterricht. Lernen gewinnt eine völlig neue Qualität, da Informationen auf unterschiedliche Art und Weise vermittelt werden. Über die Einspielung von Videoclips, Tondokumenten und Grafiken zusätzlich zu den Texten haben Lernende die Möglichkeit, ein Thema wesentlich intensiver und „lebensnäher" in der Fremdsprache zu recherchieren. Als Beispiel möchte ich lediglich die *Toolworks Multi-Media Encyclopedia, MICROSOFT ENCARTA* und das *TIME World Almanach* anführen. In diesen CD-ROMs werden zusätzlich zu den Texten, die unter einem Schlagwort oder nach Eingeben eines Suchworts angeboten werden, Ton und Videoeinspielungen zugreifbar gemacht.

Auf einen Suchbegriff wie *civil rights* erscheint u.a. ein Text, der aktuelle Aspekte und historische Hintergründe zu diesem Thema erläutert. Zusätzlich können aber auch Auszüge aus Martin Luther Kings berühmter Rede gehört werden, in der er seinen Traum eines Amerika ohne Rassentrennung eindrucksvoll und mitreißend verkündet. Standbilder zum Thema, sowie ein Videoclip mit einem Ausschnitt aus einer Nachrichtensendung des Jahres 1963 mit Bildern und Originalkommentar zum *Civil Rights March* auf Washington aus diesem Jahr werden ebenfalls vorgespielt. Ähnlich verfährt die CD-ROM mit dem *TIME World Almanach*, wobei dort hauptsächlich aktuelle politische und wirtschaftlich-historische Daten aufbereitet werden.

Lernende, die ein Thema mittels dieser Werkzeuge recherchieren, erleben und erfahren Inhalte und Zusammenhänge wesentlich intensiver und motivierender, da oft neben dem gedruckten Kommentar nur das authentische Tondokument oder die Visualisierung per Bild oder Videoclip den wirklichen Charakter eines Ereignisses in dessen Gesamtheit vermitteln kann.

Die Frage bleibt natürlich, wie solche Materialien in den Unterricht eingebunden werden können. Auch hier bieten sich die Prinzipien des prozessorientierten Lernens an. Jeromy Fox führt dazu folgendes aus: "... teachers should regard information stored on CD-ROMs as raw material to be exploited by the learners. A typical teacher's job ... might be to construct meaningful tasks and activities which will necessitate research on a CD-ROM." (Fox, 1992, S. 18-19) Viele dieser Multimedia-CD-ROM-Datenbanken sind nach dem Prinzip des Hypertext organisiert. Solche Hypertexte bieten Informationen nicht in linearer Abfolge an, sondern alle Informationsebenen und auch -quellen sind miteinander verknüpft und können jederzeit und von jedweder Stelle/Ebene aus angewählt und konsultiert werden. Obwohl seine Erfahrungen darauf hindeuten, dass „die große Mehrzahl der Studenten ein solches System sinnvoll nutzen" (Burgess, 1994, S. 64), bin auch ich mit Burgess der Meinung, dass solche Systeme auch eine Art pädagogisches Navigationssystem anbieten sollten, welches Lernenden auf Wunsch einen kontrollierten und auf Lernziel und Schwierigkeitsgrad abgestimmten Zugriff auf die verschiedenen Informationen anbietet, also eine Art *guided database research* im Sinne explorativen Lernens.

Einige der hier angeführten Multi-Media Datenbanken bieten diesbezüglich eine Option an, die evtl. für die pädagogische Nutzung interessant sein könnte. Sowohl der *TIME World Almanach* als auch die ENCARTA Encyclopedia bieten eine Art Quiz oder Lernspiel an, in dem nicht nur Information und Wissen abgefragt werden, sondern als Hilfe für die Lösung der jeweiligen Aufgabe oder nach der Beantwortung einer Frage die Möglichkeit angeboten wird, die zu dem jeweiligen Thema in der Datenbank enthaltenen Informationen zu konsultieren. Wir haben festgestellt, dass viele unserer Studierenden in unserem Self-Access Centre gerade mit dieser Option sehr intensiv arbeiten.

2.4 Multi-Media Lernsysteme

Abschließend möchte ich noch kurz auf Lernsysteme eingehen, die versuchen, die oben skizzierten Prinzipien auch für die Arbeit mit geschlossenen Lernmaterialien umzusetzen und das Problem offener Hypertext Systeme kontrollierbar zu machen. In diese Richtung gehen die unter meiner Mitarbeit entwickelten Multimedia-Systeme VOICECART bzw. die CART-Suite von TANDBERG, die auf jedem Standard MPC mit soundblaster-kompatibler Sprachkarte und unter Windows lauffähig sind. Es handelt sich im Prinzip um eine Weiterentwicklung eines von mir schon in der Vergangenheit vorgestellten DOS-Systems (vgl. Rüschoff, 1990).

Da die Software jetzt allerdings unter Windows läuft, ist die Handhabung nun deutlich leichter und flexibler und dem Hypertext Prinzip noch mehr angenähert. Die Systeme bieten als Autorenprogramm und didaktische Utility eine Vielzahl flexibler Möglichkeiten der Integration einmal aufgenommener oder auf den Computer überspielter Audiotexte oder per CD-ROM-Datenbank recherchierter Materialien in ein Lernwerkzeug für das Hörverständnis, mit Hilfe dessen sich Lernende auch mit schweren Hörmaterialien auseinandersetzen und entsprechende Hörstrategien in der praktischen Anwendung erfahren können.

Bei Problemen mit einem Hörtext stehen verschiedenste Lernhilfen zur Auswahl. Im Folgenden möchte ich die einzelnen Bearbeitungsebenen, die VOICECART bietet, kurz näher beschreiben. Hier zunächst ein Bildschirmausdruck des Arbeitsfensters (vgl. nächste Seite).

Mittels der Schalter auf der linken Seite des Bildschirms (neben dem Textfenster) lassen sich die verschiedenen Präsentationsmodi für die in einer Übung enthaltenen Hörmaterialien aktivieren und zusätzliche Informationen zu- oder wegschalten.

Über den Schalter INFO F2 können Zusatztexte oder Hintergrundinformationen zum Hörtext, aber auch gezielte vorentlastende Aufgaben für das Hören, abgerufen werden.

Drückt man den Schalter OPTION, kann die Präsentationsform eines aktiven Hörtextes bestimmt werden, also Hören mit laufenden Untertiteln im Volltext oder mit Schlüsselwörtern, Wiedergabe mit vorprogrammierten Unterbrechungen, u.s.w. Mit diesem Schalter können auch zusätzliche Audiomaterialien zugeschaltet werden.

Nach Anwählen des Textschalters TEXT AN kann die gesamte schriftliche Fassung des aktiven Hörtextes in das Textfenster eingespielt werden. Das Programm aktiviert dann automatisch den Wiedergabemodus mit Pausen. Sätze können dann gezielt wiederholt oder auch im Nachsprechmodus selbst aufgenommen und mit dem Original verglichen werden. Auch ein Glossar kann konsultiert werden.

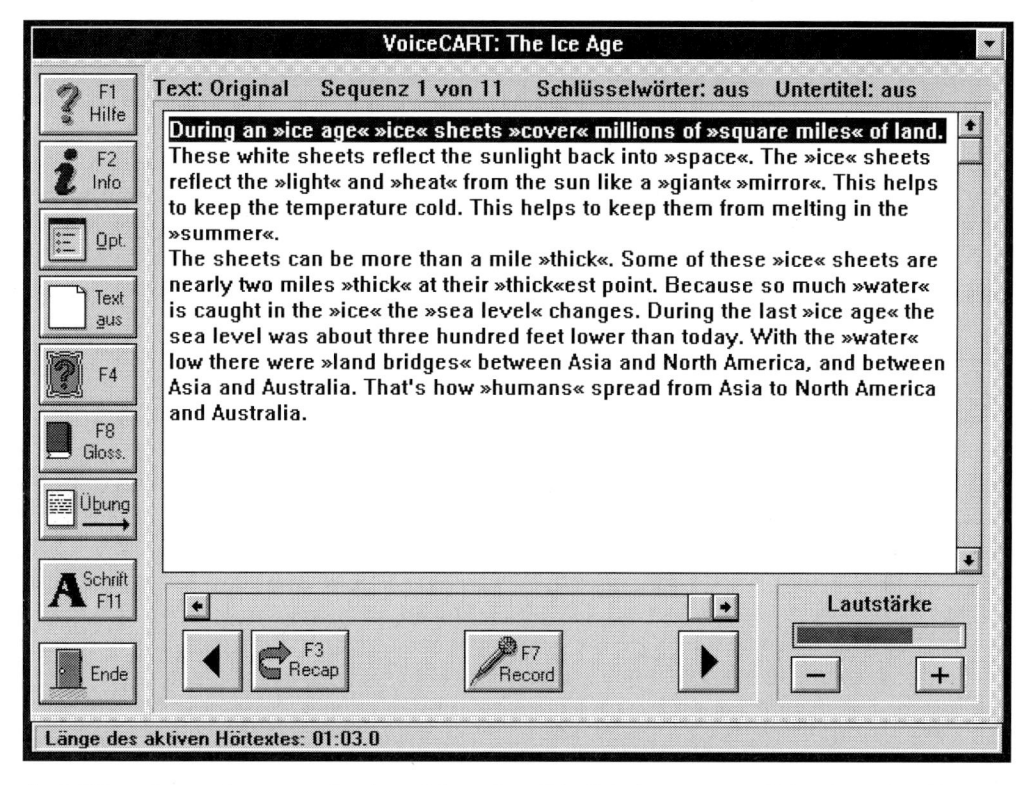

[Screenshot of VoiceCART: The Ice Age application window showing text about ice ages with controls F1-F11 on the left side and playback controls at the bottom.]

Auf Wunsch erscheint nach Anwählen des F4 Schalters zusätzlich eine Grafik oder Visualisierungen, die den Sinnzusammenhang der Hörtexte illustrieren.

Mit diesen Funktionen haben Lernende die Möglichkeit, intensiv den Hörtext in dessen Originalversion oder auch etwaige in die Übung integrierte Zusatzmaterialien zu bearbeiten. Neben den traditionellen Sprachlaborfunktionen WIEDERHOLUNG und UNTERBRECHUNG, die wegen der digitalen Tonaufzeichnung wesentlich genauer und verzögerungsfrei genutzt werden können, kann synchron auf textliche Hilfen zurückgegriffen werden.

Wer sich allerdings auf auditivem Wege das Verständnis des Hörtextes erarbeiten will, dem steht mit dem Schalter OPTION ein Menüpunkt mit einer Auswahl audiogestützter Lernhilfen zur Verfügung. Insgesamt können Lernende auf drei zusätzliche Tonkanäle mit inhaltlich und sprachlich ergänzenden oder das Verständnis erleichternden Tonmaterialien zurückgreifen. Es muss sich dabei nicht ausschließlich um einfachere, leichtere Versionen des Originaltextes handeln, sondern es können durchaus Materialien angeboten werden, die auch bestimmte Strategien der Sprachverarbeitung, die in realen Kommunikationssituationen zur Anwendung kommen können, verdeutlichen.

Auch die schriftlichen Versionen aller Audiomaterialien der jeweiligen Lerneinheit sind jederzeit abrufbar. Dazu kann auch auf ein Glossar zurückgegriffen werden. Jeder Teil des Hörtextes, auch ein einzelner Satz, kann angewählt und separat auch noch einmal gehört werden.

In einer Lerneinheit zum Telefonieren beispielsweise spricht einer der Telefonpartner sehr schnell und mit Dialekt, ohne zu bedenken, dass der Gesprächspartner kein Muttersprachler ist. Hier bietet das Menü eine Version des Textes an, in der auf Bitten (d.h. auf Tastendruck) immer wieder unklare oder schwer verständliche Teile des Gesprächs wiederholt oder auch umformuliert werden. Gerade dieses Unterbrechen, Eingreifen in den Gesprächsverlauf, sozusagen das Bitten um eine einfachere Ausdrucksweise ist eine Strategie, die in einer realen Gesprächssituation von Nutzen sein kann. Durch die Arbeit mit VOICECART haben Lernende die Möglichkeit, mit solchen Strategien zu experimentieren, sie anschaulich als Beispiel vorgespielt zu bekommen. Sie haben somit die Chance, sich über eigene Vorerfahrungen entsprechende Verarbeitungsstrategien beim Umgang mit gesprochener Sprache zu erwerben.

Ein weiterer für den Spracherwerb äußerst relevanter Aspekt, den ich eingangs angesprochen hatte, ist der Bereich des sogenannten schematischen Wissens. Es wird in der Fremdsprachendidaktik immer wieder davon gesprochen, dass Lernende sprachbezogenes und auch allgemeines Wissen in sogenannten Schemata ordnen und „speichern". Schemata sind Wissensbereiche, die für die erfolgreiche Kommunikation bzw. das erfolgreiche Verarbeiten von Sprache und die Entwicklung von Sprachbewusstheit gerade beim entdeckenden Lernen von besonderer Wichtigkeit sind. Dabei handelt es sich aber nicht ausschließlich um sprachliche Schemata, also um das Wissen um die Sprache und deren Struktur, sondern auch nichtsprachliche Schemata haben in diesem Zusammenhang große Bedeutung. Als Beispiel möchte ich das Schema des sogenannten Weltwissens anführen, denn mangelndes Weltwissen führt oft zu Verständnisschwierigkeiten.

Die Audiohilfe kann dazu genutzt werden, Lernenden dieses Problem bewusstzumachen, indem man einen oder mehrere der Audiokanäle dazu nutzt, potentielle Lücken im Weltwissen der Lernenden in Abstimmung auf den Inhalt des Originaltextes zu füllen, z.B. durch Hintergrundinformationen oder landeskundliche Informationen zu dem Gehörten. Lernende haben dann eine Grundlage, auf der sie Strategien wie das Inferieren, das Bilden und Überprüfen von Hypothesen, oder auch das Crossreferencing, aktiv nutzen und deren Bedeutung für Verstehensprozesse direkt erfahren können.

Als Beispiel möchte ich eine Übung zum Hören von Nachrichtensendungen anführen. Nachrichten bereiten, was das Hörverständnis betrifft, immer wieder große Schwierigkeiten, weil Nachrichtensendungen in stark komprimierter Form Inhalte und Informationen vermitteln. Wir haben im Kontext einer Unterrichtsreihe zu Umweltproblemen aus den BBC-Nachrichten einige Meldungen und Reportagen zur Problematik des Bleigehalts in Leitungswasser aufgenommen und in den Computer überspielt. Dieses Thema wurde in Großbritannien vor dem Hintergrund der Senkung entsprechender Grenzwerte durch die *World Health Organization* und immer noch zahlreicher Bleirohre in vielen Haushalten und Wasserwerken in allen Medien intensiv behandelt. Aus einigen der o.a. Textdatenbanken mit aktuellen Zeitungstexten haben wir dann Zusatzmaterial zusammengestellt und ebenfalls in das System integriert. Somit können Lernende bei der Arbeit mit diesem Hörmaterial weitere Informationen in Text und Ton konsultieren.

Hier wird besonders deutlich, dass die Texthilfe nicht nur dazu dient, Lernenden einfach über das Lesen des Textes das Verständnis der Hörmaterialien zu erleichtern. Hier können zusätzliche schriftliche Materialien zum Inhalt der Höraufgabe angeboten werden oder graphische Darstellungen als Hörhilfe abgerufen werden, weshalb sich die hier beschriebene Art von technologiegestützten Lernmaterialien sicherlich am besten mit dem Begriff des sogenannten „elektronischen Dossiers" beschreiben läßt. Es handelt sich dabei um ein Dossier mit schriftlichen, auditiven und graphischen Materialien, welches Lernenden die Möglichkeit gibt, sich inhaltlich auf bestimmte Unterrichtseinheiten vorzubereiten, aber auch ihr Hörverständnis zu schulen und Strategien des Hörverständnisses zu erwerben, bzw. ganz allgemein Strategien der Informationsverarbeitung in der praktischen Auseinandersetzung mit Lernmaterialien zu aktivieren. MEDIACART überträgt dieses Prinzip auf den Bereich des Hörens und Sehens, denn hier können Videoclips, Animationen oder Grafiksequenzen auf ähnliche Art und Weise zusätzlich in Lernprogramme integriert werden. Übungen aus VOICE CART können direkt in die Übungsmodule aus der CART-Suite übergeben werden, so dass mit GAPCART oder CHOICECART auch remedial oder vertiefend gearbeitet werden kann.

Sicher ist die Frage berechtigt, ob denn eine solche Vielzahl an Informationen und Lernangeboten für die Lernenden verarbeitbar ist und ob mit Systemen der hier beschriebenen Art tatsächlich gelernt werden kann. Zumindest für die kognitive Linguistik wird deutlich hervorgehoben, dass sprachliches Wissen sich „aus komplexen Konzeptualisierungsprozessen [ergibt], d.h. aus allgemein-kognitiven Strategien, die Informationen aus verschiedenen Erfahrungsbereichen integrieren" (Schwarz, 1992, S. 113). In neueren Beobachtungen wird zudem immer wieder betont, dass Lernende sehr wohl in der Lage sind, beim Lernen unterschiedliche zur Verfügung stehende Informationsquellen zu nutzen. Für das Textverständnis haben Strube et al. bei ihren Untersuchungen „zudem eine beachtliche Interaktion zwischen syntaktischer Verarbeitung und den übrigen Komponenten" der Sprachverarbeitung festgestellt. (Strube et al., 1992, S. 115)

Ich selbst habe bei Beobachtungen von Lernenden bei der Arbeit mit VOICECART und ähnlichen Systemen erfahren, dass diese sehr schnell die Vielfalt der angebotenen Arbeitsmöglichkeiten und Informationensquellen überschauen. Sie entwickeln dann gezielte Strategien der Nutzung des Systems in Abstimmung auf persönliche Lernstile und Verständnisprobleme. Auch Skehan betont mit Verweis auf Widdowson (1983) die Tatsache, dass gerade bei einem *top-down language processing*, welches ja bei der Arbeit mit Systemen dieser Art besonders gefördert wird, insbesondere die interpretativen Fertigkeiten der Lernenden gefordert sind und, wie ich meine, gefördert werden (vgl. Skehan, 1989, S. 46).

3. Schlußbemerkung

Für den Fremdsprachenunterricht und das Lehren und Lernen von Fremdsprachen sind, wie in diesem Beitrag dargestellt, Spracherwerbsstrategien und auch Lerntechniken von besonderer Bedeutung. Lerntechniken dürfen dabei nicht, wie Ute Rampillon betont, auf einfache *study skills*, also Arbeitstechniken, beschränkt bleiben. Sie führt aus, dass „jegliches Arbeiten in diesem Zusammenhang dem fremdsprachlichen Lernen dient" (Rampillon, 1985, S.11). Daraus und aus den begründeten Forderungen nach einer prozessorientierten Fremdsprachendidaktik kann der besondere Wert Neuer Technologien in einer Werkzeugfunktion für den Spracherwerb hergeleitet werden.

Neue Technologien in einer solchen Rolle können vor dem Hintergrund der vielfältigen Einsatz- und Arbeitsmöglichkeiten mit dazu beitragen, dass neue Impulse aus der jüngsten Diskussion um innovative Ansätze der Fremdsprachendidaktik in der Praxis schneller aufgenommen werden und sie erscheinen so auch eher realisierbar. Akzeptiert man die Notwendigkeit sprachlichen Handelns nicht nur im Sinne kommunikativer Aktivitäten sondern auch und gerade im Zusammenhang mit forschendem Entdecken, so bieten die hier dargestellten Möglichkeiten eine Vielzahl von Anknüpfungspunkten der praktischen Umsetzung eines solchen Prinzips.

Textdatenbanken bieten Lehrenden wie Lernenden eine reiche Quelle für die Nutzung authentischer Materialien, und besonders in Verbindung mit Werkzeugen der Datenrecherche und Datenaufbereitung, z.B. der Konkordanz, wird die Nutzung solcher Texte als Grundlage für innovative Arbeitsblätter und Aufgabenstellungen machbar. Gleiches gilt für Multimedia-Datenbanken und Hypertext-Systeme. Hier werden von den Lernenden bei der Suche nach Informationen und bei der Arbeit an Projektaufgaben Lerntechniken und Spracherwerbsstrategien aktiviert und für sie in der praktischen Anwendung erfahrbar gemacht. Zusätzlich ist die Entwicklung von und der komplexe Umgang mit eigenständig entwickelten Strategien der Arbeit mit solchen Systemen von besonderer Bedeutung für Spracherwerbs- und Sprachlernprozesse, abgesehen von den spezifischen sprachlichen Kompetenzen, die dabei erworben werden.

Es bleibt zu hoffen, dass die Bedeutung der Neuen Technologien in der Rolle eines pädagogischen Werkzeugs für das Lehren und Lernen einer Fremdsprache weiter an Bedeutung gewinnen wird. Neben dem in vielen Programmen implizit realisierten induktiven und deduktiven, aber auch traditionell explorativen Arbeitsformen, sollte es dabei mehr und mehr auch um *guided discovery* im Kontext authentischer und intelligenter Aufgabenstellungen gehen (vgl. Manning, 1992). Ziel ist in einem so ausgerichteten Angebot für das Sprachlernen nicht nur das reine Erarbeiten sprachlichen Wissens, sondern vor allen auch die Möglichkeit des Erwerbens entsprechender Strategien des Lernens und der Verarbeitung von Sprache zur Entwicklung von sprachlicher Kompetenz und Sprachbewusstheit.

Literaturhinweise

Carroll, J.B. (1973). Implications of aptitude test research and psycholinguistic theory for foreign language teaching. *International Journal of Psycholinguistics, 2,* 5-14.

Corder, S. (1981). *Error Analysis and Interlanguage.* Oxford: Oxford University Press.

Di Vesta, F. J. (1974). *Language, learning, and cognitive processes.* Monterey: Brooks/Cole Publishing.

Ellis, R. (1985) *Understanding second language acquisition.* Oxford: Oxford University Press.

Fox, J. et al. (eds.). (1992). *New perspectives in modern language learning.* Moorfoot: Learning Methods Branch, Employment Dept.

Johns, T. (1983). Micro-Concord. *Triangle, 5,* 120-134.

Johns, T. (1986). Micro-Concord: A language learner's research tool. *System, 14,* 151

Jones, G. & Tribble, C. (1989). *Using concordances in the language classroom.* Harlow: Longman Group.

Larsen-Freeman, D. (1991). *An introduction to second language acquisition.* London & New York: Longman.

Manning, P. (1992). Teaching strategies in ICALL. In J. Thompson & Ch. Zähner (eds.), *Proceedings of the ICALL Workshop, UMIST, September 1991* (S. 60-76). Hull: CTI.

Murison-Bowie, S. (1993). Concordancing Corner – What is concordancing and why should we do it? *CALL & TELL, 4,* 42-44.

Pietsch-Meister, H. (1993). Erfahrungen mit dem Einsatz des Computers im Französischunterricht. In A. Rissberger (ed.), *Computerunterstütztes Lernen an Allgemeinbildenden Schulen Teil II: Abschluß-bericht des Modellversuchs CULAS* (S. 114-127). Mainz: Verlag v.Hase & Koehler.

Rampillon, U. (1985). *Lerntechniken im Fremdsprachenunterricht.* München: Hueber.

Rüschoff, B. (1990).Multi-Media Utility Software für den Fremdsprachenunterricht. *CALL Austria, 10,* 47-55.

Rüschoff, B. & Wolff, D. (1991).Developing and using interactive audio for foreign language learning. In J. Janssen & H. van Loon (eds.): *New Media in the Humanities* (S. 29-44). Amsterdam: University of Amsterdam.

Schmidt-Schönbein, G. & Höffner-Otto, D. (1993). Computer im Englischunterricht. In A. Rissberger (ed.), *Computerunterstütztes Lernen an Allgemeinbildenden Schulen Teil II: Abschlußbericht des Modellversuchs CULAS* (S. 114-127). Mainz: Verlag v.Hase & Koehler.

Schwarz, M. (1992). *Einführung in die Kognitive Linguistik.* Tübingen: Francke.

Skehan, P. (1989). *Individual differences in second-language learning*. London: Edward Arnold.

Strube, G. et al. (1990). Auf dem Weg zu psychologisch fundierten Modellen menschlicher Sprachverarbeitung: Echtzeitanalysen des Satzverstehens. In S. Felix, S. Kanngießer & G. Rickheit (eds.), *Sprache und Wissen: Studien zur Kognitiven Linguistik* (S. 115-133). Opladen: Westdeutscher Verlag.

Wolff, D. (1994). Neue methodische Ansätze im Fremdsprachenunterricht: Ein Überblick. In J. Kohn & D. Wolff (eds.), *New methodologies in foreign language learning and teaching* (S. 8-24). Szombathely: Berzsenyi College.

Widdowson, H. G. (1989). *Language purpose and language use*. Oxford: Oxford University Press.

Training von Lernerstrategien im Fremdsprachenunterricht unter Einsatz bewusstmachender Vermittlungsverfahren

Wolfgang Tönshoff

1. Einleitung

Die Frage, welche planvollen Aktivitäten Fremdsprachenlerner entwickeln, um ihr Lernen zu steuern und um Lern- und Sprachverwendungsprobleme zu meistern, hat die Forschung (vor allem in den USA) seit ca. zwei Jahrzehnten zunehmend beschäftigt. Ein wesentliches Ziel ist dabei, Möglichkeiten einer Förderung der strategischen Kompetenz der Lerner zu untersuchen: Wie können Modelle für ein Strategietraining im Fremdsprachenunterricht aussehen? Welche Komponenten sollen sie umfassen? Welche Rolle können dabei speziell bewusstmachende Vermittlungsverfahren spielen?

2. Strategietraining als Einsatzfeld für bewusstmachende Vermittlungsverfahren

Als bewusstmachende (kognitivierende) Vermittlungsverfahren sollen hier – unabhängig vom Bewusstmachungsgegenstand – diejenigen unterrichtlichen Handlungsschritte des Lehrenden bezeichnet werden, die mit der Intention durchgeführt werden, kognitives Lernen gezielt zu fördern. Im Gegensatz zu rein mechanischem oder imitativem Lernen wird kognitives Lernen dabei begriffen als „einsichtiges, sinnvolles Lernen unter Beteiligung des bewusst gliedernden und beziehungsstiftenden Verstandes" (Butzkamm 1977:7). Für bewusstmachende Vermittlungsverfahren gibt es im Fremdsprachenunterricht eine breite Palette möglicher Einsatzfelder:

- Das in der fachdidaktischen Literatur am meisten diskutierte Einsatzfeld für bewusstmachende Vermittlungsverfahren ist die **sprachbezogene Kognitivierung**. Bewusstmachungsgegenstände sind dabei die verschiedenen Bereiche fremdsprachlicher (und ggf. auch muttersprachlicher) Regularitäten.

- Im Bereich der **Landeskunde** kommen kognitivierende Vermittlungsverfahren zur Anwendung, wenn Landeskunde nicht allein ‚immanent' betrieben wird und lediglich den sozio-kulturellen Rahmen für die situative Einbettung sprachlicher Kommunikation liefert, sondern ‚explizit' erarbeitet wird, indem eine bewusste Auseinandersetzung mit der Zielsprachenkultur und kulturbedingten Inhalten stattfindet und die Lerner für die potentiell kommunikationsbeeinträchtigende interkulturelle Unterschiedlichkeit von Alltagswissen sensibilisiert werden.

- Bei der **Arbeit mit literarischen Texten** ist Kognitivierung etwa dort vorstellbar, wo Grundschemata und Strukturelemente bestimmter Textsorten und literarischer Gattungsmuster bewusstgemacht werden oder wo textanalytische und literaturwissenschaftliche Kategorien erarbeitet werden.

- Im Bereich der **Unterrichtsmethodik** sind Bestrebungen des Lehrers gemeint, seine vermittlungsmethodischen Entscheidungen den Lernern transparent zu machen und ihre Einsicht in den Lernprozess zu fördern. Darüber hinausgehend regt etwa Krumm (1982) an, über die Bewusstmachung der unterrichtlichen Kommunikationsstrukturen die Schüler zur Unterrichtskritik zu ermutigen.

Vor dem Hintergrund der Europäischen Integration und ihrer Konsequenzen für den fremdsprachlichen Lern- und Kommunikationsbedarf gewinnt nun ein weiteres Einsatzfeld für bewusstmachende Vermittlungsverfahren im Fremdsprachenunterricht an Bedeutung: ein systematisches Training von Lern- und Kommunikationsstrategien nicht zuletzt im Hinblick auf ein selbständiges ‚Weiterlernen' nach Abschluss des schulischen Fremdsprachenunterrichts. Unter der Leitfrage nach den Gegenständen und möglichen Formen einer solchen **sprachlernbezogenen** Kognitivierung befasse ich mich im weiteren u.a. mit Trainingsmodellen und mit ersten empirischen Untersuchungsergebnissen zur gezielten Förderung der strategischen Kompetenz von Fremdsprachenlernern.

3. Terminologisches und bisherige Forschungsschwerpunkte zu Lernerstrategien

Ausgangspunkt der Beschäftigung mit Lernerstrategien ist die Charakterisierung des Fremdsprachenlernens als eines komplexen, vom Lerner aktiv gestalteten Informationsverarbeitungsprozesses. Strategien lassen sich dabei zunächst ganz allgemein als Verfahren bestimmen, mit denen der Lerner den Aufbau, die Speicherung, den Abruf und den Einsatz von Informationen steuert und kontrolliert. Trotz unterschiedlicher theoretischer Einbettung des Konstrukts ‚Lernerstrategie' konvergieren die meisten auf das Fremdsprachenlernen bezogenen Definitionen doch in den Kriterien der Problemorientiertheit, der Zielgerichtetheit/ Intentionalität und der (potentiellen) Bewusstheit von Strategien (vgl. ausführlich Tönshoff 1992). Gerade das letzte Kriterium hat unmittelbare Implikationen für den Vermittlungs- bzw. Trainingskontext.

Der Terminus ‚Lernerstrategien' wird dabei häufig als Oberbegriff gebraucht, der sowohl Lernstrategien als auch Sprachverwendungsstrategien (Kommunikationsstrategien) umfasst. Obwohl die Grenze zwischen Lern- und Kommunikationsstrategien fließend ist, liegt der durch situative Anforderungen und durch Lernerintentionen bestimmte aktuelle Primärfokus des menschlichen Informationsverarbeitungssystems jeweils entweder stärker auf dem Lernaspekt (Aufbau lernersprachlicher Wissensbestände) oder auf dem Gebrauchsaspekt (Einsatz vorhandener lernersprachlicher Mittel).

Die am Fremdsprachenlernen interessierte Forschung hat sich bislang vor allem auf die Identifikation und Klassifikation von Lernerstrategien konzentriert. Die z.T. sehr umfangreichen Strategielisten bzw. Klassifikationsschemata (vgl. z.B. O'Malley/Chamot 1990; Oxford 1990) unterscheiden sich u.a. in folgenden Punkten:

- inwieweit sie Lern- und/oder Kommunikationsstrategien erfassen und sich auf unterrichtliches oder außerunterrichtliches Lernerverhalten beziehen;
- wie differenziert sie die Analyseeinheit ‚Einzelstrategie' bestimmen und inwieweit sie Strategien lerninhaltsabhängig oder -unabhängig beschreiben;
- ob bzw. wie explizit sie einzelne Strategien den verschiedenen Fertigkeitsbereichen zuordnen.

An dieser Stelle sei eine aus der Pädagogischen Psychologie stammende Grobunterteilung hervorgehoben, die für Trainingsüberlegungen besonders bedeutsam ist und die sich auch in zahlreichen fremdsprachenlernbezogenen Klassifikationsvorschlägen durchgesetzt hat: die Differenzierung in kognitive und metakognitive Strategien. Kognitive Strategien sind danach elementare, die Informationsverarbeitung bzw. Handlungsausführung selbst unmittelbar betreffende Strategien (z.B. Inferenzstrategien beim Hör- oder Leseverstehen). Demgegenüber beziehen sich metakognitive Strategien auf die Planung, Überwachung und Evaluation der Informationsverarbeitung bzw. Handlungsausführung (z.B. *monitoring*-Strategien zur Kontrolle der Sprachrichtigkeit und der kommunikativen Angemessenheit von Äußerungen).

4. Begründungszusammenhänge für ein Training von Lernerstrategien

Der allgemeinste Begründungszusammenhang für gezieltes Strategietraining liegt in den Anforderungen, die der schnelle Wandel in der modernen Informationsgesellschaft an jeden Lernprozess stellt: Die Notwendigkeit lebenslangen Lernens, die Tatsache, dass Lernfähigkeit eine zentrale extrafunktionale Qualifikation in allen Bereichen des Arbeitslebens darstellt, machen das Lernen des Lernens zum zunehmend bedeutsamen Unterrichtsgegenstand. Unterricht darf sich nicht nur auf Inhalte richten, sondern muss dem Individuum helfen, sich ein Instrumentarium von Zugriffs- und Verfügungsmöglichkeiten zur Informationsbeschaffung und -verarbeitung aufzubauen.

Im Kontext ‚Fremdsprachenlernen' spielen Überlegungen zur Steigerung der strategischen Kompetenz in jüngster Zeit insbesondere in Zusammenhang mit der Diskussion um ‚autonomes Lernen' eine Rolle:

a) Autonomes Lernen im Sinne individuellen Selbstlernens ohne Unterrichtsbezug. Neben psychologischen Voraussetzungen auf Seiten des Lernsubjekts (u.a. Lernmotivation, Einstellungen) wird vor allem der Verfügbarkeit eines Arsenals adäquater Lernerstrategien eine Schlüsselrolle für erfolgreiches Selbstlernen zugeschrieben (vgl. u.a. Dickinson 1987). Für die vielfältigen Planungs-, Überwachungs- und Evaluationsentscheidungen dürfte dabei der Bereich metakognitiver Strategien von besonderer Bedeutung sein.

b) Autonomes Lernen im Sinne einer stärkeren Selbststeuerung und Eigenverantwortlichkeit des Lerners im Rahmen eines Fremdsprachenunterrichts, der dies bewusst zulässt und fördert. Autonomiefördernder Fremdsprachenunterricht kann die Fähigkeit der Lerner zur Kontrolle über den eigenen Lernprozess u.a. dadurch steigern, dass er ihnen ein Spektrum von Lernerstrategien vorstellt und im Rahmen praktischer Trainingsmaßnahmen die Möglichkeit eröffnet, in kompetenter Weise die der eigenen Persönlichkeit gemäßen Strategien auszuwählen und zu erproben.

Mit Blick auf die Fähigkeit zum selbständigen Weiterlernen (und Wiederlernen) einer Fremdsprache nach Abschluss des schulischen Fremdsprachenunterrichts fordert bereits Knapp (1980), die Beherrschung der hierfür erforderlichen Strategien als Teil des Lernziels ‚Kommunikationsfähigkeit' zu interpretieren und ihre Anwendung im Unterricht zu vermitteln. Vor dem Hintergrund der europäischen Integration und ihrer Konsequenzen für das Fremdsprachenlernen erhalten solche Überlegungen zur Verknüpfung der Zielkontexte ‚Unterricht' und ‚Selbstlernen' wieder besondere Aktualität.

Ein systematisches Training auch von Kommunikationsstrategien legitimiert sich aus der Notwendigkeit, Kommunikationssituationen mit Sprechern der Zielsprache auf der Basis lediglich begrenzter Fremdsprachenkenntnisse zu bewältigen. Um Wissenslücken zu überbrücken und um trotz eingeschränkter Ressourcen unterschiedliche (z.B. auch berufliche) Handlungsrollen in der Fremdsprache kompetent ausfüllen zu können, sind effektive Kommunikations- und Kompensationsstrategien unerlässlich.

5. Dimensionen zur Unterscheidung von Trainingsmaßnahmen

Zur Konkretisierung der Instruktionsperspektive (des ‚Wie' der Strategievermittlung) ist es hilfreich, verschiedene Arten möglicher Trainingsmaßnahmen in Bezug auf einige zentrale Merkmalsdimensionen zu unterscheiden. Die im folgenden aufgeführten Dimensionen entstammen im wesentlichen der Diskussion um Strategietraining im Bereich der Pädagogischen Psychologie und der Erziehungswissenschaften (vgl. u.a. Peterson/Swing 1983; Weinstein/

Underwood 1985; Brown/Armbruster/Baker 1986; Weinstein 1988; Winograd/Hare 1988). Einige von ihnen sind auch bereits in der fremdsprachenunterrichtsbezogenen Literatur aufgegriffen worden (vgl. Wenden 1987; Oxford/Lavine/Crookall 1989; Oxford 1990; O'Malley/ Chamot 1990).

5.1 Selektion der Trainingsgegenstände

Neben quantitativen Aspekten (breites Strategienspektrum als Trainingsinhalt vs. Beschränkung auf wenige ausgewählte Strategien) geht es hier darum, ob neben kognitiven Strategien auch metakognitive Strategien trainiert werden sollen und wie zwischen Lern- und Kommunikationsstrategien gewichtet wird.

5.2 Separates vs. integriertes Training

Ein separates Training läuft inhaltlich und organisatorisch getrennt vom normalen Unterricht ab. Es fokussiert primär die Strategien selbst, ihre Anwendung im vertrauten Unterrichtskontext ist nicht Bestandteil des Trainingsprogramms. Demgegenüber bemüht sich ein integriertes Training um eine möglichst enge Verbindung zwischen der Strategievermittlung und den Inhalten und Arbeitsformen des jeweiligen Unterrichts.

5.3 Explizitheitsgrad der Instruktion

- Blindes Training: Die Lerner sollen allein durch die Art der Aufgabenstellung dazu gebracht werden, bestimmte Strategien einzusetzen und werden nicht angehalten, über die Strategieanwendung zu reflektieren.

- Informatives Training: Die Lerner erhalten zusätzliche Informationen darüber, wofür bestimmte Strategien von Nutzen sein können, worauf ihre Wirkung beruht und wie sie eingesetzt werden können.

- Selbstkontrolliertes Training: Hier erstreckt sich die Bewusstmachung darüber hinaus auch auf den Bereich der metakognitiven Steuerung und Kontrolle. Die Lerner werden angehalten, über den Erfolg ihres Strategieeinsatzes und über Möglichkeiten eines Strategietransfers auch auf andere Anwendungssituationen zu reflektieren.

6. Modelle für Trainingssequenzen

Die existierenden Trainingsmodelle, die sich auf den Kontext ‚unterrichtliches Fremdsprachenlernen' beziehen (Hosenfeld et al. 1981; O'Malley/Chamot 1990; Oxford 1990) sind integrierte Trainingsprogramme hohen Explizitheitsgrads. Sie werden als Abfolge von einzelnen Umsetzungsschritten beschrieben; von daher erscheint der Begriff ‚Trainingssequenz' besonders geeignet. Sie folgen einem Grundmuster, das vier zentrale Komponenten aufweist:

6.1 Identifikation und gemeinsame Diskussion der von den Lernern gewohnheitsmäßig eingesetzten Strategien

Als Erhebungsinstrumente werden im Unterricht u.a. Beobachtungsbögen, Lernerinterviews, Fragebögen und Techniken des ‚lauten Denkens' eingesetzt.

6.2 Explizite Präsentation der Trainingsgegenstände

Alle Modelle sehen bewusstmachende Trainingsverfahren vor und integrieren in unterschiedlichen Umfang auch metakognitive Strategien als Vermittlungsgegenstände. Zu den bewusstmachenden Vermittlungsverfahren gehören u.a.:

- verbal-metasprachliche Erklärungen zu den im Instruktionsfokus stehenden Strategien,

- die Demonstration des Strategieeinsatzes durch den Lehrer anhand der Bearbeitung konkreter Aufgabenstellungen,

- die gemeinsame Evaluation der Trainingsaktivitäten unter Einbeziehung von Selbstbeobachtungen der Lerner.

6.3 Strategieerprobung im Rahmen unterrichtlicher Übungsprozesse

Die bewusstmachenden Komponenten werden eng mit spezifischen Übungsaktivitäten verzahnt; Kognitivierungs- und Anwendungsphasen greifen ineinander. Die Lerner erhalten ausgiebig Gelegenheit, die präsentierte(n) Strategie(n) anhand verschiedener Aufgabenstellungen zu trainieren und Probleme bei der Strategieerprobung zu thematisieren.

6.4 Evaluation der Trainingsaktivitäten

Alle Modelle umfassen eine Evaluationskomponente als Feedback-Instrument für den Lehrer und/oder als eigenständigen Trainingsbestandteil zur Förderung metakognitiver Kontrolle.

7. Empirische Untersuchungen zur Trainingseffektivität

Zu der Frage, ob und wie die strategische Kompetenz von Fremdsprachenlernern durch Trainingsmaßnahmen gefördert werden kann, liegen erste empirische Studien sowohl mit experimentellem als auch mit nicht-experimentellen Datenerhebungsdesign vor, wobei der Trainingseffekt z.T. durch statistische Analysen, z.T. interpretativ evaluiert wurde (für einen Überblick vgl. Tönshoff 1992). Bei aller Vorläufigkeit lassen sich die Ergebnisse in folgenden zusammenfassenden Aussagen bündeln:

Das strategische Verhalten von Fremdsprachenlernern kann in verschiedenen Fertigkeitsbereichen durch gezieltes Training verändert werden. Lerner, die an Strategietrainingsmaßnahmen teilnehmen, zeigen im allgemeinen bessere Leistungen als Lerner ohne ein solches Training. Je nach Trainingskonzept bestehen allerdings Wirksamkeitsunterschiede: Ein hoher Explizitheitsgrad des Trainings durch den Einsatz kognitivierender Vermittlungsverfahren und eine Integration auch von metakognitiven Strategien in das Trainingsprogramm führen bei den meisten Lernergruppen zu den höchsten Effekten und beeinflusst in positiver Weise auch die Dauerhaftigkeit des Trainingserfolgs sowie die Transferierbarkeit der vermittelten Strategien auf andere Lern- und Sprachverwendungszusammenhänge. Der Erfolg der Strategievermittlung wird darüber hinaus von bestimmten Lernervariablen beeinflusst, wie z.B. von der Motivation der Lerner, ihrem soziokulturellen Hintergrund und ihren Lernerfahrungen.

8. Formen der Kognitivierung bei der Strategievermittlung

Als notwendiger Ausgangspunkt eines bewusstmachenden Strategietrainings erscheint die Erhebung der vorhandenen Strategien der einzelnen Lerner. Die Strategieidentifikation hat nicht nur eine diagnostische Funktion für den Lehrer, der auf ihrer Grundlage z.B. Selektionsentscheidungen hinsichtlich der Trainingsgegenstände fällen kann. Sie kann zugleich ein erstes Mittel zur Sensibilisierung der Lerner für das Phänomen ‚Lernerstrategien' und zur Bewusstmachung eigener Gewohnheiten, Stärken und Schwächen sein. Je nach Fertigkeitsbereich mag es dabei in besonderer Weise sinnvoll sein, auch auf Strategien abzuheben, die die Lerner bei der Verwendung ihrer Muttersprache einsetzen. So dürfte es etwa als bewusstmachende Einstiegskomponente eines Trainings von Strategien, die für die verschiedenen Formen fremdsprachlichen Lesehandelns einschlägig sind, hilfreich sein, die Lerner zur Reflexion über strategische Verhaltensweisen beim Umgang mit muttersprachlichen Texten anzuhalten.
Die für die Strategiediagnose in Frage kommenden Erhebungsinstrumente (z.B. Interviews, Fragebögen, Techniken des ‚lauten Denkens') unterscheiden sich allerdings nicht unerheblich hinsichtlich ihres Strukturiertheitsgrads, der Art der durch sie gewinnbaren Informationen sowie des Zeitaufwandes und der Lehrer- und Lernerqualifikationen, die für ihre Vorbereitung, ihren Einsatz und ihre Auswertung erforderlich sind (vgl. auch die Diskussion bei Oxford 1990:193ff.). Für den schulischen Fremdsprachenunterricht ist zu vermuten, dass der Einsatz von Einzelinterwiews und introspektiven Verfahren wegen ihres beträchtlichen Zeitaufwandes und ihrer Qualifikationsvoraussetzungen nur ‚exemplarisch' und primär in bewusstmachender Funktion sinnvoll sein dürfte. Für eine alle Schüler abdeckende diagnostische Erfassung von Strategien(teil)repertoires erscheinen hingegen vor allem solche Instrumente geeignet, die von den Mitgliedern der Lernergruppe zeitlich parallel bearbeitet werden können und auch leichter auszuwerten sind (also z.B. Lernerfragebögen).
Zur zusätzlichen Sensibilisierung für das Lern- und Kommunikationspotential verschiedener Strategien können neben die gezielte Eigenbeobachtung auch Fremdbeobachtungsaufgaben treten. Der Einsatz dieses Typs von Aufgaben ist allerdings von vornherein auf solche strategi-

schen Verhaltensweisen begrenzt, die zumindest in Teilaspekten überhaupt der Fremdbeobachtung zugänglich sind, also keine rein ‚mentalen' Ereignisse darstellen. Dies ist z.B. bei zahlreichen produktiven Kommunikationsstrategien der Fall. Speziell durch den Einsatz des Mediums ‚Video' lassen sich hier z.B. problemträchtige außerunterrichtliche Kommunikationssituationen in den Unterricht hineinholen und im Unterrichtsgespräch analysieren.

Kognitivierende Strategievermittlungsverfahren in Form von verbal-metasprachlichen Lehrererklärungen sind bereits in Abschnitt 6 kurz erwähnt worden. In Anlehnung an Winograd/Hare (1988) können im wesentlichen fünf inhaltliche Hauptelemente einer sorgfältigen und umfassenden Erklärung zu einer im Instruktionsfokus stehenden Strategie unterschieden werden:
1. *Um welche Strategie handelt es sich?*
2. *Warum soll die Strategie gelernt werden?*
3. *Wie wird die Strategie angewendet?*
4. *Wann und wo kann die Strategie eingesetzt werden?*
5. *Wie lässt sich der Erfolg des Strategieeinsatzes beurteilen?*

Die erste Frage zielt auf einführende kurze Definitions- bzw. Beschreibungsversuche für die jeweilige Lernerstrategie. Dabei liegt es nahe, die einzelnen Strategien zu benennen, also mit bestimmten ‚Etiketten' zu versehen. In vielen Fällen wird es hier allerdings wenig sinnvoll sein, wissenschaftliche Termini in die unterrichtliche Strategievermittlung zu übernehmen, sondern die Bezeichnungen müssen an den kognitiven Reifegrad der Lerner angepasst werden. So mag z.B. „grundsprachenbasiertes Inferenzieren" im schulischen Fremdsprachenunterricht mit jüngeren Lernern als „Erschließen von unbekannten Wörtern mit Hilfe der Muttersprache" bezeichnet werden; "scanning" als Lesestrategie könnte „schnelles Absuchen des Textes auf ganz bestimmte Informationen" genannt werden. In jedem Fall darf angenommen werden, dass die Etikettierung der einzelnen Strategien die bewusste Aufmerksamkeit der Lerner gegenüber Informationsverarbeitungsprozessen erhöht und die gemeinsame Reflexion über Lernerstrategien im Unterrichtsgespräch erleichtert.

Die zweite Frage (Warum?) betrifft Erklärungen zum Zweck der Vermittlung der Strategie sowie zu ihrem potentiellen Nutzen (und zu ihren Grenzen!) für die Lerner.

Die mit der dritten Frage charakterisierten Elemente von Lehrererklärungen betreffen den zentralen Bereich des ‚Wie' der Strategieanwendung. Hier steht der Unterrichtende vor der Aufgabe, das im Instruktionsfokus stehende strategische Verhalten in seinen einzelnen Bestandteilen und seinem schrittweisen Ablauf möglichst deutlich und für die Lerner nachvollziehbar zu beschreiben. Neben eher prinzipiellen Problemen, die darin liegen dürften, dass bestimmte komplexe Strategien bestimmten Lernergruppen (z.B. jüngeren Lernern) kaum in verständlicher Weise nahegebracht werden können, stellt sich hierbei als Hauptschwierigkeit die Bestimmung des jeweiligen Grades an Detailliertheit und Ausführlichkeit der Lehrererklärung: Wie weit soll das strategische Verhalten im Erklärungsdiskurs ‚zerlegt' werden, wie explizit und differenziert sollen die einzelnen Bestandteile des strategischen Vorgehens beschrieben werden?

Zur Veranschaulichung des ‚Wie' des Strategieeinsatzes lassen sich in Kombination mit den Lehrererklärungen weitere Unterrichtsverfahren in bewusstmachender Funktion einsetzen. Zu denken ist hier in erster Linie an das beispielhafte ‚Modellieren' des Strategieeinsatzes durch den Lehrer anhand der Bearbeitung konkreter Aufgabenstellungen. Hierzu können die Präsentation der Ergebnisse einer erfolgreichen Strategieanwendung oder auch die Demonstration der ggf. durch Fremdbeobachtung zugänglichen Aspekte des strategischen Verhaltens eingesetzt werden. In vielen Fällen wird ein solches Modellieren von Strategien wegen ihres ontologischen Status allerdings primär in der Verbalisierung der einzelnen Planungs-, Durchführungs- und Kontrollschritte bei der Strategieanwendung bestehen. Die Verbalisierungen können unmittelbar im Anschluss an die Strategieanwendung erfolgen. Dies wird z.B. bei Hörverstehensstrategien oder produktiven Kommunikationsstrategien der Fall sein, die keine handlungssimultanen Verbalisierungen erlauben. Bei Aufgabenstellungen aus anderen Fertigkeitsbereichen (z.B. bei bestimmten Formen des Lesens) können die Verbalisierungen auch gleichsam 'on-line', also während der Aufgabenbearbeitung erfolgen.

Die vierte der aufgelisteten Fragen betrifft Erklärungen des Lehrers zu möglichen Anwendungsbereichen der gerade thematischen Strategie sowie zu den situativen Bedingungen ihres erfolgreichen Einsatzes. Hierzu zählen auch Erläuterungen zu den Transfermöglichkeiten auf andere Aufgabenstellungen bzw. Problemlösungskontexte. Neben die Charakterisierung von Aufgabenstellungen, für die die Strategie potentiell erfolgsrelevant ist, können dabei zur Abgrenzung auch Negativbeispiele treten: Der Lehrer beschreibt Lern- bzw. Sprachverwendungssituationen, für deren Bewältigung speziell diese Strategie wenig geeignet erscheint.

Bei der fünften Frage schließlich geht es um erklärende Hilfestellungen des Lehrers zu den Beurteilungskriterien und Kontrollverfahren, mit denen die Lerner den Erfolg des eigenen Strategieeinsatzes bei der Aufgabenbearbeitung evaluieren können. Zusammen mit den Lehrererklärungen zur Frage 2 zielen sie damit auf den Bereich metakognitiver Wissensbestände und Fertigkeiten.

Der didaktische Ort der Kognitivierung ist bei unterrichtlichen Strategietrainingsmaßnahmen nicht auf einführende Lehrererklärungen beschränkt. Auch in anderen Trainingsphasen ist Raum für bewusstmachende Verfahren. ‚Kombination von bewusstmachender Information und gezielten Übungsaktivitäten' meint nicht eine lineare Addition (erst Bewusstmachung, dann Übung), sondern eine intensive Verzahnung unterrichtlicher Reflexion mit Gelegenheiten zur Strategieanwendung. Eine solche Verzahnung lässt sich u.a. in folgenden Formen konkretisieren:

– In Diskussionen im Anschluss an das gezielte und bewusste Üben bringen die Lerner ihre Erfahrungen und eventuelle Probleme bei der Strategieerprobung ein.
– Der Lehrer gibt in differenzierter Weise kognitives Feedback auf das strategische Probehandeln der einzelnen Lerner und seine Resultate.
– Mit bewusstmachenden Kurzhinweisen kann der Lehrer in gezielter Weise den Einsatz bereits besprochener strategischer Verhaltensweisen evozieren (prompting). Die Explizitheit die-

ser Hinweise wird dabei sinnvollerweise nach und nach abnehmen, der Lehrer wird seine bewusstmachenden Interventionen bei einschlägigen Übungsaktivitäten schrittweise reduzieren.

– In Gruppen- oder Partnerarbeit können – zusätzlich zum Modellieren von Strategien durch den Lehrer – auch wiederholende Erklärungen und Strategiedemonstrationen durch Lerner erfolgen, die über die jeweilige Strategie hinreichend sicher und bewusst verfügen ("interactive peer modeling"; vgl. Danserau 185:215).

– Ebenfalls in Partner- oder Gruppenarbeit kann auch von Lernerseite kognitives Feedback auf die kontrollierte Strategieerprobung erfolgen: Während ein Lerner eine bestimmte Strategie anzuwenden versucht, erhält er von anderen Lernern unterstützende Hinweise und explizite Rückmeldungen auf seine Bemühungen.

– Grundsätzlich sinnvoll erscheinen zyklische Rethematisierungen zuvor fokussierter Lernerstrategien im Unterrichtsgespräch. Solche gemeinsamen Zwischenreflexionen können ihren Ausgang nehmen von ausführlichen Verbalisierungen einzelner Lerner über ihr Vorgehen bei der Strategieanwendung im Rahmen unterrichtlicher Übungsprozesse oder auch außerhalb des Unterrichts. In jedem Fall sollte den Lernern im Rahmen von Trainingsmaßnahmen regelmäßig Gelegenheit zum Erfahrungsaustausch über ihr strategisches Lern- und Kommunikationsverhalten gegeben werden.

Diese Konkretisierungen gelten prinzipiell auch für Strategietrainingsmaßnahmen, die unterrichtsorganisatorisch weitgehend separat vom regulären Fremdsprachenunterricht stattfinden, sofern sie nur übungspraktische Trainingsbestandteile umfassen. Bei Strategietrainingsmaßnahmen, die in den Fremdsprachenunterricht integriert sind, bestehen darüber hinaus zahlreiche Gelegenheiten, auch in Unterrichtseinheiten bzw. -phasen, die nicht primär auf ein Strategietraining ausgerichtet sind, aus der jeweiligen Unterrichtssituation heraus Aspekte der Anwendung von Lernerstrategien zu thematisieren. So könnte – um ein beliebiges Beispiel zu wählen – der Lehrer anlässlich der Eingabe eines längeren Lesetextes zu einer thematisch orientierten Unterrichtseinheit eine kurze Phase einschieben, in der er an ausgewählte, zu einem früheren Unterrichtszeitpunkt gezielt trainierte Lesestrategien erinnert und sie eventuell am vorliegenden Text auch erneut demonstriert bzw. demonstrieren lässt.

9. Einige Implikationen und Konsequenzen

Das Training von Lernerstrategien kann als stark defizitärer Bereich des schulischen Fremdsprachenunterrichts (nicht nur) in der Bundesrepublik Deutschland gelten. Eigene Untersuchungen haben dies speziell für den Italienischunterricht auf der gymnasialen Oberstufe deutlich belegt (vgl. Tönshoff 1992). Die Integration eines bewusstmachenden Strategietrainings in den Unterricht wäre allerdings nicht als einfache Ergänzung zum ‚normalen' Lerngeschehen, sondern nur im Rahmen einer zumindest partiellen Umorientierung des Fremdsprachenunterrichts und seiner Rahmenbedingungen denkbar:

- Lern- und Kommunikationsstrategien müssen stärker als bisher Eingang in die Lernzielformulierungen in Lehrplänen bzw. Richtlinien finden (inklusive methodischer Hinweise zum Strategietraining).

- Es muss weiter an für Lerner verständlichen Deskriptionen von Lern- und Kommunikationsstrategien gearbeitet werden, die die Grundlage einer expliziten Trainingsinstruktion und – zusammen mit geeigneten Übungstypologien – auch der verstärkten Entwicklung von Unterrichtsmaterialien sein können.

- Schüler und Lehrer werden ihre Rollen umdefinieren müssen. Der Unterrichtende kann den Lernern helfen, größere Eigenverantwortlichkeit zu entwickeln, doch die Verantwortung für einen stärker selbstgesteuerten Lernprozess liegt letztlich beim Lerner selbst. Dem Lehrer seinerseits kommt zum einen die Aufgabe zu, eine Lernumgebung zu schaffen, in der die Schüler die ihnen angemessensten Strategien erkennen und erproben können. Zum anderen hat er alternative Strategien anzubieten und die Lerner zur Reflexion über den eigenen Lernprozess anzuregen. Er wächst damit in die Rolle eines Lernhelfers bzw. -beraters hinein.

- Ein Strategietraining ist ohne entsprechend motivierte und ausgebildete Lehrer undenkbar. Die Implementation von Strategietrainingsprogrammen in existierende fremdsprachenunterrichtliche Lernzusammenhänge erfordert zusätzliche Maßnahmen im Bereich der Lehreraus- und -fortbildung. So könnte bereits in der Ausbildungssituation die Tatsache genutzt werden, dass die Studenten sowohl Fremdsprachenlerner als auch (angehende) Fremdsprachenlehrer sind. Wer in den sprachpraktischen Veranstaltungen einen autonomiefördernden Fremdsprachenunterricht erhalten hat, der einer bewusstmachenden Strategievermittlung Raum gibt, wird später als (junger) Lehrer eher bereit sein, auch selbst einen solchen Unterricht zu gestalten. Darüber hinaus lassen sich gerade am Beispiel eines Trainings von Lernerstrategien gute Argumente für eine Verzahnung von sprachpraktischer und didaktisch-methodischer Ausbildung finden. Wenn in sprachpraktische Veranstaltungen Phasen der methodischen Zwischenreflexion eingeschaltet werden, in denen der Lehrende sein eigenes Vorgehen bei der Strategievermittlung transparent macht und zur Diskussion stellt (Wechsel aus der Lern- in die Vermittlungsperspektive), dann kann in Seminaren und Übungen zur Didaktik-Methodik an diese gemeinsam reflektierte Selbsterfahrung angeknüpft werden. In der Lehrerfortbildung erscheint grundsätzlich ein Vorgehen sinnvoll, bei dem in Kombination mit der Bewusstseinsbildung durch Theoriepräsentation und Erfahrungsaustausch auch spezielle Lehrertrainingskomponenten wie Demonstrationen, Beobachtungsübungen und kontrolliertes unterrichtliches Probehandeln (etwa in Form des micro-teaching) zum Einsatz kommen.

10. Einige Forschungsperspektiven

Für die weitere Erforschung der Möglichkeiten, die strategische Kompetenz von Fremdsprachenlernern durch unterrichtliche Trainingsmaßnahmen gezielt zu fördern, lassen sich mindestens die folgenden Perspektiven benennen:

– Notwendig sind weitere Untersuchungen zur Effektivität von Strategietrainingsmaßnahmen im Kontext ‚Fremdsprachenlernen', wobei systematisch zu differenzieren wäre u.a. nach Fertigkeitsbereichen, dem Lernstand sowie relevanten Lernergruppenmerkmalen. Ebenfalls variiert werden sollten bestimmte Merkmalsdimensionen (z.B. separat vs. integriert, Explizitheitsgrad der Instruktion) und Komponenten von Trainingsprogrammen. Anknüpfend an den bisherigen Befunden der Trainingsforschung wäre dabei z.B. weiter der These nachzugehen, dass ein ‚ideales' Training in den meisten Fällen folgende Merkmale aufweisen soll: (1) Integration in den regulären Fremdsprachenunterricht; (2) Fokussierung ‚kognitiver' und ‚metakognitiver' Strategien als Trainingsgegenstände; (3) Kombination der kognitivierenden Behandlung von Lernerstrategien mit geeigneten Übungsaktivitäten.
– Grundsätzlich sinnvoll erscheinen zum einen Experimentalstudien (vor allem Unterrichtsexperimente). Eine besondere Herausforderung wird dabei die Entwicklung von Untersuchungsdesigns darstellen, die es gestatten, auch die Dauerhaftigkeit des Trainingserfolgs und die Transfermöglichkeiten der vermittelten Strategien zu evaluieren.
– Angesichts des Forschungsstandes sind aber insbesondere auch nicht-experimentelle Untersuchungen notwendig, die ‚qualitative' Daten erheben, z.B. zu den verschiedenen Formen der Bewusstmachung beim Strategietraining und dem didaktischen Ort von Kognitivierungselementen im Ablauf von Trainingssequenzen.
– Gerade mit Blick auf mögliche Akzeptanzprobleme bei der Implementation von Strategietrainingsprogrammen wäre auf Lerner- und Lehrerseite auch der weite Bereich der Einstellungen und einschlägiger Elemente fremdsprachenunterrichtsbezogener ‚subjektiver Theorien' zu untersuchen.
– Unterrichtsbezogene Trainingsforschung im engeren Sinne wird Hand in Hand gehen müssen mit weiteren Forschungsaktivitäten zur theoretisch-konzeptuellen Absicherung des Konstrukts ‚Lernerstrategie' sowie mit weiteren explorativen Studien zur Identifikation und Beschreibung strategischer Verhaltensweisen und der ihnen zugrundeliegenden mentalen Operationen. Dabei werden u.a. Variablen wie der Strategieanwendungskontext (unterrichtlich/außerunterrichtlich), die jeweilige Zielsprache, der Sprachbesitz der Lerner, ihre Fremdsprachenlernerfahrungen, der Lernstand und die Art der Sprachlern- bzw. -verwendungsaufgabe in systematischer Weise zu berücksichtigen sein.

Literaturhinweise

Brown, A. L., Armbruster, B. B. & Baker, L. (1986). The role of metacognition in reading and studying. In J. Orasanu (ed.). *Reading comprehension. From research to practice* (S. 49-75). Hillsdale: Erlbaum.

Butzkamm, W. (1977). Imitation und Kognition im Fremdsprachenunterricht. *Der fremdsprachliche Unterricht*, 11, 3-10.

Dansereau, D. F. (1985). Learning Strategy Research. In J. W. Segal, S. F. Chipman & R. Glaser (eds.), *Thinking and learning skills: Relating learning to basic research* (S. 209-240). Hillsdale: Erlbaum.

Dickinson, L. (1987). *Self-Instruction in Language Learning*. Cambridge: Cambridge University Press.

Hosenfeld, C. et al. (1981). Second language reading: A curricular sequence for teaching reading strategies. *Foreign Language Annals*, 14, 415-422.

Knapp, K. (1980). Weiterlernen. Zur Bedeutung von Wahrnehmungs- und Interpretationsstrategien beim Zweitsprachenerwerb. *Linguistik und Didaktik*, 43/44, 257-271.

Krumm, H.-J. (1982). Unterrichtliche Interaktion als Problem des kommunikativen Fremdsprachenunterrichts und der Fremdsprachenlehrerausbildung. In Goethe-Institut München (ed.), *Interaktion im Fremdsprachenunterricht* (S. 17-31). München.

O'Malley, J. M. & Chamot, A. U. (1990). *Learning strategies in second language acquisition*. Cambridge: Cambridge University Press.

Oxford, R. L. (1990). *Language learning strategies. What every teacher should know*. New York: Newbury.

Oxford, R. L., Lavine, R. Z. & Crookall, D. (1989). Language learning strategies, the communicative approach, and their classroom implications. *Foreign Language Annals*, 22, 29-39.

Peterson, P. L. & Swing, S. R. (1983). Problems in classroom implementation of cognitive strategy instruction. In M. Pressley & J. R. Levin (eds.), *Cognitive strategy research: Educational applications* (S. 267-287). New York.

Tönshoff, W. (1992). *Kognitivierende Verfahren im Fremdsprachenunterricht. Formen und Funktion*. Hamburg: Kovac.

Weinstein, C. E. (1988). Assessment and training of student learning strategies. In R. R. Schmeck (ed.), *Learning strategies and learning styles* (S. 291-316). New York.

Weinstein, C. E. & Underwood, V. L. (1985). Learning strategies: The how of learning. In J. W. Segal, S. F. Chipman & R. Glaser (eds.), *Thinking and learning skills: Relating learning to basic research* (S. 241-258). Hillsdale.

Wenden, A. (1987). Incorporating learner training in the classroom. In A. Wenden & J. Rubin, *Learner strategies in language learning* (S. 159-168). Englewood Cliffs et al: Prentice Hall International.

Winograd, P. & Hare, V. C. (1988). Direct instruction of reading comprehension strategies: The nature of teacher explanation. In C. E. Weinstein, E. T. Goetz & P. A. Alexander (eds.), *Learning and study strategies: Issues in assessment, instruction, and evaluation* (S. 121-139). New York.

Strategien der Verständnis- und Verstehenssicherung in interkultureller Kommunikation: Der Beitrag des Hörers

Helmut Johannes Vollmer

1. Einleitung

Der folgende Beitrag beschreibt einen qualitativen Forschungsansatz zur Identifizierung und Analyse von Aspekten der Verstehenssicherung in interkultureller Kommunikation und präsentiert erste Ergebnisse aus diesem Zusammenhang. Dabei beschränke ich mich auf jenen Typ der Begegnung zwischen fortgeschrittenen Lernern des Englischen und einem *native speaker* dieser Sprache aus einer der beiden Hauptkulturen (Engländer oder Amerikaner); die anderen beiden Varianten der interkulturellen Interaktion mit Sprechern des Englischen als Zweitsprache (z.B. Schwarzafrikanern) einerseits und der Verwendung von Englisch als *lingua franca* im Kontakt mit sonstigen Muttersprachensprechern (z.B. Dänen oder Griechen) andererseits lasse ich hier außer acht, obwohl sie für die außerschulische Handlungsperspektive unserer EnglischschülerInnen mindestens ebenso bedeutsam sind und deshalb parallel mit der gleichen Intensität erforscht werden müssen (vgl. Hüllen, 1994 sowie Vollmer, 1995).[1] Im Hinblick auf den genannten Typ werden zugleich eine Reihe von eher grundsätzlichen Überlegungen zur Modellierung und Dimensionierung von Kommunikation und insbesondere zu den Merkmalen und Besonderheiten interkultureller Kommunikation zwischen *natives* und *non-natives* angestellt. Bezogen auf das Rahmenthema des Buches werde ich mich also weniger mit Strategien des Lernens (im Kontext des schulischen Fremdsprachenunterrichts) als mit allgemeinen Strategien des Kommunizierens in realen (oder quasi-natürlichen) Anwendungssituationen befassen. Dabei wird mein Augenmerk weniger auf dem *non-native speaker* in seiner Rolle als Sprecher und den von ihm verwendeten Problemlösungsstrategien liegen, die üblicherweise (im Anschluß an Faerch/Kasper, 1983) als „Kommunikationsstrategien" bezeichnet werden und die relativ gut untersucht sind (vgl. z.B. Gass/Varonis, 1985 und Varonis/Gass, 1982 sowie O'Maley/Chamot, 1990): hier handelt es sich um spezifische Verfahren von Lernern zur Lösung von auftretenden Kommunikationsproblemen mit *natives* im Falle von selbst wahrgenommenen Sprachdefiziten in der L2. Ebenso wenig will ich auf die vielfältigen konversationellen Anpassungsprozesse von *natives* in Interaktion mit Nichtmutterspra-

---

[1] Es ist m.E. müßig darüber zu spekulieren, welcher Typ interkultureller Interaktion in der europäischen und internationalen Perspektive zukünftig häufiger vorliegen wird, der der Kommunikation mit englischsprachigen *natives* oder der des Gebrauchs des Englischen als Weltverkehrssprache: Auf jeden Fall muss der heutige Fremdsprachenlerner unbedingt auf beides vorbereitet werden.

chensprechern eingehen, die ebenfalls empirisch gut belegt sind (z.B. Chun et al., 1982; Day et al., 1984; Long, 1981, 1983a/c). Vielmehr werde ich mich im vorliegenden Aufsatz zentral mit dem aktiven Beitrag des Hörers als *non-native speaker* für das Gelingen der Kommunikation mit *natives* am Beispiel von deutschen Lernern des Englischen auseinandersetzen. Im einzelnen werde ich untersuchen, wodurch der Hörer im Rahmen einer interkulturellen Begegnungssituation zur Sicherung des gegenseitigen Verständnisses und Verstehens beisteuert und welche Sprachrezeptionsstrategien und interaktiven Diskursstrategien dabei eingesetzt werden können bzw. eingesetzt werden.

Ich vertrete einen weit gefassten Begriff von Strategie, der sowohl unbewusst/automatisiert ablaufende Prozesse im Interaktionsverhalten von L2-Lernern als auch mehr oder minder bewusst eingesetzte Verfahren eben dieser Lerner zur *ad hoc* Meisterung von kommunikativen Anforderungen bzw. Schwierigkeiten umfasst. Man könnte allerdings auch um der begrifflichen Klarheit und Differenzierung willen (entgegen dem alltagsmäßigen Vorverständnis) zwischen Prozessen und Strategien unterscheiden, so wie es beispielsweise Knapp/Knapp-Potthoff (1982) oder Wolff (1992) gleichermaßen tun. Prozesse wären dann alle unbewusst ablaufenden Schritte und Verfahren zur Planung und Realisierung sprachlicher Handlungen. Und unter Strategie im engeren Sinne wäre dementsprechend lediglich jenes planvolle und zielorientierte Verhalten zu verstehen, das ein Lerner in dem Moment aktiviert, wo der Kommunikationsprozeß nicht mehr reibungslos verläuft. Strategie umschließt dann sowohl den Plan als auch die (interaktive) Durchführung des Plans, nicht jedoch dessen Handlungsergebnis. M.a.W. ob eine bestimmte Strategie sinnvoll oder erfolgreich war (zumindest aber besser als eine mögliche andere), läßt sich nicht ohne weiteres entscheiden und ohne Befragung der Interaktanten beurteilen. Darauf werde ich später noch zurückkommen.

Das Hauptproblem ist und bleibt allerdings das des empirischen Auseinanderhaltens von „Prozess" und „Strategie", zumal beides prozeduralen Charakter hat und wir auf die Entscheidungsabläufe im Lerner eigentlich nur durch Beobachtung von außen bzw. aufgrund der sprachlichen Produkte, nämlich bestimmter Performanzdaten zurückschließen können. Diese Überlegung hat mich dazu bewogen, zunächst doch den weiteren Strategiebegriff beizubehalten. Damit ist ein bestimmter, mehr oder weniger bewusster (auf jeden Fall bewusstseinsfähiger) Plan des Lerners als Sprachteilnehmer gemeint, nach dem er in Interaktionen verfährt und der ein Bündel von Schrittfolgen und Operationen umfasst bzw. umfassen kann. Hörerseitige Strategien der Verstehenssicherung in interkultureller Kommunikation reichen dann von besonders genauem Hinhören, Wahrnehmen und Rückmelden über das kooperative Begleiten und Unterstützen des primären Sprechers in der gemeinsamen Erarbeitung von Bedeutung bis hin zur expliziten Nachfrage, zur Klärung und Sicherstellung von richtigem Verständnis bzw. Verstehen als Voraussetzung für den weiteren Diskurs.

Diese Hörerstrategien des interkulturellen Kommunizierens sind ein Teil der Gesamtkompetenz eines L2-Lerners auf dem jeweiligen Entwicklungsstand seiner Interlanguage. Als kognitive und zugleich sozial-interaktive Fähigkeiten sind sie zum großen Teil im Zusammenhang mit dem Erwerb der L1 aufgebaut worden, müssen nun jedoch im Hinblick auf den L2-Gebrauch erst einmal erneut aktiviert, in ihrer Tauglichkeit überprüft und gezielt für den Dialog in der L2 geschärft und erweitert werden. Dabei ist die fremde Sprache Ziel und Medium dieses Klärungs- und Verständigungsprozesses zugleich: Medium, weil es darum geht, sich auf Englisch auszudrücken und seine Mitteilungsabsichten „rüber zu bringen", Ziel, weil alle metakommunikativen Diskursschritte, die der Aufklärung und Beseitigung von sprachlichen Problemen und kommunikativen Hindernissen dienen, ebenfalls auf Englisch vollzogen werden.

Meine Beschreibungen und Analysen sind zunächst unabhängig davon, wie die verschiedenen diskursiven Verfahren und Fertigkeiten erworben worden sind; auch läßt sich über den Grad ihrer Bewusstheit bzw. Automatisierung zur Zeit wenig sagen. Aus meiner Sicht ist die am Schluss gestellte Frage nach der Lern- und Lehrbarkeit bestimmter „erfolgreicher" Verfahren der Verständnis- und der Verstehenssicherung noch nicht abschließend zu beantworten: vielmehr bedarf es konkreter Beschreibungen (wie der vorliegenden) und weiterer repräsentativer Analysen auf der Basis von umfassenderen Datenkorpora um zu einer genaueren Bestimmung der wichtigsten Komponenten und Könnens-/Wissenselemente in diesem Bereich des interaktiven Sprachhandelns zu kommen, bevor wir an eine sinnvolle Didaktisierung denken können. Dennoch lassen sich die hier vorgelegten Überlegungen und empirisch gewonnenen Ergebnisse mit gewissen Vorbehalten bereits unmittelbar didaktisch verwerten, wenn das Ziel der mündlichen dialogischen Gesprächsfähigkeit (Diskurs- und Interaktionsfähigkeit) in einer Zweitsprache wie Englisch ernsthaft angestrebt wird. Insgesamt gehe ich davon aus, dass es sich beim konversationellen Englisch um eine der am wenigsten markierten Varianten dieser Sprache handelt, die aber dennoch situativ stark gesteuert und hochgradig regelgeleitet ist, wie wir durch die Einsichten der Konversationsanalyse aus den letzten Jahren und Jahrzehnten wissen. Es steht für mich außer Frage, dass wir unseren Englischlernern (in der Schule ebenso wie auf der Hochschule) jene Gesprächsfähigkeit vermitteln können und müssen, die sich als die nützlichste und am wenigsten künstliche Form der Alltagskommunikation darstellt und die ihnen in Zukunft immer mehr abverlangt werden wird.[2]

Gerade die zukünftigen EnglischlehrerInnen müssen ausgestattet sein mit Wissen und Erfahrungen, worum es bei diesem Aspekt der kommunikativen Kompetenz (in Englisch als Fremd-/Zweitsprache bzw. als internationales Verständigungsmittel) geht und wie sie ihn vermitteln können. Eine der wesentlichen Voraussetzungen dazu ist, dass sie ihrerseits für die Schüler ein gutes Modell abgeben und gelernt haben, ihre Erfahrungen in der Begegnung mit englischsprachigen *natives* und mit anderen *lingua franca*-Sprechern zu reflektieren, zu systematisieren und mit Hilfe theoretischer Erkenntnisse zu erweitern. Dabei spielen die Erfahrungen der Grenzen von Verständigung und Verstehbarkeit, von Fremdheit und Differenz, von

---

[2] Es ist ja bekannt, wie sehr die kommunikative Tätigkeit des Sprechens und insbesondere die Entwicklung der dialogischen Gesprächsfähigkeit in unseren Schulen (bis hin zum Abitur) leider immer noch vernächlassigt wird. Das gilt vor allem auch für die mangelnde Berücksichtigung der Mündlichkeit bei der Leistungsbewertung und der Notenfindung, obwohl es inzwischen im internationalen Kontext vielfältige und handhabbare(!) Möglichkeiten der Überprüfung und Beurteilung von mündlich-interaktiven Sprachleistungen im Englischunterricht gibt, die sich für die deutsche Situation eignen und problemlos anwenden lassen (vgl. etwa Vollmer, 1989, 1996 und Macht, 1991).

Missverstehen oder Nichtverstehen und deren konkrete kognitive wie emotionale Verarbeitung entweder in der Situation selbst oder nachträglich eine besondere Rolle. Ebenso wichtig ist aber auch die Bewusstmachung jener Prozesse (vor allem der eigenen als Lerner/Nicht-Muttersprachensprecher), durch die der Gesprächskontakt aufrechterhalten und ein Zusammenbruch von Kommunikation verhindert werden konnte. Zu solchen Erfahrungen und Reflexionen will das Forschungsprojekt ODASLL "Oral Discourse Ability of Second Language Learners" (in Verbindung mit bestimmten Lehrveranstaltungen) Anlass geben. Insofern betrachte ich diesen Aufsatz als einen Beitrag zur Beschreibung, zur Analyse und zum Aufbau eines wichtigen Teils von interkultureller Kommunikationsfähigkeit.[3]

2. Zur Modellierung und Dimensionierung von Kommunikation

Die Modelle von Kommunikation, auf die sich die Fremdsprachenforschung bezieht, sind in den letzten Jahren – vor allem bedingt durch die Annäherung an die Psycholinguistik als eine der bedeutendsten Bezugswissenschaften – zunehmend differenzierter geworden. Miteinander reden, einander verstehen läßt sich keineswegs mehr als ein Prozeß der Übermittlung von Nachrichten zwischen Sender und Empfänger oder der Verschlüsselung bzw. Dekodierung gedanklicher Einheiten charakterisieren, wie es früher manchmal (informationstheoretisch verkürzend) formuliert wurde. Vielmehr ist das ein außerordentlich komplexer Vorgang der sprachlichen Informationsverarbeitung, der auch aus einschlägiger, psychologisch geprägter Sicht mindestens vier Dimensionen gleichzeitig realisiert. Diese umfassen die Vermittlung der *Sachinformation* (das, worüber ich rede – das Thema –, und was ich dazu sage), die *Selbstoffenbarung* (oder: was ich von mir selbst kundgebe), die *Beziehungsgestaltung* (oder was ich von jemandem halte und wie wir zueinander stehen) und schließlich den *Appell* (oder: wozu ich jemanden mit meinem Redebeitrag veranlassen möchte). Dieser Ansatz der Beschreibung, der sich u.a. an die Arbeiten des Sozialpsychologen Schulz von Thun (z.B. 1981) anlehnt, läßt sich mit bestimmten Sprecher/Hörer-Modellen aus der Psycholinguistik und insbesondere mit grundlegenden Erkenntnissen der Sprechakttheorie bzw. von Konversations- und Diskursanalyse deutlich in Beziehung setzen, was an späterer Stelle geschehen soll.

2.1 Kommunikation als Wechselwirkungsgeschäft

Die moderne Kommunikationspsychologie geht ebenso wie die interaktionale Soziolinguistik noch einen Schritt weiter: Sie hat insgesamt den aktiven, kognitiven Beitrag des Hörers im Prozess der Verständigung und des Verstehens herausgearbeitet; sie begreift das Gespräch als verbale Interaktion zwischen Sprecher und Hörer, als ein gemeinsames Spiel zwischen beiden,

---

[3] Getrennt davon ist noch einmal der Fall interkultureller *Fach*kommunikation in speziellen Domänen des Sprachgebrauchs (z.B. Geschäftsverhandlungen, Technologieprojekte, Forschungskooperation oder Expertenaustausch auf wissenschaftlichen Kongressen) zu betrachten, der im Anschluss an das hier beschriebene Projekt exemplarisch untersucht und zu Vergleichszwecken herangezogen werden soll.

in dem beide in hohem Maße aufeinander Einfluss nehmen. So kommt es, dass sie persönliche Verhaltensweisen weitgehend als Ausdruck der derzeitigen kommunikativen Verhältnisse und weniger als festliegende Bestimmungsstücke eines Individuums und seiner (statisch gedachten) Persönlichkeitsstruktur erklären kann. Knapp auf den Punkt gebracht: „Kommunikation ist ein Wechselwirkungsgeschäft mit mindestens zwei Beteiligten. Persönliche Eigenarten, individuelle Verhaltensweisen sind interaktionsbedingt. Es gehören immer (mindestens) zwei dazu" (Schulz von Thun, 1981:83). Diese Sichtweise ist sowohl ent-individualisierend als auch ent-moralisierend, sie hat einschneidende Folgen für die Analyse (und auch Therapie) von Gesprächsverhalten. So resultiert aus dieser systemtheoretischen Betrachtungsweise u.a. die Annahme, dass auch „Störungen" nicht so sehr die Eigenarten eines Individuums widerspiegeln, sondern sozusagen auf einer „systematisch mißglückten Form des Aneinandergeratens" (ebd.:87) beruhen. Dies wird in der übersummativen Kurzgleichung 1+1=3 ausgedrückt, die besagt, dass es „in jeder Kommunikation eine Art sur-plus, eine Eigendynamik (gibt), die nicht nur aus der Summe der Anteile der einzelnen Kommunikationspartner zu erklären ist" (Brunner/Rauschenbach/Steinhilber 1978:52). Mit anderen Worten, beide Partner nehmen gegenseitig Einfluss aufeinander, sie haben z.T. ungeplante, unvorhersehbare Wirkungen aufeinander, sie beeinträchtigen einander sehr in dem, was sie sagen und tun, wie sie sich wahrnehmen und fühlen, was sie meinen, wie sie jeweils weitermachen und zu welchem kommunikativen Ergebnis sie gelangen. Dies gilt in beide Richtungen, also auch dann, wenn einer der Gesprächsteilnehmer scheinbar einseitig dominiert (z.B. durch die natürliche Beherrschung der Verhandlungssprache). Die gegenseitige *Wirkungsd*imension ist als ein *Kernstück interaktiver Kommunikationstheorie* (psychologischer ebenso wie soziolinguistischer Prägung) anzusehen.

Schließlich ist noch auf die überragende Rolle der *Metakommunikation* hinzuweisen, die man in den letzten Jahren zunehmend herausgearbeitet und betont hat. Gemeint ist die Kommunikation über die Kommunikation, eine Auseinandersetzung über die Art also, wie wir miteinander sprechen und umgehen, und über die Art, wie wir die produzierten Mitteilungen gemeint bzw. die empfangenen Botschaften aufgefasst, verarbeitet und rezipiert und wie wir aufeinander reagiert haben. „Zur Metakommunikation begeben sich die Partner gleichsam auf einen „Feldherrnhügel" (Langer), um Abstand zu nehmen von dem „Getümmel", in das sie sich verstrickt haben und in dem sie nicht mehr (oder nur zäh und schwierig) weiterkommen" (Schulz von Thun, 1981:91). Der Wechsel von der kommunikativen auf die metakommunikative Ebene der Interaktion kann im Einzelfall sehr schnell und übergangslos erfolgen, so dass die positive Funktion der Distanzierung und der Gewinnung von Übersicht und Lösungspotential nicht immer (sogleich) erreicht wird. Dennoch wird Metakommunikation übereinstimmend als *conditio sine qua non* aller erfolgreichen Kommunikation (Watzlawick/Beaven, 1969:56), doch ebenso als schwierig und ungewohnt bzw. unüblich (Mandel u.a., 1971) angesehen – zumal gute Metakommunikation in erster Linie einen vertieften Einblick in die eigene (mentale und gefühlsmäßige) Innenwelt und den Mut zur gegenseitigen Selbstoffenbarung verlangt, wenn sie nicht nur der reinen Verständnissicherung im engen, technischen Sinne des Wortes gilt. Insofern gibt es keine Garantie, dass auf der Metaebene nicht dieselben Probleme auftauchen („Fehler" gemacht werden) wie in der eigentlichen Kommunikation und somit die Irritation oder „Störung" nur eine Ebenenverlagerung erfährt.

In der Diskursanalyse und der Zweitsprachenerwerbsforschung ist in diesem Zusammenhang der Ausdruck *negotiation of meaning* geprägt worden. Darunter kann man allerdings mehrere Dinge verstehen, wie Edmondson/House (1993:252) richtig zeigen:

1. Das Ergebnis eines Gesprächs wird von den Gesprächspartnern mit unterschiedlichen bzw. inkompatiblen Zielen oder Interessen ausgehandelt.

2. Die Bedeutung verschiedener Beiträge zu einem Gespräch wird in den darauffolgenden Beiträgen ausgehandelt.

3. Durch eine explizite Reparatursequenz wird erklärt oder ergänzt, was ein Sprecher mit einem Gesprächsbeitrag gemeint hat.

4. Durch eine explizite Reparatursequenz wird die Bedeutung bzw. der Sinn eines Ausdrucks erklärt oder ergänzt.

Ich stimme mit Edmondson & House (1993) darin überein, dass die Diskursanalyse sich hauptsächlich für die 2. Interpretation von *negotiation* interessiert, während es bei der Hypothese von Bedeutungsaushandlung im Rahmen der Zweitsprachenerwerbsforschung hauptsächlich um die 3. und 4. Variante geht. Unabhängig von diesen Differenzierungen wird uns diese grundlegende Einsicht in die Prozessualität von Bedeutungskonstituierung, dass nämlich Bedeutungen nicht ein für allemal festliegen, sondern dass sie aushandelbar sind und tatsächlich ausgehandelt werden, im Hinblick auf interkulturelle Kommunikation noch nachhaltig beschäftigen.

Insgesamt ist unstrittig, dass die beteiligten Handlungsträger in einer dyadischen Gesprächssituation sowohl *initiativ* als auch *reaktiv* tätig sein können, was sich auf ihre jeweilige Teilnehmerrolle, den Modus der erforderlichen Sprachverarbeitung und den Ort (*Locus*) ihrer Sprechhandlungen im Ablauf einer Gesprächssequenz und damit auf die Bereitschaft zur Übergabe/Übernahme des jeweils nächsten Redezuges (*turn-taking*) bezieht. *Initiieren* und *Reagieren* sind strukturell gesehen komplementäre und doch zugleich recht unterschiedliche Tätigkeiten, obwohl sie beide als Formen der *Sprecher*handlung, als „Produktion" bestimmter Äußerungen mit Hilfe ausgewählter Redemittel und damit als Akte der Bedeutungskonstituierung charakterisiert werden können. Der *reagierende Sprecher* muss bei seiner inhaltlichen Mitteilung in irgendeiner Weise auf die vorangegangene Mitteilung des Gegenüber eingehen, was eine bezugnehmende Sprechhandlung erfordert, die ihrerseits zumindest in ihrer thematisch-inhaltlichen und linguistischen Struktur eingeschränkt ist: man ist nicht frei in der Auswahl der eigenen Sprechhandlung, man kann nicht alles auf alles sagen, bestimmte Redezüge des anderen erfordern bestimmte Folgezüge (Repliken). Die Konversationsanalytiker sprechen in diesem Zusammenhang auch von Nachbarschaftspaaren (*adjacency pairs*), bei denen der erste, initiierende Sprechakt den nachfolgenden – zumindest konventionellerweise – weitgehend mitbestimmt: auf ein *"Initiate"* muss früher oder später ein *"Satisfy"* folgen – und zwar aus einem Repertoire von begrenzten Möglichkeiten (vgl. hierzu Edmondson/House, 1981). Auf jeden Fall bleibt festzuhalten, dass beide Sprecheraktivitäten, das initiierende wie das reagierende Sprechen, analytisch und didaktisch gesondert ausgewiesen werden müssen, bevor sie in Redezugpaaren interaktiv aufgebaut und kommunikativ eingeübt werden können.

Daneben und darüber hinaus gibt es aber noch einen *dritten* Handlungsbereich für Gesprächspartner, der ebenso wichtig ist, der jedoch bislang sehr viel weniger untersucht und strukturiert worden ist: den der *rezipierenden Tätigkeit* des Hörers, auf den ich jetzt näher eingehen will.

2.2 Die rezipierende Tätigkeit des Hörers

Der Hörer hat als Hörer die Aufgabe zuzuhören, dafür zu sorgen, dass er zuhören kann und will. Er muss dabei beachten und in sich aufnehmen, was der Sprecher sagt bzw. mitteilt, er muss ihm entsprechend folgen und sich damit auf die kompetente Übernahme der Rolle als zukünftiger Sprecher vorbereiten. Bei dieser „rezipierenden Tätigkeit" (Hartung, 1981) verbleibt der Hörer in seiner Funktion als Hörer ohne den Sprecherstatus zu beanspruchen. Dennoch trägt er hierbei aktiv auf unterschiedliche Weise zur Herstellung einer gemeinsamen Verstehensbasis und einer gemeinsamen Bedeutung bei. Ohne sie könnte eine Kommunikation überhaupt nicht kooperativ und einigermaßen geschmeidig verlaufen. Auf diese rezipierenden Tätigkeiten will ich mich im weiteren konzentrieren. Sie lassen sich ihrerseits in drei Aspekte unterteilen.

2.2.1 Back-Channeling durch Hörersignale

Da ist zunächst der mehr oder minder *formale Rückversicherungsprozess*, durch den der Hörer verbal oder auch nonverbal zum Ausdruck bringt, dass er tatsächlich zuhört, dass seine Aufmerksamkeit auf den Sprecher fokussiert ist, dass er weiterhin bereit ist seine Wahrnehmungskanäle offenzuhalten und auf die Worte des Sprechers zu richten. Zugleich drückt der Hörer damit aus, dass der Sprecher soweit für ihn verständlich ist und auch, dass er in der Teilnehmerrolle des Hörers verbleiben will und darin so gut als möglich zur Sicherung von Verständnis beitragen wird. Diese eher formale und doch so wichtige, aktive Rückkopplungstätigkeit des Hörers, ohne die der Sprecher nicht ohne weiteres fortfahren könnte, ist zutreffenderweise als *back-channeling* (Yngve 1970) bezeichnet worden.[4] Gerade die kontinuierliche Bestätigung von seiten des Hörers, dass er als Gesprächspartner (weiterhin) zur Verfügung steht, dass das Gespräch von daher noch andauert und weitergeführt werden kann, ist ein konstitutives Merkmal von Kommunikation. Nach übereinstimmender Strukturanalyse der konventionellen Implikate von Diskursen verdient der Sprecher nicht nur gehört zu werden, er hat sogar ein moralisches Recht darauf; der Hörer ist also in gewisser Weise verpflichtet zuzuhören und dieses regelmäßig anzuzeigen, indem er die Rolle des Hörers akzeptiert.

---

[4] Andere haben von *signals of continued attention* (Fries 1952), von *accompany signals* oder von *listener's response* oder auch einfach von *signals of the hearer* (Hörersignalen) gesprochen (vgl. hierzu insgesamt Vollmer, 1987).

Das Entscheidende ist nun, dass solche Rückmeldungen von Hörerseite als Begleithandlungen zu den eigentlichen Sprecherhandlungen erfolgen, dass sie also innerhalb eines Redezugs (*turn*) des Sprechers stattfinden und sich mit diesem zwar überschneiden können, ihn jedoch nicht unterbrechen; *rezipierende Hörertätigkeit* leitet also keinen Sprecherwechsel ein, ist aber als Mechanismus für eine geschmeidige (spätere) Übergabe/Übernahme von Rederechten durchaus von großer Bedeutung. (An anderer Stelle habe ich ausführlicher über diesen Aspekt interlingualer Kommunikation nachgedacht und ihn empirisch einzufangen versucht; vgl. Vollmer, 1987. Dort ist auch von zwei *Einschränkungen* die Rede: 1. Es gibt Spezifika von indirekter Kommunikation (etwa durch Telefonkontakt), die eine verstärkte Notwendigkeit von verbalen Hörersignalen in dieser Redekonstellation nach sich ziehen; 2. das Geben von Hörersignalen ist keineswegs eine Gewähr für tatsächliche Aufmerksamkeit des Hörers oder für die Aufnahme des Gesagten durch ihn. Der Sprecher hat natürlich seinerseits eine Reihe von Möglichkeiten, die Aufmerksamkeit seines Gegenüber zu steuern bzw. zu überprüfen, indem er etwa aufmerksamkeitsheischende bzw. -lenkende Handlungen einschiebt oder aber sog. Sprechersignale ausstrahlt, auf die hier nicht näher einzugehen ist; vgl. wiederum Vollmer, 1987 sowie Bublitz, 1988:172 und insbesondere Bublitz/Kühn, 1981).

2.2.2 Anzeigen von Nicht-Verstehen: Zur Notwendigkeit der Aushandlung von Bedeutung

Der eben beschriebene Aspekt der Hörerrolle (das Äußern von Hörersignalen) schließt logisch, aber nicht unbedingt faktisch einen weiteren mit ein: den des mehr oder minder expliziten Signalisierens von Aufmerksamkeits- oder Verständnisschwierigkeiten, was dann zu einer Unterbrechung des horizontalen Kommunikationsflusses und somit zum Eintritt in die Metakommunikation führt. In ihr kann das Nicht-Verstehen (oder auch das nur partielle Verstehen) aufgeklärt, abgebaut oder gar beseitigt werden. Das geschieht über den schon erwähnten Prozess der „Aushandlung von Bedeutung", wozu außer dem Anzeigen der Schwierigkeit auf seiten des Hörers minimal ein verbaler Response durch den Sprecher gehört sowie ggf. eine (fakultative) Bestätigungs- oder Nichtbestätigungsreaktion durch den Hörer.

Ein solches Diskursmuster findet man jedoch im Gespräch unter Muttersprachensprechern kaum: zum einen gibt es objektiv weniger Verständnisschwierigkeiten (zumindest auf der vordergründigen Ebene) zwischen den Sprechern ein und derselben Sprache, zum anderen dominiert hier der Versuch des Hörers, Nicht-Verstehen oder Teilverstehen zu kompensieren durch erhöhte Aufmerksamkeit im weiteren Diskursverlauf mit dem Ziel zusätzliche Informationen zu erhalten oder zu erschließen, so dass die Verständnislücke ohne explizite Rückfrage oder metakommunikativen Klärung aufgefüllt und geschlossen werden kann. Diese Strategie scheint in der Mehrzahl der Fälle aufzugehen, von solchen Fällen einmal abgesehen, wo ein Missverstehen oder Nicht-Verstehen für beide Gesprächspartner offenkundig wird, bevor es durch die weitere Rede entweder belanglos geworden, überholt oder indirekt geklärt worden ist. In der Interaktion zwischen einem Muttersprachensprecher aber und einem Sprecher dieser Sprache als Fremdsprache und erst recht im Austausch zwischen zwei *non-natives* ist das skizzierte Diskursverhalten außerordentlich relevant und trägt erheblich zur Sicherung von Verstehen und Verständlichkeit bei. Es beruht also auf einer Bereitschaft und Fähigkeit des Hörers sich der Bedeutung eines bestimmten Ausdrucks in der fremden Sprache zu vergewissern oder aber den spezifischen Sprachgebrauch seines Partners bzw. das von ihm Gemeinte aufzuklären. Damit findet *negotiation of meaning* par excellence statt. Dies kann im Prinzip in jeder Phase eines Gesprächsverlaufs und auch wiederholt erfolgen, findet aber seine natürliche Grenze in der (meist) unausgesprochenen Einschätzung der Belastbarkeit der Gesprächssituation durch den Lerner. Immerhin kann der *non-native speaker* aus einer Reihe von Gründen (aus mangelnder Bereitschaft oder Unfähigkeit, weil dies unwichtig zu sein scheint oder weil die „eigentliche", horizontal verlaufende Kommunikation nicht zu sehr unterbrochen werden soll) bestimmte Fälle von Nichtverstehen ignorieren und übergehen; oder aber sie entziehen sich der Aufmerksamkeit des Hörers, bleiben unbemerkt und können damit natürlich auch nicht Gegenstand einer Klärungsstrategie sein. Im letzten Fall kann es zu einem folgenreichen Missverständnis kommen. Missverständnisse setzen also voraus, dass Verstehensschwierigkeiten an früherer Stelle nicht erkannt wurden; sie lassen sich insofern klar abgrenzen gegen die hier gemeinten Situationen von Nichtverstehen, die hörerseitig bewusst wahrgenommen und dem Sprecher mehr oder minder offen rückgespiegelt werden. Missverständnisse spielen in unserem Zusammenhang also keine Rolle.

Die bisher genannten Aspekte der Hörertätigkeit, die der Rückversicherung und Aufforderung zum Weitermachen als auch die des expliziten Anzeigens von Verständnisschwierigkeiten, sind – wie wir heute wissen – immer noch zu eng gefasst. Der Hörer ist noch aktiver als bisher schon beschrieben am Erfolg einer Begegnung beteiligt, er trägt noch mehr als bisher erwähnt zum kommunikativen Verstehen bei, er gestaltet den verbalen Austausch als „sekundärer Sprecher" sozusagen, auch wenn er in der Rolle des Hörers verbleibt, *inhaltlich* in jeder Phase entscheidend mit. Dieser dritte Aspekt der Hörertätigkeit soll nun genauer skizziert werden.

2.2.3 Der Hörer als sekundärer Sprecher
Neben dem Zuhören und dem Bemühen um Verständnis (mit entsprechender *formaler* und ggf. *metakommunikativer* Signalisierung) gehört zur rezipierenden Tätigkeit des Hörers ein weiterer Prozess, den man als *inhaltliches Rückmeldeverhalten* beschreiben kann. Dabei wird der Hörer parallel zum Hauptsprecher quasi als Ko-Sprecher tätig; er konfrontiert den Sprecher in gewisser Weise mit seinem vorläufigen Verstehensresultat, wodurch dieser seinerseits überprüfen kann, wie das, was er von sich gegeben hat, auf seiten des Hörers angekommen ist bzw. was er beim Gesprächspartner „angerichtet" hat. Wie wir bereits erwähnt haben, richtet der Hörer das, was die Mitteilung bewirkt, allerdings teilweise ebenso selbst an. „Die innere Reaktion auf eine Nachricht erweist sich hier als ein Wechselwirkungsprodukt zwischen der Saat (gesendeter Nachricht) und dem psychischen Boden, auf den diese Saat beim Empfänger fällt" (Schulz von Thun, 1981:69). Es kommt also zu einer Art „psycho-chemischer Reaktion". Dabei spielen verborgene Schlüsselreize offenbar eine große Rolle, die der Sender in seiner eigenen Nachricht gar nicht unbedingt vermutet hätte oder auf die er nicht das Schwergewicht seiner planenden Aufmerksamkeit bzw. seiner Äußerung hat legen wollen (S.71). Auf jeden Fall

stellt sich die *inhaltliche Rückmeldung* in sich bereits als ein Verschmelzungsprodukt zumindest dreier verschiedener Vorgänge im Hörer dar, die man zumindest analytisch auseinanderhalten kann und sollte: den Vorgang der Wahrnehmung, der Deutung/Interpretation und der emotionalen Verarbeitung einer Äußerung. Doch auch der Hörer selbst sollte diese inneren Vorgänge als wichtigste Elemente seines „Bewußtseinsrades" (Miller/Nunnally/Wachmann, 1975) erkennen und möglichst differenzieren, damit er sich darüber im klaren bleibt, dass seine Reaktion nicht nur vom anderen „ausgelöst", sondern immer auch *aktiv konstruiert* ist – mit starken eigenen Anteilen. (An dieser Stelle kommen natürlich auch Phantasien über den anderen Kommunikationspartner oder Projektionen aus früheren Konstellationen ins Spiel, die entweder als „Käfig" oder aber als „Kontaktbrücke" fungieren können – worauf wir hier nicht näher eingehen wollen). Wir können aber festhalten, dass der Empfänger für das, was vom Sprecher kommt, was dieser (angeblich) objektiv gesagt hat und was er bewirkt hat, zu einem gut Teil selbst verantwortlich ist.

Das Entscheidende ist also, dass dieser inhaltliche Wahrnehmungs- oder Verstehensprozeß auf seiten des Hörers als ebenso komplex, aktiv und vierdimensional wie der Mitteilungsvorgang selbst herausgearbeitet worden ist: der Hörer kann die Nachricht/Botschaft mit vier verschiedenenen „Ohren" empfangen (um im Bild von Schulz von Thun zu bleiben): er hat ein „Sach-Ohr", ein „Beziehungs-Ohr", ein „Selbstoffenbarungs-Ohr" und ein „Appell-Ohr", mit denen er die ankommende Nachricht verarbeitet und interpretiert, jedoch immer nur selektiv, so dass das Ergebnis ebenso sehr ein „Machwerk" des Empfängers wie des Senders ist. Entsprechend hat nun die *rezipierende Rückmeldung* wiederum vier Seiten: Der Empfänger/Hörer geht zum einen immer schon auf die inhaltliche Mitteilungsseite ein, er *nimmt* in gewisser Weise *Stellung*; er gibt vor allem etwas *von sich selbst kund*, nämlich wie er die Äußerung/Botschaft/Information rezipiert, was *er* hineinlegt und was sie bei ihm auslöst („Selbstoffenbarung" nach Schulz von Thun); er drückt des weiteren mit seiner Rückmeldung aus, wie er zum Sprecher steht (*Beziehungsaspekt*); und oft hat das Feedback auch deutlichen Appellcharakter, indem es die implizite oder gar explizite Aufforderung an den Sprecher enthält, etwas zu überdenken, zu ändern oder beizubehalten. (Bezogen auf diesen letzten Punkt hat sich allerdings bei den mir bekannten Analysen von natürlichen Gesprächen unter englischsprachigen *natives* gezeigt, dass die absolut dominante Einstellung und Aufforderung die der Bestätigung, der Bestärkung, der inhaltlichen Übereinstimmung und des Weitermachens im begonnenen Sinne ist; siehe weiter unten).

Es sei noch einmal betont: Diese vier Seiten der Rückmeldung beziehen sich allesamt auf das verhandelte Thema bzw. auf die inhaltlich festgemachte/gesteuerte soziale Beziehung zwischen Sprecher und Hörer, ohne dass der letztere das Rederecht, den nächsten Redezug für sich beanspruchen und damit bereits zum primären Sprecher werden würde. Es kommt also diskursstrukturell zu keinem Sprecherwechsel; vielmehr verbleibt der Hörer in seiner Position als „potentieller Sprecher"; er wird lediglich zum *Kommentator*, indem er inhaltlich aktiv rezipiert und in Form eines *minimalen Redebeitrags* Rückmeldung gibt. Er fungiert hier quasi als *sekundärer Sprecher*, als *supportive fellow-speaker* (wie Bublitz, 1988, ihn genannt hat).

Damit lassen sich die unter 2.2.1 - 2.2.3 angesprochenen Tätigkeiten des Hörers und die drei Typen von Diskurshandlungen, die dem entsprechen, deutlich von einander abgrenzen. In der Vergangenheit sind diese recht unterschiedlichen Aktivitäten leider bisweilen miteinander vermengt worden; so wurde z.B. der Begriff *feedback behavior* auf alles gleichermaßen angewendet.[5] Aus Gründen der begrifflichen Klarheit und Einfachheit bevorzuge ich im weiteren die Bezeichnungen *formaler*, *inhaltlicher* und *metakommunikativer* Response des Hörers. Diese Unterscheidung scheint mir im Hinblick auf die unterschiedlichen Sprechhandlungen, die damit verbunden sind, und die ganz unterschiedliche Redemittelinventare, auf die zurückgegriffen wird, außerordentlich wichtig zu sein – auch mit Blick auf fremdsprachendidaktische Konsequenzen.

Alle drei Aspekte von rezipierender Tätigkeit sind hochgradig kooperative und interaktive Prozesse, alle drei weisen den Hörer als neben dem Sprecher gleichermaßen aktiv und konstruktiv für das Gelingen von Kommunikation aus; alle sind nicht zu unterschätzende Bestandteile von Diskurskompetenz. Im ersten Fall sind sie mehr oder minder auf *Verständnissicherung* (im formal-technischen Sinne), im zweiten Fall auf das *Ausräumen von Nichtverstehen* und im dritten auf die *Sicherung von inhaltlichem Verstehen* gerichtet.

3. Linguistische Ansätze zur Beschreibung von mündlicher Kommunikation

3.1 Pragmalinguistische Erkenntnisse und Pragmadidaktik

Die Pragmalinguistik hat in den letzten Jahren als explizite Herausforderung an die systemlinguistisch orientierte, beschreibende Sprachwissenschaft damit begonnen, die Bedingungen des Gelingens von Verständigung unter den Mitgliedern einer Sprechergemeinschaft zu erforschen und zu benennen. Im einzelnen sei hier auf die Arbeiten der Sprechakttheorie verwiesen, die schon bald ihre eigene Begrenztheit und legitime Einbettung in größere Diskurs- und Interaktionszusammenhänge kritisch erfahren musste. Denn die sprechakttheoretischen Ansätze verleiten zu Kommunikationsmodellen, die im wesentlichen „monologisch" orientiert sind und sich auf isolierte Sprechhandlungen richten. Sprachliches Handeln, so Bolten, wird im Sinne einer „wechselseitigen Einbahnstraßen-Kommunikation" begriffen:

> Der Hörer interpretiert die Intentionen des Sprechers aufgrund dessen Äußerungen, womit Verstehens- und Äußerungsakt deckungsgleich sind und insofern monologisch aufgefaßt werden. Sinnhaftigkeit wird demnach nicht als gemeinsames Resultat des Kommunikationsprozesses verstanden, sondern als individuelle Setzung seitens eines der Kommunikationspartner. (1992: 273)

---

[5] Vgl. die Literaturbelege in Vollmer, 1987. Dieser Umstand der begrifflichen Ungenauigkeit oder Mehrdeutigkeit ist umso irritierender, als er möglicherweise über Jahre eine differenzierte Einsicht in die aktiv-konstruktive Rolle des Hörers und des Verstehensprozesses verstellt hat.

Mit Recht wird Searle dahingehend kritisiert, dass er mit seinen Analysen sprechaktindizierender Verben im Grunde genommen zunächst noch einen Schritt hinter Austin zurückging, indem er sich auf deren semantische Analyse konzentrierte und interaktionelle Aspekte damit ausblendete. Die Pragmadidaktik folgte dann zunächst dem hier angelegten Kommunikationsverständnis und reproduzierte somit in weiten Teilen das monologische Prinzip der Sprechakttheorie. Viele Modelle eines kommunikativen Fremdsprachenunterrichts weisen in der Tat als ein wesentliches Merkmal das Erlernen von Listen vorgegebener Redemitteln auf, mit deren Hilfe bestimmte Sprechhandlungen in Form von Stimulus-Response-Schemata realisiert werden sollen, ohne dass die interaktive Dimension von Kommunikation dabei hinreichend berücksichtigt worden wären. Das gilt natürlich vor allem auch für die steuernde Funktion der rezipierenden Höreraktivitäten; sie tauchen in den meisten kommunikativen Lehrgängen überhaupt nicht auf.

Es folgen dann in der wissenschaftlichen Weiterentwicklung komplexere Modelle von Diskursanalyse, die jedoch im wesentlichen nur die inneren und äußeren Kontextbedingungen, die beim Kommunizieren eine Rolle spielen, weiter ausdifferenzierten, ohne den eigentlichen Prozess des Aushandelns von Bedeutung zentral im Auge zu haben.[6] Doch gerieten gleichwohl der prozessuale Charakter, die interaktiv-sequentielle Grundstruktur und der diskursive Gesamtrahmen von Kommunikation stärker ins Blickfeld. Einzelne Sprechhandlungen wurden als kleinste Einheit definiert, die sich durch Sequenzierung und Strukturierung zu immer größeren Handlungseinheiten und ganzen Diskursen zusammenfügen (vgl. als Beispiel etwa Sinclair/Coulthard, 1975 oder Edmondson, 1981).

3.2 Der Beitrag von Konversations- und Interaktionsanalyse

In den letzten zwei Jahrzehnten sind verstärkt reale Kommunikationsabläufe in ihrer Mikrostruktur untersucht worden mit dem Ziel der Herausarbeitung der ihnen zugrundeliegenden Regelhaftigkeiten. So entstanden die Arbeiten von Konversationsanalytikern und vor allem von ethnomethodologisch orientierten Soziolinguisten in der Tradition von John Gumperz (z.B. 1982), die dezidiert interaktionistisch angelegt sind und eine Fülle von Einsichten im Hinblick auf die real ablaufenden Prozesse des verbalen Austausches zwischen Menschen hervorgebracht haben.[7] Entscheidend ist danach nicht allein, dass und wie man sprachlich handelt bzw. welche Redemittel man in bestimmten Kontexten wählt und anwendet, sondern auch, welchen veränderten Kontext diese Handlungen ihrerseits generieren, welche Wir-

---

[6] Das gilt z.B. auch für die kontrastiv vergleichende Pragmalinguistik, an deren Entwicklung ich im Rahmen eines Großforschungsprojekts selbst beteiligt war (vgl. Vollmer/Olshtain, 1989). Deren bisherige Leistungen sind in jüngster Zeit vor allem von Kasper (1993) sowie in Kasper/Blum-Kulka (1993) dargestellt worden; zur kritischen Einschätzung vgl. Vollmer (1995).

[7] Das Gumperzsche Ansatz einer interpretativen Soziolinguistik konzentriert sich vor allem "on the participants' ongoing process of interpretation in conversation and on what it is that enables them to perceive and interpret particular constellations of cues in reacting to others and pursuing their communicative ends" (Gumperz, 1982: 4f.). Diese „Befähigung" wird natürlich als kognitive Struktur gefasst.

kungen sie zeitigen und welche Reaktionen darauf erfolgen. Mit anderen Worten: Nicht die Realisierung oder das Resultat von Sprechhandlungen sollte allein im Mittelpunkt der Analyse stehen, sondern vor allem die Prozessualität des sprachlich-interaktiven Handelns selbst in ihrer Interdependenz mit jenen Wahrnehmungs- und Deutungskontexten der beteiligten Gesprächspartner, die jeweils individuell geprägt sind. Die Reflexion des Gelingens oder Misslingens sprachlichen Handelns muss auf diese Weise ergänzt werden durch eine Reflexion seiner Entstehensbedingungen in der Dynamik konkreter menschlicher Begegnung: wie steuern und beeinflussen die Handlungspartner gegenseitig ihre Selbst- und Fremdwahrnehmungen, ihre Äußerungen, ihre Interpretationen und Bedeutungszuschreibungen, ihre kognitiven wie affektiven Prozesse/Strategien und dementsprechend ihre nächsten Diskursschritte?

Mit der Untersuchung und Beantwortung dieser Frage würde eine grundlegende Dimension von kommunikativem Handeln erarbeitet, die sich verallgemeinern, auf andere Situationen übertragen und auf andere Sprachen anwenden ließe, erst recht auf den Fall interkulturellen Kommunizierens. Dabei muss man allerdings einschränkend anmerken, dass die Forschungsergebnisse und Einsichten der Konversationsanalyse sowie der interaktionalen Soziolinguistik (wie *turn-taking* Verhalten, präferierte Sprechhandlungen, Strategien ihrer Verwirklichung, Differenzierung der Teilnehmerrolle, Funktion und Arten der Markierung, der paralinguistischen oder nonverbalen Kommentierung, der Reparaturarbeit oder des Einsatzes von diskursstrukturellen „Schmiermitteln", Herausbildung kommunikativer Stile u.a.m.) zwar hoch interessant sind, doch eben *nicht* aus der empirischen Analyse *inter*kultureller Prozesse gewonnen wurden noch spezifisch darauf bezogen sind. Ein solcher Schritt steht im wesentlichen noch aus, entsprechende Forschungen befinden sich immer noch in den Anfängen (vgl. etwa Hinnenkamp, 1989).

Immerhin bestätigen diese diskursanalytischen Forschungsansätze, dass die Ziele/Dimensionen von inhaltlicher Mitteilung, von Einwirkungswunsch, von Beziehungsgestaltung und von Strukturierung des (weiteren) Diskurses in einer einzigen sprachlichen Handlung aufs engste miteinander verknüpft sind und sozusagen simultan verfolgt werden: jede Sprechhandlung leistet gleichzeitig einen Beitrag auf allen Ebenen; sie ist insofern multifunktional, wobei sich der bewusste Fokus des Sprechers von einem Handlungsschritt zum anderen verschieben kann.

3.3 Verstehen als komplexer Sprachverarbeitungsprozeß

In Anlehnung an die neuere, insbesondere kognitiv orientierte Psycholinguistik hat sich in der Angewandten Linguistik und in der Zweitspracherwerbsforschung ein Konzept von Verstehen angebahnt, das man als konstruktivistisch und interaktionistisch charakterisieren kann. Stellvertretend sei hier auf einige der Arbeiten von Wolff verwiesen, in der diese Entwicklung prägnant nachgezeichnet und zusammenfaßt wird (z.B. Wolff 1990, 1994). Verstehen ist demnach eine vielschichtige psychologische Aktivität, ein Prozess der rezeptiven Sprachverarbeitung, bei dem das Sprachwissen und das Weltwissen des Rezipienten mit den eingehenden sprachlichen Stimuli interagieren und eine kognitive Repräsentation des Textes hervobringt. Bei dieser Tätigkeit greift der Leser auf ein Repertoire von Strategien zurück, zu denen der Aufbau von

Erwartungshaltungen, das Schließen, das Elaborieren, das Generalisieren, das Hypothesentesten und ähnliches gehören und mit deren Hilfe er Bedeutung „konstruiert". Entscheidend ist, dass diese Bedeutung nicht allein im Text selbst verborgen liegt, sondern dass sie in Interaktion mit dem Text aktiv hervorgebracht wird.[8]

Diese und ähnliche Ansätze zur Beschreibung von Verstehen als einem kognitiven Prozess der Rekonstruktion bzw. Konstruktion von Wissen ist vor allem anhand des Verstehens von Texten und der Interaktion zwischen Text und Leser entwickelt worden; sie sind dann aber auch auf die mündliche Kommunikation von Interaktanten und die Repräsentation sprachlicher Äußerungen im Hörer sowie auf Prozesse der Sprachproduktion angewendet worden. Entsprechend ist dieser kognitionspsychologische Zugang zur Beschreibung und Erklärung von Sprachverarbeitungsprozessen und damit von Sprachlernen dabei sich allgemein durchzusetzen; er hat auch seinen Einfluß auf die Fremdsprachendidaktik nicht verfehlt. Denn mit ihm werden die mentalen Prozesse verdeutlicht, die den Erwerb und den Gebrauch von Sprachen, so auch von Fremdsprachen, prägen. Aus dieser Prozesshaftigkeit der menschlichen Sprachverarbeitung folgt u.a., dass die Förderung der zweitsprachlichen Kommunikationsfähigkeit nicht einfach gleichgesetzt werden kann mit der Vermittlung von deklarativem Sprachwissen. „Grammatisches und lexikalisches Wissen über die fremde Sprache sind zwar unerläßliche Bestandteile von Kommunikationsfähigkeit, ebenso bedeutsam aber ist die die Förderung der kognitiven Prozesse und Strategien, mit Hilfe derer das erworbene Sprachwissen in Sprachkönnen umgesetzt werden kann" (Multhaup/Wolff 1992: 10).

In der vorliegenden Studie geht es um einen ganz bestimmten Ausschnitt aus diesen Prozessen und Strategien von Fremdsprachenlernern, eben um die Verfahren der Verständnis- und der Verstehenssicherung in mündlicher Kommunikation. Im Hinblick auf den Hörer wissen wir im einzelnen um dessen aktive Verarbeitungs- und Steuerungsprozesse, durch die er dem Sprecher nicht nur als formaler Feedbackgeber, sondern ebenfalls als „sekundärer Sprecher" mit minimalen Gesprächsbeiträgen und unterstützenden Begleitzügen gegenübertritt. Wir wissen, wie sehr sich gemeinsame Bedeutungen erst im Prozess dieser Interaktion selbst aufbauen, wie sehr sie der Aushandlung unterliegen, welche Rolle dabei Kontextualisierungshinweise spielen, wie Makro-Intentionen und lokales Handeln strategisch miteinander verbunden sind und vieles mehr. Diese aktive Rolle des Hörers/sekundären Sprechers für den Fortgang und das Gelingen des Diskurses ist inzwischen anhand von *native speaker*-Interaktionen im Englischen als L1 genauer erforscht worden (Bublitz, 1988). Auch unter den erschwerten Bedingungen der interlingualen Situation sind erste Pilot-Untersuchungen über die Rolle des Hörers durchgeführt worden, insbesondere über die Herstellung/Sicherung von Verstehen (vgl. z.B. Vollmer, 1987), ohne dass davon allerdings eine theoretische oder didaktische Breitenwirkung ausgehen konnte.

---

[8] In diesem Zusammenhang soll zumindest auf die fundamentale Kritik von Busse (1992) am kognitionswissenschaftlichen Verstehensbegriff hingewiesen werden; Verstehen, so seine interpretationstheoretische Position, läßt sich nicht konstruieren, sie ereignet sich! Dieser Gedanke soll hier jedoch nicht weiter verfolgt werden, zumal er m.E. nichts zur Vertiefung der vorliegenden Thematik und Fragestellung beiträgt.

Die entscheidende Frage ist, inwieweit sich die Verfahren und Ergebnisse der Konversationsanalyse, der interaktionalen Soziolinguistik sowie der Kognitionspsychologie auch für den interkulturellen Diskurs adaptieren und fruchtbar machen lassen – angesichts der Tatsache, dass die Beziehungen zwischen den Interaktanten hier von vornherein deutlich asymmetrischer sind und die üblichen (kulturspezifischen) Normalitätserwartungen für kommunikatives Handeln außer Kraft gesetzt sind bzw. neu aufgebaut und immer wieder überprüft werden müssen. Was ist mit anderen Worten das Besondere und Abweichende der interkulturellen Verständigung gegenüber der Kommunikation unter Sprechern ein und derselben Sprache? Obwohl für eine genaue Untersuchung und empirische Beschreibung dieser interaktiven Zusammenhänge systematische Forschungen weitgehend noch ausstehen, sollen hier doch in aller Kürze und Vorläufigkeit bestimmte Elemente von interkultureller Kommunikation und Kommunikationsfähigkeit benannt werden, die auch lehr- und lernbar zu sein scheinen.

4. Die interkulturelle Dimension fremdsprachlicher Kommunikation

An anderer Stelle ist versucht worden, *inter*kulturelle Kommunikation (als Sonderfall allgemeiner Kommunikation) im Vergleich mit sowie in Abgrenzung von *intra*kultureller Kommunikation näher zu beschreiben und ihre Charakteristika zu benennen (vgl. vor allem Knapp/Knapp-Potthoff, 1990, sowie Müller, 1994a, b, oder Vollmer, 1995). Zur Illustration seien nur drei Punkte hier herausgegriffen. Ich konzentriere mich wiederum auf den Fall der Interaktion zwischen einem *native* des Englischen mit einer klar umrissenen Nationalsprache und -kultur und einem deutschen Lerner des Englischen als *non-native* speaker (vgl. auch Abschnitt 1: Einleitung).

4.1 Zur kulturell vermittelten Bedeutungskonstruktion

Bei dem Versuch der Verständigung von Angehörigen unterschiedlicher sozialer und kultureller Herkunft sind zunächst die sprach- und kulturbedingten Unterschiede im Bereich des Lexikons von großer Bedeutung, wissen wir doch seit langem, dass die Wahrnehmung und Kategorisierung von Welt und Erfahrung in jeder Sprechergemeinschaft unterschiedlich ausgeprägt ist. Diese Erkenntnis hat neue Nahrung durch die Ansätze der Kognitiven Linguistik bekommen. Sie ist dabei, kognitive Modelle zu entwickeln und auszuarbeiten, nach denen die kulturelle Bedeutung eines Begriffs im Rahmen einer spezifischen Kategorisierung oder aber die Bedeutung von Bildern, Metaphern usw. (als Teil einer bestimmten kognitiven Domäne) von allen Angehörigen einer bestimmten Kultur oder sozialen Gruppe wie selbstverständlich geteilt wird (vgl. z.B. den Überblicksartikel von Radden, 1991). Und eben diese Selbstverständlichkeit in der Gemeinsamkeit eines bestimmten Wissensbestandes, eines bestimmten, begrifflich geformten Denkens und Deutungsmusters für die eigene kollektive Geschichte und soziale Lebenspraxis fehlt in der Regel in der interkulturellen Kommunikation. Das Spezifische dieser Situation ist also vor allem die Unsicherheit des *non-natives* in Bezug auf die Wortwahl und den Sprachgebrauch des *native speaker*, die damit implizierte kulturbedingte denotative und mehr noch konnotative Bedeutung, die Unsicherheit im Hinblick auf das, was eigentlich gemeint ist und was (fälschlicherweise) als bekannt oder gemeinsam geteilt vorausgesetzt bzw. unterstellt wird. Hier bedarf es also der behutsamen semantisch-pragmatischen Annäherung an das, was eigentlich gemeint ist und mitgeteilt wird.

Zur Vorbereitung auf interkulturelle Begegnungssituationen ist deshalb u.a. eine vergleichende Wortschatzarbeit unabdingbar, in der es vor allem um die Analyse der kulturellen Aufladung von Bedeutungen im Netzwerk bestimmter (zusammengehöriger) Begriffe gehen muss, also um die Erarbeitung der kulturspezifischen, in den beiden beteiligten Sprachen voneinander abweichenden Bedeutung der Wörter. Dies ist eine wichtige Voraussetzung, wenn man mehr als nur oberflächliche Kontakte herstellen und ein gewisses Maß an Fremdverstehen erreichen will. Wie man solcherart kulturbezogene Bedeutungserklärungen methodisch im Fremdsprachenunterricht aufbauen kann (einschließlich der möglichen Techniken zur Verständniskontrolle), kann hier nicht näher erörtert werden; vgl. jedoch die vorzügliche Arbeit von Müller (1994b) für den Bereich Deutsch als Fremdsprache.

4.2 Zur Problematisierung schematischer Normalitätserwartung

In jeder interlingualen Kommunikationssituation treffen fremdkulturelle Denk-, Verhaltens- und Redeweisen aufeinander, die es für die Beteiligten zu erkennen und zu analysieren und in Relation zu den eigenen zu setzen gilt. Dies ist jedoch keineswegs unproblemtisch, wenn man sich den „indexalischen" Charakter der Sprache vor Augen führt, den wir aus dem ethnomethodologischen Denken kennen und auf den Knapp/Knapp-Potthoff mit Nachdruck hinweisen: „Sprachliches Handeln weist wie alles symbolische Handeln immer über den konkreten verbalen und non-verbalen Austausch hinaus auf das in die Kommunikation eingebrachte Wissen, das die Kommunikationspartner einander als selbstverständlich und vorausgesetzt unterstellen" (1990: 66). Dieses Wissen läßt sich nach Knapp/Knapp-Potthoff auffassen als eine aus sozialer und damit kulturspezifischer Erfahrung geronnene schematische Normalitäterwartung dessen, was in einem gegebenen Handlungszusammenhang normal, vernünftig und plausibel ist. Und eben diese interpretative Folie für die Deutung des bereits Kommunizierten und für die Orientierung des weiteren Handelns ist bei den Beteiligten entweder lückenhaft oder stark unterschieden, von Stereotypen angeleitet oder sie fehlt ganz (was vielleicht noch der beste aller Fälle ist).

Diese in jeder Kommunikation aktivierte, im Hintergrund ablaufende Deutung und Orientierung richtet sich sowohl auf Aspekte der referentiellen Bedeutung (also auf die inhaltlichen Handlungsschemata) als auch auf solche der interaktionalen Bedeutung (also auf die Gestaltung der sozialen Beziehung zwischen den Gesprächspartnern) und schließlich auch auf die Ebene diskursiver/diskursorganisatorischer Bedeutung (also auf das Wissen um die Strukturierung und den normalen Ablauf von Interaktionen, deren Einleitung, Beendigung und sonstige Phasierung, die Gepflogenheiten der Übergabe oder Übernahme von Gesprächszügen, die Signale des Wechsels zwischen Kommunikation und Metakommunikation u.a.m.). In „normalen", einsprachigen, monokulturellen Dialogen wird von den Handelnden nur in den seltensten Fällen explizit gemacht, wie eine gerade ablaufende Interaktion (oder einzelne Handlungszüge darin) inhaltlich, beziehungsmäßig oder diskursstrukturell zu verstehen sind. Dies wird vielmehr durch verbale und non-verbale Schlüsselreize indiziert und durch den fortlaufenden Prozess der Kommunizierens und des dabei aufgebauten gemeinsamen Wissens- und Handlungszusammenhangs retrospektiv ebenso wie prospektiv erschlossen.

Zugespitzt ausgedrückt ist auf all diese Prozesse der konventionellen Bedeutungszuschreibungen und Interpretationsmuster in der Kommunikation mit Fremden kein Verlass. Deshalb müssen auf beiden Seiten große Unsicherheiten in Bezug auf das jeweils Gemeinte und das übergeordnete Ziel der Interaktion entstehen, natürlich verstärkt auf seiten dessen, der nicht seine Muttersprache spricht, sondern eine zweite (oder dritte) Sprache verwendet und deshalb ständig bzw. vorrangig mit Wortsuche, mit Wortwahl und situations- wie partnerangemessener Realisierung seiner Sprechabsichten beschäftigt ist oder aber mit der Interpretation von konnotativen, kulturell aufgeladenen Bedeutungsschattierungen in der Ausdrucksweise seines Gegenüber zu kämpfen hat. Deshalb macht in der Kommunikation mit Fremden die (Auf)Klärung von nicht-explizit Gesagtem einen so wesentlichen Bestandteil aus, so dass dieser Prozess von Sprecher wie Hörer viel Aufmerksamkeit, Konzentration und Zeit erfordert, zumal er von beiden Seiten ein Stück weit explizit vollzogen werden muss. Hier liegt also ein weiteres Spezifikum interkultureller Kommunikation: In ihr müssen die Sprechhandlungen anders markiert, anders strukturiert, d.h. „zerlegt" bzw. „aufgebaut" und „zusammengesetzt" und nicht zuletzt in ihrer Verständlichkeit intensiver kontrolliert werden, was wiederum einen fließenderen Übergang zwischen Kommunikation und Metakommunikation impliziert. Wir werden weiter unten (Abschnitt 6) anhand von Beispielen illustrieren, was die spezifischen Strategien von Fremdsprachenlernern dabei sind.

4.3 Fremdverstehen zwischen Assimilation und Akkomodation

Die vorhandene Unsicherheit über weitere inhaltliche Schritte und Handlungsmöglichkeiten sowie über die Fortentwicklung der eben eröffneten sozialen Beziehung führt im übrigen auf beiden Seiten dazu, dass jeder der Kommunikationspartner zunächst kaum anders kann, als eben doch das Fremde teilweise wie Eigenes zu deuten, auf der Basis seiner bisherigen Normalitätserwartung vorläufige Rückschlüsse aus dem vorliegenden Handeln und Verhalten des anderen zu ziehen und sich daran zunächst zu orientieren (Modus der *Assimilation*) oder aber die Erwartungen weitgehend zu liberalisieren und dabei entsprechende Ambiguitäten auszuhalten. Das letztere gelingt eigentlich nur, wenn man in der interkulturellen Interaktion *erfahren* ist, und es gelingt umso besser, je mehr Erfahrungen *positiver* Art man im Kontakt mit Fremden hat. Um ein Beispiel zu geben:

Im optimalen Fall ginge es darum, die bisherige Orientierung (und notwendige Stereotypisierung) gegenüber dem anderssprachigen Gesprächspartner ein Stück weit aufzubrechen, neu zu strukturieren, sie im Zuge der Interaktion durch eine aktuelle, erweiterte Wissensbasis schrittweise zu ersetzen und damit Fremdverstehen anzubahnen, indem man zunehmend über ein fremdkulturell aufgeklärtes Repertoire der Deutung und des sprachlichen Handelns verfügt (Modus der *Akkomodation*). Nur so wird die weitere Interaktion einigermaßen berechenbar. Andererseits kann es aber auch (soweit die Beteiligten selbst dies überhaupt wahrnehmen, ein Gefühl dafür entwickeln und diese Einsicht zulassen) in der interkulturellen Kommunikation leicht zu Missverstehen, zu Nichtverstehen oder zu Scheinverstehen kommen, können kognitive Divergenzen und Konflikte nicht wirklich beigelegt werden. Dies umso mehr, als die sprachlichen Mittel zur Indizierung der notwendigen Handlungs- und Beziehungsschemata sowie diese Schemata selbst *interkulturell* (wie natürlich auch *intra*kulturell und sogar *interpersonal*) sehr verschieden sein können und es damit trotz einer gewissen Anstrengung keineswegs sicher ist, dass eine gemeinsame tragfähige Kommunikationsbasis gefunden wird.[9] Damit kann also die sonst unproblematische Annahme und Erfahrung von Kooperativität des kommunikativen Handelns, auf der nach Grice (1989) alle gelingende Konversation beruht, problematisch werden. Und diese Möglichkeit erhöht nicht nur die Unsicherheit im Umgang mit Fremden und die Wahrscheinlichkeit von Spannungen bis hin zu Schockerfahrungen und der Bereitschaft abzubrechen, sondern bestärkt häufig auch den Wunsch, diese oder eine ähnliche Kontaktsituation nicht wieder aufzunehmen. Knapp/Knapp-Potthoff weisen mit Recht auf folgende Gefahr hin: „Gerade weil Kommunikation immer auch interaktional gedeutet wird, werden Belastungen und Fehlschläge der Verständigung schnell der Person, gar der Intention des Anderen zugeschrieben. Die Entstehung von Stereotypen und Vorurteilen hat hierin eine wesentliche Ursache" (1990: 67). (Beispiel: Wenn ich in der Interaktion mit einem britischen Lektor, einem amerikanischen Gastwissenschaftler oder einem deutsch-kanadischen Studenten einschlägige Schwierigkeiten erfahre, kann sich das in meiner nicht weiter reflektierten Wahrnehmung leicht gegen diese Personen oder gar gegen die Bezugsgruppen, zu denen sie gehören, wenn nicht sogar gegen die Gesellschaften, aus denen sie jeweils kommen, auswirken: Es bleibt vielleicht ein diffuses Gefühl von Fremdheit, das ich in der Zukunft zu meiden versuche und das sich über die Zeit zu stereotypen Urteilen über die „Naivität" von Amerikanern oder die „Borniertheit" von Engländern usw. verfestigen kann.)

---

[9] Gerade weil die Normalitätserwartungen in der interkulturellen Kommunikation nicht taugen und von Grund auf neue, personen- und situationsspezifische Schemata aufgebaut werden müssen, hat der *native speaker* als Sprecher der Verhandlungssprache mit seinem Repertoire an sprach- und kulturgebundenem Wissen immer einen qualitativen Vorteil in der Gestaltung dieser Gespräche. Das gilt z.B. auch für die konventionalisierten Erwartungen inbezug auf die ihm bekannten, üblichen Muster des Gesprächverlaufs, für die Vorschläge zur Deutung und für die abschließende Ratifizierung der Interaktion. Der *native* kann diesen Vorteil z.T. herunterspielen und sich zugunsten des Lerners öffnen bzw. offen halten oder aber er kann sich (meist unbewusst) mehr oder minder spürbar gegen den „Diskursschwächeren" wenden. Im ersteren Fall führt das sehr oft zum schlichten Übergehen von Schwierigkeiten oder zum kooperativen Einlenken selbst dort, wo in der Verhandlung mit einem Sprecher aus der gleichen Sprechergemeinschaft keinerlei Nachgeben und Liberalität einsetzen würde, im zweiten Fall zu einem unbefriedigenden Gesprächsergebnis, zur Ablehnung oder zumindest zu einem Gefühl des Nichtverstehens, sogar bei ihm selbst. Für die rezipierenden Höreraktivitäten eines *non-native* folgt daraus, dass diese nur Erfolg haben können, wenn sie auf das Wohlwollen und die Kooperationsbereitschaft des dominanten Sprechers stoßen.

Umso wichtiger ist es also, in solchen Situationen Potentiale konfliktneutralisierender Kommunikationsmittel zur Verfügung zu haben und zu aktivieren (und zwar auf seiten des *native* ebenso wie des *non-native speaker*), damit elementare Verständigung überhaupt funktioniert (vgl. Hinnenkamp, 1989: 62ff.). Als Beispiel sei hier der Rekurs auf lexikalische und semantische Klärungsstrategien genannt oder auch auf Reduktions- und Vereinfachungsstrategien oder der Rückgriff auf Standardrituale bzw. auf Rahmenpartikeln und -floskeln zur Begrenzung von Äußerung oder Topos verwiesen. In der von mir untersuchten Gruppe etwa hat einer der nichtmuttersprachlichen Lerner als Hörer in solchen brisanten Situationen ständig nur sein charmantes Lächeln einzusetzen versucht, was eine Weile lang gut ging, bis der britische *native speaker* (weiblichen Geschlechts) schließlich nach ca. 15 Minuten die recht einseitige Kommunikation abbrach und ihr Gegenüber nach dessen Abgang als „introvertierten, typisch deutschen, hölzernen Stussel" qualifizierte. Mit anderen Worten: nicht jedes konfliktneutralisierende Mittel funktioniert in jeder Kommunikationssituation, zumindest nicht beliebig lang. („Wenn du doch geredet hättest, Hermann!").

Insgesamt dürfte deutlich geworden sein, dass wir noch viel zu wenig über diesen Typ von Kommunikation wissen und empirisch viel genauer zu beobachten und zu beschreiben haben, wie dieser Prozess im einzelnen abläuft, wie er aktiv von Sprecher wie Hörer beeinflusst und gesteuert wird und wo die Brechungen und Grenzen von interkulturellem Verstehen liegen. Dennoch wird diese paradigmatische Orientierung auf interkulturelles Verstehen und diskursives Handeln in den Zielsetzungen und Lehrplänen bereits explizit vollzogen, gerade weil man erkannt hat, dass in jedem Fremdsprachenunterricht – „ob bewusst vollzogen, organisiert oder unbewusst, unterschwellig mitlaufend – Prozesse einer interkulturellen Kommunikation" ablaufen (Geringhaus/Seel, 1983:5), und das auch ohne unmittelbare Präsenz von *natives* der zu lernenden Sprache.

4.4 Interkulturelle Kommunikationsfähigkeit als Lernziel

In diesem Zusammenhang ist mit Recht die allgemeine Zielvorstellung von Kommunikationsfähigkeit in der Fremdsprache bzw. von kommunikativer Kompetenz als oberstem Lernziel für den Fremdsprachenunterricht kritisiert worden: Diese könne allzu leicht zu einem formal-neutralen Begriff verkommen, unter Absehung bzw. Abstrahierung von den relevanten Inhalten/Gegenständen und den tatsächlichen Intentionen bzw. Funktionen der Kommunikation. Dieser Vorwurf gilt natürlich vor allem für Ansätze der Vermittlung von Englisch als Weltsprache. Im einzelnen werden folgende Schwächen dieses Konzepts hervorgehoben:

– es verleite dazu, sich an den Normen eines generalisierten *native speakers* zu orientieren,
– es differenziere nicht genügend zwischen Alltagskommunikation und institutionell geprägten Handlungsrollen
– es versäume, den Erwerb von kommunikativer Kompetenz als einen Prozess der Anpassung und Akkulturation zu sehen,

- es werde der Eigendynamik sozialer Interaktion nicht gerecht und bereite nicht angemessen darauf vor,
- es schließe den sprachlich-kulturellen Hintergrund des Lerners nicht genügend mit ein,
- es sei demnach nicht wirklich interkulturell angelegt (vgl. u.a. Baxter, 1983).

Demgegenüber ist zu konstatieren, dass jeder Fremdsprachenlerner seinerseits weder kulturell noch kommunikativ gesehen eine *tabula rasa* ist; im Gegenteil ist er in seinen Wahrnehmungen, Urteilen und präferierten Ausdrucksweisen bereits hochgradig kulturell geprägt und muss deshalb in seinem fremdsprachlichen Lernprozess als eben diese ganzheitliche Person angesprochen werden. Fremdsprachenlernen ist vor allem die Begegnung mit dem Fremden und der Fremdheit, hat also einen inhaltlichen und einen prozeduralen Aspekt. *Inhaltlich* geht es um das Erkennen und die Aneignung einer fremden Sprache, nicht (nur) als System, sondern als Ausdruck eines fremden Denkens und einer anderen Lebenspraxis (Lernen *über* eine andere Kultur); dabei ist der *Prozess* des kontrastiven Lernens, des Vergleichs, der Herausarbeitung der eigenen kulturell vermittelten Bedeutungen und (Vor)Urteile und deren Vermittlung mit den neuen Positionen und Bewertungen gleichermaßen wichtig (Lernen *anhand* der Auseinandersetzung mit einer fremden Sprache/Kultur). Schließlich ist Fremdsprachenlernen als Befähigung zu interkultureller Kommunikation ein zutiefst *interaktives* Lernen, ein Lernen in und durch reale Kommunikationsabläufe, ein Wirkungslernen, wie es u.a. von Müller (1993) charakterisiert worden ist (vgl. auch Rampillon, 1990, sowie weiter oben (Abschnitt 2.2) Schulz von Thun, 1981): sie erfordert eine bewusste Reflexion darüber, wie das Fremde auf mich in der konkreten Situation wirkt, was es auslöst, wie es meine Sprechhandlungen und deren Versprachlichung beeinflusst, ebenso wie darüber, welche Wirkungen ich meinerseits durch mein Fremdsein, durch meine Andersartigkeit auf die Verarbeitungsprozesse und das Diskursverhalten meines Gegenüber auslöse. Gerade deshalb muss zur Abschätzung und Überprüfung gegenseitiger Wirkungen sowie zur Herstellung elementaren Verstehens in interkultureller Kommunikation ein größerer strategischer Aufwand betrieben werden als in „normaler", intrakultureller Kommunikation (obwohl es, wie wir wissen, natürlich auch in der Interaktion zwischen Angehörigen derselben Sprechergemeinschaft eklatante Verstehensschwierigkeiten und Fremdheitsgefühle geben kann). Und dieser erhöhte strategische Aufwand muss beispielsweise in exemplarischen Rollenspiel-Situationen im Klassenzimmer bewusst gemacht, individuell erfahren und geäußert werden, eingeübt und zunehmend automatisiert werden. Dabei kann der Lerner in vielfältiger Weise auf prozedurales Wissen aus der L1 zurückgreifen.

Interkulturelle Kommunikationsfähigkeit ist insofern eine deutliche Ausweitung des Konzepts der kommunikativen Kompetenz, die in Bezug auf die Verwendung und den Gebrauch der (Fremd)Sprache in interkulturellen Begegnungssituationen mit ihren spezifischen Merkmalen und Rahmenbedingungen präziser gefaßt wird. Dabei wird die Fähigkeit, sich im Alltag ebenso wie in verschiedenen institutionellen Handlungskontexten verständigen zu können, aufs engste gekoppelt gesehen mit der Fähigkeit, fremdkulturelle Differenzen wahrzunehmen und erfolgreich auszuhalten und dabei entsprechende Verstehensleistungen zu erbringen. Diese sind nur möglich durch den systematischen Einbezug der Eigenperspektive des Lernenden – und zwar sowohl als potentieller L1-Sprecher im Kontakt vor Ort mit Fremden (Fall 1) wie auch als fremdsprachlich Handelnder im Zielsprachenland bzw. mit Zielsprachensprechern (Fall 2) oder in *lingua franca*-Situationen (Fall 3). Der Rückbezug der fremden Sprache und Kultur als System von vermittelten Bedeutungen auf die eigene Bedeutungszuschreibung und das eigene Bewertungssystem impliziert damit also auch die Reflexion der eigenen sprachlichen Handlungserfahrung als *native speaker*, und zwar im Umgang mit anderen Angehörigen derselben L1-Kultur ebenso wie mit Sprechern anderer Herkunftssprachen in meiner unmittelbaren Umgebung.[10]

In der konkreten Begegnungssituation (ebenso wie bereits in den schulischen Übungs- und Rollenspielsituationen) entwickelt sich dann allerdings meist etwas ziemlich Eigenständiges, ein Interaktions- und Aushandlungsprozess, der sich nicht allein aus den beteiligten Kulturen und ihren Repräsentanten erklären läßt. Vielmehr entsteht hier eine Zusammenarbeit, eine Art *synergetisches Zusammenspiel*, das sich auf die gemeinsame Erfüllung der kommunikativen Aufgabe richtet und das unter Absehung abstrakter kultureller Normen und Stereotypen zu Regeln, Schlüssen, Prozessen eigener lokaler, ja idiosynkratischer Art führen kann. Gemeint ist die alltägliche Erfahrung, dass wir im konkreten Fall des Kontaktes mit einem Engländer etwa das Deutschsein und das Engländersein allzu leicht herunterspielen, Unterschiede in der kulturellen Herkunft verwischen, aufs Menschsein reduzieren, das Fremde, das Abweichende verschwinden lassen und uns ganz auf das allgemein menschliche Verständigen und Interagieren konzentrieren.[11] Auch diese Tendenz muss im Fremdsprachenunterricht thematisiert und ihr ggf. entgegengesteuert werden.

5. Aufmerksamkeits-, Verständnis- und Verstehenssicherung in interkultureller Kommunikation

Nachdem wir nun einige der spezifischen Bedingungen von interkultureller Begegnung herausgearbeitet haben, müssen wir noch weiter präzisieren, welche Hörerstrategien dabei eine

---

[10] Hier liegen die Ansatzpunkte für eine fächerübergreifende sprachlich-interkulturelle Grundbildung, die unter Einbeziehung der Muttersprache und der Fremdheitserfahrungen in der eigenen Umgebung den vorherrschenden monolingualen Habitus von Schülern wie Lehrern an unseren Schulen zu durchbrechen vermag (vgl. dazu Gogolin, 1994; auch Vollmer, 1994).

[11] Diese Eigendynamik ist in *lingua franca*-Situationen vermutlich noch stärker ausgeprägt, in der Englisch eben nicht als „Identifikationssprache" (Hüllen, 1992) einer Kultur, sondern als „Kommunikationssprache" über Kulturen hinweg benutzt wird. Hüllen regt deshalb an, durch geeignete Forschungen zu untersuchen, inwiefern man hier „von einer *Interkultur* (Hervorhebung durch mich) der englischen Fremdsprachensprecher reden kann und wie weit sie gegenüber den beteiligten, aber sprachlich nicht anwesenden Kulturen autonom ist" (1994: 12). Die Kommunikation von zwei *non-natives*, also die typische *lingua-franca*-Situation, ist inzwischen punktuell etwas näher erforscht worden (etwa durch Gass/Varonis 1985, Varonis/Gass 1985); eine systematische Beschreibung und Analyse steht aber noch aus (vgl. Wagner, in Arbeit).

prominente Rolle spielen, und zwar insbesondere für den Lerner als *non-native speaker*. Wir haben weiter oben unterschieden zwischen:

(1) der Sicherung von **Aufmerksamkeit/Verstehbarkeit** (engl. *securing attention / comprehensibility*) durch entsprechende Aufmerksamkeitssignale und die weitere Bereitschaft zuzuhören bis hin zur Rückmeldung über die Dekodierbarkeit der eingegangenen Zeichen/Äußerung/Mitteilung.

(2) der Ausräumung von Nicht-Verstehen (engl. *securing/restoring comprehension*) durch explizites oder implizites Anzeigen von Verständnisschwierigkeiten durch den Hörer. Dies schließt die Bereitschaft und Fähigkeit zur Metakommunikation im Sinne der Aushandlung von Bedeutung mit ein.

(3) der Sicherung von **Verstehen** (engl. *securing understanding*) zwischen den Gesprächspartnern im Sinne von inhaltlich begleitenden Sprechhandlungen des Hörers als Ko-Sprecher, die dem primären Sprecher frühzeitig Hinweise auf Zustimmung oder Widerspruch zu seiner eigenen Position gibt.

Alle drei Aspekte sind Ausdruck von Kooperativität in Gesprächen; sie dienen explizit dazu, dass die Beteiligten das Gefühl des Aufeinander-Eingehens und Miteinander-Mitgehens entwickeln, so dass die Kommunikation einigermaßen geschmeidig und potentiell zufriedenstellend verlaufen kann. Die genannten *rezipierenden Tätigkeiten* des Hörers tragen also auf unterschiedliche Weise aktiv und explizit zur Herstellung einer gemeinsamen Kooperationsbasis, zu deren Aufrechterhaltung sowie zur Anbahnung eines „Gesamtverstehens" bei.[12]

Taugen diese theoretischen Konzepte zur Beschreibung des realen Kontakts zwischen Angehörigen unterschiedlicher Sprachen/Kulturen? Läßt sich ein bestimmter Ausschnitt der dabei ablaufenden Prozesse zur gegenseitigen Verständigung, konkret die Hörerstrategien, damit konzeptionell erfassen? Ich darf noch einmal erinnern: Unter Strategie verstehe ich jene Bündel/Sequenzen von Operationen und Verfahren (egal ob bewusst oder unbewusst), nach denen *native speaker* wie *non-native speaker* in solchen interkulturellen Begegnungssituationen faktisch vorgehen, um ihr gegenseitiges Verstehen zu sichern – unabhängig vom tatsächlichen Erfolg. Mit anderen Worten, ich teile die Position von Wolff (1992), dass wir nicht nur im Lern- und Erwerbsprozess, sondern auch im normalen Sprachgebrauch (also beim Verstehen und bei der Produktion in der fremden Sprache) Strategien der Sprachverarbeitung (der Verstehenskonstituierung und der Planung verstehbarer Äußerungen/Mitteilungen) einsetzen, die vor allem aus der L1 übernommen worden sind und die weitgehend unbewusst zum Zuge kom-

---

[12] Ich kann hier nicht auf die hermeneutische Diskussion zu der Frage eingehen, ob und wie Verstehen zwischen zwei oder mehreren Individuen überhaupt möglich ist, schon gar nicht zwischen Angehörigen verschiedener Sprachen und Kulturen. Auch nicht auf die wichtige Debatte, ob das Fremde in seiner Differenz und Andersartigkeit begreifbar ist, ob interkulturelles Verstehen am Ende nicht notwendigerweise zur Vereinnahmung, zur Aneignung, zur Bestätigung der eigenen Selbstwahrnehmungen und Strukturen führt; vgl. dazu aber Bredella, 1992, auch Vollmer, 1994).

men. Die spezifischen Strategien, die hörerseitig im mündlichen Diskurs und gezielt in interkultureller Kommunikation als Ausfluss gespeicherten prozeduralen Wissens zum Einsatz kommen, kann man ganz allgemein interkulturelle Hörerstrategien nennen. Diese haben mit Lernstrategien nur sehr bedingt etwas gemeinsam, wohl aber mit zwei anderen Typen von Lernerstrategien, nämlich den Kommunikationsstrategien (in der Definition von Faerch & Kasper (1983) und den sozialen Strategien (nach Rubin, 1987). Die ersteren benötigt ein Lerner immer dann, wenn er bei der Interaktion mit anderen Kommunikationspartnern auf Schwierigkeiten stößt, bedingt durch die Tatsache, dass seine kommunikativen Zielsetzungen seine diesbezüglichen Mittel und Möglichkeiten übersteigen oder wenn er dem Missverständnis des/eines Beteiligten ausgesetzt ist. Dann bedarf es also des Einsatzes von bewussten, gezielt geplanten und kontrollierten Verfahren (eben Kommunikationsstrategien), um die Kommunikation erfolgreich aufrechtzuerhalten bzw. nicht abzubrechen. Unter sozialen Strategien dagegen werden solche Aktivitäten verstanden, die es dem non-native ermöglichen, die fremde Sprache in natürlichen Umgebungen zu erproben und zu testen. Und genau dies erfolgt natürlich in realen interkulturellen Begegnungssituationen, aber selbst in quasi-natürlichen Interaktionssituationen, wie sie entweder im Fremdsprachenunterricht oder aber innerhalb von Forschungsprojekten elizitiert werden – und zwar in den drei Modi des initiierenden, des reagierenden und des rezipierenden sprachlichen Handelns.

Im folgenden werde ich über Ansatz und erste Ergebnisse aus einem solchen Forschungsprojekt berichten, das u.a. darauf abzielt, interkulturelle Hörerstrategien konkret zu identifizieren und systematisieren.

5.1 Das Projekt ODASSL: Beschreibung und erste Ergebnisse

Auf der Basis der bisher skizzierten theoretischen Ansätze und unter Rückgriff auf eine frühere Pilotstudie (Vollmer, 1987) versuche ich z.Z. in einem eigenen empirischen Forschungsprojekt "Oral Discourse Ability of Second Language Learners" (ODASSL) an der Universität Osnabrück verschiedene Datencorpora aufzubauen, um bestimmte Aspekte der Verstehenssicherungsfähigkeit von fortgeschrittenen Lernern des Englischen und Deutschen (zunächst von einheimischen und ausländischen Studierenden) in interkultureller Kommunikation konkret zu untersuchen. Dabei werden jeweils 12 Paare von Interaktanten gebildet (ein Muttersprachensprecher und ein Lerner dieser Sprache als Zweit- oder Drittsprache), die sich vorher nicht kennen. Deren Interaktionen auf der Basis bestimmter Themen und Redekonstellationen werden auf Tonband und auf Video aufgezeichnet mit dem Ziel, das Zustandekommen bzw. Nichtzustandekommen von gegenseitigem Verstehen zu dokumentieren, verbale und non-verbale Strategien und Verständigungsmittel zu analysieren und insgesamt die sprachlichen Handlungen (zunächst bezogen auf das genannte Sprachenpaar) herauszuarbeiten, die dem Zweck der Verstehenssicherung dienen. Der Fokus liegt dabei deutlich auf den Diskurshandlungen des *non-native speaker* als Hörer/sekundärer Sprecher.

Die Beteiligten werden zusätzlich im Anschluß an ihren Diskurs mit Hilfe introspektiver Verfahren gezielt dazu befragt, ob und wodurch sie den fremdkulturellen Kommunikationspartner ihrer Meinung nach verstanden haben, wie Bedeutung ausgehandelt wurde, wo es Punkte der weiteren Klärungsbedürftigkeit oder gar des Missverständnisses im Ablauf des Diskurses gab und wie das *alter ego*, die anderen Denk- und Handlungsweisen des Gegenüber, wie das Fremde im Anderen wahrgenommen und verarbeitet wurde. Zudem werden in diesem Ansatz paralinguistische und non-verbale Aspekte von interlingualer Kommunikation weitgehend miteinbezogen.[13]

Über die hier skizzierten Frageansätze und Korpora hinaus ist geplant, in einem nächsten Schritt auch Daten aus der Interaktion zwischen *non-native speakers*, die Englisch als gemeinsame Verkehrssprache (*lingua franca*) benutzen, zu generieren, und zwar sowohl zwischen solchen mit demselben muttersprachlichen Hintergrund als auch solchen mit unterschiedlicher Erstsprache. Darüber hinaus soll möglichst auch das Sprachniveau/der Stand der Beherrschung des Englischen (ausgedrückt in einer einfachen Maßzahl) paarweise variiert bzw. kontrolliert werden. Schließlich ist es beabsichtigt, im Vergleich zur Kommunikation über alltägliche Themen und Belange den besonderen Fall der *Fachkommunikation* (entweder zwischen NS-NNS oder zwischen NNS-NNS) im Rahmen des Projekts ebenfalls zu erheben und zu analysieren. Auf diese Vergleichsforschungen und ihre Ergebnisse darf man gespannt sein.

Bevor ich auf die Strategien im einzelnen zu sprechen komme, die im Rahmen des ODASSL-Projekts bislang identifiziert wurden, hier einige hypothetische Überlegungen insbesondere zur Rolle des Hörers als *non-native speaker*, die sich aus den bisherigen Darlegungen über die Spezifika interkultureller Kommunikation (vor allem unter Abschnitt 4) ergeben.

5.2 Verschärfte Anforderungen an den Hörer in interkultureller Kommunikation: Einige Hypothesen

Aufgrund der obigen Ausführungen zu den Merkmalen und Besonderheiten von interkultureller Kommunikation dürften sich für den Lerner als Hörer in dieser Situation eine Reihe von typischen Problemen stellen, die nicht mit „normalen" Verfahren der Verständnis- und der Verstehenssicherung, wie sie bei intrakulturellen Begegnungen üblich sind, gelöst werden können:

1. Der *non-native speaker* muss als Hörer mit mehr Nachdruck und Deutlichkeit seine fortgesetzte Aufmerksamkeit, seine Bereitschaft aktiv zuzuhören und sein Verstehen signalisieren.

2. Die ersten Redezüge und hörerseitigen Reaktionen sind innerhalb einer interkulturellen Begegnung besonders wichtig; sie stellen die Basis für den Aufbau von weiteren Erwartungen,

---

[13] Das hier skizzierte Projekt baut auf einem früheren Forschungsansatz mit ähnlicher Fragestellung auf (vgl. dazu Vollmer, 1984, 1987); bedingt durch die Dynamik der wissenschftlichen Weiterentwicklung in den letzten Jahren ist es jedoch faktisch ein neues Projekt mit veränderten (präziseren) Fragestellungen geworden, das in seiner Pilotphase soeben abgeschlossen ist. Der ganz wesentliche Unterschied besteht darin, dass die Prozesse der Verstehenssicherung heute genauer zu beschreiben und differenzierter zu analysieren sind, weil sich die verschiedenen Ebenen von Hörer- wie Spreheraktivitäten besser auseinanderhalten lassen, vor allem aber, weil wir über interkulturelle Kontaktsituationen und die Prozesse, die vermutlich in ihnen ablaufen, inzwischen ein wenig mehr wissen.

von aktivierten Schemata und der gegenseitigen Wahrnehmung von Kooperativität dar. Dabei gibt der Sprechanlass (das Thema) zwar eine grobe Struktur und Sicherheit für die weitere Sequenzierung vor, nicht jedoch für die Beziehungsgestaltung oder die Aushandlung von Meinungen/Bedeutungen.

3. Der Hörer als *non-native speaker* wird sich genauer als in monokulturellen Gesprächssituationen fragen müssen, wie der *native speaker* etwas gemeint hat oder ob bzw. was er mit einer Äußerung impliziert. Dazu muss er sein ganzes pragmatisches und kulturspezifisches Wissen aktivieren und anwenden. Ggf. muss er auch Bedeutungen interaktiv zu klären versuchen.

4. Es kann allerdings auch sein, dass der Hörer als *non-native speaker* eine vorläufige Deutung des vom Sprecher Gesagten/Gemeinten unterstellt/annimmt, die so lange taugt bzw. mitläuft, bis sie im weiteren Diskursgang bestätigt, problematisiert oder durch entsprechende Zusatzinformationen überholt wird. Mit anderen Worten, selbst bei mangelndem oder nur vagem Verständnis werden sogleich metakommunikative Strategien eingesetzt. Diese Strategie des Abwartens rührt entweder aus Verunsicherung oder aus den Erfahrungen als *native speaker*.[14]

5. Der rezipierende L2-Sprecher muss dem primären Sprecher (als *native*) mit mehr Aufwand und Deutlichkeit seine erste inhaltliche Reaktion im Sinne von Akzeptanz und Übereinstimmung oder aber von Nichtübereinstimmung zu erkennen geben. Das letztere ist mit Mitteln der Fremdsprache besonders schwierig, erfolgt aber vermutlich durch *non-natives* häufiger und unbedachter, als dies bei englischsprachigen *natives* mit ihren stark ausgeprägten, internalisierten Höflichkeitsnormen der Fall ist.

6. Insgesamt scheint es bestimmte Muster oder Präferenzen auf Seiten einzelner Lernerpersönlichkeiten zu geben, welche Strategien der Verstehenssicherung sie bevorzugen, und zwar scheinbar unabhängig vom Thema, vom spezifischen Handlungszusammenhang, vom Interaktionspartner oder von der Art/Typ des vorliegenden Kommunikationsproblems. Man kann also nicht von einer optimalen Lösung der Kommunikationsprobleme sprechen. Allerdings gilt, dass ein Problem nur dann strategisch angegangen werden kann, wenn es erkannt ist.

7. Für den fortgeschrittenen Lerner des Englischen gibt es nur bedingt einen Bonus für die Tatsache, dass er ein *non-native speaker* ist: je kompetenter ein Lerner in Interaktion mit einem englischsprachigen Muttersprachensprecher ist, umso eher gelten die „normalen" Spielregeln einschließlich Sanktionen (wie sie zwischen gleichrangigen *peers* üblich sind) – also wird es zunehmend weniger Rücksichtnahme, Nachsicht, distanzierte Höflichkeit u.a. bei der Erwartung der Hörerleistungen geben.

8. Diese bisherigen Annahmen richten sich vor allem auf die Formen nicht-institutionalisierter Kommunikation, also auf kooperative Alltagsgespräche mit einer gewissen Vertrauensbasis

---

[14] Das gilt erst recht für den *native speaker*, der nicht (hinreichend) Verstandenes häufig ein Stück weit unanalysiert „mitschleppt", bis eine Klärung nicht mehr vonnöten erscheint, sich von selbst ergibt oder sich ohne Gesichtsverlust herbeiführen läßt (vgl. Vollmer, demnächst).

unter den Partnern, ohne einschneidende gesellschaftliche Folgen für das Individuum. Bei institutionell geprägter Interaktion zwischen Muttersprachensprechern und „Ausländern" als nicht (voll) kompetenten L2-Sprechern gelten deutlich andere Bedingungen.

9. Für die rezipierenden Höreraktivitäten eines *non-native speaker* gilt insgesamt, dass diese nur dann Erfolg haben können, wenn sie auf das Wohlwollen und die Kooperationsbereitschaft des dominanten Muttersprachensprechers stoßen (vgl. auch Anmerkung 9).

Als vorläufiges Fazit läßt sich festhalten, dass in der interkulturellen Kontaktsituation beide Seiten verstärkt Aufmerksamkeit, *goodwill* und kooperatives Handeln an den Tag legen müssen; sonst könnten die möglichen Schwierigkeiten leicht überhand nehmen. Beide, Sprecher wie Hörer, müssen mehr in die Sicherung von Verständnis und Verstehen investieren, beide müssen dies expliziter, strategisch bewusster und häufiger tun und das Zwischenergebnis immer wieder überprüfen, was umso leichter fällt, je aktiver der jeweilige Hörer seine rezipierenden Handlungen ausübt (vgl. insgesamt Vollmer, 1987 und in Arbeit). Dabei soll nicht verkannt werden, wie hoch gerade auch der Anteil des *native speaker* am Verständigungs- und Verstehensprozess ist: Er muss, um erfolgreich mit einem Zweitsprachensprecher zu interagieren, eine Reihe gezielter Strategien entwickeln und einsetzen (und tut das in der Regel auch), die sich vor allem auf eine größere Zerlegung des Informationsgehalts der Mitteilung, auf häufigere Paraphrasierung und schrittweisen Aufbau von komplexen Sprechhandlungen beziehen. Darüber hinaus muss nicht nur der *non-native speaker*, sondern auch der *native speaker* (als Sprecher wie Hörer) ein hohes Maß an kontextueller Erschließung leisten bzw. durch Rückfragen, Paraphrasierungen, sonstigen Arten der Klärung und der Kommentierung explizit zur Sicherung des Verstehens beitragen.[15]

Diese und ähnliche Aspekte des strategischen Verhaltens von Muttersprachensprechern in *native/non-native interaction* sind einigermaßen untersucht worden (vgl. z.B. Hinnenkamp, 1988; Day et al., 1984; Gass/Varonis 1984 oder Long, 1981, 1983a-c; Überblick bei Ellis, 1990: 107 oder Larsen-Freeman/Long, 1991: 125f.). Was die Rolle des Lerners anbelangt, so ist diese vor allem aus der Sprecherperspektive, dagegen kaum aus der Hörerperspektive angegangen worden, wie es mit der vorliegenden qualitativen Studie geschieht.

---

[15] Andere strategische Varianten des *native speaker* als primärer Sprecher können darauf abzielen, durch eigene inhaltliche Beiträge und Spezifizierungen, Präzisierungen bzw. Verschiebungen des Topics die weitere Strukturierung der Interaktion zu übernehmen. Daneben kann der *native speaker* durch das Rückspielen einer Äußerung an den Lerner die Strategie verfolgen, dass dieser einen zweiten/weiteren Versuch der Explikation oder der Reformulierung seiner Mitteilungsabsicht unternehmen kann, der dann zu neuer, diesmal eingeschränkter/ präzisierter Deutung führen kann. Schließlich zeichnet sich der *native speaker*, wenn er extrem kooperativ ist, vielfach durch wohlwollendes Übergehen von Kommunikationsproblemen bzw. durch entsprechende Vorschläge zur Vereindeutigung von Äußerungen des Lerners aus (vgl. hierzu insgesamt den Überblick in Ellis, 1990: 107 und Larsen-Freeman/Long, 1991: 125f.). Gleichzeitig wird er dem *non-native speaker* als primärem Sprecher mehr Raum zur Entwicklung und Anwendung kommunikativer Erfolgsstrategien und von Selbstreparaturen einräumen.

6. Strategien des non-native speaker als Hörer in interkultureller Kommunikation: Empirische Befunde

Wir haben weiter oben sowie an anderer Stelle (Vollmer, 1995) einige der Bereiche, Elemente und Spezifika von interkultureller Kommunikationsfähigkeit zu identifizieren versucht. Wir wollen nun sehen, welche Prozesse und Strategien insbesondere bei der Verstehenssicherung ablaufen, welche Rolle der Hörer (als *non-native speaker*) dabei spielt und ob bzw. wodurch sich die einzelnen Lerner(typen) im Hinblick auf diese Teilkompetenz unterscheiden.

6.1 Formale Strategien der Rückkopplung/Rückversicherung durch Hörersignale

Hörersignale, so scheint es, bedürfen keiner besonderen Bewusstmachung oder gar Einübung: sie stehen jedermann jederzeit (aus der L1) zur Verfügung. Man weiß inzwischen, dass sie, soweit sie sprachlicher Natur sind, aus einem begrenzten Repertoire an bedeutungstragenden Lauten bzw. Ausdrücken bestehen. Im Englischen werden sie – durch *native speaker* – vor allem durch meist monosyllabische Kurzformen wie *yes* und entsprechende Varianten, häufig nicht-standardisierter Art (durch *tokens* wie *yeah, yep, uhuh, h, m, mhm* u.ä.), realisiert. Daneben werden sie aber auch durch paralinguistische Lautgebung (gefüllte Pausen der verschiedensten Art) sowie durch Ausdrücke wie *I see* oder *really* (mit fallender Intonation) gegeben – darüber hinaus natürlich durch eine Vielfalt non-verbaler Zeichen, die entweder zusätzlich zu verbalen Handlungen gegeben werden oder aber an ihre Stelle treten können. Da solche Rückkopplungen von Hörerseite als Begleithandlung zu der eigentlichen Sprecherhandlung auftreten, da sie sich also mit dieser überschneiden können, ohne sie zu unterbrechen, ist es nicht verwunderlich, dass das Hörersignal in aller Regel mit einem tieferliegenden *nuclear tone* ausgestattet ist als die vorher oder parallel gesprochene Silbe des Hauptsprechers; darüber hinaus wird das Signal meist mit fallender Intonation oder mit gleichbleibender Intonationskontur ausgedrückt, es erhält weniger Lautstärke/Gewicht (vgl. Oreström, 1987; Stenström, 1982) und trägt nie den Hauptton.

Auch die von mir untersuchten fortgeschrittenen Lerner des Englischen signalisieren allesamt mit einer einzigen Ausnahme in reichem Maße ihre Aufmerksamkeit und mentale Präsenz und verwenden dabei die ganze Bandbreite der zur Verfügung stehenden Strategien und sprachlichen Indikatoren, namentlich:

Strategie 1: Aufrechterhaltung der Kommunikation *(Keeping the Conversation Going)*
Diese Strategie erfüllt *par excellence* die Funktion der Rückmeldung des Hörers, mit der er anzeigt, dass er zuhört, was der Sprecher sagt, dass er zur Kenntnis nimmt, ohne sich darauf inhaltlich zu beziehen, und dass er bereit ist, das Rederecht des Sprechers weiterhin gelten zu lassen. Diese Strategie wird von den Lernern weitgehend beherrscht und verwendet. Als häufigste Sprachmittel werden dabei Varianten von *yes*, nämlich *mhm* oder *h* oder *yeah*, bisweilen

auch aus dem Deutschen transferiertes *Ja* benutzt. Dagegen wird ein explizites standardsprachliches *yes* so gut wie gar nicht eingesetzt; es scheint reserviert zu sein für das Anzeigen von Zustimmung in der Sache (siehe unter 6.3, Strategie 12).

Beispiel 1:
    NS: We've been to see Queen . in concert.
    NNS: *Mhm.*
    NS: In . Dortmund . and we went to Elton John . in Düsseldorf.

Beispiel 2:
    NS: The music must be so bad it's distorted.
    NNS: *Ja.*
    NS: Because I found that at the Elton John concert.

Beispiel 3:
    NS: I do 20th century modern German literature here
    NNS: *yeah*
    NS: Thomas Mann and Kafka and

Strategie 2: Ich höre weiterhin zu und verstehe *(I see)*
Ein besonderer Fall scheint der Ausdruck *I see* zu sein. Dieser darf jedoch keineswegs als eine implizite Zustimmung zu dem Gesagten missverstanden werden, sondern lediglich als eine weitere Formel zur Realisierung der Mitteilung: „Ich höre noch zu, mach bitte weiter". Als Beleg wird auf das konventionelle Sprachhandeln von Prüfern in mündlichen Examina verwiesen, deren Verwendung von *yes* in all seinen Variationen ebenfalls nicht als Übereinstimmung mit den Ausführungen des Prüflings zu werten sind. Aber selbst bei diesem muttersprachlichen Diskursmuster sind die Übergänge fließend: es gibt auch andere Belege, die zeigen, dass *I see* tatsächlich so etwas bedeuten kann wie „Ich verstehe und ich bin auch der Meinung". Interessanterweise taucht diese Strategie in den lernersprachlichen Daten nur ein einziges Mal auf, und zwar verwendet von einer Person, die häufig im englischsprachigen Ausland war und die unter den 12 Probanden in Bezug auf ihre Sprachfähigkeit als zweitbeste eingestuft wurde.

Beispiel 4: Meeting a soldier
    NNS: I'm a student of English.
    NS: Of English?
    NNS: Yes.
    NS: That's good 'cause I can't speak any German.
    NNS: Oh really why not?
    NS: I'm always together with soldiers here.
    NNS: Oh *I see.*

Strategie 3: Ausdruck besonderer Überraschung *(Special Alertness/Surprise)*
Diese Strategie weicht von den ersten beiden insofern ab, als sie zugleich etwas über die Neuheit der gegebenen Information für den Hörer aussagt. Dieser drückt zusammen mit der Rückmeldung, dass er versteht und bereit ist, weiterhin zuzuhören gleichzeitig aus, dass er überrascht ist, dass eine Mitteilung ungewöhnlich oder zumindest unerwartet ist, ohne dass sie jedoch wiederum inhaltlich weiter qualifiziert würde. Zu den Überraschungsindikatoren gehören z.B. Ausdrücke wie *oh* (in Verbindung mit Elementen der Strategien 1 und 2), *Is that right!* oder *really?* (siehe dazu allerdings auch Strategie 5); daneben fallen rhetorische Fragen und Aussagen ohne neuen Erkenntniswert in diese Kategorie.

Beispiel 5:
    NS: I'll be staying here for half a year.
    NNS: *Oh*, yeah?

Beispiel 6: Rhetorische Frage
    NS: I am from Walsall outside of Birmingham.
    NNS: *Are you from Walsall?*
    NS: Yeahh
    NNS: Well, I have lived in a small town nearby.

Beispiel 7: Rhetorische Paraphrase (mit fallender Intonation)
    NS: I call home every Sunday
    NNS: So you call *four times* [a month].

Dieses letzte Beispiel ließe sich allerdings auch unter einem anderen Strategietyp, nämlich unter Strategie 17 (Untersützung durch Paraphrase) einordnen.

Strategie 4: Bestätigung, dass man weiß, was gemeint ist *(I Know what you Mean)*
Diese Strategie taucht ganz selten in den Daten auf und wird dann meistens von einem *native speaker* gegenüber dem nicht ausformulierten Gedanken eines Lerners benutzt. Wenn jedoch umgekehrt der *native speaker* nicht ganz weiß, wie er oder sie bezogen auf ein fremdes Thema zu Ende formulieren soll, kann diese Strategie auch von relativ kompetenten *non-natives* verwendet werden.

Beispiel 8: Talking about music (New German wave)
    NS: Ja I've heard that . that's quite g. it's quite good I quite like that.
    NNS: Mhm.
    NS: But it's the rest of it ehm .. Oh I don't know . any
    NNS: Right, *I know what you mean* . well...
    NS: Ja . it must be what you're used to.

Anzumerken ist noch, dass diese Strategie auch in die Nähe von inhaltlich unterstützenden Verfahren wie 16 (Vervollständigen) oder 17 (Hinzufügen) gerückt werden kann. Aber m.E. geht es hier eben nicht um eine inhaltliche Ergänzung aus Hörerperspektive, sondern um die generelle und formal-oberflächlich bleibende Rückmeldung, dass man irgendwie versteht, was der andere meint.

Strategie 5: Rückkopplung mit möglicher anderer Funktion *(Hearer Signals with more than one Function)*
In manchen Fällen kann die formale Rückkopplung auch mehrdeutig sein, insofern nicht klar ist, ob sie wirklich nur eine Aufforderung zum Weitermachen an den Sprecher darstellt oder ob sie zugleich ein Anzeichen von Ratlosigkeit (Beispiel 9) oder mangelndem Verstehen (Beispiel 10) oder gar eine inhaltliche Stellungnahme des Hörers ist (Beispiel 11).

Beispiel 9:
    NNS: Why do you spread all of your clothes here?
    NS: I like them I have just washed them . I'm going to iron them
    NNS: *ahm*
    NS: You are always complaining about ...

Beispiel 10:
    NS: I don't like ehm . I don't like European music
    NNS: *Mhm*
    NS: German music for example
    NNS: *Mhm*
    NS: It's horrible . well it's me I find it horrible because I'm not used to it
    NNS: Pardon, what do you mean by European or German music?

Beispiel 11:
    NS: We gonna have to come to some sort of arangement about this housework you know
    NNS: *So*
    NS: Have you got any ideas?

Der Partikel *so* klingt in seiner isolierten Stellung zwar unenglisch, erfüllt aber offenbar mindestens zwei bis drei Funktionen, nämlich die des formalen Hörersignals und die der inhaltlichen Zustimmung bei gleichzeitiger Aufforderung an den Sprecher, einen Vorschlag zur Lösung zu machen, den dieser jedoch nicht akzeptiert, sondern explizit mit einer (Gegen)Frage an den Hörer zurückgibt.

Zu diesem mehrdeutigen Strategietyp gehört auch der spezifische Ausdruck *really*. Er ist vollends multifunktional, da er sowohl formale Rückkopplung, meist mit einem Überraschungsmoment (indiziert durch Betonung auf der ersten Silbe und fallende Intonation) als auch inhaltliche Verwunderung und kritische Nachfrage oder Ungläubigkeit (mit steigendem Intonationsverlauf) auf Seiten des Hörers transportieren kann. Er hängt in seiner Funktion und entsprechend in seiner dominanten Interpretation durch den Sprecher eindeutig von den *intonatorischen* Merkmalen seiner Realisierung ab. Vielleicht ist das ein Grund dafür, dass *non-natives* (zumindest die von mir untersuchten Fremdsprachenlerner) auch bei fortgeschrittener Kompetenz diese Zeichenkette kaum verwenden. (Nach bisherigen Auszählungen taucht dieser Fall in weniger als 1% aller Untersuchungseinheiten auf).

Beispiel 12:
    NS: What sort of Rock'n'Roll eh? . Old nineteen fifties?
    NNS: Well more new one.
    NS: The new . ?
    NNS: Yeah.
    NS: Such as . (laughter)
    NNS: Shakin' Stevens?
    NS: Ja.
    NNS: *Really?*

Dieselbe Lernerin benutzt den Ausdruck *really* kurze Zeit später noch einmal, jedoch anders:

Beispiel 13:
    NS: No I don't like the Rolling Stones awfully much . I like ehm .. I know all sorts of things ..
           I can't think of anyone off hand now.
    NNS: *Really.* Is quite hard.

6.2 Metakommunikative Strategien der Aufklärung von Verständnisschwierigkeiten und der Überwindung von Nichtverstehen

Strategie 6: Offener Ausdruck des Nichtverstehens (*Overt Indication of Non-understanding*)
Hierzu gehören Indikatoren wie *pardon?*, *what?* oder *what did you say?* und Varianten von *I don't understand* bzw. *I didn't get it*.

Beispiel 14: Getting Acquainted
    NS: So you're a student here in Osnabrück?
    NNS: *I didn't get it.*
    NS: You're a student here in Osnabrück?

Beispiel 15: Music
    NS: you..you will be able to get tickets now would you?

NNS: *What?*
NS: Would you still be able to get tickets now?

Beispiel 16:
NS: I'm sorry but that's just the way I am . you knew that before you moved into this flat with
me (haha).
NNS: (haha) *Was too difficult I didn't get it.*
NS: (haha) Anyway I suppose I could make this move and be a bit more tidy.

Strategie 7: Bitte um Widerholung *(Asking for Repetition)*
Neben dem allgemeinen Anzeigen von Nichtverstehen (wie in Strategie 6) kann der Hörer dem Sprecher auch gezieltere Rückmeldung über die Art und das Ausmaß seines (Nicht)Verstehens geben. Mit der Strategie 7 allerdings bleibt offen, ob der Hörer gar nichts verstanden hat, ob er mehr Zeit benötigt, um zu verstehen oder ob er mit der Bitte um Wiederholung (in unterschiedlicher Weise realisierbar) eine inhaltliche Distanzierung zum Ausdruck bringen will. Diese Strategie kann entweder sprecherorientiert (*could you please repeat...*) oder hörerbezogen (*I need to hear it once more...*) realisiert werden, seltener jedoch aussagebezogen (wie im folgenden Beispiel):

Beispiel 17: Meeting a British soldier
NS: I'm stationed here in Osnabrück and I am . [incomprehensible through noise] old.
NNS: Mhm . yes eh *what did you say how young eh are you*?

Die explizite Formel *Could you repeat that, please?* oder gar hörerbezogene Formulierungen wie *I need to have that repeated* tauchen übrigens, soweit ich das sehe, an keiner Stelle in den Daten auf. Insofern ist dieser Strategietyp extrem unterrepräsentiert. Man kann allerdings argumentieren, dass bereits mit der Strategie 6 implizit auch eine Aufforderung zur Wiederholung verbunden ist – und in der Tat als Response des Sprechers auch Wiederholungen oder Paraphrasen angeboten werden. So mag der Strategietyp 7 – zumindest in der interkulturellen Kommunikation zwischen *native speaker* und *non-native speaker* auf fortgeschrittenem Niveau nicht weiter bedeutsam sein.

Strategie 8: Bitte um (Auf)Klärung *(Request for Clarification)*
Hiermit ist die explizite metakommunikative Strategie der Bitte um unmittelbare Klärung gemeint, etwa in der Form *What do you mean by...?*

Beispiel 18:
NNS: hm what's . ah *what does it mean she's caught . she's been caught for speeding*?
NS: for driving too fast.
NNS: ah.

Beispiel 19:
NS: I like to drink Bailey's very much.
NNS: *Could you explain to me what that is?*

Strategie 9: Reformulierung des Verstandenen mit Bitte um Bestätigung *(Confirmation Check)*
Hier paraphrasiert der Hörer für sich, was er verstanden hat, oder fasst die Äußerung des Sprechers in eigenen Worten zusammen, um dann dessen Ratifizierung zu erbitten. Redemittel könnten sein *Is that what you mean?* oder *Do you mean...?*

Beispiel 20:
NS: Ok, I hope you enjoyed your breakfast . I must go to the library soon . and therefore .. I
would . like you to . maybe help me.
NNS: Mhm. *You mean with the dishes?*
NS: Yes.
NNS: *You mean right away . right away?*
NS: Yes . yes it would be the best, if you don't mind.

Strategie 10: Klärung durch Wiederholung *(Echoing/Clarification through Repetition)*
Die gegenläufige Prozedur ist die des Rückspiegelns eines Wortes oder einer Phrase aus der vorangegangenen Äußerung des Sprechers mit dem Ziel der expliziten Klärung, der Paraphrase, der Erläuterung oder Präzisierung des Gesagten oder Gemeinten (meist auf der begrenzten lexikalischen oder idiomatischen Ebene). Diese Strategie ist sowohl unter Muttersprachensprechern als auch unter *lingua franca*-Sprechern und natürlich auch unter Fremdsprachenlernern in Interaktion mit einem *native speaker* sehr verbreitet – wahrscheinlich weil sie sehr ökonomisch ist und schnell zum beabsichtigten Ziel führt.

Beispiel 21:
NNS: My favourite drink is ale.
NS: *Ale?*

Beispiel 22:
NS: Or I've read some Andersch . you know Andersch?
NNS: *Andasch?*
NS: Andersch . and Borchert.
NNS: No (Gelächter).

Strategie 11: Direkte Bitte um Hilfe *(Direct Appeal for Assistance)*
Diese Strategie weist eine gewisse Nähe auf zur Strategie 6 (Explizites Anzeigen von Nichtverstehen) und 8 (Bitte um Aufklärung); sie grenzt sich jedoch dadurch ab, dass der

Gesprächspartner nicht nur um Aufklärung eines bestimmten Wortes, einer bestimmten Wendung oder einer ganzen Äußerung gebeten wird, sondern um Hilfestellung beim Wiederfinden des „roten Fadens" sozusagen. Diese Strategie ist in meinen bisherigen Daten nicht belegt, wohl aber aus interkulturellen Begegnungen mit jüngeren Englischlernern.

Beispiel 23:
    NS: Well, I like going to pubs on Saturdays and having fun with the boys very much.
    NNS: *You mean eh . I am lost.*
          (8. Klasse/4. Lernjahr; entnommen aus einem Vergleichskorpus, der sich im Aufbau befindet).

Strategie 12: Indirekter Ausdruck des Nichtverstehens *(Indirect Indication of Non-understanding)*
Hierzu gehören vor allem non-verbale Reaktionen wie Schweigen oder Irritation im Gesichtsausdruck des Hörers oder auch semi-verbale Lautgebungen wie ein langgestrecktes *mmmm*, was dem Sprecher anzeigt, dass mangelndes Verstehen und damit Reparaturbedarf vorliegt. Keiner der von mir untersuchten 12 Studierenden hat an irgendeiner Stelle Schweigen als Ausdruck von Nichtverstehen eingesetzt; deshalb entnehme ich nachfolgendes Beispiel aus dem Vergleichskorpus von 14-jährigen deutschen Lernern des Englisch (Gymnasiasten):

Beispiel 24:
    NS: So do you have an NBL in Germany?
    NNS: *(silence)*
    NS: I mean do you have baseball teams over here?

Daneben gibt es auch noch andere Formen der impliziten Andeutung von Teilverstehen oder Nichtverstehen, z.B. durch eine unpassende Reaktion *(inappropriate response)*: Hier handelt es sich jedoch nicht um eine bewusste Strategie, dennoch „unterstützt" der Hörer in gewisser Weise den Kommunikations- bzw. Klärungsprozess, indem er dem Sprecher erneut eine Gelegenheit gibt, sich verständlicher auszudrücken bzw. zu machen.
Zu dieser Gruppe von Interaktionsstrategien gehören schließlich auch die der Nichtbeachtung *(Ignore)* von Verständnisschwierigkeiten, die allerdings vor allem durch *native speaker* im Gespräch miteinander gewählt werden; sodann aber auch zwischen NS und NNS, wenn man weiß, dass zwar Unklarheit vorliegt, diese jedoch nicht für sehr bedeutsam erachtet angesichts weiterreichenderer und anderer Zielsetzungen in der Interaktion (z.B. soziale Bestärkung oder andere, wichtigere Themen/Inhalte/Mitteilungen).

Beispiel 25:
    NS: Do you think his research is monolithic?
    NS: *Well, it's hard to say.*
          (entnommen aus Varonis/Gass, 1985).

In diesem Fall wird die Verständnisschwierigkeit (die sich später als eine solche herausstellt) in der Hoffnung auf mehr Informationen im Verlaufe des weiteren Gesprächs übergangen.

Beispiel 26: Ferngespräch, früh morgens
NS: I'm sorry to have called you so early, but I'm just on my way out of the house for (indiscernible)
NS: (*no response*)
NS: and I wanted to ask you whether ...
(adaptiert aus Varonis/Gass, 1985).

Die Autoren erläutern dazu, dass hier der *native speaker* als Hörer angesichts der Übertragungsschwierigkeit und des Wissens darum, wie teuer Ferngespräche sind, die entgangene Information für irrelevant einstuft und sich statt dessen auf die nachfolgende Bitte konzentriert. Interessanterweise hat sich auch im Osnabrücker ODASLL-Projekt bislang gezeigt, dass nicht jede propositionale Unklarheit lokal sofort ausgeräumt wird; je fortgeschrittener ein Fremdsprachenlerner ist, umso länger wartet er ab. Darüber hinaus scheint sich zu bestätigen, dass die Sympathie- und Beziehungsebene zwischen den Gesprächspartnern die alles andere dominierende Dimension der interkulturellen Kommunikation ist, nach der das Ausmaß von „Verstehen" bzw. „Nichtverstehen" und ihrer Reparaturbedürftigkeit beurteilt wird. Das zeigt sich u.a. daran, an welchen Stellen und wie häufig Lachen als Ausdruck von Sympathiebekundung oder als Versuch des Überspielens, des Herunterspielens von nicht vollständiger Klärung sprachlicher Bedeutungen eingesetzt wird.[16]

6.3 Inhaltliche Strategien der Verstehenssicherung des Hörers als sekundären Sprechers

Im folgenden werde ich die verschiedenartigen strategischen Möglichkeiten des Lerners in der Rolle des sekundären Sprechers jeweils mit Beispielen illustrieren, bevor ich auf allgemeine Klassifikationen und Typisierungen sowie auf Bewertungsaspekte von Hörerverhalten zu sprechen komme. Zunächst sind innerhalb der inhaltlichen Strategien des Hörers noch einmal solche mit unterstützender Funktion für den primären Sprecher von solchen mit nicht-unterstützender Zielsetzung zu unterscheiden.

---

[16] Aus Platzgründen werde ich mich hier nicht weiter mit Fällen von Missverständnissen und Formen ihrer Handhabung beschäftigen, obwohl sie im Rahmen meines Konzepts von Verstehenssicherung ebenfalls einen wichtigen Platz einzunehmen haben (vgl. deshalb Vollmer, demnächst). Offenbar gibt es in vielen Fällen eine hinreichend große Basis für Sympathie und Kooperationsbereitschaft unter den beteiligten Interaktanten, die es nicht erforderlich macht, alles zu thematisieren und bis ins Letzte aufzuarbeiten: „Verstehen" (in der subjektiven Wahrnehmung und nachträglichen, ganzheitlichen Einschätzung durch die Interaktanten) scheint häufig auch ohne detaillierte, voll aufgeklärte sprachliche Verständigung möglich zu sein!

6.3.1 Unterstützende Züge des Hörers *(Supportive Discourse Acts)*

Hierunter fallen alle inhaltlichen Strategien des Hörers, die dieser als native oder – wie in unserem Fall – als *non-native speaker* wählt, um den primären Sprecher zu bestärken, seine Zustimmung oder gar Übereinstimmung mit ihm zum Ausdruck zu bringen oder sich gar an dessen Ausführungen aktiv-kooperativ zu beteiligen. In diesem Zusammenhang ist es wichtig zu bemerken, dass die Mehrzahl dieser Strategien zugleich die Funktion der formalen Rückkopplung mitübernehmen, so dass zusätzlich kein eigenständiges Hörersignal zu finden ist. Im einzelnen lassen sich mindestens sieben verschiedene Strategietypen unterscheiden.

Strategie 13: Unterstützen durch inhaltliche Übereinstimmung *(Supporting by Readopting)*

Das geschieht unter angelsächsischen *natives* vor allem durch Partikel wie *yes* oder manchmal (seltener) auch durch Varianten davon, die quasi „pronominalen" Charakter annehmen, oder durch bestimmte Qualifikatoren wie *certainly, I agree, okay, that's right*, die ihrerseits eine spezielle Untergruppe von Ausdrücken sind, die sich auf den Wahrheitsgehalt einer Aussage beziehen. Diese Strategie ist auch unter den von mir untersuchten fortgeschrittenen Fremdsprachenlernern weit verbreitet. Im vorliegenden Datenkorpus finden sich viele Beispiele dafür; die Liste von Indikatoren ist groß und prinzipiell offen.

Beispiel 27:
  NS: Perhaps we ought to work out a general plan then
  NNS: *Yes.*
  NS: Say one week somebody does all the washing and the other person does all the cooking and tidying up and
  NNS: *yes* and
  NS: and things like that.

Beispiel 28:
  NS: You'll have to um understand me for the first week or two I .
  NNS: *Okay*
  NS: find it difficult
  NNS: *Okay.*
  NS: Oh all right thanks we we'll sit down then
  NNS: *Okay.*

Beispiel 29:
  NS: The Royal Family are always ja so haunted . by photographers that they just . can't live their sort of normal lives
  NNS: hm . *that's right*

Strategie 14: Unterstützen durch Wiederholung *(Supporting by Repeating)*
Es wird wiederholt und damit inhaltlich bestätigt, was vorher vom Sprecher gesagt wurde.

Beispiel 30:
    NNS: So which other languages do you study?
    NS: German and French.
    NNS: *German and French* mhm.

Strategie 15: Unterstützen durch positive Bewertung oder Stellungnahme *(Supporting by Evaluating and/or Declaring One's Attitude)*
Hier wird deutlich eine evaluative Einschätzung des Inhalts der Mitteilung vom Sprecher durch den Hörer zum Ausdruck gebracht, die deutlich über neutrale Zustimmung (wie in Strategie 13) hinausgeht. Dabei kann die eigene Einstellung und Bewertung mit Ausdrücken von Emotion und subjektiver Gefühlslage gekoppelt sein (z.B. durch Interjektionen, Exklamationen u.ä.) oder stärker kognitiv realisiert werden, wie Beispiel 30 zeigt.

Beispiel 31:
    NS: But the Beatles are still the best.
    NNS: *Oh, yeahh! Aren't they.*

Beispiel 32:
    NS: My favourite group are the Rolling Stones.
    NNS: *I like them too . very much so.*

Strategie 16: Unterstützen durch Vervollständigen/Fortführen *(Supporting by Completing)*
Hier wird der Vollendung einer Äußerung durch den Hörer vorgegriffen (unabhängig davon, ob der Sprecher seine Äußerung noch zu Ende führt oder nicht). Oder es wird die unvollständige bzw. elliptische Mitteilung des Sprechers vervollständigt im Sinne eines reaktiven elliptischen Beitrags; Bublitz (1988: 247) weist mit Recht darauf hin, dass hiermit sowohl die inhaltliche Aussage als auch die Form der Äußerung komplettiert werden kann.
Diese Strategie scheint muttersprachenähnliche Kompetenz vorauszusetzen, sie findet sich nicht in meinen Daten repräsentiert; zur Illustration kann ich deshalb lediglich auf *native speaker* Interaktionen zurückgreifen.

Beispiel 33:
    NSa: after all magazines like which [sic!] – who are . strictly legal – : . publish each year . a guide to your income tax *–* of how to
    NSc: *'m* . *how to pay your minimum +income tax+*
    NSa: +how to+ pay the minimum income tax
    NSc: 'm

NSa: under the law as it exits
NSc: yès –

(Beispiel aus Svartvik/Quirk, 1980: 349f., zitiert nach Bublitz, 1988: 238; Notation geringfügig geändert).

Wir sehen an diesem Beispiel übrigens nicht nur, wie aktiv der Hörer die Äußerung des Sprechers vervollständigt und präzisiert, sondern auch, wie sehr Sprecher und Hörer insgesamt als *natives* interaktiv und kooperativ Bedeutung aufbauen (das ließe sich an vielen anderen Beispielen aus dem o.g. Korpus nachweisen). In der Kommunikation zwischen *natives* und *non-natives* dagegen ist dies nicht annähernd der Fall (auch nicht bei relativ fortgeschrittenen Lernern): die Rolle des Hörers und die des Sprechers sind weitaus getrennter, es kommt zu viel weniger Überschneidung und interaktiver Konstruktion von Bedeutung.

Strategie 17: Unterstützen durch Hinzufügen *(Supporting by Supplementing)*
Hier fügt der Hörer als sekundärer Sprecher noch während des dominanten Redezugs oder aber unmittelbar an dessen Ende, meist überlappend in koordinierter Rede, seltener nachträglich inhaltlich etwas Eigenes bzw. Eigenständiges hinzu. Wiederum ist dies nur ein Merkmal jener Lerner, die Englisch schon einigermaßen flüssig beherrschen.

Beispiel 34: Meeting a soldier from the Rhine Army
    NS: There are so many families and then there's just us few lads without any girlfriends or wives or anything . can get rather lonely.
    NNS: Yes, *it's a problem.*

Strategie 18: Unterstützen durch Umschreibung *(Supporting by Paraphrasing)*
Hier kommen vor allem generalisierende oder aber stereotypisierende (Para)phrasen vor, die sich auf einem deutlich höheren Abstraktionsniveau befinden als die Äußerung, auf die sie Bezug nehmen (vgl. hierzu auch Beispiel 8).

Beispiel 35:
    NNS: I've read Thomas Mann and Kafka
    NS: *German literature* – in German.
    NNS: Yes, and others like ...

Den Ausdruck *in German* könnte man übrigens zusätzlich der Strategie 17 zuordnen, da hier eindeutig Information hinzugefügt und nicht nur paraphrasiert wird.

6.3.2 Nicht-unterstützende Züge des Hörers *(Non-Supporting Discourse Acts)*

In diesen Strategiebereich fallen, wie bereits weiter oben angedeutet, eine Reihe von Prozeduren, die sich ziemlich direkt bestimmten Sprechhandlungen wie *Contradicting*, *Objecting*, *Doubting*, *Questioning* oder auch *Justifying* und *Defending* zuordnen lassen. Sie haben alle mehr oder minder die Funktion der Nichtbestätigung, der Ankündigung/Andeutung von inhaltlicher Abweichung (*Disagreement*) gegenüber der geäußerten Sprechermeinung bzw. des Widerspruchs dazu. Interessanterweise haben wir in unseren Daten durchaus viele Beispiele für Verwendung einer dieser Strategien, wohingegen sie in dem Corpus von Svartvik/Quirk (1980), also unter Muttersprachensprechern kaum belegt sind (vgl. dazu Bublitz, 1988: 249ff). Das mag natürlich in hohem Maße themenabhängig sein, könnte aber ebenso mit der Tatsache zu tun haben, dass meine Informanten Studierende waren und dass die von mir generierten Daten durch Rollenspiele erhoben wurden, in denen soziale Konventionen bzw. Restriktionen vielleicht doch nicht in derselben Weise durchschlagen wie in realen interkulturellen Alltagsbegegnungen. Schließlich könnte hier auch ein Indiz dafür liegen, dass Fremdsprachenlerner allgemein und erst recht deutsche Lerner des Englischen, selbst wenn sie fortgeschritten sind, sehr viel weniger dem üblichen angelsächsischen Höflichkeitsmodell folgen und sich durchaus kritisch gegenüber ihren gleichaltrigen Gesprächspartnern äußern – was an dieser Stelle nicht weiter bewertet werden soll. Die größte Steuerung bzw. Eingrenzung im Hinblick auf die gewählten Sprechhandlungen erfolgt vermutlich jedoch über das Thema und noch genauer über die Rollenvorgabe: Konfliktsituationen, das Aushandeln von Wertvorstellungen und das Einfordern von Gemeinschaftssinn lassen sich eben kaum durch unterstützende Diskurszüge meistern. Hier einige Illustrationen:

Strategie 19: Widersprechen (*Contradicting*)
Diese Strategie drückt offen die unterschiedliche Meinung oder Wahrnehmung des Hörers gegenüber der vom Sprecher geäußerten aus, und zwar in Form eines kurzen Einwurfs.

Beispiel 36:
   NS: I always put my stuff away . it is not your bedroom.
   NNS: Yes *but* ah .
   NS: ah . I'm sorry but that's just the way I am

Beispiel 37:
   NS: Some people like the Eurovision song contest
   NNS: *uuhh* (laughter)
   NS: Well, okay.

Strategie 20: Infragestellen (*Questioning*)
Eine häufige und besondere Form stellt hier das *Questioning through repetition* mit deutlicher Frageintonation dar, daneben auch der zugleich exklamative wie fragende Ausdruck *What are you talking about?* (der allerdings ebenso die Strategie 19 oder 21 indizieren könnte).

Beispiel 38:
   NS: Anyway I suppose I could make this move and be a bit more tidy but then again you never wash up
   NNS: *I never wash up?*

NS: No never.
NNS: I washed up ah yesterday.

Beispiel 39:
NS: I saw a young girl in the mensa today who looked just like you.
NNS: *Young? A girl?*
(Die Hörerin ist 30 Jahre alt und Feministin)

Strategie 21: Einspruch erheben *(Objecting)* ist ebenso wie die **Strategie 22: Anzweifeln** *(Doubting)* in unseren Daten nicht weiter belegt, wohl aber in NS/NS-Interaktionen (vgl. hierzu Bublitz, 1988: 249ff.) Wahrscheinlich ist die Nuancierung/Abschattierung dieser Strategien und der damit verbundenen Sprechhandlungen gegenüber den unter Nr. 19 und 20 genannten für Fremdsprachenlerner zu fein, als dass sie mit Leichtigkeit aufgegriffen und versprachlicht werden könnten. Redemittel wie *I wouldn't quite see it like that* oder *I would doubt it* stellen nur die explizite Spitze der vielfältigen Möglichkeiten zum Ausdruck dieser inhaltlichen Hörerhandlungen im Englischen dar; *natives* bedienen sich – wie die Beispiele bei Leech und Svartvik (1980, zitiert in Bublitz, 1988) zeigen – wenn überhaupt dann weitgehend indirekter Varianten bei der Realisierung dieser Strategien (etwa *I don't remember this, I've heard it say before actually* und viele andere anspielende Formulierungen, häufig auch in Frageform). Sie brauchen uns im Moment nicht weiter zu beschäftigen.

Die verbleibenden drei Strategien dienen dem Hörer vor allem, wenn er sich selbst angegriffen oder bestimmten Vorwürfen, einer bestimmten Kritik ausgesetzt fühlt. Solche Interaktionen setzen wiederum einen hohen Bekanntheits- und Vertraulichkeitsgrad mit dem verhandelten Thema sowie unter den Gesprächspartnern selbst voraus, wie er bei einem längeren (Studien)Aufenthalt in Großbritannien oder Nordamerika durchaus entstehen kann.

Strategie 23: Herunterspielen *(Playing Things Down)*

Beispiel 40:
NS: Could you put your things in the wardrobe, please, I can't stand it any longer
NNS: Oh *it's nothing I mean ...*

Strategie 24: Rechtfertigen *(Justifying)*
Nicht belegt.

Strategie 25: Etwas/Sich Verteidigen *(Defending)*
Diese Strategie wird – wahrscheinlich situations- und themenbedingt – von den untersuchten Fremdsprachlernern nicht verwendet. Dagegen taucht die verwandte Sprechhandlung „Auf etwas Bestehen" (*Insist*) in den Daten auf, nachdem der *native speaker* seinerseits eine Bewertung der Lernerin angezweifelt hat:

Beispiel 41:
  NNS: So you say the concert was very good.
  NS: Yes well yes .. *really* (laughter).

(*Really* wird hier mit fallender Intonation realisiert und entspricht dem deutschen „doch" oder „sehr wohl"; das anschließende Lachen soll die Beziehung zum Gegenüber nach erfolgter Beharrung auf der eigenen, abweichenden Bewertung wieder geschmeidig machen).

Interessant ist die Tatsache, dass überhaupt in unseren Daten relativ viele nicht-unterstützende Züge von seiten der fortgeschrittenen Lerner als Hörer gefunden wurden. In vergleichbaren Datenkorpora von *natives* (vgl. etwa Bublitz, 1988) war dies ganz und gar nicht der Fall: im Gegenteil zeigte sich dort, dass die ganz überwiegende Zahl von britischen *natives* fast ausschließlich von unterstützenden Strategien Gebrauch macht, was die sprichwörtliche Höflichkeit der Engländer zu unterstreichen scheint.

6.4 Schwierigkeiten in der Analyse einzelner Äußerungen und ihrer Zuordnung zu bestimmten Strategien

Wir haben herausgearbeitet, dass sowohl formale Rückmeldehandlungen wie metakommunikative Strategien auf Seiten des Hörers (die beide der Verständnissicherung dienen) als auch solche Handlungen, die eine inhaltliche Stellungnahme zur Mitteilung des primären Sprechers und insofern einen „minimalen Redebeitrag" darstellen, Komponenten einer rezipierenden Tätigkeit des Hörers sind. Vermutlich läßt sich die Liste von Strategien noch weiter fortsetzen und differenzieren, ohne dass wir in den bisher ausgewerteten Daten dafür eindeutige Belege gefunden hätten. Deshalb wollen wir es hier in aller Vorläufigkeit bei diesen 25 Typen belassen. Sie demonstrieren auf eindrucksvolle Weise den Reichtum an Möglichkeiten, auf den Lerner als Hörer in interkultureller Kommunikation zurückgreifen können, der ihnen zumindest potentiell zur Verfügung steht, den sie aus dem L1-Gebrauch aktivieren oder sich je nach Bedarf neu aneignen könnten. Die Zahl der Redemittel und sprachlichen Indikatoren für eine bestimmte Strategie ist im Einzelfall sehr viel größer als hier beschrieben: die Beispiele sind mehr oder minder zufällig ausgewählt; an anderer Stelle werde ich aber im Rahmen einer größeren Arbeit mehr Daten und Beispiele aus den Korpora präsentieren und diese umfassender analysieren (Vollmer, in Arbeit). In dem Zusammenhang werde ich dann auch genauer auf jene Fälle eingehen, die offensichtlich ambivalent sind, die multifunktional interpretiert werden können und möglicherweise auch so gemeint sind (z.B. *so* oder *mhm* oder *really*). Und ich werde mehr von den Schwierigkeiten der Zuordnung bestimmter Höreräußerungen zu bestimmten Strategietypen berichten, die ich im folgenden nur kurz andeuten kann.

Es gibt in den Daten Fälle, in denen die Trennlinie zwischen formaler Rückkopplung und inhaltlicher Stellungnahme des Hörers und – in selteneren Fällen – die Unterscheidung zwischen parallelem, überlappendem Beitrag des Hörers (ohne Beeinträchtigung des primären Sprechers) und Unterbrechung des Sprechers durch Übernahme des Redezuges schwer zu ziehen ist – so wie es einen fließenden Übergang zwischen Verstehen und Nichtverstehen (mit graduellen Abstufungen) gibt. Ob der primäre Sprecher selbst einen Beitrag des Hörers als

Unterbrechung bzw. als Usurpation seines momentanen Rederechts empfindet, kann man u.a. daran erkennen, wie in der Gesprächssequenz darauf reagiert wird, ob ggf. Ansprüche auf Fortsetzung des eigenen Redezugs mit Nachdruck vorgetragen werden oder „Sanktionen" verbaler Art folgen, entweder direkt im Anschluß oder aber im weiteren Verlauf des Diskurses. Aus der Sicht des analysierenden Forschers legt zum Glück der größere Kontext in den meisten Fällen eine bestimmte Entscheidung nahe, wie die Interaktanten eine vorliegende Äußerung aufgefaßt, welchen Handlungsstrang sie im weiteren verfolgt und welche der möglichen Bedeutungen sie damit akzeptiert, aktualisiert oder thematisiert haben.

Der interessanteste Fall ist sicherlich derjenige, bei dem metakommunikative Strategien zugleich in die Nähe von inhaltlicher Stellungnahme geraten. In der Sekundärliteratur werden vor allem zwei Handlungen diskutiert, die in diesem Sinne ambige Funktionen haben können: die *Strategie Request for Clarification* und die der Korrektur des Sprechers durch den Hörer, genannt „Fremdreparatur" *(Other-Repair)*. Beide kommen vor allem auf seiten eines *native speaker* in der Rolle des Hörers vor, gelegentlich aber auch auf seiten eines *non-native speaker*, besonders wenn dieser in der L2 sehr kompetent ist und den Gesprächspartner gut kennt.

Gerade Aufforderungen zur Klarstellung können über die verständnissichernde Funktion hinaus – besonders dann, wenn sie wiederholt und beharrlich eingefordert werden – eine inhaltliche Stellungnahme zu den Ausführungen des Sprechers implizieren, durch die der Hörer Präzisierung in dem von ihm intendierten Sinne einfordert (siehe die illustrativen Beispiele in Bublitz, 1988: 208ff., die sich allerdings ausschließlich auf NS/NS-Interaktionen beziehen). Hier wird überzeugend dargelegt, dass das Bitten um Klärung, besonders wenn es als wiederholtes Nachhaken auftritt, wenigstens teilweise auch als Ausdruck einer kritischen Stellungnahme und Infragestellung des Gehörten gelten muss. Im Falle von „Fremdreparatur" durch den Hörer überschneidet sich diese Handlung eindeutig mit dem Recht des Hauptsprechers, sich selbst zu korrigieren; sie muss deshalb als eine Art Einwand, als Bevormundung oder gar als Widerspruch, auf jeden Fall als nicht-unterstützende Handlung gewertet werden, die von den Erwartungen des Sprechers abweicht und die mehr oder minder infragestellende Funktion hat, gelegentlich sogar unterbrechen wirkt. Dieser Fall von Fremdreparatur ist jedoch, soweit ich sehe, für Zweitsprachenlerner noch nicht belegt.

Andere Schwierigkeiten, die in den Daten existieren und die sich vor allem aus der funktionalen Mehrdeutigkeit einzelner Sprechhandlungen ergeben, sollen hier nicht weiter ausgebreitet werden (vgl. wiederum Vollmer, in Arbeit).

6.5 Rating-Skalen zur Bewertung von Höreraktivitäten

Zur Zeit sind wir dabei, Häufigkeitsauszählungen vorzunehmen und die untersuchten Lerner danach zu gruppieren, welche der Strategien sie wie häufig benutzen und ob bzw. inwiefern sie demnach als mehr oder minder effektive Hörer gelten können. Im Hinblick auf das *Geben von formalen Hörersignalen* lassen sich bislang keine signifikanten Unterschiede zwischen den beteiligten Personen feststellen: in der ganz überwiegenden Zahl der Fälle wird Strategie 1 gewählt, Strategie 2 und 4 dagegen so gut wie gar nicht. Strategie 3 ist jenen Lernern vorbehalten, die schon etwas fortgeschritten sind und die deshalb wissen, wie sie ihre Verwunderung über unerwartete Informationen durch entsprechende Wortwahl oder durch intonatorische Mittel zum Ausdruck bringen können. Bei Strategie 5 ist es noch unklar, ob sie von den Lernern bewusst gewählt oder nur zufällig benutzt wird; hierüber lassen sich noch keine schlüssigen Aussagen machen. Insgesamt fällt auf, dass alle 12 Probanden trotz unterschiedlicher Sprachbeherrschung regelmäßig Hörersignale von sich gaben und dabei eine gewisse Variation aufwiesen. (Beides ist nicht unbedingt der Fall bei jüngeren Englischlernern, wie erste Auswertungen von Vergleichsuntersuchungen ergeben). Innerhalb der Verwendung der Strategie 1 zeigen bestimmte Lerner gewisse Präferenzen in der Wahl und wiederholten Benutzung einzelner Signale/Wörter/Redemittel. Dieser Sachverhalt kann nicht genau erklärt werden; es können sehr wohl idiosykratische Gründe dafür vorliegen.

Im Hinblick auf den *Einsatz von metakommunikativen Strategien* ist zu sagen, dass Nichtverstehen (auf der sprachlich-semantischen Ebene) von den untersuchten Lernern in der Regel direkt und offen angezeigt wird, und zwar am häufigsten durch Strategie 7 *(Asking for Repetition)*, 8 *(Request for Clarification)* und 10 *(Echoing* mit Frageintonation). Strategie 9 *(Confirmation Check)* dagegen wird kaum verwendet und erst recht nicht Strategie 11 *(Direct Appeal for Assistance)*, die offenbar für weniger weit fortgeschrittene Lerner tauglich ist, nicht aber für angehende Englischlehrer mit mehr oder weniger Auslandserfahrungen und somit Erfahrungen in interkultureller Kommunikation. Überhaupt nicht gewählt wurde Strategie 12, also die indirekte Rückmeldung über eine vorliegende Verständnisschwierigkeit. Dabei sind allerdings die Videoaufnahmen noch nicht vollends ausgewertet worden, aus denen sich möglicherweise doch Anhaltspunkte für nonverbale Indikatoren im Gebrauch dieser Strategie ergeben könnten. Auf jeden Fall wird das Mittel des Schweigens an keiner Stelle eingesetzt; es liegen in bestimmten Sequenzen zumindest lautliche Indizien für mangelndes Verstehen vor. Das Auftreten und die Handhabung von pragmatischen Verstehensproblemen ist noch nicht gesondert untersucht worden; es ist jedoch zunächst nicht evident (vgl. aber Kasper, 1984, die in einer vergleichbaren Studie von 48 deutschen Englischstudierenden des ersten Semesters erhebliche Defizite u.a. in der Erkennung der illokutionären Kraft einer vorliegenden Äußerung von *natives* sowie in der Aktivierung relevanter Bezugsrahmen auf seiten der Lerner herausgefunden hat; insgesamt dazu Vollmer, in Arbeit). Inwieweit die von mir untersuchten Probanden bestimmte Verständnisschwierigkeiten mehr oder minder bewusst übergehen oder aber herunterspielen, läßt sich nur spekulativ beantworten. Lediglich in zwei Fällen kommt es nachträglich zur Aufdeckung von vorherigem Nicht- oder Missverstehen und zu einer entsprechenden retrospektiven Aushandlung der gemeinten Bedeutung. Doch solche Prozesse sind (zumindest in meinen bisherigen Daten) ziemlich rar. In Anlehnung an meine obigen Ausführungen zu Strategie 12 *(Indirect Indication of Non-Understanding)* kann man die These wagen, dass je fortgeschrittener oder *near-native like* ein Englischlerner ist, umso indirekter und mittelbarer wird er in der interkulturellen Begegnung seine Verstehensprobleme thematisieren, umso stärker wird er (vergleichbar den *natives*) zunächst mit einer wie immer vorläufigen Deutung des Gesagten operieren und darauf hoffen, dass diese im Verlaufe des Diskurses bestätigt oder aber präzisiert bzw. durch Zusatzinformationen überholt und ersetzt wird. Insofern ist das Ausmaß und die Direktheit in der Nutzung metakommunikativer Strategien kein absoluter

Indikator für angemessenes rezipierendes Hörerverhalten, er muss mit dem jeweiligen Sprachstand der Lerner und der kommunikativen Aufgabenstellung in Relation gesetzt werden.

Im Hinblick auf die Wahl von *unterstützenden versus nicht-unterstützenden inhaltlichen Redebeiträgen* schließlich, von indirekten im Gegensatz zu direkten Verfahren und von ambivalenten statt eindeutigen Strategien der Stellungnahme ist die Gefahr sehr groß, dass man die Norm eines *educated native speaker* als Bewertungsmaßstab zugrunde legt. Dieses Vorgehen ist natürlich nicht unproblematisch, wenn man bedenkt, dass es keineswegs ein sinnvolles Ausbildungsziel sein kann, die deutschen Englischlehrer und ihre SchülerInnen in ihrem produktiven Sprachverhalten zur Anpassung oder auch nur zu einer angelsächsisch anmutenden Höflichkeit anzuhalten.[17] Dennoch muss es zu denken geben, dass die englischsprachigen *natives* in so auffälliger und ausgeprägter Weise im wesentlichen nur Varianten von Stützstrategien wählen, die sie offenbar in dialogischer Alltagskommunikation für angemessen zu halten scheinen. Und wenn sie sich in ihrer Hörerrolle kritische Anmerkungen oder Kommentare erlauben, dann realisieren sie dies auf vielfältig indirekte Weise.

Aus den genannten Gründen wurden die zunächst eröffneten vier qualitativen Kategorien "A. *Extremely Supporting*, B. *Moderately Supporting*, C. *Poorly Supporting* und D. *Non-Supporting*" wieder verworfen und statt dessen reine Häufigkeitsgruppen entlang dem Kontinuum viel – wenig gebildet; daraus ergaben sich folgende Untergruppen für die Lerner als Hörer in interkultureller Kommunikation:

1. High/normal contributor in the role of the secondary speaker
2. Medium contributor in the role of the secondary speaker
3. Low/silent contributor in the role of the secondary speaker.

Unter den 12 Studierenden fielen sieben in die erste Kategorie, vier in die zweite und einer in die letzte. Dieser Befund wird demnächst themen- und aufgabenabhängig weiter ausdifferenziert; dabei soll auch die Variable „Geschlecht der Interaktanten" sowie „Sprachstand in der Beherrschung des Englischen als L2" genauer kontrolliert werden.

Schließlich wurde der Versuch unternommen, die rezipierenden Tätigkeiten der untersuchten Lerner als ganzes einzuschätzen und qualitativ zu bewerten, und zwar entlang einer *Rating*-Skala mit folgenden kategorialen Ausprägungen:

1. *extremely good feedbacker*/außerordentlich aktiver Hörer
(große Variationsbreite, regelmäßig, sinnentsprechend, *native-like*)

2. *good feedbacker*/aktiver Hörer
(zwar regelmäßige Rückmeldung, aber wenig Variation, meistens *yes* oder Varianten davon)

---

[17] In jedem Fall aber sollten deutsche Lerner des Englischen die konventionellen Höflichkeitsnormen der bürgerlichen Mittelschichten in den USA und Kanada sowie in Großbritannien rezeptiv verstehen und zu handhaben lernen: das ist ein wichtiger Teil interkultureller Kompetenz und wohl unstrittig. Strittig ist nur, inwieweit sie sich diesen Verhaltensschemata aktiv annähern sollten. An anderer Stelle werde ich mich deshalb intensiv mit Brown/Levinson (1978) und dem universalistischen Anspruch ihrer Höflichkeitstheorie auseinandersetzen (vgl. Vollmer, in Arbeit).

3. *medium feedbacker*/weniger aktiver Hörer
(lückhafte und relativ variationsloses Rückmeldeverhalten, was den Gesprächspartner zu langen/überlangen Redezügen veranlaßt)

4. *poor feedbacker*/unaufmerksamer Hörer
(wenig und standardisierte Rückkopplung, Kommunikationspartner muss manchmal aktiv werden, um die Aufmerksamkeit bzw. inhaltliche Rückmeldung von H zu erlangen/erfragen/sicherzustellen)

5. *extremely poor feedbacker*/unkooperativer Hörer
(kaum oder keine Hörersignale, geringe Indikatoren für kooperatives Sprachhandeln).

Trotz aller Problematik in der Definiton dieser Kategorien erwiesen sie sich doch als wenigstens vorläufig tauglich. Für jeden der Lerner wurden Bewertungen von mehreren Personen vorgenommen (wobei nicht völlig ausgeschlossen werden kann, dass dabei unterschiedliche Gesichtspunkte unterschiedlich gewichtet wurden). Am Ende zeigte sich ein hoher Grad an *Inter-rater reliability*: sechs der Studierenden wurden in die erste Kategorie eingestuft, vier in die zweite und zwei der Lerner in die dritte Kategorie, niemand also in die letzten beiden Kategorien. Soviel zur Empirie.[18]

6.6 Methodologische Überlegungen

Insgesamt gilt für die vorliegende Untersuchung natürlich der methodologische Vorbehalt, dass in ihr keine natürlichen Daten verarbeitet, sondern eher künstliche (allenfalls quasi-natürliche) Daten erzeugt und die Lernbiographie der untersuchten Studierenden nur unzureichend erfasst wurden, so dass keinerlei Generalisierungen für das tatsächliche Diskursverhalten der Untersuchten außerhalb der „gespielten" Situationen oder auf andere Lernergruppen oder gar Rückschlüsse auf die komplexe Situation des Fremdsprachenunterrichts zulässig sind.

Dieser antizipierte Einwand, so berechtigt er zunächst ist, argumentiert dennoch sehr strikt. Lerner und *native speaker* haben sich vorher nicht gekannt; sie sind vor der Kamera bzw. dem Mikrophon zusammengeführt worden und haben sich zwar unter gewissen Vorgaben, aber doch relativ frei und ungehindert einander angenähert. Die Rollenspielskripte waren relativ offen (z.T. war es nur die Benennung eines Topics wie "What do you think about the Royal Family", sollten thematische Vergleichbarkeit sicherstellen und zugleich verhindern, dass der Gesprächsstoff ausging. Trotz einer gewissen Künstlichkeit der Datenerhebungssituation also hat diese dennoch vieles mit realer interkultureller Begegnung als einem vielschichtigen, verunsichernden Sprechereignis zu tun – es geht darum, die wesentlichen Parameter zu vergleichen und abzuschätzen (wie ich es an anderer Stelle exemplarisch versucht habe; vgl. Vollmer, 1987). Durch die genauere Analyse dessen, was zufällig ausgewählte, mehr oder minder kom-

---

[18] Man mag über Wert dieser Urteile streiten ebenso wie über die Zuverlässigkeit des *Rating*-Verfahrens im allgemeinen. Damit setze ich mich an anderer Stelle auseinander (Vollmer, in Arbeit). Dort werden auch die Ergebnisse der Häufigkeitsauszählungen und die einzelnen Maßzahlen sowie die Signifikanztests genauer dokumentiert.

petente und kommunikativ erfolgreiche L2-Lerner an Hörerstrategien zur Verfügung haben und gezielt einsetzen, hoffe ich zu einer besseren Systematisierung eines Teilbereichs der interkulturellen Gesprächsfähigkeit und ihrer mehr oder minder angemessenen Ausdrucksformen (in Form von strategischen Alternativen, abgestuften Sprechhandlungen und den zu ihrer Realisierung gewählten Redemitteln sowie von nonverbalen Repertoires) zu kommen. Schließlich will ich darüber zu einer besseren Einschätzung der Relevanz der jeweiligen Hörertätigkeiten für interkulturelle Begegnungen gelangen.

Auf welche Weise die von mir untersuchten fortgeschrittenen deutschen Englischlerner ihre Diskursfähigkeit und insbesondere ihre strategische Kompetenz zur Sicherung von Verständnis und Verstehen in der Kommunikation mit *natives* erworben, konnte im Rahmen des ODASLL-Projekts nicht wirklich geklärt werden. Aufgrund der Antworten im Fragebogen kann man sagen, dass die Auslandserfahrung, also der tägliche Umgang mit verschiedenen *native speakers* im Zielland (Großbritannien und/oder USA und Kanada) wie erwartet eine große Rolle spielt. Dabei werden neben Sicherheit in der Sprachregelbeherrschung und im pragmatischen Gebrauch der englischen Sprache vor allem auch soziopragmatische und zielkulturelle Kenntnisse geltend gemacht, die nach Selbsteinschätzung der Betroffenen durch Auslandsaufenthalte entscheidend gefördert werden.[19]

Damit kommen wir abschließend auf Fragen der didaktischen Konsequenzen für die Ausbildung solch kooperativer Hörerstrategien sowie allgemein von interkulturellen Kommunikationsstrategien im und durch Fremdsprachenunterricht.

7. Didaktische Konsequenzen

Kooperatives Gesprächsverhalten und die Fähigkeit, interaktiv zur Sicherung gegenseitigen Verstehens beizutragen, stellen ohne Zweifel wichtige Aspekte interkultureller Kommunikationsfähigkeit von Fremdsprachenlernern und zukünftigen Englischlehrern dar. Das gilt für *native speaker* im Rahmen der Interaktion mit *non-native speakers* ebenso wie für die *non-*

---

[19] In diesem Zusammenhang ist anzumerken, dass wir uns als Lehrende an der Universität Osnabrück zwar verstärkt bei Bewerbungen für Auslandsaufenthalte unterstützend einsetzen, dass diese aber eben leider immer nicht obligatorisch sind. Umgekehrt sind die Studierenden (außer in kleiner Zahl im Rahmen eines bilateralen Austauschprogramms mit einer texanischen Hochschule) auch nicht verpflichtet, sich um ausländische KommilitonInnen am eigenen Studienort zu kümmern, ihre Erfahrungen und Schwierigkeiten kennenzulernen, Hilfestellung, Beratung und Betreuung zu leisten und dabei Fremdverstehen in der eigenen Nachbarschaft aufzubauen. Dieses beides aber, die professionelle Mobilität ins Ausland und die Auseindersetzung mit entsprechenden Gegenerfahrungen von Nicht-Deutschen in der institutionell geprägten Berufsausbildung im eigenen Lande, sind soziale Schlüsselerfahrungen, die sich nicht allein durch den Rückgriff auf schon erworbenes kulturelles wie sprachliches Wissen bewältigen lassen. Sie erfassen vielmehr die ganze Person und mobilisieren alle Teile der eigenen Persönlichkeit bis hin zur emotionalen Destabilisierung; vor allem aber ist hier nicht nur die persönliche Identität des Individuums, sondern die professionelle tangiert und in Frage gestellt. Diese Konstellation kann, wenn sie bewusst vorbereitet und ausgewertet wird, ein enormes Lernpotential darstellen: für den (interkulturell aufgeklärten) Spracherwerb, für die Spezifika der interkulturellen Kommunikation, für die Besonderheiten des Fremdverstehens und seiner Grenzen.

natives selbst – und zwar, wie wir gesehen haben, nicht nur für sie als primäre Sprecher, sondern eben auch als aktive Hörer, die damit wesentlich zum Gelingen einer interkulturellen Begegnung beitragen.

Es ist m.E. müßig zu fragen, wie wichtig diese hörerseitige Kompetenz ist und ob ihr im Zusammenhang mit anderen Teilkompetenzen interkulturellen Kommunizierens lediglich eine untergeordnete Rolle zukommt. Wir haben versucht, uns einen Überblick darüber zu verschaffen, was interkulturelle Kommunikation ausmacht, welches ihre Besonderheiten und ihre wesentlichen Variablen sind, welche Verstehensstrategien dabei zum Tragen kommen. Wir haben gezeigt, dass dialogische interkulturelle Gesprächsfertigkeit neben einem lexikalisch-semantischen Wissensaspekt einen aktional-prozeduralen Aspekt hat, der sich gleichermaßen auf das Initiieren wie Reagieren als Sprecher und auf rezipierend-kooperative Tätigkeiten als Hörer richtet. Alle Aspekte sind gleich bedeutsam und greifen in der konkreten Begegnungssituation quasi ineinander. Deshalb sind die interaktiven Tätigkeiten des Hörers auf allen drei Ebenen (der formalen, metakommunikativen wie inhaltlichen Rückmeldung) ebenso auszubilden wie die anderen Aspekte von interkultureller Gesprächsfähigkeit, die genannt wurden.

Nun kann man allerdings argumentieren, dass gerade die hörerseitigen, rezipierenden Komponenten der Interaktion, von der die Sicherung des Verstehens entscheidend abhängt, stärker als die anderen Komponenten von der Muttersprache und der damit bereits erworbenen Sozialkompetenz auf die neuen interkulturellen Anforderungen übertragen werden können. Damit könnte man sich also vor allem auf die Identifizierung und das Einüben von solchen sprachlich-kulturellen Aspekten konzentrieren, die von dem normalen monolingualen Kommunikationsverhalten abweichen und einer besonderen Bewusstmachung, Sensibilisierung und eines Trainings bedürfen (wie unterschiedliche Präferenzsysteme in der Realisierung von Sprechhandlungen, kulturelle Aufladungen bestimmter Redemittel, Konnotationen einzelner Ausdrücke oder ganzer Bedeutungsnetze, Unterschiede in den Kommunikationsstilen u.ä.). Dem ist grundsätzlich zuzustimmen, vorausgesetzt die Annahme trifft zu, dass die Mehrzahl der kommunikativen Strategien und Techniken, die die Lerner mit der Muttersprache erworben haben, tatsächlich auf das L2-Verhalten transferiert werden. Hierzu gibt es gewisse empirische Anhaltspunkte, auch in den vorliegenden Daten, doch keine systematischen Erkenntnisse. Im Gegenteil wissen wir, dass der Lerner das ihm eigentlich aus muttersprachlichen Erfahrungen mit Sprachverarbeitung zur Verfügung stehende prozedurale Wissen nicht in dem Maße einsetzt, „wie man es aus dieser Sachlage heraus erwarten könnte. Insbesondere die breite Palette unterschiedlicher Verarbeitungsstrategien wird zunächst nur wenig ausgeschöpft" (Wolff, 1990: 618). Und was für Prozesse des Leseverstehens und des Hörverstehens gilt, trifft vermutlich auch auf die Verfahren der dialogischen Gesprächsführung und damit auf Hörerstrategien zu. Man weiß eigentlich nicht genau, warum der Lernende nach Wolffs Worten (ebd.) „auf dieses Wissen zunächst so unzureichend zurückgreift und es kaum auf seine zweitsprachlichen Verarbeitungsprozesse überträgt." Dabei ist unstrittig, dass auch prozedurales Wissen immer wieder sprach- und kulturspezifisch adaptiert werden muss. Aber ob dieser Vorgang selbständig im Lerner erfolgt, wann und auf welche Weise, und wodurch er möglicherweise unterstützt oder ausgelöst werden kann, darüber wissen wir z.Z. eben doch sehr wenig.

Die ganze Diskussion um die Übertragbarkeit *(transferability)* und Anpassung *(adaptability)* von pragmatischen Einsichten, interaktiven Praktiken und Prozeduren auf eine Zweit- bzw. Fremdsprache befindet sich noch ziemlich am Anfang, wie aus einschlägigen Veröffentlichungen neuesten Datums zu ersehen ist (vgl. etwa die Beiträge von Bialystok und Schmidt, beide in Kasper/Blum-Kulka, 1993). Die im ODASLL-Projekt aufgebauten parallelen Datenkorpora könnten weitere Teilantworten ermöglichen, zumal hier ein qualitativer Vergleich zwischen der Interaktion mit Muttersprachlern und der mit einem *native* möglich ist. Allerdings werden diese Antworten angesichts der geringen Probandenzahl lediglich in Hypothesenform vorgelegt werden können.

Sollen wir also die in diesem Beitrag herausgearbeiteten Hörerstrategien im Englischunterricht explizit bewusst machen und „lehren"? Welchen Stellenwert haben sie angesichts der überragenden Bedeutung der semantisch-syntaktischen Dimension beim Fremdsprachenerwerb? Müssen wir den Lernern nicht vor allem Sprache statt Strategien beibringen, wie Bialystok (1990:146) dies anmahnt? Manche Kritiker behaupten dementsprechend: Wenn wir genügend Wissen über eine Zielkultur haben und über eine ausreichende Anzahl von Wörtern und Phrasen sowie (z.T. unanalysierten) wichtigen „Sprachbrocken" in der Zielsprache verfügen, könnten wir uns auch einigermaßen gut verständigen. Wer also Sprachwissen und Weltwissen in dieser Weise aufbaut, lernt sozusagen nebenbei eine Menge über die wesentlichen Bedingungen von Kommunikation mit. Interkulturelle Kommunikationsfähigkeit könne man im übrigen nur durch tatsächliches Kommunizieren lernen: die dabei durch Versuch und Irrtum gemachten Erfahrungen reichen weitgehend aus, um das bereits als allgemeine Kulturtechnik im Zuge des L1-Erwerbs aufgebaute Handlungsrepertoire zu aktivieren und zu modifizieren bzw. pragmatisch zu erweitern.[20]

Genau an dieser Stelle ist Widerspruch anzumelden: Fremdsprachenunterricht erschöpft sich nicht in der Aneignung und Erweiterung deklarativen Wissens. Wir müssen den LernerInnen darüber hinaus ihre bereits vorhandenen prozeduralen Kompetenzen ins Bewusstsein rufen, sie schrittweise erfahren und reflektieren lassen, wie sich Kommunikationsprozesse aufbauen und wie sie selbst in (simulierten) interkulturellen Begegnungssituationen strategisch handeln und entscheiden, um damit Ansatzpunkte für einen Vergleich zwischen monokultureller „Normalität" in Gesprächsabläufen und Fremdverstehen, für notwendige Anpassungen der verfügbaren Strategien und für mögliche Erweiterungen des Handlungsrepertoires zu gewinnen.

---

[20] Wenngleich ich die hier angedeutete Position nicht teile, muss ich doch am Ende selbstkritisch gestehen, dass die empirische Erforschung und theoretische Modellierung von interkulturellen Kommunikationsprozessen und -strategien derart komplex und aufwendig ist, dass sie sich einer vereinfachenden Abstraktion und schnellen Didaktisierung entzieht. Daran werden vermutlich auch Jahre und Jahrzehnte an weiterer Forschung wenig ändern. Auf keinen Fall darf diese Forschungsrichtung, so wichtig sie ist und so sehr ich selbst an ihr beteiligt bin, auf Kosten der zentralen Inhalte des Fremdsprachenlernens und -lehrens gehen – und das sind und bleiben die kontrastiv zu beschreibenden sprachlichen Kernbereiche und zielkulturellen Einsichten/Wissenseinheiten.

Diese Lernprozesse stellen sich mit großer Wahrscheinlichkeit bei unseren SchülerInnen nicht von alleine ein, sie bedürfen des Anstoßes und der systematischen Anleitung im Rahmen eines nicht mehr nur produktorientierten, sondern stärker prozesshaft ausgerichteten Unterrichts. Erst wenn es gelingt, diese prozessuale Dimension des Lehr- und Lernzusammenhangs stärker zu betonen, ermöglichen wir dem Lerner eine Einsicht in das Zustandekommen seiner Entscheidungen und sprachlichen Handlungsresultate, ermöglichen wir ihm eine Aktivierung und kritische Sichtung seines vorhandenen prozeduralen Wissens und damit eine Einsicht in mögliche Defizite oder untaugliche Verfahrensweisen. „Konstruktivismus statt Instruktivismus" – auf diese Kurzformel läßt sich die neue didaktische Perspektive bringen (vgl. Wolff, 1994). Das ist zwar zeitaufwendig, aber letztlich lernökonomischer und effektiver, zumal es möglich erscheint, die Lerner dadurch besser in ihrem Bemühen zu einem selbstregulierten Weiterlernen zu bestärken.

Am Ende kann ich nur Vorschläge unterbreiten, wie sie allgemein bereits von anderen, z.B. Zimmermann (1995, dort bezogen auf Grammatikvermittlung bzw. auf Veränderungen von Einstellungen zum Grammatikunterricht) gemacht wurden: Plädoyer für einen prozesshaften Unterricht, bei dem das Nachdenken über eigene Lern- und Kommunikationsprozesse im Vordergrund steht. Im Hinblick auf die uns hier interessierenden formalen, metakommunikativen und inhaltlichen Hörerstrategien bedeutet das u.a., dass den SchülerInnen im Verlaufe ihres Englischunterrichts immer wieder Gelegenheit gegeben werden muss, interkulturelle Handlungssequenzen zu thematisieren (z.B. unterstützt durch Lehrbücher), zu analysieren und am eigenen Leibe zu erfahren, damit sich Vorstellungen von dem Stand der eigenen strategischen Kompetenz in diesem Bereich ausbilden und diese auch benannt werden können. Zugleich müssen von Lehrerseite systematische Angebote zur Weiterentwicklung und zum Ausbau der genannten strategischen Komponenten gemacht werden. In diesem Sinne begreife ich meine eigenen empirischen Vorarbeiten und theoretischen Klassifizierungsversuche.

Eine ganz anders gelagerte Frage ist es, wieviel Kommunikation im Fremdsprachenunterricht bei diesem Ansatz nötig ist und inwieweit Interaktion selbst zum Spracherwerb (im engeren Sinne) beitragen kann. Doch diese Frage kann und soll hier nicht aufgegriffen werden (vgl. aber Henrici, 1995; Vollmer, erscheint). Die Forderung nach Bewusstmachung von kommunikativen (Hörer)Strategien, das Reden über sie, ihre kontrollierte Anwendung und Erweiterung in (unterrichtlich arrangierten) interkulturellen Begegnungssituationen sowie der Versuch der Systematisierung auf seiten der Fremdsprachenforschung sind doch nur der Ausdruck dafür, dass die Wahrnehmung von Differenz in der Welt zugenommen hat und dass sprachliche Interaktion, erst recht von Angehörigen unterschiedlicher kultureller Herkunft, immer nur temporäre und schwankende Brücken zwischen Menschen schlagen kann. Auf dem Wege über die Fremdsprache Englisch gewinnen wir zugleich mehr Einsicht in die schwierigen Bedingungen von Kommunikation überhaupt und das keineswegs selbstverständliche Gelingen von Verständigung und Verstehen.

Literaturhinweise

Baxter, J. (1983). English for intercultural competence. In D. Landis & R. W. Brislin (eds.), Handbook of Intercultural Training, (Vol. 2, S. 290-324). New York: Pergamon.

Bialystok, E. (1990). Communication strategies. A psychological analysis of second-language use. Oxford: Blackwell.

Bolten, J. (1992). Interkulturelles Verhandlungstraining. Jahrbuch Deutsch als Fremdsprache, 18, 269-287.

Bredella, L. (1992). Towards a pedagogy of intercultural understanding. Amerikastudien/American Studies, 37(4), 559-594.

Brown, P. & Levinson, St. (1978). Universals in language usage: Politeness phenomena. In E. N. Goody (ed.), Questions and politeness: Strategies in social interaction (S. 56-289). Cambridge: Cambridge University Press.

Brunner, E. J., Rauschenbach, T. & Steinhilber, H. (1978): Gestörte Kommunikation in der Schule – Analyse und Konzept eines Interaktionstrainings. München.

Bublitz, W. (1988). Supportive fellow-speakers and cooperative conversations. Amsterdam: Benjamins.

Bublitz, W. & Kühn, P. (1981). Aufmerksamkeitssteuerung: Zur Verstehenssicherung des Gemeinten und des Nichtgemeinten. Zeitschrift für Germanistische Linguistik, 9, 55-76.

Busse, H. (1992). Textinterpretation. Opladen: Westdeutscher Verlag.

Chun, A., Day, R. R., Chenoweth, N. A. & Luppescu, S. (1982). Errors, interaction, and correction: A study of native-nonnative conversations. TESOL Quarterly, 16(4), 537-546.

Day, R. R., Chenoweth, N. A., Chun, A. & Luppescu, S. (1984). Corrective feedback in native-nonnative discourse. Language Learning, 34(2), 19-45.

Dirven, R. & Pütz, M. (1993). Intercultural communication. Language Teaching, 26(3), 144-156.

Edmondson, W. J. (1981). Spoken Discourse. A Model for Analysis. London: Longman.

Edmondson, W. J. & House, J. (1981). Let's talk and talk about it. München: Urban & Schwarzenberg.

Edmondson, W. J. & House, J. (1993). Einführung in die Sprachlehrforschung. Tübingen: Francke.

Ellis, R. (1990). Instructed second language acquisition. Learning in the classroom. Oxford/Cambridge, MA: Blackwell.

Faerch, C. & Kasper, G. (1983). Strategies in interlanguage communication. London: Longman.

Gass, S. & Varonis, E. M. (1984). The effect of familiarity on the comprehensibility of nonnnative speech. Language Learning, 34, 65-89.

Gass, S. & Varonis, E. M. (1985). Task variation and nonnative/nonnative negotiation of meaning. In S. Gass & C. Madden (eds.), Input in second language acquisition (S. 149-161). Rowley, MA: Newbury House.

Geringhaus, J. & Seel, P. C. (Hrsg.). (1983). Methodentransfer oder angepaßte Unterrichtsformen. München: Iudicum.

Gogolin, I. (1994). Allgemeine sprachliche Bildung als Bildung zur Mehrsprachigkeit. In K.-R. Bausch, H. Christ, H.-J. Krumm (Hrsg.), Interkulturelles Lernen im Fremdsprachenunterricht (S. 73-84). Bochum: Brockmeyer.

Grice, H. P. (1989). Studies in the way of words. Cambridge: Cambridge University Press.

Gumperz, J. (1982). Discourse strategies. Cambridge: Cambridge University Press.

Hartung, W. (1981). Beobachtungen zur Organisation kommunikativer Ziele. In I. Rosengren (ed.), Sprache und Pragmatik. Lunder Symposium 1980 (S. 221-232). Lund: Gleerup.

Henrici, G. (1995). Spracherwerb durch Interaktion? Eine Einführung in die fremdsprachenerwerbsspezifische Diskursanalyse. Baltmannsweiler: Schneider.

Hinnenkamp, V. (1989). Interaktionale Soziolinguistik und Interkulturelle Kommunikation. Gesprächsmanagement zwischen Deutschen und Türken. Tübingen: Niemeyer.

Hüllen, W. (1992). Identifikationssprachen und Kommunikationssprachen. Über Probleme der Mehrsprachigkeit. Zeitschrift für Germanistische Linguistik, 20(3), 298-317.

Hüllen, W. (1994). Das unendliche Geschäft der interkulturellen Kommunikation. Essen: Universität-GHS (unveröffentlichtes Manuskript).

Kasper, G. (1984). Pragmatic comprehension in learner-native speaker discourse. Language Learning, 34(4), 1-20.

Kasper, G. (1993). Interkulturelle Pragmatik und Fremdsprachenlernen. In J.-P. Timm & H. J. Vollmer (Hrsg.), Kontroversen in der Fremdsprachenforschung. Dokumentation des 14. Kongresses der Fremdsprachendidaktiker (S. 41-77).Bochum: Brockmeyer.

Kasper, G. & Blum-Kulka, S. (eds.). (1993). Interlanguage pragmatics. Oxford: Oxford University Press.

Knapp, A. (1987). Strategien interkultureller Kommunikation. In J. Albrecht u. a. (Hrsg.), Translation und interkulturelle Kommunikation (S. 423-437). Frankfurt: Lang.

Knapp, K. & Knapp-Potthoff, A. (1990). Interkulturelle Kommunikation. Zeitschrift für Fremdsprachenforschung, 1, 62-93.

Larsen-Freeman, D. & Long, M. H. (1991). An introduction to second language acquisition. London: Longman.

Long, M. H. (1981). Questions in foreigner talk discourse. Language Learning, 31(1), 135-157.

Long, M. H. (1983a). Linguistics and conversational adjustments to non-native speakers. Studies in Second Language Acquisition, 5(2), 177-193.

Long, M. H. (1983b) Native speaker/non-native speaker conversation in the second language classroom. In M. Clarke & J. Handscombe (eds.), On TESOL '82. Washington, D.C.: TESOL.

Long, M. H. (1983c). Native speaker/non-native speaker conversation and the negotiation of comprehensible input. Applied Linguistics, 4(2), 126-141.

Macht, K. (1989). Ist Gesprächsfähigkeit benotbar? Der Fremdsprachliche Unterricht, 94, 4-7.

Mandel, A., Mandel, K. H., Stadter, E. & Zimmer, D. (1971). Einübung in Partnerschaft durch Kommunikationstherapie und Verhaltenstherapie. München.

Miller, S., Nunnally, E. W. & Wackman, D. B. (1975). Alive and Aware. Minneapolis.

Müller, B.-D.. (1993). Interkulturelle Kompetenz. Annäherung an einen Begriff. Jahrbuch Deutsch als Fremdsprache, 19, 63-76.

Müller, B.-D. (1994a). Interkulturelle Didaktik. In B. Kast & G. Neuner (Hrsg.), Zur Analyse, Begutachtung und Entwicklung von Lehrwerken für den fremdsprachlichen Deutschunterricht (S. 96-99). München: Langenscheidt.

Müller, B.-D. (1994b). Wortschatzarbeit und Bedeutungsvermittlung. Berlin/München: Langenscheidt. (Fernstudieneinheit 8 – Erprobungsfassung).

Multhaup, U. & Wolff, D. (Hrsg.). (1992). Prozeßorientierung in der Fremdsprachendidaktik. Frankfurt: Diesterweg.

O'Malley, J. M. & Chamot, A. U. (1990). Learning strategies in second language acquisition. Cambridge: Cambridge University Press.

Oreström, B. (1977). Supports in English. Lund: University of Lund.

Radden, G. (1991). The cognitive approach to natural language. Duisburg: L.A.U.D. (A 300).

Rampillon, U. (1990). English beyond the classroom. Bochum: Kamp.

Rubin, J. (1987). Learner strategies: Theoretical assumptions, research history and typology. In A. Wenden & J. Rubin (eds.), Learner strategies in language learning (S. 15-30). Englewood Cliffs, NJ: Prentice Hall.

Schulz von Thun, F. (1981). Miteinander reden: Störungen und Klärungen. Psychologie der zwischenmenschlichen Kommunikation. Reinbek b/Hamburg: Rowohlt.

Sinclair, J. M. & Coulthard, R. M. (1975). Towards an analysis of discourse. Oxford: Oxford University Press.

Stenström, A.-B. (1982). Feedback. In N. E. Enquist (ed.), Impromptu Speech: A Symposium (S. 319-340). Abo: Akademi.

Svartvik, J. & Quirk, R. (eds.). (1980). A corpus of English conversation. Lund: Gleerup.

Timm, J.-P. Timm & Vollmer, H. J. (Hrsg.). (1993). Kontroversen in der Fremdsprachenforschung. Dokumentation des 14. Kongresses der Fremdsprachendidaktiker. Bochum: Brockmeyer.

Varonis, E. M. & Gass, S. (1982). The comprehensibility of non-native speech. Studies in Second Language Acqusition, 4(2), 114-136.

Varonis, E. M. & Gass, S. (1985). Non-native/non-native conversations: A model for negotiation of meaning. Applied Linguistics, 6(1), 71-90.

Vollmer, H. J. (1983). Feedback processes of German learners of English. (Paper, presented at the Fifth Annual Colloquium on Research in Language Testing. Ottawa, Canada, March 13-14, 1983 (unveröff. Ms.).

Vollmer, H. J. (1984). Probleme der empirischen Erhebung quasi-natürlicher Daten. In K.-R. Bausch u.a. (Hrsg.), Empirie und Fremdsprachenunterricht. Arbeitspapiere der 4. Frühjahrskonferenz zur Erforschung des Fremdsprachenunterrichts (S. 147-155). Tübingen: Narr.

Vollmer, H. J. (1987): Verfahren der Verständnisssicherung in interlingualer Interaktion. Sprecherkontrolle, Hörersignale und die aktive Rolle des Rezipienten als Kooperand und Ko-Sprecher bei der Herstellung von Diskursbedeutung. Berlin/Osnabrück: Max-Planck-Institut für Bildungsforschung/ Universität. (Unveröff. Manuskript).

Vollmer, H. J. (1989). Leistungsmessung: Überblick. In K.-R. Bausch, H. Christ, H. J. Krumm & W. Hüllen (Hrsg.), Handbuch Fremdsprachenunterricht (S. 222-226). Tübingen: Francke. (Jetzt 3. veränd. Aufl., 1995, S. 273-277).

Vollmer, H. J. (1994). Interkulturelles Lernen – interkulturelles Kommunizieren: Vom Wissen zum sprachlichen Handeln. In K.-R. Bausch, H. Christ & H.-J. Krumm (Hrsg.), Interkulturelles Lernen im Fremdsprachenunterricht (S. 172-185). Bochum: Brockmeyer.

Vollmer, H. J. (1995). Diskurslernen und und interkulturelle Kommunikationsfähigkeit. Der Beitrag der Pragmalinguistik und der Diskursanalyse zu einem erweiterten Sprachlernkonzept. In: L. Bredella (Hrsg.), Verstehen und Verständigung durch Sprachenlernen? Fremdsprachenunterricht in einem zukünftigen Europa. Dokumentation des 15. Kongresses für Fremdsprachendidaktik, veranstaltet von der Deutschen Gesellschaft für Fremdsprachenforschung (S. 104-127). Bochum: Brockmeyer.

Vollmer, H. J. (1996). Hinführung zur Gesprächskompetenz. In: Timm, J.-P. (Hrsg.), Englisch lernen und lehren. Didaktik des Englischunterrichts auf der Sekundarstufe. Berlin: Cornelsen (demnächst).

Vollmer, H. J. (erscheint). Der Aufbau interkultureller Kommunikationsfähigkeit im und durch Fremdsprachenunterricht: Lehrstrategien – Lernerstrategien.

Vollmer, H. J. (in Arbeit). Verständnis- und Verstehenssicherung im Rahmen interkultureller Kommunikation. Ergebnisse eines Forschungsprojekts. Osnabrück: Universität.

Vollmer, H. J. & Olshtain, E. (1989). The language of apologies in German. In S. Blum-Kulka, J. House & G. Kasper, Cross-Cultural pragmatics: requests and apologies (S. 197-218). Norwood, NJ: Ablex.

Wagner, J. (in Arbeit). Studies in nonnative/nonnative interaction. Odense: Odense University.

Watzlawick, P. & Beaven, J. H. (1969). Menschliche Kommunikation. Bern/Stuttgart.

Wolff, D. (1990). Zur Bedeutung des prozeduralen Wissens bei Verstehens- und Lernprozessen im schulischen Fremdsprachenunterricht. Die Neueren Sprachen, 89(6), 610-625.

Wolff, D. (1992). Lern- und Arbeitstechniken für den Fremdsprachenunterricht: Versuch einer theoretischen Fundierung. In U. Multhaup & D. Wolff (Hrsg.), Prozeßorientierung in der Fremdsprachendidaktik (S. 101-120). Frankfurt: Diesterweg.

Wolff, D. (1994). Sprachpsychologie, Linguistik und Fremdsprachenunterricht – Zur Anbahnung einer Beziehung – Dokumentiert in Ausfsätzen aus den Neueren Sprachen von 1970-1992. Die Neueren Sprachen, 93(1), 103-123.

Zimmermann, G. (1992). Zur Funktion von Vorwissen und Strategien beim Lernen mit Instruktionstexten. Zeitschrift für Fremdsprachenforschung, 3(2), 57-79.

Zimmermann, G. (1995). Einstellungen zu Grammatik und Grammatikunterricht. In C. Gnutzmann & F. G. Königs (Hrsg.), Perspektiven des Grammatikunterrichts (S. 181-200). Tübingen: Narr.

Strategien des Textverstehens: Was wissen Fremdsprachenlerner über den eigenen Verstehensprozess?

Dieter Wolff

0. Einleitung

Die Diskussion um Lern- und Arbeitstechniken und ihre Bedeutung im schulischen Fremdsprachenunterricht hat in der fremdsprachendidaktischen Diskussion der letzten acht Jahre einen erstaunlich breiten Raum eingenommen. Das große Interesse, das sowohl Theoretiker wie Praktiker an der Vermittlung von Strategien und Techniken haben, die das Lernen der neuen Sprache erleichtern sollen, lässt sich implizit und explizit auf das Konzept der Schülerorientierung zurückführen, das in der Theorie gefordert (Holec 1981, Dickinson 1987, Little 1991) und in der Praxis nicht nur im Rahmen der so genannten Lernerautonomie zum Teil schon verwirklicht wird. In Deutschland haben vor allem die Arbeiten von Rampillon (1985, 1989) dazu beigetragen, dass Lern- und Arbeitstechniken jetzt schon ihren Platz in Richtlinien und Lehrplänen finden.[1]

Die intensive Beschäftigung mit Lern- und Arbeitstechniken hat die Fremdsprachendidaktik auch dazu geführt, das in der Zweitsprachenforschung im letzten Jahrzehnt entwickelte Konzept der Lernerstrategie einer genaueren Analyse und Überprüfung zu unterziehen. Bereits zu Beginn der achtziger Jahre hatten Zweitsprachenforscher wie Faerch & Kasper nachgewiesen, dass sich „natürliche" Zweitsprachenlerner beim Erwerb der zweiten Sprache eines Repertoires von Lern- und Kommunikationsstrategien bedienen, die den Lernprozess effizienter machen. Die Bedeutung dieser Strategien auch für schulische Lernprozesse wurde von Forschern wie Wenden & Rubin (1987) und O'Malley & Chamot (1990) unterstrichen. In der deutschen Fremdsprachendidaktik wurde allerdings die Strategiediskussion kaum zur Kenntnis genommen.

Ein anderer Aspekt des strategischen Verhaltens von Muttersprachlern und Zweitsprachenlernern wurde, obwohl er in der Psycholinguistik intensiv untersucht wurde, bisher nur ganz behutsam in die Diskussion um Lernerstrategien sowie Lern- und Arbeitstechniken eingebracht: Ich meine die so genannten Sprachverarbeitungsstrategien, wie sie bei der Sprach-

---

[1] Vgl. z.B. den neuen Lehrplan Englisch für das Gymnasium Sekundarstufe I in Nordrhein-Westfalen, der am 1.8.1993 in Kraft trat. Lern- und Arbeitstechniken werden hier als eigener Bereich für jede Jahrgangsstufe und für jede sprachliche Fertigkeit ausgewiesen.

produktion und der Sprachrezeption eingesetzt werden. Ich habe in einem Aufsatz (Wolff 1992) auf die Bedeutung dieser Strategien bei der zweitsprachlichen Sprachverarbeitung hingewiesen und angeregt, in stärkerem Maße Arbeitstechniken zu vermitteln, welche die Sprachverarbeitung fördern können. Ich hatte diese Anregung seinerzeit damit begründet, dass L2-Lerner anscheinend Schwierigkeiten haben, die Sprachverarbeitungsstrategien, die sie in der Muttersprache automatisch einsetzen, in der zweiten Sprache – insbesondere im schulischen Kontext – zu verwenden.

Im vorliegenden Aufsatz möchte ich diese Fragestellung wieder aufgreifen und aus einer anderen Perspektive beleuchten. Im Mittelpunkt meiner Überlegungen soll die Frage stehen, was „naive" Zweitsprachenlerner tatsächlich über Strategien und Techniken der rezeptiven Sprachverarbeitung wissen. Es geht mir darum herauszufinden, was sie über ihr eigenes strategisches Verhalten aussagen können und inwieweit ihre „naiven" Aussagen kompatibel sind mit den Strategien und Techniken der Sprachverarbeitung, die aus der Psycholinguistik bekannt sind. Diese Fragen sollen nicht theoretisch behandelt werden; ich möchte sie auf der Grundlage von empirischen Daten beantworten, die im Kontext einer größeren Untersuchung zum zweitsprachlichen Verstehen erhoben wurden.

Meine Ausführungen sind in vier Teile gegliedert. Im ersten einführenden Teil gehe ich auf die theoretischen Konzepte ein, die meinen Ausführungen zugrunde liegen, und diskutiere die Begriffe rezeptive Sprachverarbeitung und Strategie. Im zweiten Abschnitt beschäftige ich mich mit der zugrunde liegenden empirischen Untersuchung und beschreibe das Untersuchungsdesign, die Datenerhebung und die Datenauswertung. Im dritten Teil stelle ich die Ergebnisse meiner Untersuchung vor und fokussiere dabei insbesondere auf das ermittelte Strategieninventar der Informanten. Im vierten Abschnitt diskutiere ich meine Ergebnisse unter den Aspekten der Kompatibilität mit den Strategien des kompetenten Sprachverarbeiters und der möglichen Förderung des strategischen Verhaltens von L2-Lernern.

1. Theoretischer Hintergrund

Von allen sprachlichen Fähigkeiten des Menschen ist wahrscheinlich die rezeptive Sprachverarbeitung – insbesondere das Leseverstehen – am umfassendsten untersucht worden. Als besonders bedeutsam hat die Psycholinguistik immer wieder herausgestellt, dass die Verarbeitung von sprachlichen Informationen wie jeder andere Informationsverarbeitungsprozess ein interaktiver Prozess ist, bei dem der Verarbeiter die über die Sinneswahrnehmungen vermittelten Stimuli und sein eigenes Wissen (bei der Sprachverarbeitung Sprachwissen und Weltwissen) zusammenbringt, um zur Bedeutung einer sprachlichen Äußerung zu gelangen.

Sprachwissen und Weltwissen sind in der Form von Konzepten, Propositionen und Schemata gespeichert und werden vom Sprachverarbeiter abgerufen, wenn die eingehenden Stimuli bzw. der sprachliche und/oder der situationelle Kontext ihre Aktivierung zulassen bzw. ihr nicht im

Wege stehen. Wie jede andere Form der Informationsverarbeitung findet auch Sprachverarbeitung von unten nach oben *(bottom-up)*, d.h. datengeleitet *(stimulus-driven)*, und von oben nach unten *(top-down)*, d.h. wissensgeleitet *(concept-driven)* statt. So werden schon auf der niedrigsten Verarbeitungsstufe, der Stufe der Verarbeitung der lautlichen oder graphemischen Stimuli, beim Eingehen der physikalischen Stimuli Worterkennungsmuster abgerufen, welche die Verarbeitung der Stimuli erst ermöglichen. Auf den höheren Verarbeitungsstufen sind es das Weltwissen und das Sprachwissen des Verarbeiters, die die jetzt kognitiv kodierten Informationen kohärent machten und ihnen Sinn geben. Während der Verarbeitung werden die Informationen auch im Hinblick auf eine eventuelle Speicherung bearbeitet. Auch hierzu tragen das Sprachwissen und das Weltwissen des Informationsverarbeiters bei.

Wie in der kognitiven Psychologie deutlich gemacht wurde (z.B. Wolff 1992), wird das sprachliche Verarbeitungsverhalten des kompetenten Sprechers durch Strategien gesteuert, die als Verarbeitungsstrategien bezeichnet werden können. Ich habe zwischen drei Arten solcher Strategien unterschieden: Bereitstellungsstrategien, Erschließungsstrategien und Verarbeitungsstrategien. Bei den Bereitstellungsstrategien unterscheide ich zwischen Strategien, die eigenes Wissen mit Hilfe von kontextuellen Signalen, und solchen, die eigenes Wissen mit Hilfe von sprachlichen Stimuli bereitstellen. Erwartungshaltungen werden z.B. häufig über kontextuelle Signale vermittelt, das Schließen von Informationslücken im Text geschieht durch die Bereitstellung von sprachlichem aber auch kontextuellem Wissen. Erschließungsstrategien lassen sich unterteilen in Strategien, die das Textverstehen über Sprach- bzw. über Weltwissen steuern (Inferieren über Sprachwissen, Inferieren über Weltwissen, Elaborieren). Bei den Verarbeitungsstrategien unterscheide ich zwischen den eigentlichen Verarbeitungsstrategien, welche die Art der Informationsverarbeitung steuern *(skimming, scanning, reading for gist)*, und den Strategien, die bewirken, dass die Information für Speicherung und Integration im Gedächtnis angemessen aufbereitet wird (abstrahieren, generalisieren, konstruieren).

Es sind vor allem diese Strategien des kompetenten Sprachverarbeiters, die mich im vorliegenden Kontext interessieren. Mich interessiert, in welchem Maße auch der Zweitsprachenlerner über diese Strategien verfügt. Mein Interesse gilt aber nicht, wie ich bereits deutlich zu machen versuchte, der spontanen Anwendung der Strategien durch den Zweitsprachenlerner, sondern der Frage, welche der Strategien ihm wirklich bewusst sind. Als Gradmesser für die Bewusstheit wird die Fähigkeit angesehen, über das eigene Verarbeitungsverhalten berichten zu können.

Neben den für muttersprachliche und zweitsprachliche Sprachverarbeitungsprozesse gleichermaßen relevanten Strategien interessieren im Kontext dieser Untersuchung natürlich vor allem auch Strategien, die typisch für zweitsprachliche Verarbeitungsprozesse sind, z.B. die Einbeziehung der Muttersprache bzw. der verstärkte Gebrauch von Inferierungsstrategien oder das häufigere Elaborieren auf der Grundlage des Weltwissens.[2] Die typischen Lernerstrategien, die

---

[2] Das typische Verarbeitungsverhalten von Zweitsprachenlernern ist in einer Reihe von Untersuchungen thematisiert worden, vgl. z.B. Carrell (1983), Karcher (1986), Wolff (1987).

von der Zweitsprachenforschung herausgearbeitet wurden und die man auch als Aneignungsstrategien bezeichnen kann, interessieren mich hier weniger; ich werde dann auf sie eingehen, wenn sie auch in der Funktion von Sprachverarbeitungsstrategien auftreten. So kann z.B. der Rückgriff auf die Muttersprache sowohl als Lernstrategie als auch als Sprachverarbeitungsstrategie interpretiert werden. Ebenso lässt sich auch die Bildung von Analogien lernstrategisch wie auch verarbeitungsstrategisch bewerten. Das Hypothesenbilden und das Hypothesentesten sind Strategien, die sowohl der Verarbeitung als auch dem Lernen der fremden Sprache dienen.[3]

Das strategische Verarbeitungsverhalten des Muttersprachlers erscheint als ein völlig automatisierter Prozess. Der kompetente Sprachverarbeiter wählt die für einen spezifischen Verarbeitungsprozess erforderlichen Strategien vor und während der Verarbeitung aus und setzt sie dann ein. Wenn er allerdings bei seinen Verarbeitungsprozessen Schwierigkeiten hat, kann er seine Strategien variieren und durch andere ersetzen. So hat z.B. die Sprachverarbeitungsforschung zeigen können, dass Leser normalerweise die perzeptuell erfassten Buchstabenmuster direkt weiter verarbeiten, d.h. auf ein lexikalisiertes Konzept des mentalen Lexikons beziehen können. Wenn sie bei diesem Verarbeitungsprozess erfolglos sind, ändern sie ihre Strategie und setzen das visuelle in ein lautliches Muster um. Eine ähnliche Variation im strategischen Verhalten wird auch auf der Ebene der Satzverarbeitung angenommen. Sprachverarbeiter fokussieren auf dieser Stufe zunächst auf die semantische Verarbeitung. Erst wenn sie nicht erfolgreich sind, d.h. wenn sich die Relationen zwischen den sprachlichen Zeichen nicht über Bedeutungen erschließen lassen, erfolgt eine syntaktische Verarbeitung. Die Tatsache, dass Verarbeitungsstrategien variierbar sind, deutet darauf hin, dass sie auf einer vergleichsweise hohen Stufe der Bewusstheit angesiedelt sind: Der kompetente Sprachverarbeiter ist in der Lage, sein Verarbeitungsproblem zu analysieren und dann aus seinem Strategienrepertoire eine andere, angemessenere Strategie auszuwählen. Dies ist aber nur möglich, wenn es sich bei den Strategien um mentale Operationen handelt, für die ein gewisser Grad an Bewusstheit vorhanden ist. Die Befragung zum Verarbeitungsverhalten, die ich in der vorliegenden Untersuchung mit Zweitsprachenlernern durchgeführt habe, geht von der Annahme aus, dass sie zumindest dieses Verhalten, vielleicht aber auch die dem Verhalten unterliegenden Strategien verbalisieren können, weil sie auf einer gewissen Stufe der Bewusstheit angesiedelt sind.

---

[3] Wie ich bereits an anderer Stelle festgehalten habe (Wolff 1990), ist das Verstehen die eigentliche Grundlage jedes Sprachlernprozesses. Das gilt sowohl für das muttersprachliche wie für das zweitsprachliche Lernen. Wenn man Sprachlernen als Sprachgebrauch versteht, wie das in der Fremdsprachendidaktik in immer stärkerem Maße geschieht, dann ist Sprachgebrauch zunächst einmal der rezeptive Gebrauch von Sprache beim Verstehen sprachlicher Äußerungen. Der produktive Gebrauch einer Sprache – obwohl ebenso wichtig für das Sprachlernen – kann erst nach dem rezeptiven Gebrauch einsetzen.

2. Die empirische Untersuchung

2.1 Untersuchungsdesign und Datenelizitierung

Die empirische Untersuchung, über die hier berichtet werden soll, ist Teil einer größeren Untersuchung, in der es um die Analyse des Verstehensverhaltens schulischer Zweitsprachenlerner ging. Insgesamt nahmen an der Untersuchung 350 deutsche Schülerinnen und Schüler unterschiedlicher Schulformen und Altersstufen teil. Sie hatten alle mit Englisch als erster Fremdsprache begonnen. Die Untersuchung bestand aus zwei Teilen. Im ersten Teil sollte ein vorher gehörter fremdsprachlicher Text nacherzählt werden, im zweiten Teil wurden die Informanten im Gespräch zu ihren Verstehensprozessen befragt.

Die Texte wurden den Informanten auf einer Videoaufzeichnung präsentiert. Sie sahen die Aufzeichnung zweimal, bevor sie den gehörten Text in deutscher Sprache nacherzählen sollten. Die Nacherzählung wurde auf Audioband aufgezeichnet. Die Texte, welche die Schüler nacherzählen sollten, waren in ihrem Schwierigkeitsgrad unterschiedlich abgestuft, die Sprecherin war eine Muttersprachlerin des Englischen.

Die Präsentation der Texte mit Hilfe einer Videoaufzeichnung war deshalb erforderlich, weil jeweils der Hälfte der Informanten eine Version des Textes präsentiert wurde, in die eine oder mehrere Illustrationen eingeblendet waren, die einen Bezug zum Text aufwiesen. Die andere Hälfte der jeweiligen Schülergruppe sah eine Version, die nur die Sprecherin beim Vorlesen des Textes zeigte. Dieser Teil der Untersuchung, über dessen Ergebnisse in einer Reihe von Veröffentlichungen berichtet wurde (vgl. Wolff 1985, Wolff 1986, Wolff 1987) ist auf der Skala zwischen Beobachtung und Experiment (vgl. Larsen-Freeman & Long 1991, Wolff 1994) etwa in der Mitte angesiedelt, man könnte sie als Quasi-Experiment bezeichnen. Von der Datenelizitierung her gehört dieser Teil der Untersuchung zu der Vielzahl von Experimenten, die als Recall-Experimente schon lange Bestandteil empirischer Untersuchungen in der Zweitsprachenforschung und vor allem in der Psycholinguistik sind.

Nach Abschluss der Nacherzählung wurden die Schüler über ihre Verstehensprozesse befragt und auch diese Gespräche aufgezeichnet. Die Gesprächsdaten, die bisher noch nicht ausgewertet worden waren, bilden die Grundlage der vorliegenden Untersuchung. Für das Gespräch, das in offener Form in der Muttersprache des Informanten geführt wurde, hatte der Versuchsleiter vorher eine Reihe von Themenkreisen festgelegt, die in Tabelle 1 zusammengestellt sind. Beim Gespräch wurde bewusst darauf verzichtet, direkt nach den eingesetzten Strategien zu fragen, weil davon ausgegangen wurde, dass solche abstrakten Fragestellungen zu Schwierigkeiten bei der Beantwortung führen würden. Obwohl fast alle Themenbereiche mit allen Sprechern diskutiert wurden, gibt es auch Gespräche, bei welchen bestimmte Themen keine Rolle spielten.

Themenkreis	Angezielter Strategietyp
Erwartungshaltungen Hypothesenbilden Hypothesentesten Einbeziehen der Illustration	Bereitstellungsstrategien
Erschließen der globalen Textbedeutung Erschließen der Bedeutung einzelner Teile des Textes Erschließen der Bedeutung von Sätzen, Wörtern etc.	Erschließungsstrategien
Textverstehen Einbeziehung der Sprecherin Verhalten bei der ersten und zweiten Präsentation Übersetzen ins Deutsche	Verarbeitungsstrategien

Tabelle 1: Themenkreise des Interviews

Vom Untersuchungsdesign her lässt sich dieser Teil der Untersuchung der fokussierten Beschreibung (Larsen-Freeman & Long 1991) und damit eher den beobachtenden Verfahren zuordnen, von der Datenerhebung her handelt es sich um die bekannte Form des gelenkten Interviews.

Vom Aufbau und von der Zielsetzung her weist das vorliegende Untersuchungsdesign auch Ähnlichkeit zu einer Untersuchung von Dechert (1989) auf, in der versucht wurde, mit Hilfe der Interviewtechnik Erkenntnisse darüber zu gewinnen, welche Vorstellungen L2-Lerner von ihrem eigenen zweisprachlichen Lernprozess haben. Dechert führte allerdings kein wirkliches Interview durch, sondern stellte nur eine Frage[4], die darauf abzielte, das individuelle mentale Modell, das Zweitsprachenlerner ihren sprachlichen Lernprozessen zugrunde legen, zu erfassen.

2.2 Die Datenauswertung

Für die vorliegende Untersuchung wurden zwei Teilkorpora ausgewählt. Ein Korpus (I) entstand auf der Grundlage von Gesprächen mit 18-/19-jährigen Schülern, die vorher mit einem in der Psycholinguistik für Recall-Experimente häufig eingesetzten Text – der so genannten *Balloon Story* – konfrontiert worden waren.[5] Das zweite Korpus (II) stammt aus Gesprächen mit 15-/16-jährigen Schülern, die vorher mit einem ihrer sprachlichen Entwicklung entsprechenden einfacheren Text – *Marriage* – gearbeitet hatten. Für beide Korpora gibt es zwei unter-

---

[4] Die Frage lautete: "What goes on in my head when I acquire a second language?" (Dechert 1989:217).
[5] Die *Balloon-Story* wurde erstmals von Bransford & Johnson (1973) in einem Experiment eingesetzt, in welchem es um das Textverstehen von Muttersprachlern ging.

schiedliche Fassungen: die Fassung A bezieht sich auf Informanten, die vorher mit der nicht illustrierten Version der Video-Aufzeichnung gearbeitet hatten, Fassung B auf solche, welchen die illustrierte Version gezeigt worden war. Obwohl mehr Interviews zur Verfügung standen, wurden jeweils nur die ersten 15 Informanten für die Untersuchung herangezogen. Tabelle 2 gibt einen Überblick über die ausgewerteten Korpora.

Name des Textes	N (Fassung A)	N (Fassung B)
Balloon Story (I)	15	15
Marriage (II)	15	15

Tabelle 2: Ausgewertete Korpora

Vor der Auswertung mussten die Audio-Aufzeichnungen transkribiert werden. Die Transkription erfolgte auf der Grundlage rein inhaltlicher Kriterien. So wurden z.B. Pausen, Versprecher etc. nicht transkribiert, weil an eine diskursanalytische oder gar ethnographische Auswertung der Daten nicht gedacht war. Der transkribierte Text gibt das vollständige Interview, das mit jedem Informanten geführt wurde, wieder.

Die Auswertung der Interviews wurde mit Hilfe eines Kategorienrasters durchgeführt, das zu Beginn des Auswertungsvorgangs noch sehr grob war, nach dem ersten Durchlauf der Daten aber eine präzisere Form angenommen hatte. Es wurde versucht, alle Informantenäußerungen auf der Basis dieses Rasters, das aus Platzgründen hier nicht vorgestellt werden kann, zu klassifizieren.

Bei der Auswertung konnte es nicht darum gehen, eine quantitativ-statistische Analyse durchzuführen. Dies wäre vom Untersuchungsdesign her auch nicht möglich gewesen. Es wurde aber auch auf eine deskriptiv-statistische Analyse (Frequenzberechnung, Berechnung von Mittelwerten, Standardabweichungen) verzichtet, da die Art der Durchführung des Interviews eine solche Analyse nicht zulässt. Die Datenauswertung wurde nur qualitativ vorgenommen, quantitativ wurden allenfalls Tendenzen festgehalten. Diese durchaus legitime Form des Umgangs mit Daten, die in der schulischen L2-Forschung in immer stärkerem Maße in den Vordergrund rückt (vgl. z.B. van Lier 1988, Allwright/Bailey 1991), erwies sich auch von den intendierten Fragestellungen her als sinnvoll, ermöglicht sie es doch besser als eine quantitative Analyse, die Schülerantworten im Hinblick auf ihre Relevanz für Verstehensprozesse und im Hinblick auf den Grad der Reflexion über das eigene sprachliche Handeln zu interpretieren und zu bewerten.

Als besonderer Vorteil einer qualitativen Datenauswertung erwies sich im vorliegenden Zusammenhang die Möglichkeit, die Aussagen der Informanten im Hinblick auf ein strategisches Verhalten zu interpretieren, das oft nur unterschwellig zum Ausdruck kommt. So zeigt die Aussage „Er will sowas wie früher die Minnesänger machen" (I A 237), die auf die Frage, wie es dem Informanten gelungen sei, den globalen Inhalt des Textes zu verstehen (Themenkreis

Textverstehen), gegeben wurde, dass dieser die Strategie des Erschließens des Textzusammenhangs aus dem Weltwissen eingesetzt hatte, diese Strategie aber nur über das Ergebnis der Strategieanwendung verdeutlichen konnte. Für die Datenanalyse war es wichtig, dass solche Aussagen, die im Korpus häufig auftreten, mit berücksichtigt werden konnten, da gerade sie das (Un)vermögen der Informanten, ihr eigenes Verarbeitungsverhalten bewusst zu machen, erkennen lassen.

Insgesamt kann die Untersuchung als eine qualitative explorative Studie klassifiziert werden.

3. Ergebnisse

Bei der Präsentation der Ergebnisse soll das Sprachverarbeitungsverhalten der Informanten, wie es sich in ihren kommentierenden Aussagen widerspiegelt, im Mittelpunkt stehen.

Bei der Analyse der Informantenkommentare zum eigenen Sprachverarbeitungsverhalten benutze ich ein Verfahren, das von den im Interview angesprochenen Themenkreisen ausgeht, dann aber die von den Informanten gegebenen Antworten – wenn möglich – einem der oben vorgestellten Strategietypen (Bereitstellungsstrategien, Erschließungsstrategien und Verarbeitungsstrategien) zuordnet. Ich versuche, die auf die Fragen gegebenen typischen Antworten jeweils durch Beispiele zu dokumentieren.

3.1 Bereitstellungsstrategien

Mit Bereitstellungsstrategien bezeichne ich Strategien, mit deren Hilfe es möglich ist, Wissen, das zur Verarbeitung des Textes beitragen kann, mit Hilfe von kontextuellen Signalen und sprachlichen Stimuli vor und während der Textverarbeitung bereitzustellen.

Schon vor der eigentlichen Sprachverarbeitung wird von kompetenten Lesern/Hörern als wichtigste Strategie die des Aufbaus von Erwartungshaltungen eingesetzt. Es kann kein Zweifel daran bestehen, dass auch viele Informanten vor dem Beginn der Textverarbeitung solche Erwartungshaltungen aufgebaut hatten, die zum größten Teil aus dem Kontext der Versuchsanordnung abgeleitet wurden. Auf meine Frage „Hatten Sie (hattest du) irgendwelche Erwartungen im Hinblick auf den zu verarbeitenden Text?" wurden häufig Antworten wie die folgenden gegeben:

(1) Ich hatte eigentlich mehr eine Handlung erwartet (I A 307).

(2) Ich habe erst gedacht, da würde jetzt ein Vortrag kommen über Novellen und Dramen (I A 300).

(3) Ja, dass es vielleicht sowas wie, wie heißt das, die Tagesschau wär (II A 326).

Auf der anderen Seite dokumentiert allerdings Beispiel (4) deutlich, dass der Aufbau von Erwartungshaltungen selbst bei fortgeschrittenen Englischlernern nicht unbedingt zum gängigen Strategienrepertoire gehört.

(4) Ne, ich würde sagen, ich habe eigentlich nichts erwartet (II A 334).

Erwartungshaltungen wurden auch noch während der Textverarbeitung vor allem aus sprachlichen Stimuli abgeleitet; vgl. hierzu Beispiel (5):

(5) Nachdem das mit Romeo und Julia erwähnt wurde, da konnte man es sich ungefähr vorstellen (I B 85).

Der Übergang zwischen dem Aufbau von Erwartungshaltungen und dem Hypothesenbilden bzw. dem Hypothesentesten ist fließend, die beiden Strategientypen lassen sich auch in den Lernerkommentaren kaum auseinander halten. So kann z.B. das Beispiel (5) auch als Ergebnis des Einsatzes eines Hypothesenbildungsprozesses interpretiert werden. Das Beispiel (6) deutet allerdings eher auf einen wirklichen Hypothesenbildungsprozess hin:

(6) Ja, ich hatte eigentlich eine Strategie (gemeint ist Hypothese) und hab dann versucht, beim zweiten Anhören die noch einmal zu überprüfen (I A 312).[6]

Die Frage lautete hier sinngemäß: „Hatten Sie (hattest du) während des Verstehensvorgangs irgendwelche Hypothesen im Hinblick auf die Geschichte aufgestellt oder dann auch überprüft?"

Es fällt auf, dass nur wenige Lerner Aussagen über den Aufbau von Erwartungshaltungen und Hypothesenbildungsprozessen machen. Auch Aussagen zum Testen von Hypothesen finden sich im Korpus nur ganz selten.

Die Einbeziehung der Illustration war hingegen ein Thema, über das die Lerner umfassend und bereitwillig Informationen zur Verfügung stellten. Illustrationen werden in der Textverstehenstheorie (Ballstaedt et al. 1981) wie Graphiken, Tabellen und Abbildungen als kontextuelle Stimuli verstanden, die vor und während der Verarbeitung ergänzend zum Text Wissen bereitstellen. Das Thema wurde mit der Frage eingeleitet: „Inwieweit hat Ihnen (dir) die Illustration dabei geholfen, den Text zu verstehen?" Die folgenden Beispiele sind typisch für die Informantenantworten:

(7) Als nun das Bild erschien, wurde mir dann doch klar, worum es genau geht (I B 306).

(8) Dann hab ich bewusst das Bild dazu benutzt, um zu kontrollieren, ob wirklich einigermaßen alles richtig war, was ich gedacht habe (I B 299).

(9) Aber beim zweiten Mal hat man sofort die Sachen, die sie erzählt hat, mit dem Bild auch verknüpft und deswegen war es sinnvoll (I B 282).

---

[6] Dies ist das einzige Beispiel im gesamten Korpus, in welchem der Begriff „Strategie" explizit – allerdings falsch – benutzt wird.

Die Beispiele zeigen, dass die Informanten die Illustration in ihren Verstehensprozess einbezogen hatten. Interessant ist, dass aus der Illustration nicht nur Inhalte bereitgestellt werden, sondern dass die Informanten sie auch dazu benutzen, um das eigene Textverstehen zu überprüfen. Dabei gehen sie implizit davon aus, dass Bild und Text nur einen geringen Grad an Komplementarität zueinander aufweisen. Aber es werden auch andere Meinungen geäußert. Ein Teil der Informanten bestreitet, dass die Illustration zum Verstehen beigetragen hat, vgl. z.B.

(10) Ich hätte den Text ohne Bild wahrscheinlich genauso gut verstanden (I B 87).

(11) Die Illustration hat mir so gut wie nicht geholfen, die hat eher irritiert (I B 89).

Das folgende Beispiel zeigt, dass Informanten die Komplementarität von Bild und Text zum Teil auch sehr vorsichtig bewerten und die Illustration bei der Bereitstellung von Wissen eher ausklammern:

(12) Ich habe versucht, mich nicht von dem Bild beeinflussen zu lassen, weil, es könnte ja auch ein Bild gewesen sein, was überhaupt nicht dazu passt (II B 38).

Bereitstellungsstrategien stellen die Grundlage für die eigentlichen Erschließungsstrategien dar.

3.2 Erschließungsstrategien

Erschließungsstrategien lassen sich, wie ich bereits erläutert habe, unterteilen in Strategien, welche die Textverarbeitung über das Sprachwissen oder über das Weltwissen steuern (Inferieren über das Sprachwissen, Inferieren über das Weltwissen, Elaborieren). Sie sind den Bereitstellungsstrategien nachgeordnet, indem sie das Wissen, das über eine Bereitstellungsstrategie abgerufen wurde, in den Textverarbeitungsprozess einbringen und für das Verstehen des Textes nutzbar machen. Dieser Strategientyp spielt bei der Informationsverarbeitung eine ganz zentrale Rolle (vgl. Rickheit & Strohner 1990) und ist in der muttersprachlichen und der zweitsprachlichen Verarbeitung unterschiedlich ausgeprägt.[7] Die Informanten wurden mit der Frage „Inwieweit hat Ihnen (dir) Ihr (dein) eigenes Wissen dabei geholfen, den Text zu verstehen?" in den Themenkreis eingeführt.

In den Aussagen der Informanten bestätigen sich die in der Forschung angesprochenen Tendenzen. Das Weltwissen spielt in den Aussagen zum Inferierungsverhalten eine weitaus größere Rolle als das Sprachwissen. Die Informanten berichten, dass ihnen ihr Weltwissen geholfen hat, die globale Textbedeutung zu verstehen, vgl. z.B.

(13) Ich mein, bei Romeo und Julia denkt man sofort daran, wie Romeo da unten vor dem Balkon steht und ihr was vorsingt (I B 301).

---

[7] So verweisen Karcher (1986) und Wolff (1987) darauf, dass sich L2-Lerner stärker der Strategie des Inferierens und des Elaborierens auf der Grundlage des eigenen Weltwissens bedienen als Muttersprachler.

(14) Ich hab nur andere Informationen herangezogen. Zum Beispiel ich hab mal ein Ballett von Romeo und Julia gesehen, und da wusste ich natürlich, also ich kann das in einen Zusammenhang einordnen (I B 318).

Die Aussagen zeigen deutlich, wie mit Hilfe des über eine Bereitstellungsstrategie verfügbar gemachten Wissens die globale Textbedeutung erschlossen wurde.

Auch die Bedeutungen von Textteilen werden aus dem Weltwissen erschlossen, wie das folgende Beispiel zeigt:

(15) Parade eben, und dann schmeißt man Konfetti aus dem Fenster und Luftballons durch die Gegend (I A 300).

Dieser Informant versuchte, nach dem Bereitstellen seines Wissens über Paraden in den USA die Bedeutung der Luftballon-Passage im Text zu erschließen.

Hinweise dafür, dass das bereitgestellte Weltwissen zum Einsatz von Strategien des Inferierens über die Bedeutung von Sätzen oder Wörtern führt, finden sich im Korpus nicht. Hier ist es das Sprachwissen – insbesondere das muttersprachliche Wissen – das zu Erschließungsprozessen herangezogen wird. Auf die Frage „Haben Sie (hast du) alle Wörter im Text verstanden und, wenn nein, was haben Sie (hast du) getan?" antworteten zwar viele Informanten lapidar mit Aussagen wie

(16) Manche Wörter hab ich nicht verstanden (II A 41).

(17) Die Wörter haben wir noch gar nicht gehabt (II A 63).

Andere Informanten aber lassen in ihren Antworten durchaus ein unterliegendes strategisches Verhalten erkennen:

(18) Meistens versteht man so 50 % von dem, was da gesagt wird, und die andere Hälfte muss man sich dann so zusammenreimen. Und da kann man da nicht so auf einzelne Wörter achten (II A 266).

(19) Die Bedeutung von Wörtern versteht man einfach mit dem Gesamtzusammenhang, was davor und danach kam (I B 313).

Eine dritte Gruppe von Lernern formuliert wirkliche Worterschließungsstrategien, z.B.:

(20) 'Balloon', das Wort hatte ich noch nicht gehört. Ich hab mir dann überlegt, es müsste eigentlich Ballon heißen (I B 202).

(21) Ja, ich mein, wenn man 'romantic' hört, denkt man an ‚romantisch'. Da ist ja eigentlich sone Wortverwandtschaft (I B 238).

Allerdings handelt es sich bei diesem Strategietyp im gesamten Korpus ausschließlich um die Strategie des Zurückgreifens auf die Muttersprache.

Eine vergleichsweise große Anzahl von Informanten macht Aussagen, die auf Elaborierungsstrategien verweisen. In der Verstehenstheorie ist man der Auffassung, dass das Elaborieren als Fortsetzung des Inferierens dann eingesetzt wird, wenn Erschließungsstrategien auf der Grundlage des bereitgestellten Weltwissens nicht zu einem zufrieden stellenden Textverständnis führen. Der Textverarbeiter aktiviert dann mehr und mehr Weltwissen, selbst wenn dies durch die eingehenden Stimuli nicht mehr begründbar ist, und hofft, dass dieses Wissen ihm dazu verhilft, sein Verstehensproblem zu bewältigen. Der Einsatz von Elaborierungsstrategien lässt sich ableiten aus Aussagen, die deutlich machen, dass der präsentierte Text überhaupt nicht verstanden worden war. So hatte ein Informant den Hochzeitstext als Szene in einem englischen Pub interpretiert, vgl.

(22) Ich wusste ja jetzt nicht, ich hab mir das jetzt nur so vorgestellt, weil das ja jetzt so auf Englisch so gesagt wird, und dann denkt man sofort: englische Gaststätte, englischer Pub (II A 266).

3.3 Verarbeitungsstrategien

Auch bei den Verarbeitungsstrategien unterscheide ich zwischen zwei Arten, solchen, die die eigentliche Informationsverarbeitung steuern, und solchen, die bewirken, dass die Information für Speicherung und Integration im Gedächtnis angemessen aufbereitet wird. Für die vorliegende Untersuchung waren sowohl allgemeine Strategien der Textverarbeitung als auch Strategien der zweitsprachlichen Verarbeitung wichtig. Ich beginne mit den Kommentaren der Informanten zum Textverstehen.

Die Informanten kommentieren ihr globales Textverarbeitungsverhalten, obwohl diese Aussagen im Korpus vergleichsweise selten sind. Die Kommentare wurden durch die Frage ausgelöst „Wie haben Sie (hast du) versucht, den Text als Ganzes zu verstehen?" Beispiele:

(23) Ich hab einfach, wenn ich das verstanden hab, versucht aneinanderzureihen, den Sinn (I A 305).

(24) Der Text muss ja irgendeinen Sinn geben (I B 104).[8]

(25) Da kann man nicht so viel anfangen mit den einzelnen Informationen, die angegeben werden, die müssen aneinander gereiht werden (II A 334).

Die oben begründete Notwendigkeit, den Text mit Hilfe einer Videoaufzeichnung, auf der u.a. eine Sprecherin zu sehen war, zu präsentieren, machte es möglich, an die Informanten die Frage zu richten, ob und wie sie diese Person in ihren Verstehensprozess einbezogen hatten. Die Antworten waren ganz unterschiedlich, wie die folgenden Beispiele zeigen:

---

[8] Auf diese Grundannahme bei jedem Verstehensvorgang hat die Psycholinguistik seit Clark/Clark (1977) immer wieder hingewiesen. Clark/Clark benutzen den Begriff *cooperative principle* und halten fest, dass jeder Sprachverarbeiter sich darauf verlässt, dass der Sprachproduzent einen sinnvollen Text hervorgebracht hat.

(26) Eigentlich nicht, ich würde das auch so vom Tonband verstehen (I B 310).

(27) Ich glaube doch einfach, dass man sich mehr darauf konzentriert, wenn man sich die Person dabei ansieht (I A 307).

(28) Also, ich hab von Anfang an versucht, ein bisschen auf ihren Mund zu achten, um zu verstehen, aber es hat mir nicht geholfen (I A 319).

(29) Ja, ist schon besser, wenn man das sieht. Also weil man auch darauf achtet, wie sie den Mund bewegt oder so (II A 267).

Nicht nur die Beispiele zeigen, dass von der Mehrheit der Informanten bewusst die auch von Muttersprachlern bekannte Strategie eingesetzt wird, die Lippenbewegungen des Sprechers zu verfolgen, um auf diese Weise das Lautverstehen zu erleichtern.[9]

Den Informanten wurde vor Beginn des Experimentes mitgeteilt, dass ihnen der zu verarbeitende Text zweimal präsentiert würde, bevor sie ihn wiederzugeben hätten. Nach Abschluss des Experimentes schloss sich an diese Instruktion die Frage an, ob sie den Text während der ersten und der zweiten Präsentation unterschiedlich verarbeitet hatten. Mit dieser Frage wurde der Versuch unternommen, von den Informanten Auskunft über die Art der eingesetzten Verarbeitungsstrategien zu erhalten. Bei weitem die größte Gruppe der Informanten definierte ihr Verarbeitungsverhalten im Sinn einer doppelten Strategie; beim ersten Mal wurde versucht, den Text global zu verstehen, beim zweiten Mal ging es dann um Detailverstehen. Zwei Beispiele sollen dieses Verarbeitungsverhalten dokumentieren:

(30) Beim zweiten Mal hab ich ganz anders zugehört, hab ich dann auf Einzelheiten geachtet, welche Sachen er beachten muss, und früher hab ich nur gehört, ob ich das überhaupt verstehe (I A 317).

(31) Beim zweiten Mal da weiß man jetzt schon, worüber ungefähr die Geschichte handelt, und kann sich eben noch auf gewisse Detailangaben konzentrieren, die man noch nicht verstanden hat (I B 313).

Es lässt sich aber auch ein anderes strategisches Verhalten erkennen, das eher problemlösend ausgerichtet ist. Vgl.

(32) Beim ersten Mal hab ich mich auf die schwierigen Wörter konzentriert, hab ich dann versucht, da eine Lösung zu finden, und wo ich das beim zweiten Mal dann versucht hab, ob sich das bestätigt hat (I B 310).

---

[9] Diese Aussagen naiver Sprachverarbeiter lassen sich auch als interessanter Hinweis auf die Richtigkeit der Motortheorie der Sprachwahrnehmung interpretieren (vgl. Liberman et al. 1967). Sie bestätigen aber zumindest die Erfahrung, dass man, wenn man einen Sprecher zum ersten Mal sprechen hört, ihn gern auch sieht, weil dies das Lautverstehen anscheinend erleichtert.

(33) Beim ersten Mal hab ich mir das gedacht und beim zweiten Mal noch einmal genauer hingehört, und dann hat es sich bestätigt (II A 293).[10]

Schließlich gibt es auch Informanten, die beim ersten und zweiten Verstehensvorgang keine unterschiedlichen Verstehensprozesse eingesetzt haben, z.B.

(34) Beim ersten und zweiten Mal habe ich genau das Gleiche getan (I B 299).

Der letzte im Kontext der Verarbeitungsstrategien angesprochene Themenkreis befasste sich mit der Bedeutung der Muttersprache beim zweitsprachlichen Verstehensprozess. Die Informanten wurden konkret befragt, inwieweit sie die Muttersprache in den Verarbeitungsprozess einbezogen hatten. Am zahlreichsten sind die Informanten, die an den Stellen ins Deutsche übersetzten, an denen der Verstehensprozess schwierig wurde, z.B.

(35) Ich habe ins Deutsche übersetzt da, wo es für mich am schwierigsten war (I A 153).

(36) Ja, ab und zu, wenn mir etwas nicht ganz klar war, habe ich übersetzt (I B 286).

Eine andere Gruppe von Informanten machte deutlich, dass sie beim Verstehen grundsätzlich immer ins Deutsche übersetzten, z.B.

(37) Ja, eigentlich die ganze Zeit über – nicht wörtlich, manches auch nicht (I B 308).

Schließlich gibt es eine Gruppe von Informanten, die vorgeben, keinen Umsetzungsprozess ins Deutsche vorgenommen zu haben, z.B.

(38) Ich habe nicht ins Deutsche übersetzt (I A 155).

Viele Informanten sagen aus, dass sie sich bemühen, die deutsche Sprache auszuklammern und „auf Englisch zu denken", dass ihnen dies aber nur zum Teil gelingt.

In den Informantenprotokollen finden sich keine Aussagen zur Weiterverarbeitung der verstandenen Textinhalte, obwohl diese Frage im Zusammenhang mit der Übertragung des Textes ins Deutsche mehrfach angeschnitten wurde. Interessant ist in diesem Zusammenhang allerdings die Beobachtung, dass eine Reihe von Lernern die Instruktion bestätigt haben wollte, dass der Text nach der Präsentation in deutscher Sprache wiederzugeben sei. Dies deutet darauf hin, dass die Informanten Weiterverarbeitungsstrategien bewusst einbringen und dass sich diese im Hinblick auf die gewählte oder vorgegebene Aufgabenstellung voneinander unterscheiden. In den fünf Fällen, in denen vom Versuchsleiter bewusst darauf verzichtet wurde, die Sprache für die Wiedergabe zu präzisieren, wurde von den Informanten spontan die englische Sprache gewählt. Die Wiedergabeprotokolle unterscheiden sich dadurch von den deutschen Protokollen, dass sie zumindest in den Anfangspassagen fast wortwörtliche Wiedergaben des Originaltextes

---

[10] Man könnte diese Aussage fast als Bestätigung der so genannten Szenario-Theorie des Verstehens (vgl. Sanford/Garrod 1981) werten, die besagt, dass jeder Textverstehensprozess die Verifizierung oder Falsifizierung eines vorher aufgestellten Szenarios oder von Teilen eines solchen durch die eingehenden sprachlichen Stimuli darstellt.

sind. Das Verarbeitungsverhalten dieser Informanten war also von Anfang an durch ganz andere Strategien bestimmt.

3.4 Verstehensschwierigkeiten

Bei den Gesprächen wurden von den Informanten auch viele Hinweise auf Schwierigkeiten gegeben, die sie bei der Textverarbeitung hatten. Ich möchte einige dieser Schwierigkeiten hier vorstellen. Viele Informanten haben Probleme mit der weiteren Verarbeitung, wenn sie eine Textpassage nicht verstanden haben, z.B.:

(39) Und dann hatte ich das Gefühl, Du verstehst das jetzt nicht, weil da und da ein Loch ist, und das hemmt dann irgendwie das weitere Verständnis (I A 307).

Andere Informanten berichten, dass schon das Nichtverstehen einzelner Wörter das Gesamtverständnis in Frage gestellt habe, z.B.

(40) Da waren mehrere Wörter drin, die ich nicht verstanden habe. Und das ist ja ziemlich wichtig dann im Moment (I A 309).

Am umfassendsten aber berichten die Informanten über die Probleme, die sie mit der Verarbeitung der lautlichen Stimuli hatten. Beispiele:

(41) Ich hatte Schwierigkeiten dabei, vor allem das Ende des Satzes, das wurde relativ undeutlich (I A 305).

(42) Also die Sprache, die floss so richtig ineinander über (I B 123).

4. Diskussion

Die vorliegende Untersuchung hat eine Reihe von Ergebnissen erbracht, die für das fremdsprachliche Lernen von Interesse sind. Ich möchte diese Ergebnisse und ihre Relevanz für den Fremdsprachenunterricht im abschließenden vierten Abschnitt etwas genauer betrachten. Dabei möchte ich vor allem von drei Ergebnissen ausgehen:

(1) Das wichtigste Ergebnis scheint mir zu sein, dass Fremdsprachenlerner durchaus über Wissen zu sprachlichen Verarbeitungsprozessen verfügen und dieses Wissen auch versprachlichen können. Da dieses Wissen im Anschluss an einen sprachlichen Verarbeitungsprozess erfragt wurde, kann davon ausgegangen werden, dass es kein theoretisches Wissen über Sprachverarbeitung ist, sondern ein praktisches Wissen, das aus konkreten Verstehensprozessen abgeleitet wurde. Besonders unterstrichen werden muss auch, dass das von den Informanten artikulierte Wissen zur eigenen Sprachverarbeitung sich in wesentlichen Teilen mit den Erkenntnissen der Psycholinguistik deckt.

(2) Als ein weiteres wichtiges Ergebnis möchte ich herausstellen, dass sich dieses Wissen bei verschiedenen Lernern, aber auch in den verschiedenen Altersstufen als unterschiedlich ausgeprägt zeigt. Die Beispiele, die im dritten Abschnitt vorgestellt wurden, sind Beispiele, die das Lernerwissen positiv dokumentieren; es gibt aber eine Vielzahl von Informanten, die auf die Fragen des Versuchsleiters keine oder nichts sagende Antworten gaben. Von der allgemeinen Tendenz her lässt sich sagen, dass jüngere Lerner größere Schwierigkeiten hatten, ihren Sprachverarbeitungsprozess zu beschreiben.[11] Es ist auch beobachtbar, dass die jüngeren in stärkerem Maße als die älteren Lerner ihre Reflexion über den Sprachverstehensprozeß auf das Verstehen von Wortschatz reduzieren. Schon über die Einbeziehung des Weltwissens wird nur von wenigen jüngeren Lernern berichtet.

(3) Das dritte Ergebnis, das für weitere Überlegungen bedeutsam ist, bezieht sich auf die Art der Reflexion über den Sprachverstehensprozess. Aus den Beispielen wird deutlich, dass die Informanten insgesamt ihre Aussagen über das eigene Verstehen auf einer vergleichsweise niedrigen Abstraktionsstufe ansiedeln. Selbst die Oberstufenschüler versuchen, die gestellten Fragen auf der Grundlage von Beispielen zu beantworten. Nur ganz selten finden sich Versuche, den erkannten Sprachverarbeitungsprozess zu generalisieren bzw. in die Form einer Strategie zu kleiden. Dieses Ergebnis deckt sich mit den Ergebnissen der schon erwähnten Untersuchung von Dechert (1989), der für die mentalen Modelle seiner Informanten, ob sie nun das Funktionieren von Heizungssystemen oder das Lernen von Sprachen modellierten, einen hohen Grad an Naivität feststellte.

Alle drei Ergebnisse sind für meine weiteren Überlegungen von Bedeutung. Aus dem ersten Ergebnis möchte ich ganz generell ableiten, dass Sprachlerner über mehr bewusstes prozedurales und deklaratives Sprachwissen verfügen, als sich dies Theoretiker und Praktiker des Fremdsprachenunterrichts gemeinhin vorstellen können. Denn wenn Sprachlerner in der Lage sind, über eine Sprachwissenskomponente bewusst zu reflektieren, die bisher mit Sicherheit noch nie thematisiert wurde, dann besitzen sie auch Wissen über andere Sprachbereiche, z.B. über Sprachfunktionen oder Sprachstrukturen. Es muss davon ausgegangen werden, dass sie auch dieses Wissen bewusst reflektieren können. Für fremdsprachendidaktische Überlegungen ergibt sich daraus, dass man im Unterricht in viel stärkerem Maße als bisher üblich auf das vorhandene Sprachwissen des Lerners abheben sollte.

Die Tatsache, dass jüngere Lerner in geringerem Maße in der Lage sind, den eigenen Verstehensprozess zu versprachlichen, deutet meiner Ansicht nach nicht darauf hin, dass sie nicht über Sprachwissen verfügen. Dieser Sachverhalt lässt sich eher dadurch erklären, dass sie über dieses Sprachwissen kaum reflektiert haben und es daher auch nicht versprachlichen können. Natürlich haben jüngere Lerner aufgrund ihrer geringeren Erfahrung mit Sprache auch

---

[11] Auf die Unterschiede zwischen den verschiedenen Schulformen – im Korpus II befinden sich auch Daten, die an Haupt- und Realschulen erhoben wurden – kann hier nicht eingegangen werden. Es sei nur festgehalten, dass in diesen Schulformen die Probleme, über den eigenen Verarbeitungsprozess reflektieren zu können, noch größer waren.

weniger Wissen über Sprache, trotzdem muss man von einer Sprachwissensbasis ausgehen, die allerdings meist intuitiv eingebracht wird und dann durch die Beschäftigung mit einer weiteren Sprache vergrößert wird. Als fachdidaktische Schlussfolgerung ergibt sich aus diesem Sachverhalt, dass die Reflexion über Sprache schon von Anfang an Teil des Fremdsprachenunterrichts sein sollte.

Das dritte von mir herausgestellte Ergebnis verweist in die gleiche Richtung. Die Tatsache, dass Lerner nur auf einer sehr konkreten Ebene über ihre eigenen Verarbeitungsprozesse berichten können, zeigt, dass ihr Reflexionsvermögen über Sprache in höherem Maße gefördert werden muss als dies bisher der Fall ist.

In diesem Kontext wird der Begriff der Sprachbewusstheit (engl. *language awareness*) wichtig. Der Begriff stammt aus der englischen Muttersprachendidaktik und wird z.B. von Pratt/Grieve (1984:2) wie folgt definiert: "Language awareness is the ability to think about and to reflect upon the nature and functions of language". Hawkins (1984:51) nennt vier Bereiche der Sprachbewusstheit: "language as a system, language in action, language across cultures, language as change". Und James/Garrett (1991:12-20) nennen fünf Domänen der Sprachbewusstheit: "the affective domain, the social domain, the 'power' domain, the cognitive domain and the performance domain". Sowohl Hawkins als auch James/Garrett gehen davon aus, dass bei muttersprachlichen Kindern auch die Fähigkeit ausgebildet werden muss, über die Strategien und Prozesse der Sprachverarbeitung reflektieren zu können. Das Erfassen des eigenen strategischen Verhaltens erhöht ihrer Meinung nach die Effizienz der Verarbeitungsprozesse.

Die Diskussion um die Herausbildung von *language awareness* spielt inzwischen auch im schulischen Zweitsprachenerwerb eine wichtige Rolle. Der Begriff wird zwar in traditionelleren Vorstellungen von Fremdsprachenunterricht immer noch gleichgesetzt mit der Vermittlung von Grammatik, gemeinhin versteht man darunter aber heute die Herausbildung von Fähigkeiten zur angemessenen Reflexion über Sprache als ein soziales, kognitives und strukturelles Phänomen. Durch die Förderung solcher Fähigkeiten verspricht man sich generell eine Verbesserung der sprachlichen Kompetenz und Performanz der Lernenden. Die Diskussion bezieht sich explizit auch auf die Fähigkeit zur Reflexion über die Strategien der Sprachverarbeitung (vgl. z.B. Wolff 1992).

Ich kann an dieser Stelle an den Beginn meiner Überlegungen zurückkehren. Meine Ausgangsfrage nach dem Wissen des Lerners über die eigenen Verstehensprozesse und die Strategien, die er beim Verstehen einsetzt, habe ich beantwortet und habe aus meinen Ergebnissen die Schlussfolgerung gezogen, dass die Reflexion über das eigene Verstehensverhalten gefördert werden muss, dass Lerner sich das eigene Verstehensverhalten bewusst machen müssen. Dies ist ein Weg, um das zweitsprachliche Verstehen von Lernern zu fördern.[12] Hier tut sich eine

---

[12] Auf die konkreten Förderungsmöglichkeiten kann ich hier nicht eingehen. Es sei hier vor allem darauf verwiesen, dass das Experimentieren mit Sprache, das Erforschen von Sprache, die bewusste Reflexion über Sprache in Kleingruppen Sprachbewusstheit fördert (vgl. z.B. Breen 1983, Legenhausen & Wolff 1991).

interessante Parallele zur Herausbildung von Arbeits- und Lerntechniken auf. Während jedoch diese als Hilfsmittel gesehen werden müssen, um das Sprachlern- und das Sprachverarbeitungsverhalten zu stützen (Rampillon 1985), während sie als Zwischenstadium zur Herausbildung explizit-impliziter Sprachlern- und Sprachverarbeitungsstrategien verstanden werden (Wolff 1992), dient die Herausbildung von *language awareness* dem Bewusstmachen des eigenen deklarativen und prozeduralen Sprachwissens. Obwohl verschieden in ihrer Ausrichtung, komplettieren beide Ansätze einander. Lern- und Arbeitstechniken basieren auf den strategischen Verhaltensweisen kompetenter Sprachbenutzer, die in der Form von bewussten Operationen an den Lerner herangetragen werden, die Reflexionsfähigkeit über Sprache richtet sich an das naive implizite Sprachwissen des Lerners, das bewusst gemacht werden und auf eine höhere Abstraktionsebene gehoben werden soll, um u.a. auch Lern- und Verarbeitungsprozesse zu verbessern.

Literaturhinweise

Allwright, D. & Bailey, K. M. (1991). *Focus on the language classroom: An introduction to classroom research for language teachers.* Cambridge: Cambridge University Press.

Ballstaedt, S. P., Mandl, H., Schnotz, W. & Tergan, S. O. (1981). *Texte verstehen, Texte gestalten.* München: Urban & Schwarzenberg.

Bransford, J. & Johnson, M. (1973). Considerations of some problems of comprehension. In W. Chase (ed.), *Visual information processing* (S. 383-438). New York: Academic Press.

Breen, M. (1983). *How do we recognize a communicative language classroom.* Dunford House Seminar.

Carrell, P. L. (1983). Three components of background knowledge in reading comprehension. *Language Learning, 33*, 183-207.

Clark, H. H. & Clark, E. V. (1977). *Psychology and language: An introduction to psycholinguistics.* New York: Harcourt Brace Jovanovich.

Dechert, H. W. (1989). Interlingual processing in students' mental folk models of second language acquisition. In H. W. Dechert & M. Raupach (eds.), *Interlingual processes* (S. 211-228). Tübingen: Gunter Narr.

Dickinson, L. (1987). *Self-instruction in language learning.* Cambridge: Cambridge University Press.

Hawkins, E. (1984). *Awareness of language: An introduction.* Cambridge: Cambridge University Press.

Holec, H. (1981). *Autonomy and foreign language learning.* Oxford: Pergamon Press.

James, C. & Garrett, P. (1991). The scope of language awareness. In C. James & P. Garrett (eds.), *Language awareness in the classroom* (S. 3-20). London: Longman.

Karcher, G. L. (1986). Aspekte einer Fremdsprachenlegetik: Zur Differenzierung von erst- und fremdsprachlichem Lesen. *Jahrbuch Deutsch als Fremdsprache, 11*, 14-35.

Larsen-Freeman D. & Long, M. H. (1991). *An introduction to second language acquisition research.* London: Longman.

Legenhausen, L. & Wolff, D. (1991). Der Micro-Computer als Hilfsmittel beim Sprachlernen: Schreiben als Gruppenaktivität. *Praxis des Neusprachlichen Unterrichts, 38*, 346-356.

Liberman, A. M., Cooper, F., Shankweiler, D. & Studdert-Kennedy, M. (1967). Perception of the speech code. *Psychological Review, 74*, 431-459.

van Lier, L. (1988). *The classroom and the language learner: Ethnography and second-language classroom research.* London: Longman.

Little, D. (1991). *Learner autonomy: Definitions, issues and problems.* Dublin: Authentik.

O'Malley, J. M. & Chamot, A. U. (1990). *Learning strategies in second language acquisition.* Cambridge: Cambridge University Press.

Pratt, C. & Grieve, R. (1984). The development of metalinguistic awareness. In W. E. Tunmer, C. Pratt & A. Herriman (eds.), *Metalinguistic awareness in children* (S. 2-11). New York: Springer.

Rampillon, U. (1985). *Lerntechniken im Fremdsprachenunterricht.* München: Hueber.

Rampillon, U. (1989). Lerntechniken. In K. R. Bausch, H. Christ, W. Hüllen & H. J. Krumm (eds.), *Handbuch Fremdsprachenunterricht* (S. 215-218). Tübingen: Francke, 215- 218.

Rickheit, G. & Strohner, H. (1990). Inferenzen: Basis des Sprachverstehens. *Die Neueren Sprachen, 89*, 532-544.

Sanford, A. J. & Garrod, S. C. (1981). *Understanding written language.* Chichester: Wiley.

Wenden, A. & Rubin, J. (eds.) (1987). *Learner strategies in language learning.* Englewood Cliffs, NJ: Prentice Hall.

Wolff, D. (1985). Verstehensprozesse in einer zweiten Sprache. *Studium Linguistik, 17/18*, 162-174.

Wolff, D. (1986). Überlegungen zum Hörverstehen in einer zweiten Sprache. *Linguistische Berichte, 106*, 445-455.

Wolff, D. (1987). Some assumptions about second language text comprehension. *Studies in Second Language Acquisition, 9*, 307-326.

Wolff, D. (1990). Zur Bedeutung des prozeduralen Wissens bei Verstehens- und Lernprozessen im schulischen Fremdsprachenunterricht. *Die Neueren Sprachen, 89*, 610-625.

Wolff, D. (1992). Lern- und Arbeitstechniken für den Fremdsprachenunterricht: Versuch einer theoretischen Fundierung. In U. Multhaup & D. Wolff (eds.), *Prozeßorientierung im Fremdsprachenunterricht* (S. 101-120). Frankfurt/Main: Diesterweg.

Wolff, D. (1994). Beobachtung und Experiment im zweitsprachlichen Klassenzimmer: Ein Überblick über die wichtigsten methodischen Ansätze in der empirischen L2-Forschung. Erscheint 1994 in S. Merten (ed.): Festschrift für Bernhard Weisgerber.

Autoren (Anschrift und Arbeitsschwerpunkte)

Dechert, Prof. Dr. Hans W.
Universität/GHS Kassel
Fachbereich 08, Anglistik/Romanistik
Georg-Forster-Str. 3
34109 Kassel

Psycholinguistik, Zweitsprachenerwerb.

Grotjahn, Dr. Rüdiger
Ruhr-Universität Bochum
Seminar für Sprachlehrforschung
Universitätsstr. 150
44780 Bochum

Sprachlernforschung, Testtheorie, Wissenschaftstheoretische Fragen der Erforschung des Fremdsprachenerwerbs.

Morfeld, Petra, M.A.
Johann Wolfgang Goethe-Universität Frankfurt/Main
FB 10, Institut für England- und Amerikastudien
Kettenhofweg 139
60325 Frankfurt

Lernstrategien im Fremdsprachenunterricht, Erwachsenenbildung.

Nold, Prof. Dr. Günter
Universität Dortmund
Institut für Anglistik und Amerikanistik
44221 Dortmund

Spracherwerbsforschung, fremdsprachliche Unterrichtsforschung, Englischlehrwerke.

Raabe, Dr. Horst
Ruhr-Universität Bochum
Seminar für Sprachlehrforschung
Universitätsstr. 150
44780 Bochum

Sprachlehrforschung/Fremdsprachendidaktik Französisch und Deutsch als Fremdsprache. Insbesondere: Kognitivierung im Fremdsprachenunterricht, Techniken/Strategien beim Fremdsprachenlernen, fremdsprachenunterrichtliche Mediendidaktik.

Rampillon, Ute, Regierungsschuldirektorin
Staatliches Institut für Lehrerfort- und -weiterbildung
Haus Boppard
Mainzer Str. 46
56146 Boppard

Fachdidaktik Fremdsprachen Sek I, Lerntechniken/Lernstrategien, Erwachsenenbildung.

Rüschoff, Prof. Dr. Bernd
Pädagogische Hochschule Karlsruhe
Sprachlaborzentrum
Postfach 4960
76032 Karlsruhe

Fremdsprachendidaktik, Mediendidaktik.

Schnaitmann, Dr. Gerhard
Pädagogische Hochschule Ludwigsburg, Reuteallee 46
71634 Ludwigsburg

Unterrichtsforschung.

Tönshoff, Dr. Wolfgang
Ruhr-Universität Bochum
Seminar für Sprachlehrforschung
Universitätsstr. 150
44780 Bochum

Rolle der Kognitivierung im Fremdsprachenunterricht, Fremdsprachenlerntheorien, Lehrerausbildungscurricula, Fortbildungsdidaktik, Lernen des Lernens.

Vollmer, Prof. Dr. Helmut Johannes
Universität Osnabrück
Fachbereich Sprach- und Literaturwissenschaft
Neuer Graben 40
49069 Osnabrück

Sprachlehr-/-lernforschung, Pragmatische Aspekte des Fremdsprachenerwerbs, Bilinguale Erziehung, Interkulturelle Kommunikation.

Wendt, Prof. Dr. Michael
Humboldt-Universität zu Berlin
Institut für Romanistik
Didaktik der romanischen Sprachen
Unter den Linden 6
10099 Berlin.

Fremdsprachenlerntheorie, Textdidaktik, Methoden des Fremdsprachenunterrichts.

Wolff, Prof. Dr. Dieter
Bergische Universität, GHS Wuppertal
Gauss-Str. 20
42097 Wuppertal

Fremdsprachendidaktik, Psycholinguistik des Fremdsprachenerwerbs.

Zimmermann, Prof. Dr. Günther
Technische Universität Braunschweig
Fachbereich 10
Bültenweg 74/75
38106 Braunschweig

Fremdsprachendidaktik, Textverständlichkeit/Textverstehen.